青岛大学学术专著出版基金资助

劳动关系政府职能论

LAODONG GUANXI ZHENGFU ZHINENG LUN

谭　泓◎著

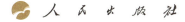

人民出版社

序：发展新时代的和谐劳动关系

　　翻阅《劳动关系政府职能论》，不由得又回到构建和谐劳动关系的思索中，将所想所悟简要整理代为序。

　　马克思指出："整个所谓世界历史不外是人通过人的劳动而诞生的过程，是自然界对人来说的生成过程"；恩格斯提出："资本和劳动的关系，是我们全部现代社会体系所围绕旋转的轴心"。中国特色和谐劳动关系是中国特色社会主义和谐社会的基石，进入新世纪以来，从国际金融危机冲击劳动关系的稳定到"企稳向好"中劳动关系稳定性逐步增强，从经济快速增长中劳动关系改善到经济转型时劳动关系走向质量提升，我们再一次看到，无论国内国外，劳资矛盾都是不可避免的，但劳资冲突是可协调的。劳动关系不仅是新型工业化和产业升级中需要探索的重大理论课题，更是我们新发展理念指导下共享发展成果中需要解决的重大现实问题。我国面对国际金融危机的冲击而未发生大规模的劳动关系冲突，坚持发挥政府在发展和谐劳动关系中的主导作用，"兜底"靠的是社会保障，"稳定"靠的是劳动关系和谐，这俨然已成为政府的重要职责。尤其我国农民工众多，劳动争议时有发生，甚至也发生过一些劳资冲突的事件，但劳动关系总体稳定，探索出具有中国特色的发展和谐劳动关系的途径，被世界称为"中国经验"。

一

"和谐"一词,古已有之。早在春秋时期,齐国名相管仲就提出"和合故而能谐,谐故能辑"。"和谐"指的是各种事物之间有序的相互协调。"劳动关系"是从西方市场经济国家引入的一个概念,在不同的国家劳动关系有着不同的称谓,比如日本称为"劳使关系",欧美称为"劳工关系"、"产业关系"、"劳资关系"、"雇佣关系"等。在中国民族工商业发展的历史过程中,东家、掌柜和伙计之间形成的"劳动契约关系"也是一种劳动关系。

市场经济条件下的劳动关系普遍具有以下三个基本特征:一是经济性与社会性兼有。劳动者向用人单位提供劳动力,用人单位向劳动者支付工资报酬,本质上是一种经济利益关系。同时,劳动关系不仅涉及劳动关系双方,而且在宏观层面涉及工会、企业组织和政府各方间的关系,是最基本的社会关系。二是平等性与从属性兼有。劳动者与用人单位之间通过相互选择,平等协商建立劳动关系,是两个平等主体之间的关系。但用人单位是劳动力的使用者和管理者,双方签订劳动合同后,劳动者要服从和接受用人单位的管理,往往表现为一种从属关系。三是冲突性与协调性兼有。劳动关系双方具有各自独立的利益。企业追求利润最大化,劳动者想获得更高的工资福利待遇,双方存在着一定的利益冲突。但劳动关系的存续是以双方的相互合作为前提,只有劳动关系协调稳定,双方才能互利共赢。在 2008 年国际金融危机冲击下,企业和劳动者抱团取暖,充分证明了这一点。

劳动关系的状况是衡量一个国家或地区社会和谐程度的重要标志。世界各国的工业化进程中,注重协调劳动关系的,企业就有凝聚力,劳动关系就和谐,就能促进经济和社会的发展;忽视协调劳动关系的,劳动关系就紧张,甚至发生激烈的劳资对抗,进而影响经济的运行和社会的稳定发展。简言之,企业"老板"是开明的,工会是配合的,政府是积极协调的,劳动关系就和谐,双方就能实现共赢;反之,"老板"是"硬抠"的,工会是消极的,政府是放任的,劳动关系就紧张,劳动争议就不断,甚至会发生劳资冲突，使双方利益受损。从推进我国经济转型的实际出发，借鉴市场经济国家的经验，吸取国外劳资冲突的教训，深刻认识和把握新时代劳动关系发展的规律，对于我国探索发展和谐劳动关系的有效途径以及探寻从应对国际金融危机到当下经营困难的企业对劳动关系的影响，都具有重要的借鉴意义。

二

市场经济国家的劳动关系经历了一个从资本占有绝对优势、劳资力量悬殊到劳资双方力量相对趋于平衡，从冲突对抗到谈判对话、谋求合作共赢的发展历程。

市场经济国家的劳动关系发展历程表明，劳动关系协调仅靠劳资双方自治是有局限性的，发挥政府的干预作用是必不可少的，放任劳动关系不利于经济发展和社会稳定。由于国家之间在国情、历史和文化传统等方面的差异性，劳动关系调整的具体模式在不同国家有所差别。美国的自由多样化模式中政府对劳资关系的干预比较有限，劳动立法功能较弱。集体谈判只是对程序、原则和谈判主体加以确认。同时，制定基本的劳动立法，确定最低劳动标准，以保证集体谈判的基本要求，其他事务则由劳资双方自行解决。但是一旦劳工运动危及经济社会的发展，政府往往会使用权威，对工会采取强硬措施。德国的劳资协议自治模式的中心内容就是劳资双方在不受国家干预的条件下，通过集体谈判自行确定雇员的劳动报酬和工作条件。德国劳资双方的组织都具有集中程度高、实力强大的特点。德国政府虽然不直接介入劳资关系，但也不放任自流。强势的劳动法律规范、有效的制约机制、制度化的工人参与制度、劳动与资本之间的社会契约，使德国的劳资关系在相当长的时期保持了稳定的状态。日本家族管理模式的劳资关系最显著的特点是将资本主义的生存竞争与东方传统的家族式关系结合在一起。企业更像一个家族，企业员工享有长期就业的工作保障，员工按照年龄、工龄和学历以及对企业的贡献，可以持续提升工资，职工对企业的归属感和效忠思想比较强。在日本，很多具有东方传统文化色彩的手段渗透在劳动关系调节机制中，如

"和为贵"的传统价值观、集体主义合作精神，倡导企业文化，关注感情投资等。但从主要市场经济国家来看，基本上实行的是"国家立法规范、劳资双方自治、社会三方协调"的模式。

在经济快速发展的新兴工业化国家和地区，劳动关系的发展也经历了从对抗走向合作的过程。20 世纪后半叶，"亚洲四小龙"经济起飞中也是如此。新加坡政府 1960 年出台《产业关系法》，规定未经政府允许的罢工和闭厂是非法的，罢工的数量从 1961 年的百余次迅速下降，到 1969 年基本没有发生罢工。韩国在第二次世界大战后着力推动经济增长，劳动者的权利被忽视，罢工潮不断。政府通过修订劳动法案，劳资矛盾趋于缓和，但劳资冲突仍时有发生。我国香港地区在过去较长时期内，政府对劳动关系采取不干预的态度。20 世纪 60 年代后期，劳资双方的矛盾升级，香港政府变"不干预"为"积极的干预"，加强劳工立法，先后出台了《雇佣条例》、《劳资关系条例》、《破产欠薪保障条例》等法规，劳动关系协调机制逐步形成。我国台湾地区 20 世纪 80 年代中期以后，在产业由劳动密集型向资金技术密集型转变的过程中，劳动争议增多。1984 年，我国台湾地区出台"劳动基准法"，对劳动关系进行规范，初步形成了以政府协调、民间中介机构调解和司法机构裁断为主要途径的劳动争议处理机制。

在新世纪经济快速增长的"金砖四国"，政府为了适应经济发展的要求，加强劳动关系立法，加大劳动关系调整力度。20 世纪 90 年代，俄罗斯颁布了《调节社会劳动关系三方委员会条例》、《集体劳动争议调解法》，建立了劳动关系协调机制。巴西受欧美国家影响，制定《统一劳工法》等一系列严格的劳工法律法规，是世界上劳工权益组织体系较为完善的国家。印度制定《产业争议法》对劳动关系进行规范，对解雇雇员的行为进行限制。

三

我国立法对劳动关系进行规范，始于 1922 年 2 月孙中山领导的广东军政府颁布的《中华民国暂行工会条例》。1931 年 11 月，在瑞金的中华工农兵苏维埃政府制定了《中华苏维埃共和国劳动法》，对雇佣工人的手续、集体合同和劳动合同、工作时间、休息时间、工资以及女工童工保护等作出规定。新中国成立之初，为贯彻"发展生产、繁荣经济、公私兼顾、劳资两利"的经济政策和劳动政策，1949 年 11 月制定颁布了《中华全国总工会关于劳资关系暂行处理办法》，对私营企业主与工人通过签订劳动契约或集体合同明确双方权利和义务等进行了规范。之后，随着高度集中的计划经济体制的建立，劳动关系的建立、工资分配、保险福利等都是国家统一制定政策，由政府通过自上而下的行政指令或计划来实施，劳动合同制度和集体合同制度不复存在。

随着我国改革开放的推进，尤其是国有企业改革和所有制结构调整的不断深化，我国劳动关系进行了一系列重大改革探索，大体经历了以下发展阶段。第一个阶段：1978 年至 1991 年。劳动用工权和分配权部分下放企业，1986 年国务院发布《国营企业实行劳动合同制度暂行规定》，国营企业开始推行劳动合同制。个体和私营等非公有制经济有了一定的发展，但属于计划经济向市场经济过渡的时期，劳动关系总体上计划经济特征仍然较重。第二个阶段：1992 年至 2005 年。国家开始全面落实企业劳动用工和工资分配自主权，国有企业改革不断推进，非公有制经济迅速发展。《劳动法》颁布实施，明确建立劳动关系应当订立劳动合同。劳动关系的建立、运行和调整开始进入法制化轨道。第三个阶段：2006 年至 2012 年。中央作出构建社会主义和谐社会的重大决定，并提出发展和谐劳动关系的目标任务。《中华人民共和国劳动合同法》、《中华人民共和国就业促进法》和《中华人民共和国劳动争议调解仲裁法》等重要法律相继颁布实施，劳动关系调整的法律体系进一步健全，劳动关系双方自主协商、社会三方协调、政府依法调整的格局逐步形成。第四个阶段：党的十八大以来。中央下发了构建和谐劳动关系的指导意见，确定了新阶段构建和谐劳动关系的指导思想、工作原则和目标任务，坚持促进企业发展和维护职工权益统筹推进，构建起党委领导、政府负责、社会协同、企业和职工参与、法制保障的工作体制，形成源头治理、动态管理、应急处置相结合的工作机制，促进企业持续发展，劳动合同规范，职工工资合理增长，劳动条件改善，保障职工安全健康，社会保险全面覆盖，人文关怀日益加强，有效化解劳动关系矛盾，建立起规范有序、公正合理、互利共赢、和谐稳定的劳动关系，最大限度增加劳动关系和谐因素，最大限度减少不和谐因素，为经济转型提供有利条件。党的十九大报告进一步提出"完善政府、工会、企业共同参与的协商协调机制"，进入了发展具有中国特色和谐劳动关系的新时代。

经过如上的改革发展，我国劳动关系发生了深刻变化。

一是劳动关系的运行市场化。劳动关系的建立从行政配置转变为用人单位和劳动者依法在劳动力市场上双向自主选择，劳动关系的运行从由政府直接管理为主转变为以市场调节为基础。劳动合同制度作为调整劳动关系的基本制度，是构建和发展和谐稳定劳动关系的重要基础。劳动合同作为劳动关系双方依法自主订立的契约，成为明确双方权利和义务的重要载体，对规范和协调劳动关系发挥着重要的、基础性的作用。

二是劳动关系的类型多样化。随着我国经济体制改革的推进，各种所有制经济快速发展，企业经济类型和组织形式日趋多样化，劳动用工主体多元化，劳动关系协调的范围从国有企业扩大到各种所有制经济组织。

三是劳动关系双方利益清晰化。随着劳动关系的市场化，劳动关系双方成为相对独立的两个利益主体，双方利益既相对分离又相互联系，从计划经济下的高度一致，转变为各自有着相对独立的利益，又在同一利益主体内相互协调。

四是劳动关系的调整法制化。基本形成了以《中华人民共和国劳动法》、《中华人民共和国就业促进法》、《中华人民共和国劳动合同法》、《中华人民共和国劳动争议调解仲裁法》和《中华人民共和国社会保险法》为主干，以《女职工劳动保护特别规定》、《劳动保障监察条例》、《职工带薪年休假条例》以及《集体合同规定》、《最低工资规定》、《工资支付暂行规定》等法规规章和规范性文件为配套的劳动关系法律政策体系框架，劳动关系协调进入了规范化、法制化的新阶段。

值得深入分析研究的是，国际金融危机对劳动关系带来冲击的影响。

在 2008 年这场历史罕见、冲击力极强、波及范围很广的国际金融危机中，受到最严重损失的不仅是以华尔街为代表的一批金融企业倒闭和资产缩水，更有上亿劳动者失去工作岗位，工资收入大幅下降，全球新增贫困人口至少 5000 万以上。国际劳工组织公布的《2009 年全球就业趋势》显示，全球失业率从 2007 年的 5.7% 上升到 2009 年的 6.1%，全球人均收入下降约 3.7%。

我国劳动关系总体上保持和谐稳定。但是，国有企业改制引发的或历史遗留的劳动关系方面的问题，以及职工劳动报酬在初次分配中的比重下降、基本劳动标准难以落实等问题依然存在。受 2008 年国际金融危机影响，劳动关系不稳定因素增加，面临的问题突出，主要表现在四个方面：一是企业职工就业稳定性下降；二是企业职工工资增速放缓；三是部分企业改善劳动条件的能力降低；四是劳动争议案件数量成倍上升。

四

研究改革开放以来，尤其是经济转型中我国劳动关系发展变化，分析发展和谐劳动关系面临的形势，我们可以看到，我国劳动关系总体趋于稳定，局部冲突时有，化解冲突、走向双赢是主流。发展和谐劳动关系需要我们努力扩大和谐双赢的主流，消除不和谐的因素。目前，促进劳动关系长期和谐稳定的基础条件正在形成。社会保障体系的逐步完善，为保障劳动者的基本权益提供了有利条件；建立企业工资正常增长机制，为劳动者分享企业发展成果提供了有效途径；劳动关系协调机制的逐步建立，为解决劳动关系方面的矛盾和纠纷提供了制度保障。解决劳动关系方面的突出矛盾和问题，需要通过发展来消化，通过改革来解决，通过规范来理顺。从探索发展和谐劳动关系有效途径的实践中，我们深刻感到，发展中国特色的和谐劳动关系，需要将国际经验与我国实际紧密结合。借鉴其他国家有益经验是必要的，但更重要的是从中国实际出发，从我们已取得的成功实践中不断拓宽发展和谐劳动关系的有效途径。

从我国协调劳动关系实践来看，政府协调劳动关系的作用是必不可少的，而且责任更重，在制定政策、执法监察和处理重大的、突发性群体事件中发挥的作用是主导的。政府是劳动关系的规制者、劳动纠纷的调解与仲裁者、特殊情况下的冲突控制者。规制者，主要指政府通过制定和实施劳动法律来干预、调整和规范劳动关系，并对法律的实施情况进行监督检查。其中，制定实施劳动合同法，推动建立和完善适应社会主义市场经济体制的劳动合同制度，是政府运用法律手段调整劳动关系的重要方式和实现途径。调解和仲裁者，主要指政府推动劳动关系双方依法建立内部劳动纠纷调解、集体协商等自主协商机制，在处理劳动争议时居中调解，依法作出公正裁决。冲突控制者，主要指政府在劳动关系双方发生严重冲突，甚至出现职工大规模集体上访、怠工、停工等群体性突发事件影响到社会稳定时，及时予以处置，必要时可依法采取一定的行政强制措施。例如，深圳市借鉴香港地区对劳资冲突设置"冷静期"的办法，建立了政府发布恢复正常秩序命令的制度。对供水、供电、供气、公共交通等提供公共服务的企业因劳动争议出现停工、怠工、闭厂等行为导致危害公共安全、破坏正常经济秩序和市民生活秩序等情形的，市、区政府可以发布命令，要求用人单位和劳动者恢复正常工作生活秩序，并在 30 日内实行"冷静期"，不得采取激化矛盾的行为。

政府构建和谐劳动关系要发挥主导作用，更要看到劳动关系双方的自主协调是主要的，在解决大量的、一般性的劳动关系问题上发挥的作用是基础性的；社会三方的协商是重要的，在研究解决普遍的、复杂的劳动关系问题上发挥着独特的、不可替代的作用。

五

发展和谐劳动关系要建立健全与社会主义市场经济体制相适应的劳动关系协调机制，构建发展和谐劳动关系的长效机制，形成规范有序、公正合理、互利共赢、和谐稳定的社会主义新型劳动关系，实现职工得实惠、企业得效益、经济得发展、社会得稳定的共赢局面。

　　当前，针对劳动关系的新情况、新问题，需要深入研究经济快速增长和经济增速放缓两种不同条件下劳动关系发展变化的规律，深刻把握劳动关系中增降的新变化：在经济快速增长时期，就业人数大幅增加，职工工资快速增长，劳动条件明显改善，劳动关系的协调性不断增强；而在经济放缓时期，困难企业就业岗位受到冲击，职工工资增速下降，企业改善劳动条件的能力降低，劳动关系的冲突性相应增加。在应对国际金融危机冲击时，政府针对困难企业采用"五缓四减三补两协商"等政策措施，实行"弹性用工、弹性工资、弹性工时"的非常之策卓有成效。当前，我国经济形势稳定向好，有一些企业特别是中小企业经营困难，加上宏观经济发展变化对劳动关系的影响往往具有一定的滞后性，维护劳动关系和谐稳定的"弦"一点也不能放松。尤其是困难企业，需要继续把保就业岗位不流失、保有潜力的企业渡过难关、保工资不拖欠摆在优先位置，将维护劳动者合法权益与促进企业发展有机结合，因势利导应对、因地制宜依规落实和充实完善"弹性用工、弹性工资、弹性工时"等政策措施，进一步帮助企业增强应对困难的能力，积极维护劳动关系和谐稳定。这些都十分需要把握和解决构建和谐劳动关系的关键问题。

　　将增强人力资源市场活力与规范企业用工结合起来，重点是进一步规范大中型企业劳动派遣用工行为，将法律的刚性约束和劳务派遣用工的灵活性有机结合起来，从"边规范边发展"走向"以规范促发展"。解决小企业的问题，主要是指导流动性大的劳动密集型小企业将大量口头协议转变为简易劳动合同，引导从事家庭服务业等不具备签订规范劳动合同的农民工签订劳务协议。

　　开展工资集体协商仍然是构建和谐劳动关系的核心内容，把建立工资能增能减机制与维护职工劳动报酬权益有机结合起来。工资是劳动关系的核心问题，是法律规定的劳动合同中必须明确的必备条款，也是最易引发劳资冲突的焦点问题。瑞典斯德哥尔摩大学经济学教授讲过，找到企业发展可承受能力和工人工资增长水平的平衡系数，堪称一道可获诺贝尔经济学奖的经济难题。

　　充实完善特殊工时制度，把增加企业工时制度的灵活性与逐步改善劳动条件有机结合起来，对于具备条件的企业是有效的政策措施。工时制度是最重要的劳动标准之一，健全和落实工时等国家基本劳动标准是实现劳动者体面劳动的基本要求。这都需要在实践中有切实可行的具体办法。

有效化解和处理劳动争议，把柔性化调解与快速仲裁有机结合起来，仍然是具有中国特色的有效方式。劳动争议是劳动关系不和谐的一种表现。劳动争议调解仲裁是一项准司法制度，及时居中调解仲裁劳动争议，显示出中国特色劳动权益救济制度具有快捷、灵活、低成本的优势。解决劳动争议案件的主要思路是鼓励和解、强化调解、完善仲裁、诉讼救济，最大限度地通过非诉讼方式解决劳动争议。

适应网络时代要求，普及"两网化"，把监察执法与服务企业有机结合起来。劳动监察在国际劳工组织和世界一些国家又称劳工监察，是政府依法调整劳动关系的一项强制性手段，具有法定性、行政性、专门性、强制性的特点。

发挥三方机制独特作用是国际通用办法，把借鉴国际有益经验与总结各地新鲜经验结合起来。协调劳动关系三方机制是重要的社会利益协调机制，也是妥善处理社会利益关系的重要手段。

六

我国在由经济转型期迈入新时代的征程中，伴随经济社会快速发展，劳动关系主体及其利益诉求越来越多元化，劳动关系矛盾处于多发期，劳动争议时有发生，有些困难企业的劳动争议甚至居高不下，有的地方还有拖欠农民工工资的现象，也有发生集体停工和群体性事件风险，构建和谐劳动关系的任务仍然艰巨繁重，这无疑是党和政府一项重要而紧迫的任务。发展和谐劳动关系将为经济转型与社会和谐提供有力支撑，经济高质量发展和社会和谐又为发展和谐劳动关系提供有利条件。新时代我国的劳动关系工作正处在一个新的历史起点，完成这些艰巨任务都需要从上到下艰苦细致的努力。

政府行政管理运行中，平时多讲一点、部署多写一点、工作多强调一点、处置突发事件快一点，就能在应对复杂的外部冲击和内部冲突中取得事半功倍的效果。不重视对劳动关系协调的积累，长期积存的问题遇到冲击就容易从个别案件转化为突发性群体性事件。长期注重协调劳动关系的积累，"厚积"可以不发，"薄积"易于多发，"不积"肯定要发。和谐劳动关系的构建将为经济转型、社会和谐和长治久安提供有力支撑，为新时代实现中华民族伟大复兴的中国梦奠定坚实的基础。

尤其面对前所未知、突如其来、来势汹汹的新冠疫情对经济社会造成的重大冲击，疫情防控和统筹推进经济社会发展同步进行，加强复工复产指导协调服务，打通产业链、供应链堵点，增强协同复工复产动能，同时高度重视防范特殊时期困难企业劳动关系风险，推动劳动关系稳定和劳资两利，企业复工复产复市复业逆势而进，中国成为疫后全球唯一实现正增长的主要经济体。疫情过程中众多行业开启了数字化、智能化的进程，出现我们超乎想象的新业态。在新技术革命推动下，新业态"无中生有、层出不穷"和传统产业"有中出新、日新月异"交织演进，推动着新业态的蓬勃发展。抗疫防疫复工复产创新发展的新经济、新管理迎来众多上升机会，展现着中国特色劳动关系为实现中华民族伟大复兴的中国梦奠定了坚实的基础。

七

习近平总书记指出："要加快构建中国话语和中国叙事体系，用中国理论阐释中国实践，用中国实践升华中国理论，打造融通中外的新概念、新范畴、新表述，更加充分、更加鲜明地展现中国故事及其背后的思想力量和精神力量。"近年来，研究劳动关系的专家学者增多且更趋于理性，他们不是照搬套用外来思想，而是立足中国渊源特征，从实践走向理论，又将理论回归实践。研究劳动关系时，理性、客观地分析劳动实践需要解决的深层根本性问题，更值得称赞。中国学者不仅要在国际中国问题研究中引领潮流，起到主导性的作用，而且还要以产生自中国土壤里的经验和成果影响国际学术主流的研究，进而为解决全人类所共同面对的问题拿出中国方案。

谭泓同志所著《劳动关系政府职能论》，不仅从"马克思执政党本质与市场经济资本逻辑"的统一，破解"我国劳动关系多元复杂，避免西方市场经济国家几乎均难以避免的劳资对立冲突，创造性实现着劳资和谐合作"的世界之谜，而且着力从新时代和谐劳动关系由"政府主导"向"劳资合作"演进发展，将实践中急需解决的政府责任、企业和劳动者合作、处置劳动争议等问题上升到理论层面进行深度研究，提出很多有见解的看法，对理论研究有借鉴作用，对实际工作有参考作用，对构建和谐劳动关系有积极作用。这都说明谭泓同志是带着社会责任、学者感情，尤其是中国特色社会主义理论的学术自信，去研究与企业和劳动者双方利益攸关的问题，研究成果也将随着实践的发展进一步升华。

多年的实践说明，研究劳动关系要与企业和劳动者有感情，想企业和劳动者所想，急企业和劳动者所急，谋企业和劳动者所需；研究劳动关系要对企业和劳动者有热情，不怕麻烦、不怕重复、不辞辛苦、不畏困难；攻克劳动关系难题要有激情，敢于亮剑出招，宽容失误、鼓励创新。有了研究构建和谐劳动关系的信心，就会踏着实现目标的阶梯，一步一步攀登。"这是一个需要理论而且一定能够产生理论的时代，这是一个需要思想而且一定能够产生思想的时代"，"一切有理想、有抱负的哲学社会科学工作者都应该立时代之潮头、通古今之变化、发思想之先声，积极为党和人民述学立论、建言献策，担负起历史赋予的光荣使命"。

杨志明*

2023 年 1 月 30 日

---

* 杨志明：中国劳动学会会长，全国政协委员，国务院参事室特邀研究员，人力资源和社会保障部原党组副书记、常务副部长，国务院农民工工作领导小组办公室原主任，国务院发展家庭服务业促进就业部联席会议办公室原主任。

目　　录

绪　　论

马克思指出："整个所谓世界历史不外是人通过人的劳动而诞生的过程，是自然界对人来说的生成过程。"[①] 马克思立足于人独特的存在方式在人类劳动与社会历史的互动中，人与世界之间通过劳动建立起基本价值关系，物质生产劳动对于人的现实存在及其全部生活的基础性地位，创立了唯物史观的基本叙事方式和思维逻辑。[②] 深刻把握人类存在的劳动根基，认为劳动构造了现实的社会历史。

从政府的社会职能角度，英国思想家洛克强调："政府是人们自愿通过协议联合组成的共同体，共同体的权力属于其中大多数人，政府就是代替大多数人行使权力的裁判者。"[③] 政府作为一种组织是社会重要的主导性成员，在劳、资、政三方组成的劳动关系中的社会协调作用日显突出，尤其在我国进入新时代市场化经济发展的重要转型期，劳动关系成为非和谐因素中的突出问题，政府在构建和谐劳动关系中的职能尤需重视。英国自由主义理论家密尔认为："政府应该能够促进人们本身的美德和智慧，政府是人的劳作，政府需要人民最大限度的参与"，并给政府作如下定义"政府既是对人类精

[①] 《马克思恩格斯文集》第 1 卷，人民出版社 2009 年版，第 196 页。
[②] 参见刘同舫：《马克思唯物史观叙事中的劳动正义》，《中国社会科学》2020 年第 9 期。
[③] ［英］约翰·洛克：《政府论》（下），瞿菊农、叶启芳译，商务印书馆 2002 年版，第 59 页。

神起作用的巨大力量，又是为了公共事务的一套有组织的安排"①。劳动关系既对社会物质与精神发展产生重要推动力，又是社会最基本最重要的组织安排。

2015 年 3 月 21 日，《中共中央 国务院关于构建和谐劳动关系的意见》强调："劳动关系是生产关系的重要组成部分，是最基本、最重要的社会关系之一。劳动关系是否和谐，事关广大职工和企业的切身利益，事关经济发展与社会和谐。"劳动关系是劳动者与用人单位在运用劳动能力实现劳动过程中形成的，是社会经济生活中最基本的、最重要的社会关系，涉及每个劳动者的切身利益。劳动关系的和谐稳定是整个社会和谐稳定的基础，一个社会的劳动关系不仅反映这个社会的生产关系性质、劳动者的利益和社会地位，而且关系着劳动的质量和效率。劳动关系的和谐稳定对于促进整个社会和谐稳定，对于促进经济可持续发展，对于调动广大劳动者参与社会主义和谐社会建设的积极性，都将发挥十分重要的作用。

从国际劳动关系起源角度，面对工业化市场经济发展中呈现的现实劳动问题，马克思从历史发展过程的角度论述了劳动在社会发展中的作用，并将异化劳动、雇佣劳动、剩余价值等作为学说核心。英国韦伯夫妇提出"产业民主理论"，将代议制民主原则扩大到产业范围。美国威斯康星制度经济学派康芒斯强调"法制先于经济"，法律制度决定经济发展，社会通过建立规则制度缓和劳资冲突。弗雷德里克·泰勒的"应用社会泰勒主义"工作改革，促使劳动效率产生重要提升。1919 年国际劳工组织成立，在组织原则和议事规则上采取劳、资、政三方协商机制，保证会员国的政府代表、雇主代表和工人代表都有权参加国际劳工组织事务的讨论和决定。第二次世界大战后进一步倡导通过劳、资、政三方协商解决劳动关系问题，于 1960 年通过《(行业和国家级别) 协商建议书》，于 1976 年通过《(国际劳工标准) 三方协商公约》和《(国际劳工组织活动) 三方协商建议书》，三方协商机制高度重视政府在劳动关系中的主导推动作用。

----

① ［英］J. S. 约翰·密尔：《代议制政府》，汪瑄译，商务印书馆 2002 年版，第 52—56 页。

　　我国劳动关系可溯源于明末清初民族资本主义的产生与发展，但由于战乱频仍，劳动关系问题研究几乎为空白。新中国成立后，计划经济体制下劳动者和企业都归国家所有，虽有工业化发展但没有形成真正意义上的劳动关系。我国当代劳动关系起步于城市经济改革，与社会主义市场经济体制的探索发展相伴而行，较西方市场经济国家劳动关系政府主体呈现出更为突出的"主导"特征。社会主义初级阶段在廉价、廉洁、民主和高效的基础上构建小而强的国家调节体系，形成"以市场调节为基础、以国家调节为主导"功能互补性的双重调节体制机制，以此消除西方国家过分实施市场调节或市场化改革所形成的周期性多种经济危机和困境。① 在社会主义市场经济体制探索发展期，我国劳动关系相对突出的"政府主导"阶段性特征，不仅较好地消除了西方市场经济国家过分依赖市场调节造成的周期性危机，而且创造性地避免了西方市场经济国家几乎都难走出的"劳资对抗"困境，有力地呈现出社会主义市场经济体制的显著优势。

　　经过40余年经济社会转型时期的发展，我国劳动关系的主体及其利益诉求越来越多元化，劳动关系矛盾进入凸显期和多发期，构建和谐劳动关系的任务艰巨繁重。新时代"人民日益增长的美好生活需要和不平衡不充分的发展之间的矛盾"、"以人民为中心"、"把人民对美好生活的向往作为奋斗目标"的发展理念，都对劳动关系的和谐发展提出了更高要求与期待。政府作为唯一能够通过政策立法改变劳动关系制度与规则的实体，对于现代社会最基本、最重要的劳动关系的影响必然突出，政府是劳动关系最重要的"规制者"、"协调者"、"维护者"、"促进者"，如何强化政府主导构建和谐劳动关系日显重要。

　　"国家是把政治的动力组织起来并使之形式化的机构……每个国家都有自己的政府，政府意味着握有官方职权的人代表国家行使权力。"② 无论传

---

① 参见程恩富：《加快完善社会主义市场经济体制的"四个关键词"》，《经济研究》2013 年第2 期。

② ［美］莱斯利·里普森：《政治学的重大问题——政治学导论》，刘晓等译，华夏出版社 2001 年版，第 42—43 页。

统古代国家还是近现代市场经济国家，政府无疑都是政治社会中最强大的组织，其机构遍布社会的各个部分、各个环节，影响着社会生活的方方面面，"社会一旦组成，政府就必然产生，它对于保持和维护社会秩序是必需的"①。政府对于现代社会最基本、最重要的劳动关系的影响必然也是突出的。"党和国家历来高度重视构建和谐劳动关系，制定了一系列法律法规和政策措施并作出工作部署。各级党委和政府认真贯彻落实党中央和国务院的决策部署，取得了积极成效，总体保持了全国劳动关系和谐稳定。"②

2006年10月，党的十六届六中全会通过的《中共中央关于构建社会主义和谐社会若干重大问题的决定》，将"实施积极的就业政策，发展和谐劳动关系"作为"坚持协调发展，加强社会事业建设"的七项重要内容之一。2007年10月，党的十七大报告进一步强调"规范和协调劳动关系，完善和落实国家对农民工的政策，依法维护劳动者权益"。2012年11月，党的十八大报告明确提出构建和谐劳动关系，强调："健全劳动标准体系和劳动关系协调机制，加强劳动保障监察和争议调解仲裁，构建和谐劳动关系。"2013年11月，党的十八届三中全会审议通过了《中共中央关于全面深化改革若干重大问题的决定》，强调"完善发展成果考核评价体系，纠正单纯以经济增长速度评定政绩的偏向……更加重视劳动就业、居民收入、社会保障、人民健康状况"、"健全促进就业创业体制机制……创新劳动关系协调机制，畅通职工表达合理诉求渠道"、"着重保护劳动所得，努力实现劳动报酬增长和劳动生产率提高同步，提高劳动报酬在初次分配中的比重。健全工资决定和正常增长机制，完善最低工资和工资支付保障制度，完善企业工资集体协商制度"。2015年3月，《中共中央 国务院关于构建和谐劳动关系的意见》明确要求"各级党委和政府要建立健全构建和谐劳动关系的领导协调机制，形成全社会协同参与的工作合力。各级党委要统揽全局，把握方向，及时研究和解决劳动关系中的重大问题，把党政力量、群团力量、企业

---

① ［英］边沁：《政府片论》，沈叔平等译，商务印书馆1995年版，第128页。
② 《中共中央 国务院关于构建和谐劳动关系的意见》，《人民日报》2015年4月9日。

力量、社会力量统一起来，发挥人大监督、政协民主监督作用。各级政府要把构建和谐劳动关系纳入当地经济社会发展规划和政府目标责任考核体系，切实担负起定政策、作部署、抓落实的责任"。2017 年 10 月，党的十九大报告强调："完善政府、工会、企业共同参与的协商协调机制，构建和谐劳动关系。"

党的二十大报告进一步强调："健全劳动法律法规，完善劳动关系协商协调机制，完善劳动者权益保障制度，加强灵活就业和新就业形态劳动者权益保障。"政府对于现代社会最基本、最重要的劳动关系影响是突出的，政府作为唯一能够通过政策立法改变劳动关系制度与规则的实体，在社会转型期是劳动关系最重要的"协调者"，政府如何更加主动前瞻地发挥"主导性"角色促使劳动关系和谐，同时伴随新时代人民日益增长的美好生活需要同不平衡不充分之间的矛盾，更加强化"劳资合作"促进发展的平衡性、充分性日显重要。"中国劳动关系的近期目标必然是针对'强资本、弱劳动'失衡格局，构建对劳动者倾斜保护的政府主导型劳资关系协调机制；长期目标是以此为基础促进劳资力量均衡，建立以个人经济自由为基础的劳动与资本深度合作机制。"①

在我国现实理论与实践中，政府有广义和狭义之分。狭义政府仅指中央政府、地方政府及各级行政机关。广义政府在中国指行政化了的党的领导机构，中央和地方的全部立法、行政、司法和官僚机构，即"政府是一个国家为维护和实现特定的公共利益，按照区域划分组织起来的以暴力为后盾的政治统治和社会管理组织"②。政党政治是当今世界政治发展的显著特点，是现代国家政治过程的基本特征。中国共产党是居于执政地位的党，党的领导首先是指党对国家的领导，也包括对社会各个阶层、各个领域的领导。本书研究中，政府包括广义的立法、司法和行政机关，也包括党的领导系统和党的意识形态。

---

① 韩喜平、徐景一：《和谐劳动关系的演进逻辑及发展方向》，《社会科学战线》2011 年第 3 期。
② 杨光斌：《中国政府与政治导论》，中国人民大学出版社 2003 年版，第 122 页。

在政府主导型市场经济条件下，劳动关系作为市场经济的重要组成部分，在转型期呈现出较为突出的政府主导的阶段性特征，这一特征由我国当代劳动关系形成、计划经济管理体制、中国"大一统"传统文化等共同促进形成。伴随市场经济深入发展逐渐成熟，中国劳动关系"政府主导"更具专业性地通过法治与伦理双重路径推动，在新时代将逐步演进为中国特色的"劳资合作"。

第　一　章

政府前瞻论：
现实问题、理论困境与主导特征

> 凡是把理论引向神秘主义的神秘东西，都能在人的实践中以及对这个实践的理解中得到合理的解决。
>
> ——卡尔·马克思

在向市场经济发展的转型过程中，市场机制冲击、政策机制有待成熟的环境使中国社会出现前所未有的矛盾，尤其经济结构多元化发展、社会结构迅速变迁、利益群体不断分解重整，劳动关系成为社会主义市场经济中重大的基础性关系。伴随收入差距扩大、社会矛盾冲突加剧、分配格局严重失衡等重大社会经济问题，中国经济发展"高成本、高风险期"的来临，将使"强资本、弱劳动"格局下劳动关系矛盾增多、冲突升级，并将成为经济社会发展中最为突出的矛盾和风险源头之一。[①]

作为人类社会最为重要的制度，政府在现代化进程中的角色至关重要，从家政府到全民政府，从最好的政府、最少的管理到最好的政府、最大的服务，从干预政府到福利政府，从与公民对立的政府到为公民服务的政府，从

---

① 参见罗宁、李萍：《劳资关系研究的理论脉络与进展》，《当代财经》2011 年第 4 期。

"国王不得为非"的政府到"有侵害必有救济"的政府，这些都反映现代化进程中政府变迁的轨迹。① 现代化进程的劳动关系领域，政府实现着由"自由放任"局外人向"主动前瞻、适度干预"主导者转变，并将进一步实现由"政府主导"向"劳资合作"的推动者转变。

一、转型期中国劳动关系面临的现实问题分析

"全部社会生活在本质上是实践的。凡是把理论引向神秘主义的神秘东西，都能在人的实践中以及对这个实践的理解中得到合理的解决。"② 劳动关系理论是"源于实践、归于实践"的现实问题研究，前瞻探讨转型期中国劳动关系面临的现实问题、理论困境与个性特征，对于政府有效协调劳动矛盾、促进社会和谐发展具有重要的理论现实意义。

（一）经济市场化背景下，劳动关系由个体向多元化调整转型

伴随我国计划经济向市场经济的转型发展，劳动关系市场化与劳工问题解决成为我国劳动关系的两大核心问题。市场经济转型时期，制定并完善劳动力市场规则必然成为政府劳动政策建设的侧重点，从而促进劳动力市场自由化并使之高效运行，并通过劳动合同制度、劳动争议处理三方机制及工会与雇主集体协商制度，建立符合市场经济体制要求的劳动关系规范体系，从而实现劳动关系的市场化。但在劳动关系市场化过程中，资本的强势必然会造成处于弱势地位劳动者的不满，为此国家高度重视劳动法治建设，尤其通过劳动调解仲裁机制实现对劳资冲突个体化的制度性解决。

在促进经济发展过程中，我国劳动关系政策虽然一直在寻求劳动关系市场化改革与劳工权益保护的平衡，但资本与劳工、效率与公平、发展与稳定之间的矛盾一直较为突出，这与对劳动问题缺乏前瞻性和整体性回应、将劳

---

① 参见杜飞进：《法治政府建构论》，浙江人民出版社 2011 年版，"前言"第 2 页。
② 《马克思恩格斯选集》第 1 卷，人民出版社 1995 年版，第 56 页。

动政策等同于就业政策、将劳动问题简化为经济问题或人力资源问题不无相关。在《劳动法》与《劳动合同法》实施过程中，更多重视保护劳动者的个体权益，忽视了集体劳动权益的保护。自 2004 年始，国家通过颁布《集体合同规定》等方式更加重视对集体劳动权益的保护。《劳动合同法》实施在促使整个社会劳动法治理念普遍提升的同时，劳动者的权利与集体意识也在普遍提升，并成为劳动关系集体转型的最主要推动力。劳动关系由个体向集体化转型，需要政府与劳动者共同推进，即政府主导的自上而下的建构与劳动者自发的自下而上的促进；在平台经济发展背景下，劳动关系由个体向多元化转型，更需要政府高度重视"发展与规范"前瞻职能作用的发挥。

2010 年，以"南海本田事件"为代表的外企工人自发组织、劳动双方理性协商、由权利争议转变为利益争议的"停工潮"成为我国劳动关系集体化转型的标志性事件，政府部门"理智对待、法治解决"有效推动了集体协商谈判的进行，加强了工会与工人之间的联系，更促进工会主动改革。近十余年来平台经济的迅猛发展，使松散劳动、兼职劳动、弹性劳动、动态劳动等呈现多元发展状态，政府主导的劳动关系政策必然更加需要"以人民为中心"的发展理念为坐标，在推动与规范平台经济发展过程中，着力强化平台经济背景下多元化劳动关系构建和调整的时代转型。

（二）全球化背景下，传统劳动关系加快与国际劳工标准接轨

"经济全球化是指跨国商品与服务交易及国际资本流动规模和形式的增加，以及技术的广泛迅速传播使世界各国经济的相互依赖性增强。"[①] 全球化推动着"市场经济与自由贸易"在世界范围内快速发展，资本不断突破地域界限，特别是国家的界限，在全球范围内自由流动以谋利。劳动却被限制在各自的国家和地域中，并没有获得同等或同步到全球化，由此资本全球化更加强化了对劳动的压制和剥夺，对传统劳动关系格局也产生了前所未有的影响。在经济全球化的背景下，企业在弹性和效率方面面临越来越多的挑

---

① 国际货币基金组织编：《世界经济展望》，中国金融出版社 1997 年版，第 45 页。

战，为了应对日益激烈的竞争环境，企业开始采取多种雇佣模式以增加组织的环境适应能力和竞争力。[1]

全球化促使"强资本、弱劳动"的格局更加明显，劳动关系非均衡状态更加突出，由于信息技术的发展，资本能够高效、低成本的自由流动，直接与消费者联盟，而受到工作搜寻与流动成本的限制，劳动与资本逐渐分离，其后果是劳动者与企业不能形成长期、稳定的就业关系，短期与灵活雇佣成为就业方式的一般规律，企业雇佣方式的转变加剧了劳动对资本实际从属。[2] 全球化促进着产业结构调整，第二产业缩小弱化了以蓝领制造业工人为主体的工会实力和工会运动的传统基础，第三产业的扩大促使劳工队伍内部分化，大规模的劳工组织很难形成，跨国公司生产的国际化使劳动关系跨越国际界限，对局限于本国范围内的工会组织形式、活动机制及生存能力产生重要影响。全球化使政府在劳动关系调整中，为了吸引资本、提高竞争力，发展中国家以廉价劳动力为优势，出台优惠政策，放松对劳动力市场的监管，劳务派遣、劳务转包及非全日制等降低工作报酬的岗位大量增加。

在全球化背景下，劳动关系的规范已不再是任何一个主权国家有能力任意处置的事情，以国际劳工标准建立劳动关系调整的规范体系日趋重要。2019 年 6 月，第 108 届国际劳工大会聚焦"如何应对科技创新、气候变化等因素可能对未来工作领域构成的新挑战"，发布《为了更加美好的未来而工作》报告。在国际劳工标准接轨中，当前我国共批准 26 项国际劳工公约，尤其近年来加大国际劳动标准接轨力度。2006 年 1 月 12 日，批准 C111-1958 年《（就业和职业）歧视公约》，进一步明确在消除就业歧视方面的责任，促进建立完善反就业歧视的法律制度，推动构建完善的反就业歧视机制，培育和提升公民权利意识和平等观念。2007 年 1 月 25 日，批准 C155-1981 年《职业安全与卫生公约》，提高安全卫生法律覆盖率，完善安全卫生监察机制和安全卫生立法，保障劳动者的安全、健康和福祉。2015 年 11 月 12 日，批准

---

① 参见孙彦玲、张丽华：《雇佣关系研究述评：概念与测量》，《首都经济贸易大学学报》2013 年第 1 期。

② 参见韩喜平、徐景一：《马克思劳资关系思想解析》，《当代经济研究》2012 年第 8 期。

《2006年海事劳工公约》，促进"体面劳动"和海员权益，构建海运业公平竞争环境，促进海运业健康发展，为贸易提供反制手段。

（三）快速发展背景下，"GDP增长"曾与"地方政府执政为民"矛盾

改革开放以来，以经济建设为中心，实施赶超战略、追求GDP成为地方政府的优先发展目标，各级地方政府为增长竞赛而在招商引资过程中表现出明显的"重资本、轻劳动"行为特征，人口红利成为经济发展的重要推动器，"人口红利的增减，与其说是一个解释当前经济增长放缓的因素，不如说是一个探析改革开放初期经济起飞引擎的经济史议题"①。改革开放之初，为了招商引资和GDP增长，地方政府往往压低土地价格、降低环保要求，不计成本地将有限的财政资源用于基础设施建设，而忽视人力资本投资和公共服务建设。为了吸引投资、增加项目，地方政府在劳动纠纷中更注重保护投资者利益，而忽视劳动者的工资水平、生产环境、劳动保护，相对于资本的强势而劳动者的地位持续下降，相对于GDP增长而劳动者收入份额持续下降。

财政部财政科学研究所研究表明，1993—2007年，政府收入占GDP的比重由11.68%增至14.81%，增长3.13个百分点；企业的资本收益由38.83%增至45.45%，增幅6.62个百分点；而劳动报酬占GDP的比重由49.49%降低至39.74%，降幅9.75个百分点。② 国家高度重视社会收入水平的提高，但劳动报酬相对于GDP增长依然缓慢，我国全部雇员1985年年均工资为1120元，到2012年增长到34905元，共增长了25.85倍。而同一时期人均GDP则从857元增加到29991元，增加了31.1倍。③ 不可否认，GDP增长竞赛以政府强烈的增长意识和强有力的主导行为顺应市场经济发

① 王立胜、孙泽玮：《从人口红利到结构红利：70年经济奇迹的社会主义背景》，《马克思主义与现实》2019年第4期。

② 参见谭树森：《劳动者理应更多分享经济发展成果》，人民网，2012年2月13日。

③ 参见中国社会科学院：《中国经济前景分析（2014年春季报告）》，2014年4月29日。

展规律，成为改革开放 40 多年我国经济高速发展的助推器，但 GDP 经济增长呈现出的以资本、能源、原材料及劳动力推动的粗放式发展使全要素生产率增长的经济增长贡献率较低。

经济增长率与失业率存在稳定关系的"奥肯定率"失灵，经济增长没有主动带来就业扩大；劳动力自由流动受到规范性政策限制难以具备资本的流动程度，劳动者面对资本"逐底竞争"造成的劳动标准全面下降；劳动者获得的"市场工资"受到人为限制，物质资本驱动的"粗放发展"造成人力资本投资不足①。当前各级政府绩效考核在重视经济社会发展的同时，越来越重视服务民众、党风廉政、社会管理综合治理、机关效能建设和优化经济发展环境满意度等指标体系建设，经济快速发展背景下"GDP 增长竞赛，重资本、轻劳动"与"地方政府执政为民"的矛盾也必然成为转型期我国劳动关系更加良性协调发展的现实问题。

二、基于资本与中国社会本质特征的劳动关系理论困境探讨

转型期基于资本与中国特色社会主义本质特征，劳动关系面临诸多有待探讨的理论困境，尤其应强化基于"剩余利润"与"体面劳动"的"资本逻辑"与"生活逻辑"的理论探讨，基于"共同富裕"与"社会和谐"的"劳资冲突"与"劳资合作"的理论探讨，基于"马克思执政党本质"与"市场经济资本逻辑"的"最广大人民根本利益"与"资本控制社会经济权利"的理论探讨。

（一）基于"剩余利润"与"体面劳动"的"资本逻辑"与"生活逻辑"

社会发展进步的最终目的是实现人的全面自由发展，"体面劳动"是国

---

① 参见荣兆梓等：《通往和谐之路：当代中国劳资关系研究》，中国人民大学出版社 2010 年版，第 462—468 页。

际劳工组织 1999 年提出的战略目标，也是中国社会发展以人为本、尊重和保障劳动者权利的现实追求。但市场经济发展中资本的本性是追求剩余价值，资本逻辑与生产逻辑、技术逻辑共同吞噬生活逻辑，使"体面劳动"难以实现并成为现代社会发展的重要特征。资本的逐利性和劳动者的社会需求之间存在本质的不同，双方的诉求差异在残酷的竞争压力下被放大，如果缺少有效的制度和规范来保证企业和个体社会网络的平稳过渡，工作场所的冲突就会显现出来。①"在社会主义市场经济体制下资本逻辑的利润最大化追求并没有终止其有效性，在全球化发展背景下，由于资本天然的趋利性，几乎所有的重要事件都与资本逻辑紧密相关"②。

认真探讨"资本逻辑"与"生活逻辑"的深层理论关系对于科学阐释马克思劳动伦理观，构建和谐劳动关系意义突出。马克思指出："资本有一个奇怪的逻辑，凡是人类所能提供的一切剩余都属于它。"③ 逻辑在其追求剩余价值的自我增殖的运动过程中，展示出以追逐利润为终极目标、以技术理性为其手段，落脚于生产逻辑的运动轨迹和发展规律。"在《资本论》中，马克思更为关注的是资本主义的生产逻辑，尤其是以英国为样本的资本主义生产逻辑"④。在资本逻辑的驱使下，"工人不是为自己生产，而是为资本生产、工人变成资本增殖的直接手段，于是呈现出劳动异化"⑤。生活逻辑是指生活自身追求本真化的生存之维，即"人诗意地栖居"的本性，每个人都有生存发展和自我实现的需要，只有通过劳动，人才能够获得自我实现，也只有在劳动过程中才能感受到"人之为人"的存在。"利用资本本身来消灭资本"是马克思主义哲学给当今世界指明的发展道路，也是"资本逻辑"向"生活逻辑"转化的根本途径。

"社会和国家的目的在于使一切人类的潜能以及一切个人的能力在一切

---

① 参见孙彦玲、张丽华：《从社会网络角度对富士康跳楼事件的再分析》，《北京行政学院学报》2013 年第 2 期。

② 张艳涛：《资本逻辑与生活逻辑——对资本的哲学批判》，《重庆社会科学》2006 年第 6 期。

③ ［德］马克思：《资本论》第 3 卷，人民出版社 2004 年版，第 447 页。

④ 仰海峰：《马克思〈哲学的贫困〉中的历史性思想》，《哲学研究》2020 年第 5 期。

⑤ ［德］马克思：《资本论》第 1 卷，人民出版社 2004 年版，第 582 页。

方面都可以得到发展和表现"①，"是否有利于发展社会主义社会的生产力，是否有利于增强社会主义国家的综合国力，是否有利于提高人民的生活水平"的"三个有利于"标准是对社会主义市场经济利用资本、发展资本最后消灭资本的最直接探索，也是中国特色社会主义发展40余年充分利用资本由"资本逻辑"转向"生活逻辑"取得世人瞩目成就的具体展现。党的十九大提出"新时代我国社会主要矛盾是人民日益增长的美好生活需要和不平衡不充分的发展之间的矛盾"，对"资本逻辑"促进"生活逻辑"提出更高的期待。

（二）基于"共同富裕"与"社会和谐"的"劳资冲突"与"劳资合作"

党的十九大报告提出："必须坚持以人民为中心的发展思想，不断促进人的全面发展、全体人民共同富裕"。社会主义的最终目的是达到共同富裕，社会和谐是中国特色社会主义的本质属性，是社会主义发展的必然要求，也是实现共同富裕的必要条件。劳动关系作为一种复杂的社会关系和生产关系，其实质是不同要素所有者在相互结合进行生产并获得收益的一系列过程中所形成的冲突与合作的关系。社会和谐与共同富裕的实现必须重视"劳资冲突"与"劳资合作"的理论探讨。市场经济学鼻祖亚当·斯密在社会分工与合作中最早看到了劳资双方既存在利害冲突，也存在合作相依："这两方的利害关系绝不一致。劳动者盼望多得，雇主盼望少给，劳动者都想为提高工资而结合，雇主却想为减低工资而结合"，"就长时期说，雇主需要劳动者的程度，也许和劳动者需要雇主的程度相同"②。

19世纪50年代，英国西尼尔提出"节欲论"、美国凯里提出"阶级利益和谐论"、法国巴师夏提出"经济和谐论"，均从"抽象和谐"原则论证劳动之间利益的"一致"性，主张"阶级利益调和"观点，进而提出资本

---

① ［德］黑格尔：《美学》第1卷，朱光潜译，商务印书馆1979年版，第59页。

② ［英］亚当·斯密：《国民财富的性质和原因的研究》（上卷），蒋自强等译，商务印书馆1974年版，第108、60—61页。

主义是一个劳资合作的、公平公正的"和谐社会"。马克思通过对"货币与资本"、"劳动与劳动力"，尤其是"劳动从属于资本"、"价值形成与增殖"等概念范畴阐释，揭示资本主义劳动关系存在实质不平等的同时，对劳资之间存在相互需要的"合作"进行了探讨："工人若不受雇于资本家就会灭亡。资本若不剥削劳动就会灭亡，而要剥削劳动，资本就得购买劳动……产业愈繁荣，资产阶级愈发财，生意愈兴隆，资本家需要的工人也就愈多，工人出卖自己的价格也就愈高。"①

随着劳动关系与西方经济社会发展的变迁，新古典学派马歇尔、弗里德曼等承袭"市场自发调节"的古典学派观点，认为决定劳动关系的关键因素是市场，工会影响着劳动力的自然供给，使劳动力市场失衡，作为劳动关系"守夜人"的政府，应维护劳动之间的自由选择。② 现实中的产品市场并非完全竞争，劳动力市场存在诸多缺陷，通过劳动法和集体谈判确保"公平与效率"和谐发展，是解决劳动关系问题的有效途径。以上经典性"劳资冲突"与"劳资合作"理论，对于转型期政府主导推动和谐劳动关系具有重要启示与借鉴价值。

（三）基于"马克思执政党本质"与"市场经济资本逻辑"的"最广大人民根本利益"与"资本控制社会经济权利"

"党除了工人阶级和最广大人民群众的利益，没有自己特殊的利益。"③代表最广大人民的利益是马克思执政党先进性的集中体现，是无产阶级运动的本质特征。社会主义所主张和代表的，首先是最大多数劳动者的利益，但市场经济的运作规则则是"资本控制社会经济权利"，同时也控制着社会的话语权。在目的理性支配的经济活动中，经济活动的目的是利润积累，人成为实现目的的手段或工具，这就引起一个道德上的问题：从理想上讲，理性应把人的生活提升到自由、尊严和自主的境地；而在现实中，人反倒在理性

---

① 《马克思恩格斯全集》第6卷，人民出版社1961年版，第490页。

② 参见罗宁、李萍：《劳资关系研究的理论脉络与进展》，《当代财经》2011年第4期。

③ 《中国共产党第十八次全国代表大会文件汇编》，人民出版社2012年版，第71页。

的活动中，变成了追求与此目的背道而驰的工具，一切都变成了赢利的工具。① 由于资本具有独占性和稀缺性，在劳动力市场和劳动关系中占有绝对优势，劳动者在劳动力市场上出卖劳动力的行为本质是谋生的手段，劳动者在劳动过程中处于被管理和被支配地位，不得不依附从属于资本。从权利意义角度分析，劳动和资本都拥有各自的权利，劳动的上位权利是生存权，资本的上位权利是财富权，从法律人本角度生存权较财富权优先，但从竞争关系角度财富权较生存权总是处于优势地位，市场经济条件下财富权与生存权的较量将是个永恒主题。

马克思主义政党以最广大人民群众的根本利益为根本出发点和落脚点，就必须高度重视并不断提高利益协调与社会凝聚，从而坚持公平正义、激发社会活力、促进和谐稳定。在我国市场经济发展过程中，"展现出一个'滚雪球'效应，资方的雪球原本就大，以至于越滚越大；劳方的雪球原本就小，加上资方把雪都滚走了，所以滚来滚去还是原样。资方雪球滚动的结果是成为权力的'巨无霸'"②。而"与资本主义生产目的是最大限度地追求剩余价值有本质的不同，社会主义生产目的不再是少数人的财富积累，而是更好地满足人民在经济、政治、文化、社会、生态等方面日益增长的需要，实现社会成员共同富裕和人的全面发展"③。基于此，从理论角度强化"最广大人民根本利益"与"资本控制社会经济权利"的探讨，对于社会和谐发展意义突出。劳资冲突在市场经济条件下客观存在着，如何正确处理、妥善解决必然成为促进社会和谐稳定的重要条件。

劳动法律存在的根本意义便在于找到财富权与生存权之间的平衡，而两者之间平衡的原则与出发点应是生存权的优位选择。在市场经济发展过程中，尽管"资本控制社会经济权利"，资本成为经济发展的主导，但社会主义"代表最广大人民根本利益"的本质要求，促使我们必须通过社会法、劳动法的制定与实施在一定程度上限制资本、保护劳工，从根本上维护劳动

---

① 参见艾四林：《哈贝马斯》，湖南教育出版社 1999 年版，第 44—45 页。
② 石秀印：《企业权力构造转型：劳动关系调节与和谐的关键》，《中国工人》2011 年第 11 期。
③ 王立胜：《新时代中国特色社会主义政治经济学研究》，济南出版社 2019 年版，第 97 页。

者的根本利益，防止两极分化，走社会和谐、共同富裕的道路。

三、基于中国劳动关系形成的政府更具"主导性"特征思考

从当代中国劳动关系形成过程角度分析，"劳动和工作世界的改变以强调生产力的迅速发展为基础，建立在我国国家战略中的发展主义基础上，一方面国家的强势影响到各种利益集团的形成和利益表达，另一方面使国家处于主导劳动关系的核心位置"①。在转型期市场化经济发展过程中，政府已逐步高度重视劳动关系问题，但主导构建和谐劳动关系的角色职能还不到位。基于中国劳动关系特征，政府主导型的劳动关系调整模式将成为发展和稳定我国劳动关系的基础。

（一）中国政府在市场化劳动关系形成过程中更具"主导性"特征

回顾市场经济发展 40 余年，无论国有企业改革、民营企业壮大还是外资企业引入，政府均发挥着重要的主导作用，中国政府较其他任何国家政府对劳动关系更具"主导性"特征。在政府主导推动下，我国国有企业先后围绕"市场竞争主体"和"企业独立法人"的核心目标，通过放权让利、利改税、承包经营、破产试点、政企分开、两权分离、股份制改造、抓大放小、建立现代企业制度等改革②，逐渐成为独立的经济实体，企业职工由计划经济时期的"国家人"和"主人翁"转变为市场经济条件下的"劳动者"和"员工"。在政府的引导扶持下，我国民营企业快速发展，规模持续扩大，实力日益增强，民营企业劳动关系发展既是劳动政策变化发展、中国工会变革、政府干预导向变化的历史自延，同时也蕴含着经济体制转型后劳

---

① 佟新：《发展社会主义和谐劳动关系》，《北京观察》2011 年第 4 期。
② 参见倪端明：《我国国企劳动关系 30 年改革与实践》，《国有资产管理》2009 年第 2 期。

动与资本关系由"正和效应"向"马太效应"发展的渐进轨迹,[1] 市场经济体制下政府公平分配导向政策、劳动者个人经济自由、增强劳动者博弈力量等制度环境、政策要素应予强化。

在政府的开放促进下,外资企业快速发展,弥补了国内发展资金的不足,促进了管理水平的提高和技术的进步,推动了产业结构调整,创造了更多的就业机会,提高了国际竞争力。全球化的发展进程、文化的差异与管理方式的不同影响着外资企业劳动关系模式选择,地方政府重引资、轻管理,为外资方创造宽松社会环境,但一度放松企业社会责任、姑息资方侵权行为更成为影响外资企业劳动关系的重要因素。在持"自由主义经济"理念的发达市场经济国家,雇主和工会反对政府对劳动关系干涉。在持"宏观经济学派"理念的市场经济国家,社会越来越重视政府对劳动关系的干预,但从其劳动关系形成角度都不如我国政府在劳动关系中更具"主导性"特征。

在劳动关系调整中,政府是唯一能通过立法改变劳动关系制度和规则的实体,可以根据劳动者的意志和能力保障就业,提高劳动条件,依靠合理、安定的劳动关系,协调劳动者、企业、国家之间的关系,进而促进经济发展和社会进步。在市场经济转型发展过程中,应充分发挥政府更具"主导性"的特征优势,促进劳动关系和谐发展,尤其强化"政府推进式"的劳动政策制定,建立完善以职业培训、就业服务、失业救济为主体的现代劳动力市场,维护提高劳动基准、健全劳动条件形成机制,构建以劳动监察、劳动争议处理、三方协商机制为途径的劳动关系协调机制。

(二) 中国传统"大一统"文化渊源对"政府主导"的深层推动

无论在传统的古代国家还是在近代民族国家,政府都无疑是政治社会中最强大的组织,其机构遍布社会的各个部分、各个环节,其职能影响着社会

---

[1]　参见徐景一:《和谐社会视域下民营企业劳动关系协调机制研究》,博士学位论文,吉林大学2013年。

生活的方方面面。我国作为东方国家"社稷为大"的社会观念与西方"个人主义"的价值取向相差甚远，"大一统"是我国古代政治观念和国家学说的一种特殊表述。"何言乎王正月？大一统也"（《公羊传·隐公元年》）；"所以大一统者，六合同风，九州共贯也"（《春秋》）。大，指重视、尊重；一统，指天下诸侯皆统系于周天子，该思想在中国古代历史上发挥了极其重要的作用，更从政治、军事、经济起到地缘互补的重要优势效应。"大一统"文化在古代"一统于王"，在今日"一统于国"，尤其在经济全球化成为推动社会、政治和经济转型主要动力，推动现代化社会和世界秩序重组的复杂世界环境中，"大一统"思想更成为国家统一、国力强盛、民族振兴的重要理想信念以及劳资合作、劳资和谐的凝聚力量。

从历史文化渊源角度，中国无论政治、经济还是社会、文化都属于"一统体制"，与西方的"契约制"显著不同，其核心特征是权威主义或强权主义，国家的建立规则和政权更替规则是族群或社群之间武装征服，形成政府"主导性"的总揽权力、单向性、强制性、刚硬性行使权力的深厚历史文化渊源。[1] "所谓'大一统'是中国古代政治观念和国家学说的一种特殊表述，体现在政治上则是君主的绝对权威和对'天下'的绝对主权。"[2] "皇天眷命，奄有四海，为天下君"（《书·大禹谟》）与"普天之下，莫非王土，率土之滨，莫非王臣"（《诗经·小雅·北山之什·北山》），以及民间语言"天无二日，民无二王"，均是大一统思想的具体体现。"大一统"观念自西周形成，礼乐制度即为奴隶制下的"大一统"文化形态。秦汉时期又有不同尝试，秦朝在政治上"六王毕，四海一"，在文化上统一文字、统一度量衡且"焚书坑儒"。汉朝强化对宗法观念的顺从，以"孝悌"伦理道德观念教化民众，并"罢黜百家，独尊儒术"，对儒家学术礼乐制度充分肯定并将之用于治国实践。

"'大一统'文化给我们带来了一个安详而有层次的社会，使我们的国

---

① 参见许叶萍、石秀印：《中国集体谈判的困境与中国的一统制传统》，《江苏社会科学》2013年第2期。

② 刘新建：《秦汉建设"大一统"文化的尝试及其特点》，《社会科学》1990年第3期。

家多年来始终维持大一统的局面，不像面积与中国等大的欧洲，一直四分五裂，国家居然有二三十个之多"①。由此，形成了"多元一体格局"的国家形式，奠定了政府主导的坚实文化根基。在高度集中的计划经济体制下，公有制经济占国家的绝对统治地位，政府占有和控制绝大部分生产要素，拥有并直接经营企业，劳动者工资和企业利润等各种生产要素的价格和绝大部分产品的价格由中央计划部门决定，各种经济指标和生产任务由计划部门下达并且必须完成，企业生产的产品由国家统购包销，国家则对企业实行统收统支和统负盈亏。即使在市场化发展过程中，也很自然形成政府主导型市场经济，在整体上虽然资源按市场经济原则进行配置，但政府以强有力的计划和政策对资源配置施加影响，从而达到某种短期和长期增长目标的经济模式，在劳动关系领域必然同步呈现"政府主导"特征。

（三）市场经济发展过程中政府对劳动关系的调整曾不到位

"规制者"、"监督者"、"损害控制者"、"调解与仲裁者"是政府参与劳动关系调整必须履行的角色职能。我国政府在市场化劳动关系形成过程中虽然更具"主导性"特征，但政府参与劳动关系调整的职能履行远不到位，甚至出现"政府转型后失控"、"政府与资本合谋"、"劳动监察不到位"、"劳动争议处理滞后"②。在向市场经济转型过程中，政府对劳动关系的统包统配直接管理转变为宏观调控间接管理，促进了劳动者与企业自主协商，但由于对政府在劳动关系调整中的角色职能认识不清、提供公共服务维护社会公平经验缺乏，使劳动力市场处于失控无序状态；部分政府在推动发展过程中，更多关注资本、土地等稀缺资源，对供大于求的劳动力资源缺少足够重视和爱护，甚至经受不住市场诱惑，将行政权力作为资源与资本交换。

在"强资本、弱劳动"环境中，少数政府缺少对企业履行社会责任的监察监管，使劳动者的生产环境和生活处境更加艰难。在 2008 年 5 月《中

---

① 李威熊：《董仲舒与西汉学术》，文史哲出版社 1978 年版，第 69 页。

② 丁胜如：《论劳动关系主体的角色与作为》，《北京市工会干部学院学报》2007 年第 3 期。

华人民共和国劳动争议调解仲裁法》实施前的较长时间，"一调一裁两审"劳动争议处理制度严重滞后于劳资矛盾、劳动争议，很难体现程序与实体正义，"裁审自择"、"裁审分轨"双轨体制的实施突出了保护劳动者诉权的司法程序，肯定了多元化劳动争议处理机制，强化了劳动争议调解委员会调解协议效力。市场化经济发展进程中，当劳动与资本的力量失衡时，政府必须通过行政权力扶助弱势劳动者。

自由资本主义时代，政府基本上对劳动关系采取不干预的放任自流原则，随着劳动矛盾的凸显和工会力量的壮大，许多国家转而采取凯恩斯宏观经济政策，更加重视参与劳动关系调整，推动劳动双方协商、谈判和合作。英国、美国强调劳资双方的自愿与自决，日本、法国和德国的劳动关系强调劳动集体谈判，澳大利亚则重视政府出面维持产业和平。劳动力市场的发展经验与各国劳动关系发展史表明，政府通过法制和宏观调控促使劳动双方利益平衡，推动劳动关系规范协调和谐，转型期我国劳动关系的问题现状、政府参与劳动关系调整的角色职能，都在呼唤政府更加重视转型期中国社会发展的劳动关系调整与规范。

（四）"政府主导型"调整模式成为发展和稳定我国和谐劳动关系的基础

虽然干预程度和干预方式视具体国情有所不同，但重视政府对劳动关系的调整干预已成为各国共识。在我国由于劳动法制建设仍待完善，劳动者集体力量较弱，如果政府放松对劳动关系的调整干预，劳动力量不平衡、劳动关系不规范的现象将更加严重，"政府主导型"劳动关系调整模式必然成为我国劳动关系和谐稳定的基础。"十二五"规划将"民生问题和劳动关系问题"列入此阶段着力解决的重大任务，2015 年 3 月，中共中央、国务院发布《关于构建和谐劳动关系的意见》，更说明劳动关系问题已被置于政府最高战略决策层面。

基于中国政府在市场化劳动关系形成中更具"主导性"特征，学界提出"发展转折说"、"第三方主体说"及"政府主导过渡说"。蔡昉认为中国经济已经进入"以劳动力无限供给性质的逐渐改变为表征"的转折点，政府应更加重视通过立法和各种规制，保护普通劳动者的利益和权益。[①] 杨瑞龙等认为政府作为劳动关系"第三方主体"，由于保护劳方合法权益不力导致劳方选择"契约"等其他执行方式，使契约实施由"公共强制"倒回"私人秩序"[②]。夏小林认为治理劳资关系首先要"治吏"，对日益凸显的劳动矛盾，政府应该发挥行政优势，先形成"政府主导型"的劳动关系调整模式，再逐步向非政府组织的劳动关系调整转移，政府实行适当监管和裁判。[③] 以上三种观点均体现出"政府主导型"劳动关系调整模式在构建和谐劳动关系中的基础地位。

"政府主导型"劳动关系调整模式的作用主要体现在：首先，只有在政府主导下才能建立规范的市场机制，市场经济的发展需要政府土壤的培育。其次，只有在政府更有力的主导推动下才能减轻经济体制转型所导致的社会动荡，促进经济、权力、文化和信息资源再分配过程中的公平公正。最后，我国政治制度改革滞后于市场经济体制改革，使社会团体无法快速发展，劳动关系和劳动者权益唯有依靠政府政策法律协调才能得到保障[④]。政府在推动劳动合同、集体合同、完善劳动力市场、发挥工会职能、培育劳动者集体力量等方面已做了大量工作，加强"政府主导型"劳动关系模式必然成为我国劳动关系调整的主导方向。政府尤其应强化如下工作：重视劳动政策和法律法规的基本手段调整和规范劳动关系，为和谐劳动关系提供正确的政策导向和价值取向；通过严格执行公共政策和法规，创造和谐有利的环境，超越劳资双方主体各自利益之上，推动劳资双方加强沟通协调、谈判，使劳动政策、法规确定的内容转变为实践；政府直接或间接介入劳动纠纷和争议，通过劳动调解、劳动仲裁、劳动诉讼，使劳动冲突、社会损失最大限度减少。

---

① 参见蔡昉：《刘易斯转折点——中国经济发展新阶段》，社会科学文献出版社 2008 年版。
② 参见杨瑞龙、卢周来：《正式契约的第三方实施与权力最优化——对农民工工资纠纷的契约论解释》，《经济研究》2004 年第 5 期。
③ 参见夏小林：《私营部门：劳资关系及协调机制》，《管理世界》2004 年第 6 期。
④ 参见吴清军：《当前我国劳动关系发展趋势研究》，《工会博览》2010 年第 3 期。

第 二 章

政府主导论：
中国劳动关系的阶段性特征

社会和国家的目的在于使一切人类的潜能以及一切个人的能力在一切方面都可以得到发展和表现。

——黑格尔

在政府主导型市场经济条件下，劳动关系作为市场经济的组成部分，呈现出"政府主导"的阶段性特征，这一特征基于当代劳动关系形成、计划经济管理体制、"大一统"文化渊源等形成。伴随新时代市场经济深入发展不断成熟，劳动关系通过法律规制调节、劳动伦理倡导推动、工会"双重角色"准政府职能作用发挥、劳动者综合素质提升、企业发展环境优化以及西方市场经济国家借鉴，将逐步实现构建和谐劳动关系"政府主导"下的"劳资合作"。

一、劳动关系"政府主导"的职能定位

(一) 劳动关系"政府主导"的相关研究

1. 劳动关系"政府主导"的社会背景研究

郑杭生 (2007、2010)[①] 系统地论述了政府行为在社会矛盾治理中的作用，认为"规范政府行为已成为化解我国社会矛盾的当务之急"、"化解矛盾的基本途径在于制度创新"，并从快速转型时期制度变迁、利益分化、代价支付、经济社会失衡、信任缺失、公共参与、社会失范等角度提出规范政府行为、治理社会矛盾的具体思路与对策。

同时，郑杭生等 (2011)[②] 从不同的视角和领域探索了社会转型的问题，认为"中国社会转型的基本问题和主要矛盾是社会结构滞后于经济结构"，并且认为这是所有社会问题产生的根源，经济结构转轨与社会结构转型既有相互促进的一面，也有相互摩擦的一面，当前相互冲突的一面更为突出。

李培林 (1995)[③] 认为任何地域经济的发展离不开"政府"、"市场"和"社会网络"这"三只手"的控制，其中政府起到"第一只手"的作用，社会结构转型是影响经济发展和资源配置的"另一只看不见的手"，它既是经济增长的结果，也是社会变革的推动力量。

同时，李培林等 (2000)[④] 认为中国正处于体制改革的关键时刻和社会结构转变的加速时期，这种剧烈的变化带来利益格局的调整，也产生了一些利益上的摩擦甚至冲突，形成了某种程度上的"社会张力"，这样就需要新

---

① 参见郑杭生主编：《中国社会发展研究报告2007——走向更加有序的社会：快速转型期社会矛盾及其治理》，中国人民大学出版社2007、2010年版。

② 参见郑杭生等：《社会转型与中国社会学的理论自觉》，中国人民大学出版社2011年版。

③ 参见李培林：《中国社会结构转型——经济体制改革的社会学分析》，黑龙江人民出版社1995年版。

④ 参见李培林等：《就业与制度变迁——两个特殊群体的求职过程》，浙江人民出版社2000年版。

的"社会整合"来化解"社会张力"，实现社会稳定。

沈原（2006）① 认为中国社会正处在两次"大转变"的交汇点上，一方面，从全球化的背景来看，中国社会正处在世界范围的市场化潮流中，已经被深深地卷入全球化的旋涡；另一方面，中国社会本身也正在经历剧烈的体制转型，在国家权力的引导和推动下涌动的市场化大潮，空前猛烈地冲击着经济、社会和政治制度的各个领域，彻底改变了整个社会的面貌，重新塑造着全部社会生活。中国工人阶级的再形成就是影响整个社会结构变迁的最为重要的一个因素。

同时，沈原（2008）② 认为当全世界都在异口同声地说中国已经成为"世界工厂"时，其社会学含义在于中国正在形成全世界规模最大的工人阶级。当然，这个正在形成的阶级成分庞杂，但是其两个基本构成部分的轮廓是清晰可见的。一个部分来自被推入劳动力市场的国企职工，眼下这个部分已经日渐式微了；另一个部分来自源源不断地离开农村和农业的农民，即农民工，这个部分正在日益壮大之中。

吴忠民（2004）③ 认为公正对于一个社会至关重要，是现代社会的制度设计与安排的基本依据，对于效率的生成与促进具有举足轻重的意义，是社会实现安全运行的必要条件，可以保证社会的健康发展。如果忽略了"共享"便会演化为贫富差距越来越大、动荡不安的社会，如果忽略了"自由发展"便会演化为平均主义的、没有活力的社会。

同时，吴忠民、韩克庆等（2009）④ 认为在中国现阶段，维护和实现社会公正的重要任务，就是要基于社会公正的基本理念，制定和实施系统的社会政策，社会政策的滞后不仅使得民生状况没有得到应有的改善，而且造成了大量的社会问题，面对大量劳动政策的缺位并缺乏统一性和公平性的情形，认为政府须更加重视劳动政策的制定。

---

① 参见沈原：《社会转型与工人阶级的再形成》，《社会学研究》2006 年第 2 期。
② 参见沈原：《又一个三十年？转型社会学视野下的社会建设》，《社会》2008 年第 3 期。
③ 参见吴忠民：《社会公正论》，山东人民出版社 2004 年版，第 1 页。
④ 参见吴忠民、韩克庆等：《中国社会政策的演进及问题》，山东人民出版社 2009 年版。

2. 劳动关系"政府主导"的环境阐释研究

杨伟国、陈玉杰（2010）① 认为，自 1978 年我国国家治理战略可归结为经济时代、和谐时代和创新时代，经济时代关心劳动力市场的效率，而和谐时代则强调公平与社会财富的分享，创新时代则是基于效率与公平，着力于劳动者创新潜能的挖掘与发挥。

吴清军（2012）② 认为，劳动关系"政府主导型"调整模式的作用主要体现在，只有政府主导才能建立规范市场机制，市场经济发展需要政府土壤培育；只有政府更有力地主导才能减轻经济体制转型导致社会动荡，促进经济、权力、文化和信息资源再分配过程的公平公正；我国政治制度改革滞后于市场经济体制改革，社会团体无法快速发展，劳动关系和劳动者权益唯有依靠政府政策法律协调才能得到保障。

程延园（2011）③ 认为，国家主导的立法干预机制、劳资双方集体协商机制、及时公正的劳动争议处理机制是保持劳动关系长期和谐稳定的重要制度条件。我国已经进入经济结构加速调整时期，建立健全顺畅、高效的劳动关系调整机制，维护社会稳定，是实现经济社会协调发展的重要制度保障。

唐鑛等（2016）④ 认为，在平台经济发展中，P2P 用工模式背后存在规则的真空地带，企业相对的是个体组织，每个个体相对自由化，用工关系相对无序。双方的权利与责任难以准确界定，共享行为参与个体的权益仅靠信任博弈进行保障。因此，共享经济型企业 P2P 用工模式的诸多弊端需一套行之有效的政府监管模式和一套运转良好的行业自治模式。

杨清涛（2018）⑤ 认为"调整劳动关系时，政府的政策和行政管理活动

---

① 杨伟国、陈玉杰：《"十二五"时期中国就业形势、战略定位与政策选择》，《教学与研究》2010 年第 9 期。

② 参见吴清军：《集体协商与"国家主导"下的劳动关系治理——指标管理的策略和实践》，《社会学研究》2012 年第 3 期。

③ 参见程延园：《世界视阈下的和谐劳动关系调整机制》，《中国人民大学学报》2011 年第 5 期。

④ 参见唐鑛、李彦君、徐景昀：《共享经济企业用工管理与〈劳动合同法〉制度创新》，《中国劳动》2016 年第 14 期。

⑤ 杨清涛：《发挥政府在构建和谐劳动关系中的主导作用》，《人民论坛》2018 年第 9 期。

不能超越法律边界，不能妨碍市场经济活力，不能因过度干预而损害劳资双方的正当权益，并提出法制化准则、市场化准则、适度化准则的边界观点"。

3. 劳动关系"政府主导"的得失成效研究

陈东琪（2000）[①] 对政府在经济调节中的优点和局限进行论证，提出"政府失灵"假说，认为过分夸大市场作用会出现市场失灵，如果过分夸大政府作用也会出现政府失灵，政府如果能根据第一信息作出预调节决策，该政府就是智慧集体。

荣兆梓等（2007）[②] 从社会制度根源角度，对政府在增长竞赛过程中明显的"重资本、轻劳动行为及妨碍劳动和谐的经济机理"予以分析，从政府宏观效率角度提出"优先是各项行政决策的首选目标，保持廉价劳动力优势和维护职工合法权益两难使劳动关系现实运作很容易偏离和谐"。

丁胜如（2007）[③] 认为，政府对劳动关系的干预不到位、不作为主要体现在政府转型后的失控、政府与资本的合谋、政府劳动监察工作不到位、劳动争议处理制度滞后，在宏观调控中要采取积极的促进就业政策、要落实好分配政策、要履行好执法责任、要突破劳动领域存在的体制性障碍。

韩喜平、徐景一（2011）[④] 认为，"政府在劳动关系中的定位不清、职能不明，面对牵涉多方利益的劳动关系问题，往往较为乏力，缺乏提供公共服务的经验体现在劳资关系方面，其实际协调与执行能力相当有限，二者共同作用导致在制度供给方面，劳资关系出现'强资本、弱劳动'的失衡格局"。

孙彦玲等（2016）[⑤] 认为，"随着社会进步和劳动者权益意识的增强，劳动者的各种诉求较以往更复杂，加上外部环境的开放性、动态性和复杂性，使得中国在该时期面临更多的问题和挑战。政府需要重新审视经济增长和社

---

① 参见陈东琪：《新政府干预论》，首都经济贸易大学出版社 2000 年版。
② 参见荣兆梓等：《通往和谐之路：当代中国劳动关系研究》，中国人民大学出版社 2007 年版。
③ 参见丁胜如：《论劳动关系主体的角色与作为》，《北京市工会干部学院学报》2007 年第 9 期。
④ 韩喜平、徐景一：《和谐劳动关系的演进逻辑及发展方向》，《社会科学战线》2011 年第 3 期。
⑤ 孙彦玲、张丽华、丁雯雯：《工业化对工作场所雇佣关系的影响研究——基于案例的分析》，《劳动经济研究》2016 年第 3 期。

会平稳发展之间的关系，明确自身定位，建立相关的制度和解决机制，维持双方力量的相对平衡"。

4. 劳动关系"政府主导"的理念机制研究

许叶萍（2007）① 分析经济全球化进程中我国劳动关系分化的经济社会机制，认为中国企业劳动关系会渐行渐远地出现失衡，这种失衡会给我国社会和劳动者带来较严重的负面影响，经济全球化必须使劳动关系由失衡转向相对平衡，劳动关系应该并可能通过政府加强对理念和制度的创新，从而走向比和解层次更高的合作。

董保华（2011）② 提出，促使国家管制与当事人自治相互促进，在宏观上，要以劳动基准法调整全部劳动关系；在中观上，要通过企业集体合同调整企业内集体劳动关系；在微观上，要通过劳动合同调整用人单位与劳动者之间的个别劳动关系。

岳经纶（2011）③ 多角度地论述了市场化和全球化过程中我国具体的劳动问题和劳动政策，从全球化与中国劳工市场重构、中国现行劳动管理体制及其局限性、国际劳工标准与国内劳动法的冲突等角度，对经济全球化条件下中国劳工与国家的张力予以阐述。

5. 劳动关系"政府主导"的路径实现研究

黄河涛、赵健杰（2007）④ 从国外资本大量流入和农村劳动力向城市大量转移所引出的外企、私企劳动关系现状出发，从国企改制、产权改革与职工下岗、分流现实出发，从政府职能对企业经营者、工会作用、经济产业政策、劳动立法、国际劳工标准与企业社会责任、伦理道德及社会文化心理推动等多维角度探讨劳动关系重建。

---

① 参见许叶萍：《全球化背景下的劳资关系》，北京邮电大学出版社 2007 年版。
② 参见董保华：《中国劳动关系的十字路口——管制与自治：富士康、本田案件提出的法治命题》，《探索与争鸣》2011 年第 3 期。
③ 参见岳经纶：《转型期的中国劳动问题与劳动政策》，东方出版中心 2011 年版。
④ 参见黄河涛、赵健杰主编：《经济全球化与中国劳动关系重建》，社会科学文献出版社 2007 年版。

韩喜平（2010）①提出，劳动关系和谐路径是劳动与资本的深度合作，劳资关系协调以劳资自治为主、工会代表劳方发挥集体作用、政府作为公正的第三方必要时协调劳资关系，要充分发挥工会的作用，以合作与协商的方式处理国家、资本与劳动之间的利益分配，从而形成利益和谐、风险共担的激励与约束机制。

周磊等（2015）②认为，"政府需要劳动法和相关政策来保护工人的结社自由，并保证生产率的增长可以转化为工资的适当增加；同时也要努力发展吸纳劳动力的产业，创造更多的工作岗位，并将非正式工作岗位尽可能转化为正式岗位，保障劳动者的应有权益"。

唐镛、胡夏枫（2018）③认为，对于网约类用工，定性为劳动关系的，应当严格按照现有法律规定进行认定；定性为合作关系或者雇佣关系的，应当按照民事法律规定进行规范和调整；若既不属于劳动关系，也不属于民事关系的，应慎重分类。在此基础上政府应对网约工进行事前防范，互联网运营方应承担责任风险；网约工人应当通过工会、保险等形式自我维权。

（二）劳动关系"政府主导"的职能结构

程延园（2002）④将政府参与劳动关系调整的职能角色概括为五种，简称"五P"角色，即劳工基本权利的保护者、集体谈判与劳工参与的促进者、劳动争议的调停者、就业保障与人力资源的规划者、公共部门的雇用者。常凯（2005）⑤将政府参与劳动关系调整的职能角色，界定为规制者、监督者、损害控制者、调解与仲裁者。李炳安、向淑青（2007）⑥认为政府

---

① 参见韩喜平：《构建和谐劳动关系的依据与路径》，《中国浦东干部学院学报》2010 年第 6 期。

② 周磊、黄晓昱、张丽华：《近期劳动力市场趋势会导致亚洲劳动权进步吗？》，《中国人力资源开发》2015 年第 11 期。

③ 参见唐镛、胡夏枫：《网约工的劳动权益保护》，《社会科学辑刊》2018 年第 2 期。

④ 参见程延园：《政府在劳动关系中的角色思考》，《中国劳动保障报》2002 年 12 月 10 日。

⑤ 参见常凯主编：《劳动关系学》，中国劳动社会保障出版社 2005 年版，第 220 页。

⑥ 参见李炳安、向淑青：《转型时期政府在劳资关系中的角色》，《中国党政干部论坛》2007 年第 6 期。

在劳动关系调整中应扮演好九方面的角色，即劳工政策的制定者、劳工权利的保护者、劳工就业的促进者、劳工法制的践行者、劳动安全的守护神、人力资源的开发管理者、劳动基准实施的监督者、劳动争议的调停者、劳动和谐的倡导者。本书在充分借鉴如上职能角色学术观点的基础上，增加"劳动伦理倡导者"与"专业性推动者"角色，形成如下角色：

1. "规制监督者"

主要指政府运用行政和法律手段对劳动关系的运行进行影响、干预和规范，并对劳动关系运行予以监管，以矫正和改善机制内在的问题。该角色主要体现于劳动立法和劳动监察职能的发挥。

2. "调解仲裁者"

主要指政府在处理劳动争议和劳资冲突中通过行政身份，体现劳动仲裁作为政府行政部门对劳动争议和劳资冲突先于劳动法律的行政处理。

3. "权益保护者"

主要指基于劳动关系中劳动从属性特征，通过制定实施劳动基本标准等政策法规，对处于弱势状态的劳动者权益维护的责任实施。

4. "就业促进者"

主要指政府依靠公共权力以积极作为的方式来促进、保障就业权的实现，并将其作为保障民生和促进发展的最基础手段。

5. "伦理倡导者"

主要指政府通过强化效用伦理、责任伦理、公正伦理、关怀伦理倡导，促进劳资理解包容，回避相互对抗，集中目标达成，推动效率公平民主提升。

6. "专业性推动者"

劳动关系治理是国家治理体系的重要基础性组成部分，改革进入深水期劳动关系问题的复杂性与专业性特征，迫切需要"行政官员"向"学者官员"，进而以"专业官员"成为劳动关系的专业性推动者。

如上六种角色，"规制监督者"主要是劳动立法和监督实施，"调解仲裁者"主要是先于司法对劳动争议予以行政处理，"权益保护者"主要是基于劳动从属弱势特征通过强化基本标准实施，"就业促进者"主要体现劳动关系形成成为民生与发展的基础，"伦理倡导者"将道德层面内容付诸劳动关系实践过程，"专业性推动者"强化针对劳动关系问题复杂性的专业性推动。

（三）劳动关系"政府主导"的功能定位

基于劳动关系政府的角色内涵与角色结构组成，劳动关系的政府主导功能主要体现在：制定劳动法规政策、建立完善劳动力市场、维持提高劳动条件、协调和谐劳动关系。

1. 制定劳动法规政策

政府不仅通过立法和行政制定劳动关系的制度框架，而且为维持经济运行和社会秩序，对工资分配、劳动条件、劳动争议等问题进行政策性诱导或行政性影响。包括为实现法律规定的具体权利、利益制定政策、政策解释，以及组织实施和监督实施。

2. 建立完善劳动力市场

政府不仅促进流动的劳动力市场的形成，而且通过职业介绍、就业训练、失业保险参与等，促进劳动力市场形成与秩序维持。"推动互联网、大数据、人工智能和实体经济深度融合，在中高端消费、创新引领、绿色低碳、共享经济、现代供应链、人力资本服务等领域培育新增长点、形成新动能"。①

3. 维持提高劳动条件

劳动条件是生活条件的来源、劳动生涯的意义、维持和扩大再生产的前提，政府通过促进较为完善的劳动条件和分配制度协调维持劳动关系安全和谐，扩大内需以维持和发展市场经济并促进国家竞争力。

4. 协调和谐劳动关系

基于劳动关系中劳动者固有的劳动从属性特征，政府通过规范劳动合

---

① 习近平：《决胜全面建成小康社会　夺取新时代中国特色社会主义伟大胜利——在中国共产党第十九次全国代表大会上的报告》，新华网，2018年10月27日。

同、建立劳动争议处理机制等措施，改变调整劳资双方力量对比的悬殊，尤其强化劳动伦理深层文化哲学建设，促进劳资双方合意合作的形成，促进劳动关系和谐，为维持和发展市场经济提供保障。

二、劳动关系"政府主导"的逻辑起点与学科特征

（一）劳动关系"政府主导"的逻辑起点

黑格尔在《逻辑学》一书中曾为逻辑起点提出三条质的规定性：逻辑起点应是一门学科中最简单、最抽象的范畴；逻辑起点应揭示对象的最本质规定，以此作为整个学科体系赖以建立的基础，而理论体系的全部发展都包含在这个胚芽中；逻辑起点应与它所反映的研究对象在历史上的起点相符合。① 为此，笔者试从如下四个角度予以探讨。

1. 政府参与劳动关系调整的范畴逻辑起点

逻辑起点是一门学科体系中最简单、最抽象的范畴。在劳动关系学科中，劳动行政即指政府参与劳动关系调整，是根据劳动者的意志和能力保障就业、改善劳动环境，依靠和谐、稳定的劳动关系，协调劳动者、企业、国家之间的关系，进而促进经济发展和社会进步。政府参与劳动关系调整主要通过政治体制、政治治理和法律法规，达到履行"规制者"、"监督者"、"损害控制者"、"调解与仲裁者"的职能作用。政治体制是国家政权结构及其运行机制，主要有集权和民主形式。"利益协调型"劳动关系通常建立在政治民主体制基础上，通过工人参与机制实现劳动合作；"利益一体型"劳动关系以政治集权体制为基础，在这一体制下由于集权往往孕育着劳动冲突。

政府治理指政府管理的过程，在不同的制度关系中运用权力去引导、控制和规范公民的各种行为，以最大限度增进公共利益，② 政府通过货币、财

---

① 参见黑格尔：《逻辑学》，杨一之译，商务印书馆 1966 年版。
② 参见俞可平主编：《治理与善治》，社会科学文献出版社 2000 年版，第 5 页。

政、就业及教育培训等公共政策的引导和调节，调整劳资双方力量格局，探寻相对均衡的劳动状态，对于劳动关系的和谐稳定发挥着关键性作用。政府通过劳动法律和政令的制定和实施规范、调整、干预劳动关系，在社会发展过程中，政府是唯一具有通过立法改变劳动关系制度与规则的实体，法律法规便成为政府参与劳动关系调整的最基本规制形式。

2. 政府参与劳动关系调整的历史逻辑起点

政府在参与劳动关系调整中的角色，与一个国家历史发展阶段、经济状况和政治体制等因素密不可分。资本主义制度自产生以来，劳资冲突一直明显存在着，政府参与劳动关系调整在不同历史阶段持不同的态度。在资本主义自由竞争时期，劳资矛盾极为突出尖锐，政府对劳动关系的调整采取自由放任的态度，其立法和政策在表面自由的背后体现出对雇佣方的倾斜，以法国 1791 年颁布的《夏勃里埃法》和英国 1799—1800 年颁布的《结社法》为代表的各国立法都禁止工人结社、罢工和示威。

自由竞争向垄断资本主义过渡时期，政府从自由放任的劳动关系调整理念转向国家干预的劳动关系政策。1802 年，英国通过第一个现代意义上的劳动法《学徒健康和道德法》，工厂法、劳动保护法、劳动保险法、工会法、劳动争议处理法、集体合同法等诸多法律出台，国家参与劳动关系调整向有序化、法律化迈进。第二次世界大战期间，各国政府完善劳动立法、加强劳动行政管理、扩展劳动监察领域和范围，工业民主化、集体谈判和三方协商机制出现。第二次世界大战之后，各国调整劳动关系的手段方法日趋完备，社会保障制度和福利水平不断提高，立法体系趋于完善，为劳动关系稳定发展创造了条件。西方劳动关系调整的历史发展进程对我国劳动关系调整同样具有重要的历史逻辑借鉴。

3. 劳动关系"政府主导"的理论逻辑起点①

马克思主义、多元主义、国家主义和新保守主义是政府参与劳动关系调整理论的主要流派。"马克思主义流派"认为，资本主义的生产关系制造了

---

① 参见卫民、许继峰：《劳资关系与争议问题》，台湾空中大学出版社 1999 年版，第 158—165 页。

劳动之间利益上的敌对，资本主义的协作劳动形成了劳动者力量，为有效抵抗资本家提供了基础。马克思在分析劳资冲突特别是劳资的人格化的冲突与矛盾的同时，实际上也勾画了资本主义市场经济发展中劳动与资本作为生产要素合作的可能性。[①] 当代马克思主义劳动关系流派分为"工具主义"和"结构主义"。"工具主义"劳动关系流派认为，政府制定的各种政策、采取的各种行为都是为了维护资产阶级的利益。"结构主义"劳动关系流派认为，国家的功能与资本家的利益是由于结构所需而产生的一致性，政府首先追求的是经济稳定，为此通常会不断鼓励私人利益。与此同时，强调工会应该通过形成强而有力的政治力量从而获取权力，在全球化经济发展背景下尤其要加强工人阶级自身的团结和发展。

"多元主义流派"主张公共政策是利益集团对政府机构施展压力的复杂互动，政府在不损害第三方利益的前提下平衡劳动关系的利益冲突，并作为中立的仲裁者确保劳资双方遵守竞争规则，为劳动关系营造通过协商或谈判解决内在冲突的公平环境。"国家主义流派"认为政府既不是阶级斗争的场所也不是劳资双方竞争中消极的仲裁者，政府所制定的政策应反映决策者的意志和政策的连贯性，政府所制定的劳动关系政策应该达到经济成长、充分就业、经济与社会安全、物价稳定、工业和平、产业民主等目标。"新保守主义流派"主张通过削减政府开支、严格限定利益集团的活动范围避免"大政府"的出现，同时认为劳动和就业立法会扭曲自由市场并降低效率，认为工会作为强大的利益集团会扭曲政府的公共政策，从而对工会及劳动就业立法持反对态度。

4. 劳动关系"政府主导"的现实逻辑起点

劳动关系是雇主与雇员双方相互博弈的过程，要构建稳定和谐的劳动关系需要在社会理念、个体意识、具体政策和实际措施等各个层面实现以下平衡：资本与劳动、劳动力与劳动者、经济理性与社会人性、市场竞争与社会规制、效率与公平、雇主博弈力量与雇员博弈力量、财产权与劳动权（生

---

① 参见韩喜平、徐景一：《马克思劳资关系思想解析》，《当代经济研究》2012 年第 8 期。

存权）等。当前，我国劳动关系诸多方面处于不平衡状态，尤其是劳动法制仍不健全、劳动执法司法力度不够、劳动侵权现象严重，社会分配公平欠当、劳动关系矛盾冲突、劳动争议骤增等，政府主导构建和谐劳动关系亟须进一步加强。

在社会主义初级阶段市场条件下，从宏观角度分析，我们面对"社会主义所代表的应是最广大人民的根本利益，但市场经济的运行规则是资本控制着社会经济权利"的理论探究困境；从微观角度分析，我们面对"地方政府执政为民与 GDP 增长竞赛重资本轻劳动"的现实发展困境；从中国社会发展性质角度分析，我们必须高度重视中国特色社会主义市场经济应有的"社会根本利益的一致性"与资本主义市场经济固有的"不同阶级利益的相斥性"根本不同的个性特征。

从当代中国劳动关系形成过程角度分析，国企的改革、民企的壮大以及外企的引入，政府均发挥着重要的主导引导作用，中国政府较其他国家政府对劳动关系具有更具调控力的个性特征。解决"为民"与"资本"之间的矛盾已经成为构建和谐劳动关系的关键点，也必然成为更具调控力的中国政府主导构建和谐劳动关系的现实逻辑起点。

（二）劳动关系"政府主导"的学科特征

1. 政府高度重视主导推动新兴交叉学科建设

2016 年 5 月，习近平总书记在哲学社会科学工作座谈会讲话中强调："社会大变革的时代，一定是哲学社会科学大发展的时代。当代中国正经历着我国历史上最为广泛而深刻的社会变革，也正在进行着人类历史上最为宏大而独特的实践创新"、"要加快发展具有重要现实意义的新兴学科和交叉学科，使这些学科研究成为我国哲学社会科学的重要突破点"。[1]

近代科学发展特别是科学上的重大发现，国计民生中的重大社会问题的解决等，常常涉及不同学科之间的相互交叉和相互渗透。但新兴交叉学科面

---

[1] 习近平：《在哲学社会科学工作座谈会上的讲话》，《人民日报》2016 年 5 月 19 日。

临着诸多发展障碍，有待体制机制、环境氛围、队伍建设推动。《国家中长期科学和技术发展规划纲要（2006—2020 年）》指出："基础学科之间、基础学科与应用学科、科学与技术、自然科学与人文社会科学的交叉与融合，往往导致重大科学发现和新兴学科的产生，是科学研究中最活跃的部分之一，要给予高度关注和重点部署。"

新兴交叉学科产生的根本原因，在于现代科学既高度分化又高度综合，新兴交叉学科集分化、综合于一体，实现人们社会整体性特征的认识，从而实现科学的整体化。① 研究者面对的问题都具有一定综合性，需要跨学科研究，尤其很多社会问题处于多学科交叉地带，必须跨越传统学科界限寻找解决问题的办法。为此，《教育部　财政部　国家发展改革委〈关于高等学校加快"双一流"建设的指导意见〉的通知》强调："以服务需求为目标，以问题为导向，以科研联合攻关为牵引，以创新人才培养模式为重点，依托科技创新平台、研究中心等，整合多学科人才团队资源，着重围绕大物理科学、大社会科学为代表的基础学科，生命科学为代表的前沿学科，信息科学为代表的应用学科，组建交叉学科，促进哲学社会科学、自然科学、工程技术之间的交叉融合"②。

2. 劳动关系学是具有重要价值的新兴交叉学科

劳动关系学是具有紧迫社会需求、重要问题导向，需要实现经济学、管理学、社会学、政治学、哲学、心理学、管理科学与工程的大社会科学，尤待实现交叉融合。从劳动关系学科起源角度，劳动关系被认为是一个多学科的研究领域，而不是一门独立的学科，社会科学和物理科学的其他 18 个学科（例如生物学、伦理学、经济学、心理学）有助于了解劳动关系。③ 从劳动关系学科设置角度，2011 年教育部在中国人民大学等设置"劳动关系学、

---

① 参见张清俐：《创新发展新兴学科和交叉学科》，《中国社会科学报》2016 年 7 月 20 日。

② 《教育部　财政部　国家发展改革委印发〈关于高等学校加快"双一流"建设的指导意见〉的通知》，教育部网站，2018 年 8 月 27 日。

③ 参见 Kaufman. B.，"The origins and evolution of the field of industrial relations in the United States"，*Ithaca*，*ILR Press*，1993，pp. 14-17。

金融工程、风险管理与精算学、中国特色社会主义理论、国学、城乡发展与规划、可持续发展管理、环境政策与管理、食品安全管理"等九个交叉学科，劳动关系学在应用经济学与法学一级学科点交叉的基础上设立。

从政府对新兴交叉学科发展导向角度，2018 年 4 月 19 日，国务院学位委员会和教育部决定在 20 所重点高校开展在博士学位授权一级学科范围内自主设置学科、专业的改革试点工作，鼓励学位授予单位根据人才需求状况调整学科、专业结构，以进一步推动学科建设，促进新兴、交叉学科发展，中国人民大学作为 20 所重点高校对劳动科学一级交叉学科自主设置予以改革试点，更推动着劳动关系交叉学科的发展。

劳动关系学作为"具有重要现实意义的新兴学科和交叉学科"，如忽视劳、资、政三方主体同步研究得出结论将失偏颇，如套用西方经济学而忽视政治经济学在中国社会发展中的引领作用得出的结论往往错误，如以民法思维代替社会法理念将很难理解倾斜性劳动保护对社会良性发展的重大意义。《劳动合同法》颁布实施十余年，理论实践争议不断，除我国劳动关系现实复杂性外，究其学科根源还未能综合交叉，单一学科的片面性解读造成理论实践的对立性。

"对劳动关系进行全息化的认识，仅靠一门学科是远远不够的，必须从多学科的相互协同入手，包括经济学、社会学、政治学、管理学等多门类学科，多学科、多门类就意味着多视角、多范式，多学科协同研究是开拓研究视界最重要的方法之一"①。在劳动关系学科研究中，社会学、政治学、历史学只能分析劳动问题的根源与状况，解决方案需要依靠法学、管理学、经济学、心理学、文化学，纷繁交错的问题解决需要各学科的融合，并最终依靠哲学、伦理学思维支撑。而马克思从历史发展过程的角度论述劳动在社会发展中的作用，将异化劳动、雇佣劳动、剩余价值等作为学说核心，劳动关系学必然需要以马克思劳动理论为学科渊源，论著高度重视劳动关系学科交

---

① 刘向兵、赵健杰：《多学科跨学科视角下劳动模范研究与劳模教育创新》，《中国劳动关系学院学报》2018 年第 8 期。

叉协同研究中马克思主义理论的主线贯穿。

3. 主导推动新兴交叉学科发展的障碍探讨

从研究者角度分析，新兴交叉学科的发展障碍体现在：一是科研工作者对新兴交叉学科理解的观念滞后，跨学科交流和研究的意愿还不够强，具有宽阔视野、综合分析、融会贯通的引领性学者还较为缺乏。二是在传统单一学科研究沉浸太久的学者，形成固定思维评价范式，以单一学科标准评价交叉学科，排斥或反对跨学科探索。三是从事新兴交叉学科探索研究的学者，跨学科研究经验还不够丰富，不同学科有机结合、综合探讨的能力有待进一步强化。

为此，国务院学位办在推动交叉学科建设中强调："交叉学科不是现有学科简单组合，高等学校在探索设置新兴交叉学科学位授权点时必须从严把握，应系统梳理凝练交叉学科学位授权点的学理基础、理论体系和研究生教育课程体系。设置的交叉学科应有一定数量、相对稳定的研究方向，覆盖面与现行一级学科相当，有可能形成新的学科增长点"[1]。

从体制机制角度分析，学科交叉融合存在运行机制的制约、资源配置方式的制约、绩效评价方式的制约，发展的障碍具体体现在：一是学科设置不利于新兴交叉学科发展，由于门户之见和学科壁垒阻碍着学科间的合作交流，有利于学科交叉的学术氛围还没有真正形成，[2] 更缺乏对跨越学科壁垒的规律性探讨。二是传统学术评价机制、成果评审机制、人才激励机制等缺乏支持新兴交叉学科研究的相关政策，进而导致课题立项、成果评审、科研奖励等各方面处于十分艰难的境地。三是新兴交叉学科学术交流平台缺乏，科研管理工作者知识体系、思维方式和视野格局容易局限于单一学科，忽视对新兴交叉学科培育，削弱新兴交叉学科产生的可能性。

而跨学科的实现，在于研究主体根据具体需要，有目的地打破学科固有的、因分门别类所造成的各种阻隔与限制，采取逾越不同学科之间边界的方

---

① 《国务院学位委员会关于高等学校开展学位授权自主审核工作的意见》（学位〔2018〕17 号），教育部网站，2018 年 4 月 28 日。

② 参见张军：《对促进学科交叉，推动创新发展的认识和思考》，《中国基础科学》2013 年第 6 期。

式，充分发挥学科交叉所形成的合力效应，进而取得事半功倍的结果。① 探讨劳动问题劳动关系学科在发展过程中，必须高度重视跨学科理念的确立、跨学科研究实践的推动。

4. 主导推动新兴交叉学科体制机制与氛围营造

2019 年 3 月 4 日，习近平总书记参加全国政协十三届二次会议的文化艺术界、社会科学界委员联组会时指出："哲学社会科学研究要立足中国特色社会主义伟大实践，提出具有自主性、独创性的理论观点，构建中国特色学科体系、学术体系、话语体系。"② 构建中国特色学科体系、学术体系、话语体系，对新兴交叉学科发展提出紧迫要求，必须首先高度重视新兴交叉学科的体制机制建设。

首先，高度重视研究者跨学科思想理念的推动，跨学科关键在于"跨"字，其积极意义在于研究者对不同学科固有疆界实现有的放矢的自觉超越，要求研究者不仅要树立"跨学科"的主动意识，而且还要具备对不同学科的鉴别和选择能力，以及对不同学科本质内涵游刃有余的自由把握。③

其次，积极构建"问题导向"的新兴交叉研究组织模式，高效实用的"问题导向"交叉研究模式是新兴交叉学科长期发展的内在动力。国内外的实践证明，成功的跨学科组织多以项目为导向，以解决问题为目标，积极推进学科的交叉与融合，也成为当前世界一流大学的重要特征和战略目标。

同时，探索建立新兴交叉学科的跨学科研究机构，重视新兴交叉学科设置及跨学科培养学位点建设，深入推进新兴交叉学科理论与实践结合，培养新兴交叉学科理论与实践高级人才，同时重视高校新兴交叉学科通识课程设置，并在各级科研管理人员中广泛普及新兴交叉学科知识。中国人民大学劳

---

① 参见刘向兵、赵健杰：《多学科跨学科视角下劳动模范研究与劳模教育创新》，《中国劳动关系学院学报》2018 年第 8 期。
② 《习近平谈治国理政》第三卷，外文出版社 2020 年版，第 325 页。
③ 参见刘向兵、赵健杰：《多学科跨学科视角下劳动模范研究与劳模教育创新》，《中国劳动关系学院学报》2018 年第 8 期。

动人事学院、北京大学前沿交叉学科研究院、浙江大学求是高等研究院等具有很强前瞻性的探索。

新兴交叉学科建设需要重视学术氛围营造。国外劳动关系学科交叉性得到高度重视，《英国劳动关系杂志》（1980 年 3 月）宣言，这是一本"涵盖劳动关系各个方面研究和分析的杂志：劳动社会学、劳动心理学、劳动经济学、劳动法、人力规划、人事政策、薪酬制度、集体谈判、组织理论、冲突理论，制度研究、政府政策、工作行为、劳动关系理论"[1]。

劳动关系新兴交叉学科建设中，一方面重视新兴交叉学科中学术思想的交融，开展学科交叉研究的前提是打破学科壁垒，大力培养学科交叉理念，树立自觉的学科融合意识，拓宽学术视野，营造多学科交叉融合的浓厚氛围，鼓励针对重要问题进行跨学科研究，使新兴交叉学科发展由自发走向自觉，由个别零散走向规范普遍。

另一方面，重视设立新兴交叉学科开放交流的学术平台，鼓励跨学科原创思想"抛砖引玉"，遵循新兴交叉学科发展的规律和特点，借鉴国外学科健康评估经验，制定科学、合理的评价机制，鼓励跨学科开展合作研究，更鼓励每一位学者不断跳出原有学科界限，在原有学科之外寻找解决问题的新手段、新办法，从而不断实现自我学科的突破。

5. 主导推动新兴交叉学科发展的人才队伍建设

学科建设的根本因素是学科人才队伍建设，新兴交叉学科发展迫切需要跨学科研究队伍建设，尤其交叉学科在高校提出多年但成效甚微，其根本制约瓶颈是缺乏成建制的交叉学科背景人才。为此，清华大学在博士生教育改革中"增设交叉学科学位工作委员会，依托相关学科学位分委员会，创新交叉学科学位培养机制，鼓励发挥校级跨学科交叉科研机构，探索交叉学科论文评价机制，推动交叉学科人才培养"[2]。

---

① Kaufman, B., "The global evlution of industral relation：Events, ideas and the IIRA ", Geneva, International Labour Office, 2004, p. 338.

② 姚强：《深入推进博士生教育综合改革 全面提升博士生培养质量高度》，清华大学网，2017 年12 月13 日。

交叉学科较常规学科最突出的特点，在于从事交叉学科研究的人员至少在两个以上专业领域均具有较深厚的功底，并不断围绕劳动问题拓展专业学科，实现三至五年某一专业学科的突破。这就需要研究者积极拓宽学术视野，既熟知本学科演进态势，又关注相关学科最新成果，在敏锐感知社会需求的基础上，及时发现新兴学科、交叉学科的生长点。要从学科割据下解放出来，变小科学观为大科学观，冲破学科自我繁衍的收敛思维，注入跨学科交叉互动的发散思维，从而全面深入地研究学科交叉发展的整体特点和普遍规律，对学科交叉认识由现象层面深入本质。

同时，高度重视交叉学科人才队伍的整合。在当前国内高校和科研院所尚未重视交叉学科研究人员的集结，尤其在传统封闭的学科建设思维观念中，基于"为我所有，方能为我所用"的陈旧人才理念，各地政府在人才工程建设中通过研究平台建设推动，形成"不求为我所有，却能为我所用"的人才共享使用机制。

另外，通过学习借鉴美国、德国、日本等高等教育发达国家推动交叉学科发展的经验，积极探索既符合我国高校实际又遵循国际成功经验的交叉学科教育模式和人才培养模式，尝试探索从硕士生或本科高年级阶段开始，即重视广基础、宽路径的交叉学科人才培养，为建立科学、规范、灵活的交叉科学机制提供理论基础和人才储备。劳动关系在学科建设中更以国际开放视野邀请众多国际知名学者教学、交流，有力地推动着劳动关系学新兴交叉学科发展。

三、劳动关系"政府主导"的理念、
定位与重点强化

我国在计划经济向市场经济、农耕文明向商工文明的转型期，资本成为市场经济、商工文明中发展的核心因素，全球化背景下资本的可流动性与不可或缺性更造成资本的强大。政府作为社会重要的主导性成员，在劳动关系调整中的作用日显突出。应强化转型期劳动关系问题的社会风险控制意识，强化"劳资合作、劳资两利"的传统价值取向，在更加重视政府参与劳动关系调整"规制者"、"监督者"、"调解仲裁者"、"就业促进者"、"权益保护者"角色定位的同时，尤其强化"劳动伦理倡导者"的理念确立与角色作用发挥，在"道德调整"与"法制调整"促进中提升资方道德血液、劳方劳动意识，实现劳资理解包容、推动社会和谐发展。

（一）"政府主导"构建和谐劳动关系的理念转变

在社会转型发展过程中，政府在劳动关系调整中公正裁判者、法规执行者的角色日益强化，劳工政策已进入顶层设计的整体思维，政府在劳动关系调整中亟须从"自由放任"的局外人向"主动前瞻、适度干预"的主导者转变，从"强国家、弱社会"的"国家权力本位"向"劳动者权利本位"转变，从"片面强调效率"向"以人民为中心"的发展思想转变。

1. 由"自由放任"局外人向"主动前瞻、适度干预"主导者转变

在计划经济"公有制+按劳分配+高就业+低收入"体制下，政府居于劳动关系调整的主导地位。市场经济体制转型过程中，政府不仅从企业退出，劳动关系变"行政劳动关系"为"市场劳动关系"，而且以"自由放任"的局外人理念更多地强化劳动双方的独立主体地位，在生产效率快速提高的同时，劳动矛盾日益凸显、劳动冲突更加频繁，并逐步升级转化为影响改革发展的重要社会风险。

鉴于西方市场经济国家在经济高速发展、创造大量财富，但社会结构变迁与复杂化给人们带来前所未有的"不确定性"导致风险社会形成，"生产力的指数式增长，使危险和潜在威胁的释放达到了一个我们前所未知的程度"①，政府应充分认识转型期劳动关系面临的挑战，以更为积极的理念实现由"自由放任"局外人向"主动前瞻、适度干预"主导者转变。

"政府主导、劳资合作"是市场化劳动关系的主要特征，必然成为我国劳

---

① ［德］乌尔里希·贝克：《风险社会：通向一种新的现代化》，张文杰、何博闻译，译林出版社2004年版，第15—21页。

动关系调整模式的发展趋向，但在法律"管不全"、政府"控不住"、"外援制度"收效甚微、劳动关系问题成为最为突出的经济社会问题，劳动力量失衡难以通过强有力的工会组织与雇主组织协商实现"劳资合作"的情况下，劳动关系调整仍需以"主动前瞻、适度干预"的"国家统合"模式为主。

转型期劳动关系在形成过程中，无论国企改革、民企壮大还是外企引入，政府均发挥着重要引导指导作用，我国政府在劳动关系调整中较其他任何国家更具主导性特征，在转型期规则、规制待完善的背景下，政府主导作用影响突出。新时代我国劳动关系调整尤其需要政府"主动前瞻、适度干预"，以"合作主义"思想为理念，强化劳资双方沟通协调机制建设，促使"国家统合"的政府主导模式最终过渡发展为与中国特色社会主义相一致的"劳资合作"协调模式。

库克"劳资合作绩效理论"将劳资合作建立在劳资双方共同追求更大效益的目标上，不再将各自心力用于相互对抗，而是集中于目标达成，经过合作努力所带来的成果由劳资双方共享，劳资合作的强度取决于工会与公司的相对力量、合作结构、组织约束。市场经济深入发展、更加成熟，为"劳资合作"创造机制空间，社会主义本质特征"社会和谐与共同富裕"形成导向引领，"劳资合作"具有更强的推动企业效率、社会公平、人性尊严、管理科学的能力。

2. 由"强国家、弱社会"的"国家权力本位"向"劳动者权利本位"转变

在转型期中国与西方市场经济国家同样面临劳动关系风险性挑战的背景下，必须强化"主动前瞻、适度干预"的政府协调理念。但"强化政府职能、建立国家高度管制的劳动关系协调体制"还是"强化社会职能、使劳动当事人借助社会多元力量、自主争取权利，实现综合平衡"的方向选择是不容回避的问题。1995 年《劳动法》实施，按照市场经济规律形成劳动关系调整"三层次模式"，即调整全部劳动关系的宏观劳动基准层次、调整企业集体劳动关系的中观集体合同层次、调整用人单位与劳动者的个别劳动关系的微观劳动合同层次。宏观层次体现着国家管制特点，中观、微观层次则体现着社会自治特点。①

　　同时"在中国特色的崇拜权力、缺失监督的社会政治、文化环境中，以社会利益、管理主义法律观为基础的'法制'很容易成为法律外衣下的统制经济——'执法经济'"②，"执法经济"往往造成"权力"加"金钱"的异化。被认为"值得其他企业学习和效仿"、"管理规范"的富士康"十三跳"使社会反思政府管制的实效。在提倡"劳资自治"与"劳动者权利本位"的社会，应强化工会组织更多聚合"众意"的社会职能，促进"劳资矛盾疏导化解机制"以及"个人国家意愿传达机制"的形成。

　　在"强国家、弱社会"的现实中，国家管制应更加重视为"劳动自治"留下空间，在"强资本、弱劳动"的现实中更加强调"劳动者权利本位"，国家在以公权力介入方式维护劳动者生存利益的同时，要帮助劳动者通过工会依靠集体的力量争取自身的权益。尤其后发展国家自上而下的现代化模式往往存在政治现代化进程与经济发展脱节，在"自上而下"的劳动关系推动模式中，作为现代化的主导性力量，政府有时包办一切，因此尽管启动阶段发展迅速，但由于这些国家的现代化过程长期缺少民间力量的全面参与和主动参与，而这些国家在发展中也没有注意培育社会的生机和活力，没有及时调整现代化发展的主动力，导致发展进程夭折或停滞不前的教训应充分吸取。后发国家发展初期政府发挥第一推动力的作用以启动经济，但政府推动的效率和利益是递减的，一旦经济起飞，政府应逐步退出和还原。

　　3. 由"片面强调效率"向"以人民为中心"的发展思想转变

　　改革开放之初，面对计划经济与平均主义，"效率优先，兼顾公平"理念的确立，有力推动着市场经济体制的建立和现代化发展的进程，也客观印证着发达的经济基础对于实现社会公正的极端重要性。当改革进入相对规范的常态发展阶段，"片面强调效率"的理念逐渐显现其局限性，与追求社会

---

　　① 参见董保华：《中国劳动关系的十字路口——管制与自治：富士康、本田案件提出的法治命题》，《探索与争鸣》2011 年第 3 期。

　　② 徐小洪：《劳动法的价值取向：效率、劳动者主体地位》，《天津市工会管理干部学院学报》2009 年第 1 期。

公正的"以人为本"基本理念相抵触，与"各个阶层互惠互利、互相促进"的和谐发展不相容，呈现政府主要职能仅限于"经济型"的滞后与错位。

政府主导构建和谐劳动关系高度重视由"片面强调效率"向"弱势群体保护、改革成果共享"包容性发展的理念转变，进而在新时代确立"以人民为中心"的发展理想。包容性发展是亚行等国际性组织在减贫战略研究过程中逐步形成的以"机会平等、成果共享"为核心内容的发展理念，强调支持和鼓励经济弱势者的发展活动，更多地考虑他们的利益和需求，提高他们的可行能力，扩大他们的经济机会，在实现人均收入增长的同时，促使收入分配的公平，真正实现利益共享。以"经济增长、权利获得、机会平等、福利普惠"为主旨性内容的包容性发展，是共享发展的重要组成部分，不仅强调社会发展过程中利益分配、利益共享的全民性，而且强调发展活动的全民参与，不仅重视弱势群体的生存，更重视弱势群体的发展。"人民的福利是最高的法律，的确是根本的准则，谁真诚地加以遵守谁就不会犯严重的错误。"① 政府是国家的社会公共权力机构，承担着维护社会公正、改善民生状况的责任和义务，应力求最大限度地满足社会成员普遍的基本要求，营造公平的社会环境和平等的机会条件。

坚持"以人民为中心"的发展思想，是习近平新时代中国特色社会主义思想的重要组成部分，也是人民主体论在 21 世纪中国的创新发展。政府是国家的社会公共权力机构，承担着维护社会公正、改善民生状况的责任与义务，应力求最大限度地满足社会成员普遍的基本需求，营造公平的社会环境和平等的机会条件。"党的一切工作，必须以最广大人民根本利益为最高标准。检验我们一切工作的成效，最终都要看人民是否真正得到了实惠，人民生活是否真正得到了改善，人民权益是否真正得到了保障。"② 在劳动关系调整中，要通过构建覆盖全民的、最低限度的社会救助和社会保险，保障劳动者基本生活，在减少生活不确定性中增强对未来的预期；要通过优化收

---

① ［英］洛克：《政府论》下，瞿菊农、叶启芳译，商务印书馆 2002 年版，第 97 页。
② 《习近平谈治国理政》第一卷，外文出版社 2018 年版，第 28 页。

入分配政策，调节发展差距和收入差距，使劳动者有能力消费，增强消费优化经济发展动力结构的增长引擎功能，使劳动者有能力投资人力资本，增强劳动者自我创新能力，实现劳动力更高水平的再生产。

（二）"政府主导"构建和谐劳动关系的角色定位

社会转型期伴随制度变迁、利益分化、信任缺失、经济社会失衡等诸多问题，政府在社会治理中的作用日显突出。面对劳动关系相关法律尚待完善、地方政府劳动执法监察力度缺乏，劳动关系三方协商机制、劳动合同与集体协商机制有待完善等问题，政府主导构建和谐劳动关系的角色定位亟待加强。

1. "政府主导"构建和谐劳动关系角色定位的宏观背景

"政府职能是政府根据社会发展需要而应履行的职责及其所应起的作用和能力，它反映政府所代表的国家的阶级实质和活动的基本方向。政府职能不是一成不变的，而是随着经济、政治、文化、科学和社会发展变化而发生变化的"[①]。社会转型期伴随制度变迁、利益分化、信任缺失、经济社会失衡等诸多问题，政府在社会矛盾治理中的作用日显突出。

市场经济发展过程中政府行为的市场化、企业化特征，造成政府功能的畸变、政府官员的腐败以及公共事业的衰败退缩，从某种意义上讲规范政府行为已成为化解转型期社会矛盾的当务之急。任何地方的经济发展都离不开"政府"、"市场"和"社会"三只手的控制，其中政府起到"第一只手"的作用，我国正处于社会结构转变的加速期和体制改革的关键期，急剧变化中的利益格局调整产生着社会的矛盾与冲突，由此形成的"社会张力"在劳动关系中表现突出。

在市场经济发展的利益时代，利益矛盾、利益冲突和利益博弈是正常的社会现象，基于利益的冲突可以用谈判妥协、讨价还价等协商方式解决。面对劳资矛盾突出的社会现实，"公平公正"的制度理念对于经济效率的提高

---

① 乔耀章：《政府理论》，苏州大学出版社 2000 年版，第 205 页。

与社会运行的安全意义重大。如果忽略"成果共享"的社会公正发展，社会便会贫富差距越来越大、各种风险动荡不安。

转型期劳动关系发生的诸多问题很大程度上是由于"强资本、弱劳动"的现实，使社会有失公正、发展成果难以共享。在转型发展过程中，维护社会公正、推动成果共享、促进劳资和谐，需要基于"社会公正"的基本理念，制定和实施系统的社会政策和劳动政策，改变社会政策滞后、劳动政策缺位并缺乏统一性和公平性的情形，以"主动前瞻、适度干预"、"劳动者权利本位"以及"弱势群体保护、改革成果共享"的包容性共享发展为理念，更为积极主动、科学有效地确定政府参与劳动关系调整的角色定位。

如何在市场转型背景下，确立"劳工为本"的政策导向，改变"重资本、轻劳动"的政策偏向，让劳动者成为真正的政策力量；如何在新时代发展背景下，从新生代农民工、企业经营者理念、工会改革转型、劳动伦理道德及社会文化心理等多维角度探讨劳动关系的重建……政府职能任重道远、政府角色定位亟待强化。

2. "政府主导"构建和谐劳动关系的得失成效

市场经济转型发展过程中，政府虽然从具体劳动关系中退出，变"行政劳动关系"为"市场劳动关系"，并以"局外人"理念强化劳资独立主体地位，同时从宏观调控、立法、执法等角度促进劳动关系和谐。通过就业政策、职业预测、职业培训调节劳动力供求，以工资价格政策、公平就业公平报酬、劳动保护政策确保劳动力市场协调运行，以建立社会保障救助和福利补贴以及收入调节政策，缩小贫富差距、促进劳动关系和谐。通过加快劳动立法执法建设促进劳动关系和谐，尤其以《中华人民共和国劳动法》为主线，以《中华人民共和国劳动合同法》、《中华人民共和国劳动争议仲裁调解法》、《中华人民共和国就业促进法》、《中华人民共和国社会保险法》、《工资支付暂行规定》和《劳动保障监察条例》为主要内容的劳动法制体系逐步完备。

与此同时，由于各级政府在市场经济发展过程中行政决策的首选目标是"效率优先"，在具体化的"GDP 增长竞赛"过程中却体现出"重资本、轻劳动"，以及以廉价劳动力促进招商引资与维护劳动者合法权益的矛盾，使劳动关系运作很容易偏离和谐。同时，由于"信息不足或信息丢失"、"政府决策复杂成本过大"、"决策者决策智慧受限"、"决策者决策行为受范围约束"等原因，政府主导构建和谐劳动关系不能及时到位。政府在劳动关系调整中"失灵"、不到位，主要体现在"政府转型后的失控"、"政府劳动监察工作不到位"、"劳动争议处理制度滞后"①。

面对曾较为突出呈现的劳动关系力量失衡、劳动者代言人工会缺失严重、侵害劳动者权益事件不断、劳动纠纷不断上升、集体争议日渐突出等劳动关系现实问题，政府主导构建和谐劳动关系的薄弱环节依然诸多：劳动关系相关法律尚待完善、劳动基准法有待完善、劳动法规国际化有待接轨、法规条文具体化可操作性有待加强；部分地方政府劳动执法监察力度缺乏、职能缺位，过于重视"投资环境"、职能越位；劳动关系三方协商机制、劳动合同与集体协商机制有待完善。

3. "政府主导"构建和谐劳动关系角色的准确定位

国内外学者对政府调整劳动关系的角色有不同定位。Ron Bean 认为，政府在劳动关系中扮演"第三方管理者"、"法律制定者"、"调解仲裁者"、"公共部门雇主"、"收入调节者"② 等五种角色；Mike Leat 认为，政府具有"立法者"、"市场管理者"、"雇主"、"调解者和仲裁者"③ 等角色职能；Michael Salamon 赋予政府"市场规制者"、"雇主"、"立法者"、"协调者"④的职能角色。

常凯将政府角色界定为"规制者"、"监督者"、"损害控制者"、"调解和仲裁者"⑤，同时认为政府在宏观方面通过劳、资、政"三方协商机制"与劳动监察等行政手段调整劳动关系，在微观方面通过个体劳动合同与集体劳

① 丁胜如：《论劳动关系主体的角色与作为》，《北京市工会干部学院学报》2007 年第 3 期。
② 程延园：《政府在劳动关系中的角色思考》，《中国劳动保障报》2002 年 12 月 10 日。
③ Mike Leat, *Exploring Employee Relations*, *Butterworth-Heinemann*, 2001.
④ Michael Salanmon, *Industrial Ralation*: *Theory and Practice*, Thied Edition, Prentice Hall, 1998.
⑤ 常凯主编：《劳动关系学》，中国劳动社会保障出版社 2005 年版，第 219 页。

动合同的签订，对企业劳动关系进行直接调整。程延园将政府角色概括为
"五 P"角色："劳工基本权利的保护者"（Protecter）、"集体谈判与劳工参与
的促进者"（Promoter）、"劳动争议的调停者"（Peace-maker）、"就业保障与
人力资源的规划者"（Planner）、"公共部门的雇佣者"（Public Sector Employ-
er）①，同时认为政府作为"保护者、规划者"应积极主动完成任务，作为
"促进者、调停者"应采取中立态度，作为"雇佣者"应成为民企表率，将
合法化、民主化、企业化视为基本要求。李炳安、向淑青认为，政府应扮演
好"劳工政策制定者"、"劳工权利保护者"、"劳工就业促进者"、"劳工法
制践行者"、"劳动安全守护神"、"人力资源开发管理者"、"劳动基准实施
监督者"、"劳动争议调停者"及"劳动和谐倡导者"② 等九种角色。

　　以上观点为转型期政府参与劳动关系调整角色的科学界定提供了扎实理
论支撑。笔者认为，当前应高度重视政府主导构建和谐劳动关系的"劳动
伦理倡导者"角色作用的发挥。伦理本质上是人类的自我管理活动，同时
又是一种特殊的同政治、法律等一样的社会管理方式，是一种担负着特殊社
会管理、社会调节职能的社会控制力量，政府应在强化"劳动伦理倡导者"
角色的过程中，使"道德调整"与"法制调整"相互促进，提升资方道德
血液、劳方劳动热情，实现劳资理解包容、推动社会和谐发展。同时，劳动
关系治理是国家治理体系的重要组成部分，改革进入深水期，劳动关系的复
杂性和专业性特征，迫切需要"行政官员"向"学者官员"，进而以"专业
官员"实现对劳动关系的专业性推动。

（三）劳动关系"政府主导"理念转变的重点强化

　　基于转型期社会发展的阶段性特征及劳动关系发展的阶段性特征，尤须
强化转型期政府的社会风险控制意识、中国传统劳动关系"劳资合作、劳
资两利"传统价值取向的传承意识，尤其高度重视转型期政府"劳动伦理

---

①　程延园：《劳动关系》，中国人民大学出版社 2010 年版，第 140 页。

②　李炳安、向淑青：《转型时期政府在劳资关系中的角色》，《中国党政干部论坛》2007 年第 6 期。

倡导者"职能的发挥。

1. 强化劳动关系"政府主导"的社会风险控制意识

当前，我国正处于激烈的社会转型时期，"由于社会实践的结构性巨变，现代性全球化与我国社会转型两股力量的相互作用，使我们的时代进入了一个不断产生不稳定和不确定性的发展时期，使各种社会矛盾具有了以往不具有或不完全具有的特点和趋势，使各种社会因素、各种社会矛盾具有了更容易被激活、更易于被激化的结构性平台"①。风险社会并不是遥不可及的话题，而是必须正视的现实课题。

政府主导构建和谐劳动关系应强化社会风险控制意识。市场经济转型之初，虽然资本要素缺乏、劳动力供大于求以及过度向资方倾斜的制度政策使劳动关系呈现明显的"强资本、弱劳动"特征，② 但效率的改善和收入的提高使人们有意无意忽视资本对劳动的"剥削"，劳资之间虽有冲突但以合作为主导。随着全球化的进程、市场化的深入、资本要素的充裕以及"刘易斯转折点"的到来，"资强"、"劳弱"的格局有所改变，但并不意味着劳资之间的和谐。相反，"可能会陷入激烈冲突的境地，每个拥有财富的既得利益者是没有激励主动放弃他们那些可能的潜在收益的"③。

在社会转型发展过程中，政府既要推动经济社会改革顺利进行，又要避免社会风险的出现，必须高度重视社会政策的制定与实施，社会政策是否恰当、社会政策能否有效实施，并通过有效实施消除社会风险隐患，是检验政府社会管理能力的重要标志。习近平总书记强调："要善于运用'底线思维'的方法，凡事从坏处准备，努力争取最好的结果，这样才能有备无患、遇事不慌，牢牢把握主动权。"④ 新常态过渡对策中强调，要顺增长、控风险、去产能、挤泡沫，守底线、稳社会。避免转型期劳动关系因冲突升级而

---

① 郑杭生主编：《中国社会发展研究报告 2007——走向更加有序的社会：快速转型期社会矛盾及其治理》，中国人民大学出版社 2007 年版，第 2 页。

② 参见罗宁：《中国转型期劳动关系冲突与合作研究》，博士学位论文，西南财经大学，2009 年。

③ 党国英：《中国社会转型中的风险控制》，《南方周末》2007 年 9 月 20 日。

④ 中共中央宣传部编：《习近平总书记系列重要讲话读本（2016 年版）》，学习出版社、人民出版社 2016 年版，第 288 页。

产生社会风险，政府在社会政策制定与实施中，特别要重视劳动双方平等的"产权制度"与劳动双方平衡的"组织制度"建设，促使劳动关系由冲突走向合作，并据此提出协调劳动关系、控制社会风险、构建和谐社会的现实选择和政策建议。

2. 强化劳动关系"政府主导"的"劳资合作、劳资两利"传统价值取向

劳动关系决定着国家良性发展的程度，我国政府一向主张"劳资合作、劳资两利"的价值取向。早在解放初期，毛泽东针对民营企业劳动对立对抗的现状指出："如果劳资双方不是两利而是一利，那就是不利。为什么呢？只有劳利而资不利，工厂就要关门；如果只有资利而劳不利，就不能发展生产"①，"劳资合作、劳资两利"由此成为我国劳动关系的传统价值取向。

"劳资两利"是指在处理劳动关系的过程中，既要维护劳动者的应得权益，又要承认资方在经营过程中依据其生产资料所有权占有剩余价值的正当性②。劳动关系中资本权总是优于劳动权、财富权总是优于生存权，在劳动双方因地位和力量不平等、不均衡而不能自动、自觉地实现合作、共赢的状态下，政府角色的准确定位与适度干预必然成为促进劳动双方合作共赢、和谐发展的外在平衡力。

社会转型发展过程中，如何促使劳资双方紧密合作、构建劳动者拥有工作热情、企业具有成长活力的和谐社会，是政府推动社会发展的重要职能。尤其"面对世界范围内劳资冲突的加剧，不应该停留在对劳资对立、对抗的刻画上，而应该注重对劳动双方的合作与双赢战略方面的研究"③。"劳资合作、劳资两利"的"合作型"劳动关系不是劳动利益冲突的完全消失，

---

① 逄先知、金冲及主编：《毛泽东传（1949—1976）》（上），中央文献出版社 2003 年版，第 64—65 页。

② 参见张兴茂：《"劳资两利"与构建社会主义和谐劳动关系》，《当代世界与社会主义》2007 年第 5 期。

③ 周长城、陈群：《集体谈判：建立合作型劳资关系的有效战略》，《社会科学研究》2004 年第 4 期。

而是将劳资冲突降低到最低限度、将劳资互利提升到最大可能，必然促使劳资双方将心力集中于共同目标的实现上，劳资双方彼此尊重、相互信任，资方千方百计搞好经营管理，劳方像主人一样努力生产，劳动剩余成果由传统的资本单方独享变为劳资双方共同分享。

3. 强化劳动关系"政府主导"的"劳动伦理倡导者"角色定位

转型期政府主导构建和谐劳动关系，要在充分重视"规制者"、"监督者"、"调解仲裁者"、"就业促进者"、"权益保护者"等角色作用的同时，尤其要强化"劳动伦理倡导者"理念的确立与作用的发挥，在"道德调整"与"法制调整"的促进中提升资方道德血液，实现劳资理解包容、推动社会和谐发展。"人类社会的发展历来依靠两个杠杆：一是经济杠杆，没有它的作用，社会就失去了发展的动力；另一个是体现为道德和法律的社会杠杆，没有它的调节，人类就会在相互竞争，相互倾轧中走向毁灭"[①]。

在现代劳动活动中，诉诸道德的力量比诉诸法律的力量更能适应经济发展的要求，也更具有社会价值。劳动力的使用除了劳动力的身体界限，还要遇到劳动者必须有时间满足精神与社会需求的道德界限。为此，劳动伦理在劳动关系调整中具有重要作用，而"劳动伦理"的倡导需要政府积极推动，塑造德性伦理是政府政治的重要功能，担负着特殊的社会调节和社会管理职能。

在强化政府主导构建和谐劳动关系的"劳动伦理倡导者"角色定位的过程中，应强化对中国传统经济伦理的吸收借鉴，"义利之辨"、"重义轻利"的德性主义，"义利统一"、"富而仁义附"的功利主义，"勤劳敬业"、"团结互助"的劳动美德观，"明分使群"、"劳心劳力"的社会分工论，"敬德保民"、"天道酬勤"的劳动光荣理念，"仓廪实而知礼节"、"恒产恒心"的富民理念，"力戒奢侈"、"俭奢统一"的消费理念对构建和谐劳动关系具有重要启示。

应强化对延安时期革命劳动伦理的传承借鉴。陕甘宁边区政府通过大生

---

① 王昕杰、乔法容：《劳动伦理学》，河南大学出版社 1989 年版，第 2 页。

产运动、劳模运动、劳动立法以及新闻传播与文学艺术的推动，形成"自力更生、艰苦奋斗"、"劳动光荣、科技重要"、"劳动互助、劳动合作"、"劳动保护、劳资两利"的劳动伦理精神。"自力更生、艰苦奋斗"成为劳动者敬业、民族自立、国力强盛的永恒话题，"劳动光荣、科技重要"促进国家责任伦理、劳动职业伦理的交融交集，"劳动互助、劳动合作"体现突出国情、重视世情、全球发展的伦理追求，"劳动保护、劳资两利"推动政府责任伦理、企业经营伦理的互推互进。

应强化对马克思劳动伦理观的吸收借鉴。马克思既是资本逻辑的追随、批判者，也是生活逻辑的倡导、重建者，促进劳动关系和谐需要扬弃"资本逻辑"、重视"生活逻辑"、实现"资本逻辑"与"生活逻辑"统一，从而实现马克思劳动伦理观的当代阐释。应强化对《道德情操论》等西方经典伦理思想的吸收借鉴。亚当·斯密关于"如果一个社会的经济发展成果不能真正分流到大众手中，那么它在道义上将是不得人心的，而且是有风险的，因为它注定要威胁社会稳定"[1]，对于转型期我国社会的良性运行有着重要警示作用，其"利己、自爱"理念、"同情、公正"理念、"仁慈、良心"理念、"正义、规则"理念对于促进劳动关系和谐有着重要借鉴。

4. 强化劳动关系治理过程中政府官员的专业化推动

国家治理体系和治理能力现代化发展过程中，劳动关系治理是重要的基础性组成部分，劳动关系问题具有非常强的专业性特征，迫切需要国家治理体系建设过程中，"行政官员"向"学者官员"，进而"专业官员"的过渡。美国劳动关系学科起源，恰是资本和劳动之间的阶级冲突加剧，劳工罢工和抗议浪潮不断上升，国家行政官员带领探讨劳动、资本以及生产、社会之间的内在规律，并通过专业性的劳动关系研究予以推动。先后任美国财政部部长、商务部部长的邓洛普领衔实践研究，企业家洛克菲勒斥巨资积极推动。

---

[1] 该段语言出自亚当·斯密出版于 1759 年的《道德情操论》（序言），强调经济发展与分配、与道义、与社会稳定之间的关系。

加拿大麦肯锡·金受洛克菲勒之邀在美国从事劳动关系研究多年，完成论著《工业与人性》，深刻洞察现代工业发展与人性追求的契合，回到加拿大后担任劳工部部长，三度竞选总理，在位任职时间长达22年，他的论著充分体现劳动关系治理过程中政府官员的专业化精准推动的价值，更呈现劳动关系治理因其对"工业与人性"的专业性探讨从而深入洞察经济社会发展的本质，对国家治理体系和治理能力建设的整体推动。

劳动关系治理是国家治理体系的基础性组成部分，在国家治理能力与治理体系现代化过程中，诸多领域迫切需要"行政型官员"向"学习型官员"、"学者型官员"，进而向"专业型官员"过渡。尤其抗击新冠疫情"医学博士省长"专业抗疫、"政法战线省委书记、市委书记"及时调任，无不说明进入改革深水期，迫切需要专业性推动。劳动关系问题具有更为突出的专业性特点，中国劳动学会会长带领团队3个月完成30余篇复工复产专业性调研。

我国在协调劳动关系问题中有大量工作要做，且都具有较强的专业化特征，尤其政府对劳动力市场的调控还有距离，劳动关系法制建设依然存在滞后，劳动争议案件依然居高不下。在此情况下，必须发挥政府在劳动关系协调中的"精准专业"推动作用，促使劳动争议、劳动问题能够逐步地依靠法规制度宣传落实，使劳资双方通过协商自主解决，从而创建和谐的劳动氛围，使劳动法律诉讼成为第二条途径和形式，使政府更具专业性的直接干预成为协调劳动关系的最终防线。

第 三 章

政府规制论：劳动法治、劳动监察与《劳动合同法》实施

> 劳动冲突和依存达到秩序建立需要国家法制调节，法律制度是决定社会经济发展的主要社会力量。
>
> ——约翰·洛克斯·康芒斯

政府规制是指政府运用法律手段和行政手段对微观经济主体的活动和行为进行影响、干预和规范。在市场经济体制下，以矫正和改善市场经济机制的内在问题为目的，政府干预和干涉经济主体的规则活动显得尤为重要。劳动关系的政府规制是指政府通过劳动政策（包括法律和政令）的制定和实施来干预、调整和规范劳动关系的行为。政府是唯一能够通过政策立法改变劳动关系制度与规则的实体，政府规制是政府调节劳动关系的最基本角色，也是政府介入劳动关系的最基本手段。劳动关系中的政府规制最突出地体现在劳动法治体系建设的推动、劳动监察工作的实施上，尤其体现在《劳动合同法》实施十余年以来对劳动关系的法治主导推动。

一、中国劳动法治建设的动力渊源与发展趋向

党的十九大报告强调："坚定不移走中国特色社会主义法治道路，完善

以宪法为核心的中国特色社会主义法律体系，建设中国特色社会主义法治体系，建设社会主义法治国家，发展中国特色社会主义法治理论，坚持依法治国、依法执政、依法行政共同推进，坚持法治国家、法治政府、法治社会一体建设"①。劳动法治是以劳动和社会保障立法、执法和司法为基本构成的法律制度，以劳动者保护为基本宗旨，以社会公平为基本原则，以经济和谐与社会和谐为基本目的，劳动法治既包含理念信仰，也包含制度安排与纽带功能。中国劳动法治是中国特色社会主义法治体系的重要基础组成部分，是"坚持依法治国、依法执政、依法行政共同推进，坚持法治国家、法治政府、法治社会一体建设"的重要基础内涵。

（一）中国劳动法治体系建设的研究综述

党的十八届四中全会审议通过《中共中央全面推进依法治国若干重大问题的决定》，强调依法治国"是实现国家治理体系和治理能力现代化的必然要求，事关我们党执政兴国，事关人民幸福安康，事关党和国家长治久安"，"更好统筹社会力量、平衡社会利益、调节社会关系、规范社会行为……必须更好发挥法治的引领和规范作用"。劳动法治建设是依法治国的重要组成部分，是政府规制促进劳动关系和谐的最重要措施。在国家治理体系建设中，法律不再仅仅是工具，在理念上法律体现为一种信仰，在价值上法律体现为一种可用的制度安排，在功能上法律体现为一种纽带。② 有关中国劳动法治建设的研究较为突出地体现在以下五个方面。

1. 中国劳动政策法规制定与发展研究

劳动政策法规是指一系列调整劳动关系（劳工关系、产业关系）的立法或政策、法律、法规的总称。郑尚元（2005）③ 对政策性制度与劳动法律之间的关系予以研究，指出在建设中国特色法治社会的进程中，政策性制度

---

① 《习近平谈治国理政》第三卷，外文出版社 2020 年版，第 18 页。
② 参见杜飞进：《法治政府建构论》，浙江人民出版社 2011 年版，第 17 页。
③ 参见郑尚元：《雇佣关系调整的法律分界——民法和劳动法调整雇佣关系的制度和理念》，《中国法学》2005 年第 3 期。

与法律制度的并存将长期存在，我们期盼的是政策性制度的理性和执行的刚性，以及法律制度的逐步扩张，最终形成法治社会。

乔健（2005）[①] 对转型时期我国劳工政策法规予以研究，认为劳动合同制度对乡镇企业和进城农民工还存在空白，集体谈判制度的完善有待工会组织体制的改革和谈判斗争手段的丰富，劳动监察制度不能有效地威慑和遏制用人单位的违法行为，劳动争议处理制度存在许多设计上的缺陷，亟待变革。

岳经纶（2007）[②] 以市场化与全球化为视野对中国劳动政策法规予以研究，认为与中国社会转型的迅猛发展势态相比，中国的国家转型相对滞后，国家管理社会的体制远远落后于社会的发展，脱胎于计划经济时代的劳动法规无法应对处于跨国资本压力下的工人诉求，传统上以控制为主的劳动体制抑制了工人对抗跨国资本的动员能力。尤其，中国劳动政策法规对劳动危机的回应基本上是被动反应式的，而不是主动前瞻式的；是零散式的，而不是整合式的。

吴忠民（2009）[③] 从改革开放与现代化进程角度对中国劳动政策法规予以研究，认为伴随改革开放和现代化进程推进，中国劳动法规获得长足发展，现代型的劳动法规政策架构基本形成，但仍然存在明显不足，劳动法规政策的体系化程度较低，缺乏同一性和公平性，劳动政策"实然"状况远远低于"应然"状况。为此，提出"从社会公正的高度看待劳动政策问题"、"进一步激活工会的应有功能"、"注重雇主组织的规范化建设"、"形成有效的集体协商制度"、"把握劳动政策推进的可行性和节奏性"。

2. 中国劳动法治体系建设的内涵组成

悦光昭（1989）[④] 对劳动、工资、保险、福利、培训和劳动保护等方面的政策、制度、立法概况予以研究，阐述了改革开放十余年间我国的劳动政

---

①　参见乔健：《加强对转型时期劳工政策的研究》，《中国劳动关系学院学报》2005 年第 3 期。
②　参见岳经纶：《中国劳动政策：市场化与全球化的视野》，社会科学文献出版社 2007 年版。
③　参见吴忠民：《当前改善我国劳动政策的思路与对策》，《教学与研究》2009 年第 2 期。
④　参见悦光昭主编：《中国的劳动政策和制度》，经济管理出版社 1989 年版，前言。

策和制度，并对劳动工资工作予以历史回顾和未来展望，被视为新中国成立以来第一部公开出版的较为全面介绍我国劳动政策法规的专著。

唐云岐（1989）[1] 对新中国成立以来党和政府根据不同时期具体情况，制定和颁布的大量逐步形成体系的劳动政策、法规、规章予以梳理，从劳动力管理与就业、职工工资、社会保险与职工福利、劳动保护、外商投资企业劳动管理、劳动计划与统计等方面对劳动政策相关问题予以解答。

王立成（2001）[2] 认为，我国劳动立法体系模式包括：效率优先，适应市场经济的需要；保障公平，从保护劳动者权益出发规范劳动市场行为；政府主导，发挥政府调整劳动关系的主体作用，以积极的政府行为促进劳动关系稳定发展；自愿与强制相结合，以自我协调、自愿协商为主，政府干预和强制调解为辅。

黑启明（2007）[3] 对中国政府劳动政策法规的历史演变予以研究，认为劳动政策法规是为计划、组织、控制和协调社会的劳动关系所制定的方针、原则和规范的总称，包括劳动用工、劳动就业、劳动关系、社会保障等政策法规等。

佟新（2008）[4] 认为，劳工政策是社会政策之一，是由政府制定的、用以保障劳动者基本权益的各类法律、法规和条例等，要求满足：一是解决劳动者所需劳动时间、劳动保护、劳动安全、最低工资标准等社会控制的公共问题，称为劳工政策的"控制性"；二是有能力和具体的办法解决社会存在的损害劳动者权益的公共问题，称为劳工政策的"效能性"。

3. 中国劳动法治体系建设的导向路径

叶静漪、魏倩（2004）[5] 认为，现有劳动法律对劳动权保护还有许多亟

①　参见唐云岐主编：《新编劳动政策问题解答》，劳动人事出版社1989年版，前言。
②　参见王立成：《论我国劳动政策的选择——兼论工会对策》，《工会理论与实践》2001年第2期。
③　参见黑启明：《中国政府劳动政策的历史演变》，《中国党政干部论坛》2007年第5期。
④　参见佟新：《劳工政策和劳工研究的四种理论视角》，《云南民族大学学报（哲学社会科学版）》2008年第5期。
⑤　参见叶静漪、魏倩：《〈经济、社会和文化权利国际公约〉与劳动权的保护》，《北京大学学报（哲学社会科学版）》2004年第2期。

待改进的地方，还存在与国际公约不相符的地方，这不仅仅体现在立法技术上要完善，法律执行上要严格，更需要劳动法立法意识上的革新。

乔健（2005）[1]认为，中国劳动法治建设进一步完善的原则是处理好经济增长与社会进步、促进市场效率与保持规则公正，以及保障企业自主用工和增进劳动者权益三者的关系，使它们都能得到均衡、协调的发展。

佟新（2008）[2]从"公民权或公民社会"、"文化"、"阶级"和"后现代主义"等理论视角，对劳动法治建设状况予以梳理，认为在中国社会转型发展过程中，不存在一揽子或全面的解决劳工问题方案，只能逐步和分别处理。劳工法治建设目标是使劳方受益，是为劳工重建社会政策，以使劳工能够分享到经济发展的好处。

岳经纶（2011）[3]针对中国市场转型、经济体制改革中最艰巨、最复杂的劳动问题，多角度地论述了市场化和全球化过程中我国具体的劳动问题和劳动政策，认为中国新的劳动关系格局形成，既非以国家为中心，也非以劳工为中心，而是一种多元行动者构成的网络化关系，国家"应有"的角色，应是站在弱者一方，为其提供法律、政策支持和权益保护，来对抗跨国资本压迫。

4. 新中国成立前劳动法治体系建设的借鉴研究

张美娥（1999）[4]对延安时期的劳动政策法规予以研究，认为延安时期"劳资两利"的劳动政策既改善了工人生活又不妨碍资本主义经济正当发展，尤其陕甘宁边区实行奖励工商业、欢迎资本家投资的政策，废止工农民主政府时代的劳动保护法；取消对资本家、富农经营生产事业的各种限制，实行政府中介下订立劳动契约制度，根据不同地区的生活条件，酌量增加工资，减少工作时间，改良工人生活待遇，从而调节各阶层关系，取得人民

---

① 参见乔健：《对工会参与完善劳动政策的建议》，《工人日报》2005年6月3日。

② 参见佟新：《劳工政策和劳工研究的四种理论视角》，《云南民族大学学报（哲学社会科学版）》2008年第5期。

③ 参见岳经纶：《转型期的中国劳动问题与劳动政策》，东方出版中心2011年版，前言。

④ 参见张美娥：《试析延安时期的劳动政策》，《理论导刊》1999年第4期。

拥护。

秦国荣（2008）① 对新中国成立前中共劳动立法演变予以研究，认为早期中央苏区劳动立法由于主张劳动对立，对劳动者保护力度过大，对资方限制过多，使得劳动立法不仅没有起到保护劳动者的作用，相反，对苏区经济造成了严重破坏。抗日战争到解放战争期间，中国共产党不断对中央苏区的劳动政策进行反思，在主张劳资双方共同发展的基础上逐步提出"发展生产、繁荣经济、公私兼顾、劳动两利"的劳动关系方针，对劳动立法有着极为重要的启迪和借鉴意义。

周良书、汪华（2006）② 对 1927 年国民党在上海掌握全国政权后，先后制定并实施了一系列旨在维护职工权益的法规和条例，既是国民党对大革命时向劳工所作各项承诺的兑现，同时它也反映了新政权有利用这些劳动法规来安抚劳工、控制社会的政治企图，然而新政策所持有"保障"与"控制"的双重性质，也种下了它最终失败的根由。

张周国（2010）③ 分析了南京国民政府时期劳动契约制度的形成、变化、主要内容和对当下的借鉴意义。南京国民政府劳动契约制度在考察国外先进劳动法律制度基础上，结合当时中国实际情况而构建，具有一定的科学性。南京国民政府时期的劳动契约制度兴衰史，为今天相应法制建设提供参考和借鉴。

5. 关于国外劳动政策法规的借鉴研究

陈建安（1998）④ 通过对日本经济发展与劳动问题的研究，认为研究日本经济发展与其独特的劳动力市场、就业制度、劳动关系和劳动政策的内在联系，尤其通过公共职业介绍和对民间职业介绍的管理增进劳动力市场供需结合，在改善劳动力需求方的用工制度和开发就业机会的同时对劳动力供给方进行职业训练等做法，对我国就业制度改革具有启迪意义。

---

① 参见秦国荣：《建国前中国共产党劳动立法的演变及其启示》，《江海学刊》2008 年第 4 期。
② 参见周良书、汪华：《国民党初掌政权后的劳工政策解析》，《学术界》2006 年第 3 期。
③ 参见张周国：《南京国民政府时期劳动契约制度研究》，博士学位论文，华东政法大学，2010 年。
④ 参见陈建安：《日本的经济发展与劳动问题》，《国际学术动态》1998 年第 9 期。

余建年（2001）① 从福利国家的盛衰和社会经济结构变迁角度对欧盟劳动就业政策所产生的影响进行分析，认为欧盟劳动就业问题是制约其经济发展的重要因素，改革劳动政策是欧盟为保持国际竞争性和经济增长的必要前提。欧盟在进行劳动力市场改革时综合运用相互促进关联的多种措施，在经济结构的持续改革和 GDP 水平的长期维持条件下，通过调整政策法规来加强国家经济竞争力，通过刺激经济增加就业机会，值得借鉴。

韩飞（2011）② 对 20 世纪前期处于社会转型期的美国劳工政策法规与劳工权益保障予以研究，认为虽然 20 世纪初美国在工业化进程中劳工权益问题凸显，但 20 世纪前期历届政府通过有效保障这一特定历史时期的劳工权益，成功完成社会转型，我国当前的劳工权益保障问题与此有很大相似性，研究转型时期美国社会的劳工权益保障对我国具有重要借鉴意义。

陈玉杰、杨伟国（2013）③ 对印度国家主导和自由竞争相平衡的劳动政策法规予以研究，认为从殖民地国家独立后的印度劳动关系表现为以国家控制为主导，国家采取各种途径介入劳动关系，预防和解决劳动纠纷，避免罢工、关厂造成生产活动中断，劳动法治建设的目标体现为：为弱劳工提供保护性的法律，促进工业化快速发展保证产业和谐，建立不同于殖民地时期的劳动关系法规体系。

（二）中国劳动法治体系建设的发展现状、动力渊源与问题差距

1. 依法治国视域下中国劳动法治建设的发展现状

《中共中央关于全面推进依法治国若干重大问题的决定》强调："中国特色社会主义法律体系已经形成，法治政府建设稳步推进，司法体制不断完善，全社会法治观念明显增强。"中国劳动法治体系建设部分呈现着同样的

---

① 参见余建年：《社会经济变迁中的欧盟劳动就业政策》，《武汉大学学报（哲学社会科学版）》2001 年第 5 期。

② 参见韩飞：《20 世纪前期美国政府劳工政策与劳工权益保障问题研究》，硕士学位论文，兰州大学，2011 年。

③ 参见陈玉杰、杨伟国：《印度劳动关系的变迁：国家主导和自由竞争的平衡》，《教学与研究》2013 年第 6 期。

发展现状。

（1）劳动法规政策框架体系的逐步形成

20 世纪 90 年代及 21 世纪初成为中国历史上制定颁布劳动法规最密集的时期。1991 年颁布、2012 年修订《中华人民共和国未成年人保护法》，1992 年颁布、2001 年修订《中华人民共和国工会法》，1993 年颁布、1999 年、2004 年、2005 年修订《中华人民共和国公司法》，1993 年颁布《中华人民共和国企业劳动争议处理条例》，1994 年颁布《中华人民共和国劳动法》，1994 年颁布《工资支付暂行规定》，1997 年国务院制定《关于建立统一的企业职工基本养老保险制度的决定》，1998 年国务院制定《关于建立城镇职工基本医疗保险制度的决定》，1999 年颁布《失业保险条例》，2003 年颁布《工伤保险条例》，2004 年颁布《劳动保障监察条例》及《最低工资规定》，2006 年颁布《企业工会工作条例（试行）》，2007 年《中华人民共和国劳动合同法》、《中华人民共和国就业促进法》、《中华人民共和国劳动争议调解仲裁法》等法律、法规和政策相继颁布，使转型期中国劳动关系基本政策框架形成。

（2）劳动合同用工制度的普遍实施

1986 年，国务院颁布实施《国营企业实行劳动合同制暂行规定》。1994 年《中华人民共和国劳动法》规定"劳动合同是劳动者与用人单位确立劳动关系、明确双方权利和义务的协议"、"订立和变更劳动合同，应当遵循平等自愿、协商一致的原则，不得违反法律、行政法规的规定"。2007 年《中华人民共和国劳动合同法》规定"建立劳动关系，应当订立书面劳动合同"、"用人单位与劳动者应当按照劳动合同的约定，全面履行各自的义务"。2007 年《中华人民共和国就业促进法》规定"劳动者依法享有平等就业和自主择业的权利"。以《中华人民共和国劳动合同法》为代表的劳动合同用工政策的普遍实施，提升了全社会的劳动法治理念、提升了劳动者的集体意识和权利意识，也在制度层面为集体劳动关系的建构提供了基础。

（3）市场机制为主导、兼顾效率与公平的工资分配政策逐步形成

1984 年《中共中央关于经济体制改革的决定》指出"使企业职工的工

资和奖金同企业经济效益的提高更好地挂起钩来。在企业内部，要扩大工资差距，拉开档次，以充分体现奖勤罚懒、奖优罚劣，充分体现多劳多得、少劳少得"。1984年《关于国营企业发放奖金有关问题的通知》、1985年《关于国营企业工资改革问题的通知》及《关于国家机关和事业单位工作人员工资制度改革问题的通知》，体现出劳动收入同劳动者的实际贡献挂钩的市场化政策导向。1993年《中共中央关于建立社会主义市场经济体制若干问题的决定》指出"个人收入分配要坚持以按劳分配为主体、多种分配方式并存的制度，体现效率优先、兼顾公平的原则"，劳动部首次将市场机制引入工资分配，确立"建立市场机制决定、企业自主分配、政府监督调控的新模式"的企业工资制度改革目标。2002年党的十六大报告确立"劳动、资本、技术和管理等生产要素按贡献参与分配的原则，完善按劳分配为主体、多种分配方式并存的分配制度"。2007年党的十七大报告强调"坚持和完善按劳分配为主体、多种分配方式并存的分配制度，健全劳动、资本、技术、管理等生产要素按贡献参与分配的制度"。2012年党的十八大报告强调"努力实现居民收入增长和经济发展同步、劳动报酬增长和劳动生产率提高同步，提高居民收入在国民收入分配中的比重，提高劳动报酬在初次分配中的比重。初次分配和再分配都要兼顾效率和公平，再分配更加注重公平。完善劳动、资本、技术、管理等要素按贡献参与分配的初次分配机制，加快健全以税收、社会保障、转移支付为主要手段的再分配调节机制"。2017年党的十九大报告强调"坚持在经济增长的同时实现居民收入同步增长、在劳动生产率提高的同时实现劳动报酬同步提高。拓宽居民劳动收入和财产性收入渠道。履行好政府再分配调节职能，加快推进基本公共服务均等化，缩小收入分配差距"。依法治国视域下"市场机制为主导、兼顾效率与公平"的工资分配政策逐步形成并不断完善。

2. 依法治国视域下中国劳动法治体系建设的动力渊源

马克思认为社会发展动力是一个由各种要素构成的有机系统。中国劳动法治建设动力渊源主要体现在以下四个方面。

（1）党对劳动法治建设的领导推进

《中共中央关于全面推进依法治国若干重大问题的决定》强调："把党的领导贯彻到依法治国全过程和各方面，是我国社会主义法治建设的一条基本经验"，"只有在党的领导下依法治国、厉行法治，人民当家作主才能充分实现，国家和社会生活法治化才能有序推进"。在劳动法治建设中，2004年《中华人民共和国宪法（修正案）》强调"国家尊重和保障人权"；2007年《中华人民共和国劳动合同法》规定"为了完善劳动合同制度，明确劳动合同双方当事人的权利和义务，保护劳动者的合法权益，构建和发展和谐稳定的劳动关系，制定本法"，保护劳动者的基本权利已成为党和国家关注的重要问题，更成为中国劳动法治建设的引领动力渊源。

（2）经济全球化国际劳工标准的接轨

国际劳工标准对于保护劳动者基本权益具有重要意义，国际上一般将批准国际劳工标准体系中国际劳工公约的数量当作衡量一个国家执行国际劳工标准或保护劳动者权益水平的指标。① 机遇与挑战并存的经济全球化发展，呼吁劳动关系调整的国际化和劳工权利保护的全球化。我国是国际劳工组织创始国之一，在全球化发展进程中应努力寻求劳动法治全球化与本土化的接轨与平衡。在必须认真研究国际劳工标准条款、促进劳动法治建设国际标准与中国实际结合的同时，还应积极吸收国际劳动立法精华、注重与国际劳工组织和发达国家合作、促进国际劳动立法的完善，国际劳动立法由此成为全球化背景下中国劳动法治建设的环境动力渊源。

（3）政府对劳动法治建设的积极推动

"法律的生命力在于实施，法律的权威也在于实施"，劳动法治建设的实施需要各级政府"坚持在党的领导下、在法治轨道上开展工作，创新执法体制，完善执法程序，推进综合执法，严格执法责任，建立权责统一、权威高效的依法行政体制"。当前中国政府职能发生着重要变化，由重视经济发展速度

---

① 参见汪洪：《我国应对国际劳工标准研究——兼谈国际劳工标准的国际法性质》，《求索》2008年第5期。

更多地转向重视民生建设、重视社会和谐公正。劳动关系是市场经济社会最基础的关系，劳动法治建设事关社会和谐发展、事关人民幸福安康，政府对劳动法治建设的积极推动成为转型期中国劳动政策发展的实施动力渊源。

3. 依法治国视域下中国劳动法治体系建设的差距冲突

《中共中央关于全面推进依法治国若干重大问题的决定》强调，"同党和国家事业发展要求相比，同人民群众期待相比，同推进国家治理体系和治理能力现代化目标相比，法治建设还存在许多不适应、不符合的问题"。中国劳动法治建设同样存在不相适应的差距冲突。

（1）劳动保护政策与国家竞争力及中小企业发展的两难

改革开放中国经济高速增长的最突出优势是大量廉价劳动力创造的"人口红利"，劳动保护政策的实施意味着人工成本的大幅度增加，从而在一定程度上削弱中国多年发展的廉价劳动力优势。《劳动合同法》实施后企业成本短时间上升一成以上，颁布之时恰逢世界金融危机，两者交织使中小企业生存竞争力产生重要影响。在人才竞争日益激烈并导致人才流动加快的大背景下，如何认识和界定竞业限制制度，如何建立一种有效的竞业限制制度，在保护用人单位利益和劳动者个人权益之间进行有效的平衡平等问题就很有现实意义。① 伴随老龄化社会的到来、"人口红利"时代的消失，在高度重视技术可替代性因素推动经济持续发展的同时，渐进性延迟退休、事业单位工资制度改革、公务员工资制度改革，必然成为须着力探讨推动劳动政策改革并增强国家竞争力的重要内容。

（2）劳动监察与劳动政策法规实施的差距

2004年8月造成75人死亡、180人受伤的昆山爆炸案，以及2019年3月造成78人死亡、108人受伤的盐城响水爆炸案，在使整个社会震惊的同时，也使社会反思劳动监察与劳动政策实施之间的差距。探究爆炸案发生的原因有五：厂房未按二类危险品场所进行设计和建设；生产工艺路线过紧过密；除尘设备未按规定设计独立吸尘装置；车间内所有电气设备未按防爆要

---

① 参见叶静漪、任学敏：《我国竞业限制制度的构建》，《法学杂志》2006年第4期。

求配置；安全生产制度和措施不完善、不落实。① 盐城涉事化工厂曾被通报存在 13 项安全隐患，要求被整改，但事件依然发生在整改复产后。以上问题的存在很明显暴露地方劳动监察工作的缺位以及"突破底线"招商环境中劳动监察不到位。作为最重要的劳动监督形式，劳动监察是法定的专门机关代表国家对劳动法律的遵守情况依法进行检查、纠举、处理等一系列活动的总和。② 但在立法方面，我国劳动监察专门性立法以国务院条例方式制定，较被监督实施的《劳动法》、《劳动合同法》等层级较低、效力不足、定位模糊，不同法律渊源不统一，违法行为追罚时效、监察机构责任认定等具体法律存在欠缺；在执法方面，执法力度、执法力量、执法手段均不足，违法成本低廉更助推劳动监察环境非健康运行。

（3）"劳动三权"与工会"双重职能"的冲突

以"团结权"、"集体谈判权"及"集体争议权"为内容的"劳动三权"，是市场经济国家个别劳动者通过"集体抱团"以寻求自身权利扩张的表现，被视为现代劳动法律的构建基础，也是市场经济条件下工会组织维护劳动者权益的基本实现途径。但中国工会是在"适应计划经济高度集权发展需要、延续革命年代根据地工会组织传统、借鉴苏联工会模式经验"的基础上建立，其"既代表职工又代表党和政府"、"既维护职工利益又维护全国人民总体利益"的"双重角色"定位，与西方市场经济国家工会"仅代表劳动者、仅维护劳动者利益"明显不同，其功能以"社会服务"为主与资本主义国家以"劳动维权"为主亦明显不同，市场经济国家"劳动三权"与中国工会"双重职能"的冲突与协调，必然成为中国特色劳动法治建设探讨的重要内容。

（三）中国劳动法治体系建设的发展趋向与路径选择

1. 劳动法规制定须重视党和政府主导作用与国情文化特征

党的十八届四中全会强调："发展符合中国实际、具有中国特色、体现

---

① 参见《探究昆山爆炸案的真正原因》，百度文库，2014 年 8 月 10 日。
② 参见李进东：《劳动监察何时才能走出困境》，《中国工人》2012 年第 5 期。

社会发展规律的社会主义法治理论，为依法治国提供理论指导和学理支撑。汲取中华法律文化精华，借鉴国外法治有益经验，但决不照搬外国法治理念和模式。"在中国特色市场经济发展过程中，无论国企改革、外企引入，还是民企壮大，党和政府均发挥着重要的领导主导作用，我国政府在劳动关系调整中较其他国家均具有更为突出的主导性特征。

（1）劳动法规政策制定过程，真正确立"劳权优先"原则

党和政府在劳动法规制定中发挥更为突出的主导性作用，更加重视劳动关系法规政策制定与选择的重要性。中国特色市场经济发展有自己的历史起点和历史传统，有自己的文化背景和文化特征。我国是劳动力一度绝对过剩、当前仍然相对过剩的国家，劳动从属性形成的固有的"资强劳弱"依然是中国劳动力市场的重要特征。如果党和政府不能在劳动关系调整中优先考虑劳动者合法权益，就会出现"资本逻辑"与"资本权利"的扩张与泛滥，致使劳动矛盾激化、劳动关系恶化，就会重走西方资本主义老路，中国社会发展必然付出非常沉重的代价。在劳动法规政策制定过程中，真正确立"劳权优先"原则，切实尊重劳动者基本权益。发挥社会协调与再分配的职能作用，合理分配社会财富，维护社会公平公正。

（2）劳动法规政策制定过程，充分重视"劳资两利"原则

在劳动政策制定过程中，政府高度重视将转型期劳动关系的多样性、复杂性、不稳定性，纳入促进劳动和谐的法律制度范围之中，充分重视劳动政策的"劳资两利"原则。尤其在劳动立法过程中高度重视拓展不同阶层参与渠道，建立立法听证制度，更加充分重视民意表达，使劳动法律更能聚集民智，更容易为不同阶层民众认可遵守。《劳动合同法》的实施，自颁布之始在有力保障劳动者合法权利、推动中国劳动法规政策长足发展的同时，也遭受过质疑，这与2008年国际金融危机随行的客观现实相关，同时其法规制定在参与广度基础上，强化参与深度是重要的经验思考。

（3）劳动法规政策制定过程，重视中西方道德法治文化的吸收借鉴

党的十八届四中全会强调，"以道德滋养法治精神、强化道德对法治文化的支撑作用"。党的十九大报告强调："坚持依法治国和以德治国相结合，

依法治国和依规治党有机统一，深化司法体制改革，提高全民族法治素养和道德素质。"中国传统经济伦理中的"义利之辨"、"重义轻利"、功利主义的"义利统一"、"富而仁义附"对资方的重要借鉴；"勤劳敬业"、"团结互助"的劳动美德观，"明分使群"、"劳心劳力"的社会分工论，对劳动者的重要借鉴；"敬德保民"、"天道酬勤"的劳动光荣理念，"仓廪实而知礼节"、"恒产恒心"的富民理念，"力戒奢侈"、"俭奢统一"的消费理念，对政府的重要借鉴。延安时期"自力更生、艰苦奋斗"、"劳动光荣、科技重要"、"劳动互助、劳动合作"、"劳动保护、劳资两利"的劳动伦理，对劳动伦理与劳动法治互为推动具有重要借鉴。西方市场经济学鼻祖亚当·斯密的《道德情操论》诸多观点对于中国劳动法规政策制定同样具有重要借鉴，尤其体现在其"利己、自爱"、"同情、公正"、"仁慈、良心"、"正义、规则"等理念。马克思劳动伦理"资本逻辑"与"生活逻辑"的统一，资本以其巨大推动力创造着现代文明的同时，更造成了"异化劳动"与"畸形劳动关系"，生活逻辑是"人的自由全面发展"和"体面劳动"的重要法规理论渊源。

2. 劳动法治实施须重视三方协商机制完善与劳动监察到位

转型期社会发展的过程中，劳动政策法规的颁布实施成为国家法治建设最为突出的内容之一，由于劳动关系的多样性、复杂性的客观现实及实施机制的制约，依然存在诸多亟待政府推动完善之处。

（1）不断完善劳动关系"三方协商机制"，提高劳动法治实施成效

"三方协商机制"是 1919 年国际劳工组织建立，实施的基本制度和工作原则，政府、雇主组织和雇员三方根据一定的规则和程序，通过特定形式进行对话和协商，相互影响和相互制约，共同协调劳动关系的制度。第二次世界大战后加大倡导力度，20 世纪 80 年代许多发达国家广泛采用。我国自 20 世纪 90 年代开始筹备使用。2001 年 8 月 3 日，国家协调劳动关系三方会议正式成立，并在南京召开了第一次会议，标志着我国国家一级协商劳动关系三方机制正式启动。2002 年颁布实施《关于建立健全劳动关系三方协调机制的指导意见》，其主要任务包括：提出政策性意见和建议；对劳动关系

方面带有全局性、倾向性的重大问题进行协商；对制定涉及调整劳动关系的法律、法规、规章和政策提出意见和建议，并监督实施；对具有重大影响的集体劳动争议和群体性事件进行调查研究，提出解决和预防的意见建议。[①]"三方协商机制"具有咨询和对话、谈判以及仲裁和协调的功能，对推动劳动法规的制定与实施发挥了重要的促进作用，但由于实施时间较短，尤其劳资双方代表组织有待成熟、协商会议职能有待拓展。

（2）强化"劳动监察"力度，推动劳动法治实施到位

"劳动监察是劳动行政机关在立法机关创制的法律框架内履行监督法律实施的义务，劳动监察在劳动关系中为劳动者建立了一道国家力量的保障机制，政府充当着保护劳动者的'社会警察'。"[②] 但是，当前我国劳动监察执法还较为薄弱，未能很好地为劳动法规政策，尤其是劳动基准法实施发挥保驾护航作用。究其表象原因，相关立法不够完善、执法人员配备有待增强、执法经费有待加大等；究其深层根源，非法律因素尤其执法者的政绩观和利益观，成为干扰劳动监察正常实施最为重要的影响和制约因素。昆山爆炸案究其根本原因在于突破底线的招商引资理念，被异化的"政策红利"造成企业监管缺位。同时要更加清晰界定劳动监察执法范围，重视整合和划分劳动监察与劳动争议仲裁的不同受理范围；要重视构建更加严密的监察法律体系，提高劳动监察法律制度层级，并赋予劳动监察部门更加强有力的监察手段。

（3）重视"实验性"探索，推动劳动法规政策梯度实施

当前东西部发展依然差距较大，社会管理体制有待突破，在此状况下必须重视劳动政策推进的可行性与节奏性，从而取得事半功倍的效果。"发达地区不仅要确保劳动法规政策按标准要求实施，而且要以更高的标准探讨劳动法规政策的推动，使之不仅在经济发展水准，而且在劳动政策方面缩小同发达国家之间的距离；欠发达地区应将劳动政策重心放在劳动底线保证上，

---

① 参见劳动和社会保障部：《关于建立健全劳动关系三方协调机制的指导意见》，2002 年 8 月 13 日。

② 黎建飞：《强化劳动监察的意识与职能》，《中国劳动保障》2005 年第 12 期。

劳动政策先行一步者的经验，对于后来者无疑有着重要的示范效应。"① 中国劳动法治实施是国家治理体系建设的重要内容，尤其需要着力探索"实验性"、"梯度性"实施积累形成的经验，更为有效地上升为顶层设计层面。

3. 劳动法律与国际接轨须重视劳动基准法与集体行动权探讨

伴随经济全球化的进程，国家治理模式包含了越来越多的国际制度成分，劳动关系的调整与规制不可回避地实现与国际劳工标准的接轨，劳动基准法与罢工权探讨成为全球化背景下中国劳动法治建设的重要内容。

（1）加强劳动条件基础性保护，重视劳动基准法的制定实施

劳动关系是工作场所劳动双方建立的用工关系，这是市场经济背景下的客观存在，构成中国特色劳动关系治理体系的基础是劳动基准。在与国际立法接轨过程中，ILO 国际劳工公约通常被称为国际劳工标准，内容涉及"基本人权、就业、社会政策、劳动行政管理、劳动关系、工作条件、社会保障、妇女就业、儿童和未成年人就业、老年工人、移民工人等十四个方面"②。国家对劳动契约订立与履行以尊重当事人契约自由，对劳动契约涉及的劳动者劳动条件的如上关键性条款以劳动基准形式通过立法予以确立，目的是促使劳动关系在保障劳动者体面劳动并能够尊严生存的基础上良性运行，当前以《劳动法》、《劳动合同法》和《劳动争议调解仲裁法》为核心调整劳动关系的劳动法制体系基本建成。劳动基准法的实施具体体现在行业标准和区域性劳动标准的制定，这也是现有体制下我国工会发挥重要职能，促进集体协商和集体谈判机制真正发挥作用的关键。劳动法治建设的最终落地体现在企业用工标准上，这是中国特色和谐劳动关系建设的微观基础，更是和谐劳动关系法制化、市场化、国际化和企业化的根本。法治中国背景下企业用工标准的规范关键体现在《劳动合同法》第四条的规定，用人单位在制定、修改或决定所有涉及职工切身利益的规章制度和重大事项上必须走民主程序，这是企业用工管理的底线原则和法制红线。

---

① 吴忠民：《当前改善我国劳动政策的思路与对策》，《教学与研究》2009 年第 2 期。

② 《国际劳工公约》，百度文库，https://wenku.baidu.com/view/cfea2c90dd88d0d233d46a00.html。

（2）完善集体协商机制，走中国特色和谐劳动关系之路

党的十八届三中全会强调，"以经济社会发展重大问题和涉及群众切身利益的实际问题为内容，在全社会开展广泛协商，坚持协商于决策之前和决策实施之中"。在劳动关系领域，"国家推动集体协商的最终目的是把劳动双方都纳入到一定的法律制度框架之内，使劳动双方行为能够法制化和契约化，从而化解劳动矛盾，维护基层产业的良性运转秩序"①。集体协商不仅成为工会而且成为各级政府的重要任务及考核指标，并在实践中取得重要成效，如何克服有"协商"无"博弈"、重"签订"轻"履行"的形式化困境，重视总结南海本田、浙江温岭集体协商的经验，强化工会的压力、政府的推力、社会的助力，尤其强化劳动者的内生动力，必然能够走出不同于欧美的、具有中国特色的劳动关系的协调之路。

（四）进一步加强中国劳动法治建设的思考建议

全面推进依法治国视域下中国劳动法治建设以其强烈的时代性、发展性和创新性不断充实完善，展望其发展尤其需重视如下三方面思考。

1. 重视从国家治理体系和治理能力现代化角度思考劳动法治体系建设

推进国家治理体系和治理能力现代化是全面深化改革的总目标，国家治理体系和治理能力是一个国家制度和制度执行能力的集中体现，劳动法治作为国家最为重要的基础性法治组成部分，是国家治理体系的重要组成部分，其制定与实施是国家治理能力的重要体现。在劳动法治建设过程中，同样需要加强党委领导、政府主导、社会参与，实现政府治理和社会自我调节、居民自治互动的"系统治理"；同样需要加强法治保障，运用法治思维和法治方式化解社会矛盾的"依法治理"；同样需要强化道德约束，规范社会行为，调节利益关系，协调社会关系，解决社会问题的"综合治理"；同样需要标本兼治、重在治本，及时反映协调人民群众各方面各层次利益诉求的

---

① 吴清军：《集体协商与"国家主导"下的劳动关系治理——指标管理的策略与实践》，《社会学研究》2012年第3期。

"源头治理"。

2. 重视从社会公平公正角度思考劳动法治体系建设

社会法规政策制定的基本趋向是实现社会公正，社会公正的维护已成为诸多国家的重要制度和政策取向，也具体化为国际通行的人权公约，社会公正更是社会主义的核心价值理念，社会主义和谐社会要求建立权利公平、机会公平、规则公平、分配公平"四位一体"的公平保障体系，只有将劳动政策上升到维护社会公正的高度，才能在基本理念进而在基本制度设计和基本政策安排上真正重视劳动政策。① 劳动政策的制定与实施必须着眼于创造更加公平正义的社会环境，不断克服各种有违公平正义的现象，使改革发展成果更多更公平地惠及全体人民。

3. 重视从"以人民为中心"的发展思想角度思考劳动法治建设

劳动法治建设的基本宗旨是对劳动关系中处于弱势位置的劳动者进行保护，更加充分体现着"以人民为中心"的发展思想与"坚持法治建设为了人民、依靠人民、造福人民、保护人民，以保障人民根本权益为出发点和落脚点"② 的法治理念。人民主体地位的重要体现是人民当家作主的权利有法律制度、物质文化的保障，能够参与管理国家，并随着经济发展和社会进步，广大人民的利益得到日益充分的实现，劳动法治建设的目的恰恰在于实现制度、法律和物质的保障。在"以人民为中心"的发展思想实现过程中，社会主义协商民主是"中国社会主义民主政治的特有形式和独特优势"，"在中国社会主义制度下，有事好商量，众人的事情由众人商量，找到全社会意愿和要求的最大公约数，是人民民主的真谛"③。更加重视"集体协商制度"完善、探索降低制度成本的中国特色劳动关系和谐之路，恰恰是"社会主义民主不仅需要完整的制度程序，而且需要完整的参与实践"的探索。全面推进依法治国视域下，中国劳动法治建设在中国特色社会主义道路自信、理论自信、制度自信、文化自信的实践探索中，必然不仅推动中国劳

---

① 参见吴忠民：《当前改善我国劳动政策的思路与对策》，《教学与研究》2009 年第 2 期。

② 《中共中央关于全面推进依法治国若干重大问题的决定》，《人民日报》2014 年 10 月 29 日。

③ 《习近平谈治国理政》第二卷，外文出版社 2017 年版，第 291、292 页。

动关系和谐发展，而且促使世界劳动关系理论更加丰厚。

二、加强劳动监察工作的逻辑思考与路径选择

劳动监察是法定的专门机关代表国家对劳动法律的遵守情况依法进行检查、纠举、处理等一系列活动的总和，劳动监察作为政府治理的有机组成，能够维护劳动力市场正常秩序，规范劳动关系主体行为，迅速有效地救济或制裁劳动关系当事人。劳动监察工作是国家治理体系的重要组成部分，在全面推进依法治国视域下，高度重视研究探讨劳动监察工作，对于促进劳动关系有效治理、进而促进社会整体和谐稳定具有重要意义。

（一）劳动监察文献研究概况

近年来，围绕劳动监察研究可梳理为如下四个方面。

1. 劳动监察的概念、内容及发展研究

秦国荣（2004）[①] 对劳动监察制度予以系统阐述，厘清了劳动监察的概念界定、产生发展及法律机理，剖析了劳动监察的法律关系、法定程序、法律救济，并论述了劳动监察如何实现依法行政与利益平衡的价值。

董保华（2006）[②] 对我国现行劳动监察与劳动仲裁制度特征、劳动仲裁与劳动审判、社会利益诉讼与社会协调机制以及"三方协商机制"进行分析，并介绍美、英、法、德、日劳动执法制度、劳动争议处理模式，提出重构我国劳动争议仲裁和劳动监察制度的操作性建议。

岳经纶、庄文嘉（2009）[③] 对我国劳动监察制度的历史演变特征予以梳理：一是从"社会控制"走向"国家监察"，伴随计划经济行政关系向市场

[①] 参见秦国荣：《劳动与社会保障法律制度研究》，南京师范大学出版社 2004 年版，第 161—240 页。

[②] 参见董保华：《劳动关系调整的社会化与国际化》，上海交通大学出版社 2006 年版，第 266—317 页。

[③] 参见岳经纶、庄文嘉：《转型中的当代中国劳动监察体制：基于治理视角的一项整体性研究》，《公共行政评论》2009 年第 5 期。

经济契约关系转变、国家向规制者角色转换；二是从"命令控制"走向"规则治理"，计划与指令所依赖的行政链条瓦解后，劳动监察开始寻求法律的支撑，逐渐从微观控制转向宏观规制。

国际劳工组织（2012）[①] 将劳动监察界定为一种确保工作场所劳动法规得到遵守的劳动行政公共职能。它的作用是通过预防、教育及强制措施，让社会伙伴认识到遵守工作场所的法律必要性，并切实执行这些法律法规。

石佑启、王诗阳（2020）[②] 对互联网送餐中劳动监察的现状予以研究，认为面对"互联网送餐"新业态，限于规则设计的滞后、理论供给的不足，劳动监察面临困境，应从完善法律规制、加强劳动监察数字化建设、推进劳动监察领域公共治理等方面探寻劳动监察的有效路径，加强新业态劳动者权益保障。

2. 劳动监察形成的法理机理研究

翟玉娟（2008）[③] 以案例实证对劳动行政部门劳动监察屡屡败诉的深层法律机理予以分析，认为立法理念不清，使用行政执法手段解决具体劳动争议；执法力度不够，地方政府片面强调经济发展，限制劳动监察执法；劳动争议渠道不畅通，是提起行政诉讼较多的重要原因。

张健明等（2008）[④] 分析了劳动监察与司法机关监督、其他国家权力机关监督的不同，尤其从法律机理角度剖析了劳动监察属行政执法与劳动仲裁准司法行为的性质不同，劳动监察处理或处罚决定一经送达即产生效力与劳动仲裁需 15 日不经起诉方产生效力，劳动监察或报案或主动监察与劳动仲裁一方申诉居中裁判，以及劳动监察当事人对决定不服可在 60 日内向当地政府

① 参见《劳动监察的概念和职能：雇主指南》，http//www. ilo. org global publications books lang—enlindex. htm，2012 年 12 月 3 日。
② 参见石佑启、王诗阳：《互联网送餐中劳动监察的困境及路径选择》，《江汉论坛》2020 年 12 月。
③ 参见翟玉娟：《中国劳动监察的困境与挑战——以劳动行政部门的屡屡败诉为例》，《行政与法》2008 年第 8 期。
④ 参见张健明等编著：《劳动标准与劳动监察：政策与实务》，北京大学出版社 2008 年版，第 148—150 页。

或上级主管部门申请行政复议，也可在 3 个月内向当地人民法院提起行政诉讼与劳动仲裁当事人对裁决不服可在 15 日内向当地人民法院起诉等不同。

秦国荣（2010）[①] 认为劳动监察制度是以用人单位为监察对象，以劳动基准法为核心内容，以劳动法律法规规定为基本框架的法治架构，其功能价值在于约束、纠正与惩罚用人单位侵害劳动者合法权益的行为，均衡劳动力量是劳动监察制度设定的必要性，其价值目标与职能定位是维护劳动者合法权益，其程序设计及其救济体现为规范公权力运作。

3. 劳动监察制度的缺陷与完善建议研究

洪在有（2004）[②] 对劳动监察对象不清、劳动监察执法期限缺失、监察内容界定不清及法律缺陷难以适应监察执法需要予以分析，提出正确界定劳动监察范围和对象、强化劳动监察执法权力，完善劳动违法行为制裁以及执法程序建议。

郑言（2009）[③] 以金融危机韩资企业逃避债务非法撤离为案例，对我国劳动监察覆盖面狭窄、劳动监察职能偏废、监察手段落后、行政强制措施缺乏、未厘清与相关职能部门关系等缺陷予以分析，提出有重点地进行专项监察、完善劳动监控制度、事前预防与事后查处并重、适度赋予劳动监察机构行政强制权、丰富监察手段、加大处罚力度等建议。

章辉（2010）[④] 对劳动监察制度定位模糊、属地化管理弊端重重、劳动监察队伍建设滞后、违法成本低廉等缺陷予以剖析，并提出科学定位劳动监察制度、实施劳动监察机构垂直化管理、建设高水平的劳动监察队伍、大幅提高违法成本的对策建议。

谢增毅（2010）[⑤] 对《劳动合同法》规定"用人单位在没有依法支付

---

① 参见秦国荣：《劳资均衡与劳权保障：劳动监察制度的内在功能及其实现》，《河南省政法管理干部学院学报》2010 年第 6 期。

② 参见洪在有：《劳动监察制度需要改革和完善》，《中国劳动》2004 年第 11 期。

③ 参见郑言：《从韩资企业逃逸看我国劳动监察制度的缺位》，《山东工商学院学报》2009 年第 1 期。

④ 参见章辉：《我国劳动监察制度的缺陷与对策分析》，《大庆师范学院学报》2010 年第 2 期。

⑤ 参见谢增毅：《劳动行政机关责令用人单位承担民事责任研究》，《当代法学》2010 年第 3 期。

劳动报酬、加班费或经济补偿以及最低工资标准时，劳动行政监察部门可以责令其改正"提出质疑，认为行政机关责令当事人承担惩罚性民事责任产生行政裁决和制裁的双重障碍，为此提出调整劳动监察的事项范围，建立代表诉讼制度，完善用人单位民事责任实施等建议。

4. 有关劳动监察制度的国际视野研究

德国沃尔夫根·冯·李希霍芬（2004）① 从德国经济科技、劳动力市场及社会结构变化对德国劳动监察产生的影响予以研究，同时从理念政策、组织管理及不同行业部门进行系统探讨，提供了劳动监察的国际视野。

Gerd Albracht（2005）② 重点论述全球化过程中加强劳动和健康的监察对于劳动保护和促进健康标准的实现具有关键作用，对于全球经济稳定和体面劳动实现意义突出。

曲华锋（2008）③ 客观介绍了荷兰劳动监察局的核心任务、监管范围、组织形式、覆盖领域、工作方式及劳动监察员的权利、招录程序、培训内容。

何雪飞（2009）④ 从劳动监察机构设置、工作原则、基本任务、职权责任、监察程序以及国家劳动监察员的基本权利义务、独立性等角度介绍了俄罗斯的劳动监察制度。

（二）依法治国视域下加强劳动监察工作的逻辑思考

1. 政府主导推动劳动监察工作的历史逻辑思考

2014 年 10 月，党的十八届四中全会通过的《中共中央关于全面推进依法治国若干重大问题的决定》强调，"汲取中华法律文化精华，借鉴国外法治有益经验，但决不照搬外国法治理念和模式"。发端于市场经济的劳动监

---

① 参见［德］沃尔夫根·冯·李希霍芬：《劳动监察：监察职业指南》，劳动和社会保障部国际劳工与信息研究所译，中国劳动社会保障出版社 2004 年版。

② 参见 Gerd Albracht：《"全球化、工作场所和健康"》，2005 年 10 月。

③ 参见曲华锋：《荷兰的劳动监察》（上）、（下），《现代职业安全》2008 年第 4、5 期。

④ 参见何雪飞：《俄罗斯的劳动监察制度》，《中国劳动》2009 年第 12 期。

察已达两百余年历史，自新中国成立起，我国即高度重视劳动监察事业，吸取我国劳动监察文化精华、借鉴国外劳动监察有益经验、促进中国特色劳动监察事业发展，必然成为政府推动劳动监察工作历史逻辑思考的落脚点。

（1）劳动监察制度在世界范围的产生与发展

世界劳动监察制度发端于 1802 年《学徒健康与道德法》的制定，这是英国议会通过的世界历史上第一部劳动立法，该法确定由社会人士组成自委会对法律在工厂的实施予以监督。1833 年英国首批任命 4 位劳动监察员，标志着劳动监察制度正式诞生。1919 年，国际劳工组织（ILO）首次提出"工作场所的劳动监察"的概念，并制定了系列国际标准的劳动监察法案，即 1919 年《劳动监察（卫生部门）建议书》（第 5 号）与 1923 年《劳动监察建议书》（第 20 号），1926 年制定《劳动监察（海员）建议书》，1939 年制定《建筑业监察建议书》。截至 1939 年，全世界已有 35 个国家相继成立劳动监察机构。

第二次世界大战之后，相继制定了一系列国际标准，其中包括 1947 年《劳动监察公约》（第 81 号）和相关建议书（第 81 号、第 82 号和第 85 号），1969 年制定《农业劳动监察公约》（第 129 号），1947 年《劳动监察公约》对劳动监察的实施范围、职能、组织和人员组成、监察员的权利和义务等予以较完整的规定，已为世界诸多国家所接受，并成为各国相关立法主要蓝本。

1995 年，国际劳工大会通过《1947 年劳动监察公约（第 81 号）议定书》，将劳动监察工作拓展到科学、教育、文化、卫生等事业领域。2006 年《促进职业安全与卫生框架公约》强调监察制度对确保职业安全卫生法律法规得到遵守的重要性。2009 年 6 月，国际劳动监察协会（IALI）通过《全球劳动监察诚信准则》，倡导诚实、承诺、响应和良治，提高劳动监察人员专业素质。

2011 年，第 100 届国际劳工大会在全球失业严重、就业不足以及民众对国际金融危机后就业状况深感不安的形势下召开，与会各国政府、劳动者和雇主代表讨论应对挑战的途径，就全球劳动行政和劳动监察发展趋势及挑战进行回顾展望，制定了全球经济持续低迷形势下开展劳动监察工作的战略和行动计划。2019 年，国际劳工组织成立百年大会召开，大会通过的《全球未来工作委员会的报告》目的在于促进国家和区域司法机构内部和之间的参与和伙伴关系，确保全球经济和全球社会变得更加公平、公正和包容，强调规章制度、就业合同、集体协议以及劳动监察制度等劳动机制是构筑公平社会的基石，它们为正规化提供途径、减少工作贫困，并确保一个拥有尊严、经济保障和平等的劳动世界的未来。

（2）中国劳动监察制度在政府推动下诞生并发展

1950 年，政务院发布《关于各省、市人民政府劳动局与当地国营企业工作关系的决定》，规定劳动政策法令由劳动局监督在国营企业执行，标志着中国劳动监察制度的诞生。20 世纪 60 年代初，安全卫生领域的劳动监察得到初步发展，但"文化大革命"期间被批判为"活命哲学"后停滞。

1982 年，国务院相继颁布《锅炉压力容器安全监察暂行条例》和《矿山安全监察条例》。1993 年，劳动部发布《劳动监察规定》，对安全之外的其他劳动监察作出规定。1994 年《劳动法》专设"监督检查"章节，劳动监察制度以法律形式确立。1995 年、1996 年《劳动监察程序规定》、《处理举报劳动违法行为规定》由劳动部相继颁布，2001 年《职业病防治法》、2002 年《安全生产法》等对相关劳动监察分别作出规定。2004 年国务院《劳动保障监察条例》对劳动监察的主体、对象、范围和程序、监察机构和监察员的职责、法律责任等方面作出明确的规定。2007 年《劳动合同法》进一步确立劳动监察的法律地位，尤其强化了劳动监察的工作职责。2008 年国务院机构人力资源和社会保障部专设劳动监察局，加强政府依法监管人力资源市场、调整劳动关系、发展社会保险的职责。

（3）我国劳动监察制度的监察形式、内容与发展特征

我国劳动监察制度伴随市场经济发展，在政府推动下，体现着现代社会更多关注社会弱势阶层的法治精神。劳动监察活动的主要方式有常规巡视监察、举报专查、劳动年审、用人单位劳动规章制度备案审查制度、专项检查或大检查。劳动监察工作主要包括两方面内容，即对所有的用人单位及劳动

者遵守劳动法律、法规和规章的情况进行普遍性的督促和检查，对检查中发现的问题进行纠正和处罚，具体包括对用人单位执行劳动合同、就业、工资、社会保险、工作时间和休息休假、女职工和未成年劳工特殊保护、职业技能开发等管理情况的监察。

我国劳动监察制度在转型发展过程中，呈现出两大突出特征："一是国家角色的转变，随着劳动关系计划经济时代行政关系向市场经济时代契约关系转变，国家在劳动关系中的角色从直接管理者向间接监管者转型；二是监察方式的转变，随着劳动立法的不断完善，劳动监察方式从依据计划指令进行命令指挥式控制向依法规则之治转变。"① 在国家政府角色与监察方式转变中，促进中国特色劳动监察事业发展，必然成为依法治国视域下加强劳动监察历史逻辑思考的最终落脚点。

2. 政府主导推动劳动监察工作的现实逻辑思考

《中共中央关于全面推进依法治国若干重大问题的决定》强调，"法律的生命力在于实施，法律的权威也在于实施"、"行政机关要坚持法定职责必须为、法无授权不可为，勇于负责、敢于担当，坚决纠正不作为、乱作为，坚决克服懒政、怠政，坚决惩处失职、渎职"，劳动监察是劳动法律实施的主要途径，促进社会良性发展的重要环节，必然成为劳动关系和谐的重要现实路径。

（1）劳动监察促进劳动和谐、推动社会公正

劳动监察履行促进《劳动法》有效遵守与实施的重要政府职能，是对劳动关系进行政府规制的主要法律路径，确保处于弱势位置的劳动者权利实现并通过和谐劳动关系促进企业良性发展。在弥补市场自动调节不足的同时，推动社会公正、减少发展代价，尤其在弱势劳动群体基本利益长期受损所导致的社会代价正在显现并增大的背景下，这种发展代价已在四个方面日益凸显：一是厂商的代价——生产、财产和人身的损失，二是社会的代

---

① 岳经纶、庄文嘉：《转型中的当代中国劳动监察体制：基于治理视角的一项整体性研究》，《公共行政评论》2009 年第 5 期。

价——人身和财产的不安全，三是地方政府的代价——公共开支和管理成本的增加，四是中央政府的代价——政治稳定性的威胁。劳动监察通过政府确立劳动利益平衡的价值理念，在监管过程中更加重视法治权威与协商柔性相结合以实现劳动和谐发展，从而尽可能减少厂商、社会、地方政府及中央政府在发展过程中付出的代价。

（2）劳动监察立法层级低、执法力不强、违法成本低

从立法角度，现行的《劳动保障监察条例》仅是国务院颁布的行政法规，但其执法依据却涉及《劳动法》、《劳动合同法》、《社会保险法》、《就业促进法》等七部法律、十余部行政法规以及诸多地方性法规、规章、规范性文件等，以"低位阶法"监督"高位阶法"，一旦发生法律冲突，劳动监察执法就会陷入困境。从执法角度，前国际劳工局局长弗朗西斯·勃朗夏说"没有监察，劳动立法只是一种道德运用，而不是有约束力的社会纪律"[1]。从部门赋权角度，我国劳动监察机构执法权缺失，使劳动监察缺乏强制执行的执法权威，劳动监察执法不严；同时劳动监察力量存在明显不足，虽然政府为解决执法人员紧缺成立协管队伍协助执法，但由于执法资格限制无法在现实中执行，造成劳动违法案件不能及时处理纠正，劳动执法权威很难树立。从企业守法角度，企业违法成本低廉。根据《劳动保障监察条例》劳动监察部门对违法单位的处罚，主要责令限期支付劳动者工资报酬、限期改正、行政罚款等，对于拒绝改正或拒绝接受处罚的行为仅处2000元以上2万元以下的罚款，如此低廉的违法成本很容易使企业为节约用人成本而违法。

（3）劳动监察存在"去规制化"的环境背景

劳动监察制度是指国家劳动行政机关按照法律规定的内容和程序对用人单位进行检查监督，以保障劳动者合法权益的劳动执法制度。[2] "规制化"是劳动监察最突出的特征，但在当前的用工环境下，诸多企业主为获得更多

---

① ［德］沃尔夫根·冯·李希霍芬：《劳动监察：监察职业指南》，劳动和社会保障部国际劳工与信息研究所译，中国劳动社会保障出版社2004年版，扉页。

② 参见秦国荣：《劳动权保障与〈劳动法〉的修改》，人民出版社2012年版，第200页。

利润，与政府官员建立更为亲密的私人关系，以达到规避正常的执法检查的目的，其主要危害在于，"不仅使生产经营者提高经济效率的动力消失，而且还容易导致整个经济的资源大量地耗费于寻租活动，并且通过贿赂和宗派活动增大经济中的交易费用"①，并成为导致政府腐败和无序治理的重要根源。

在促进经济社会发展过程中，劳动监察履行着国家保护义务，一方面被经济发展"边缘化"，另一方面又深陷"关系社会"的困扰中，劳动监察的自身功能定位处于迷失状态，未能将实现劳动权的保护作为首要价值目标。"我国劳动监察面临的不仅仅是因市场失灵而导致的对劳动者权利保护的忽视，同时面临具有'中国特色'的规制危机，劳动监察作为国家对劳动者保护义务的承载者，其定位要以劳动者生命尊严保护为核心，以此逐层递增，直至其功能完全展开。"②

3. 政府主导推动劳动监察工作的理论逻辑思考

《中共中央关于全面推进依法治国若干重大问题的决定》强调，"围绕社会主义法治建设重大理论和实践问题，推进法治理论创新，发展符合中国实际、具有中国特色、体现社会发展规律的社会主义法治理论，为依法治国提供理论指导和学理支撑"。加强政府主导推动劳动监察工作的理论逻辑思考，对于推进劳动法治理论创新、促进社会和谐稳定有着重要意义。

（1）厘清劳动基准与劳动监察的功能关系

在国家权力实现对劳动者保护中，劳动监察和劳动基准是两种最基本的方式，它们从不同侧面维护着劳动者生存权益底线。劳动基准是劳动者权益保护的底线，是法定最低限度的劳动标准；劳动监察则通过政府职能的履行对违反劳动基准的行为进行查处，从而督促用工方遵守劳动法律规范。劳动基准的设置对劳动者权益发挥着源头性保护的功能，劳动监察是政府规范用

---

① ［美］V. 奥斯特罗姆、D. 菲尼、H. 皮希特编：《制度分析与发展的反思——问题与抉择》，王诚等译，商务印书馆1992年版，第26页。

② 范晶波：《劳工生存与国家保护：中国劳动监察的现实定位及发展趋向》，《理论月刊》2013年第11期。

工方用工行为设置的监督屏障，保障劳动基准有效实施。"国家以劳动基准的形式保障劳动者在工资、工时、休假、职业安全卫生保护等方面的基本权益，不仅能够维护社会正义的底线，而且对于劳资自治也有引导作用"①，设立劳动基准的根本目的是使劳动者能够体面劳动、尊严生存，劳动基准的形成表明政府对劳动者负担着"倾斜性保护"的义务，"倾斜性保护"首先是一种底线控制，"这种控制需要通过国家立法行为使之获得合法化基础，表现为劳动基准法定，劳动保障监察在劳动关系中为劳动者建立了一道国家力量的保障机制，充当着保护劳动者的'社会警察'"②。

（2）厘清劳动监察与劳动仲裁的不同受理范围

从制度设计角度，劳动监察和劳动仲裁的受理范围应该严格分离，劳动监察制度应该与劳动基准法相一致，劳动监察在执法过程中更多含有公法性质，涉及劳动者生存尊严的利益、涉及用人单位的经营利益、涉及社会发展的公共利益，同时涉及执法者能否代表政府客观公正执法而产生的自身利益；劳动仲裁应以《劳动合同法》为前提，劳动者与用人单位在具有私法因素的劳动权利义务上发生的争议应由劳动仲裁受理。同时，"从两者共性角度，无论劳动监察还是劳动仲裁都涉及行政裁量的公正性，在现代社会，行政裁量涉及各种错综复杂的利益冲突，裁量的过程涵摄着对各种不同利益的考量，其实质是一个利益衡量的过程"③。在利益考量与衡量的过程中，劳动仲裁体现"契约自由"的理念，更多推崇"灵活机动"的原则；劳动监察则体现"强制干预"的理念，更多推崇"公权力规范"的原则。

（3）厘清劳动监察与劳动行政的内涵外延关系

劳动行政是指根据劳动者的意志和能力保障就业，提高劳动条件，依靠合理、安定的劳动关系，协调劳动者、企业、国家之间的关系，进而促进经济发展和社会进步的国家行政。劳动行政具有规划职能、服务职能、协调职

---

① 叶静漪：《劳动关系治理体制如何创新与完善》，《中国人力资源社会保障》2015 年第 1 期。

② 黎建飞：《强化劳动监察的意识与职能》，《中国劳动保障》2005 年第 12 期。

③ 周佑勇、尹建国：《行政裁量的规范影响因素——以行政惯例与公共政策为中心》，《湖北社会科学》2008 年第 7 期。

能与监督职能，劳动监察是劳动行政监督职能的具体实施。劳动监察是法定专门机关代表国家对劳动法的遵守情况依法进行检查、纠举、处罚等一系列活动。劳动监察依据现行劳动法律、法规、规章的决定，分别给予劳动法规处罚；对触犯其他行政法规的，建议有关行政机关给予行政处罚；对触犯刑律的，建议执法机关追究刑事责任。劳动监察作为劳动行政的重要内涵职能，是劳动行政的法治保障职能，与劳动行政的规划职能、服务职能、协调职能不仅是并列平行的职能，也是劳动行政的底线职能，并通过《劳动保障监察条例》具体实施发挥劳动行政的监察职能。

（4）厘清"权力抑制"与"权力强化"的度量把握

计划经济向市场经济发展过程，政府对市场的调控实际处于两难状态，一方面要"权力抑制"退出市场，另一方面又要"权力强化"加强对市场监管，因此对"权力抑制"与"权力强化"必须赋予适当的度量把握——"有所为"、"有所不为"。如果"权力强化"、"有所为"，那么"国家作为唯一的行政垄断力量，无论是劳动者、企业、社会团体都是没有能力与之抗衡的。当国家权力被理解为可以通过'单位'这一中介环节，随时无限制地侵入和控制社会每一个领域时，国家必然直接面对民众，社会空间几乎不存在，整个社会被国家化，我们也就重回旧体制了"①；如果"权力抑制"、"不作为"，面对资强劳弱、劳动力市场结构的失衡，政府将难以保障劳动者的合法权益、难以促使劳动关系和谐，更难以保障社会公平公正发展。

（三）政府主导推动劳动监察工作的路径选择

1. 将劳动监察纳入国家治理体系和治理能力现代化

《中共中央关于全面推进依法治国若干重大问题的决定》强调："依法治国，是实现国家治理体系和治理能力现代化的必然要求，事关我们党执政兴国，事关人民幸福安康，事关党和国家长治久安。"劳动关系是经济社会发展的最基础关系，作为政府保障劳动者权益的最为重要的基础性工作，劳

---

① 董保华：《中国劳动基准法的目标选择》，《法学》2007 年第 1 期。

动监察不仅仅是一种执法手段，而且被视为社会治理的有效工具，必然成为国家治理体系的重要组成部分，并体现着国家治理能力的现代化。

（1）强化"以人民为中心"的发展思想，改革成果惠及全体人民

作为调整劳动关系的重要环节，劳动监察在国家治理体系和治理能力现代化建设中的价值日益凸显，政府通过对劳动者合法权益的维护达到"改革成果惠及全体人民"的社会公共利益的实现，首要蕴含公平正义，"每一个社会成员在社会所寻求的公共利益中都应该有同等的一份"①、"减少一些人的所有以便其他人可以发展，这可能是策略的，但不是正义的"②。在国家治理体系和治理能力现代化建设中，"必须切实转变政府职能，深化行政体制改革，创新行政管理方式，增强政府公信力和执行力，建设法治政府和服务型政府"③，强化劳动监察、促进公平正义、实现政府有效治理必须以法治政府和服务型政府建设为基础。

（2）"历史传承、内生演化"，重视改进完善的政府主张定力

"我国今天的国家治理体系，是在我国历史传承、文化传统、经济社会发展的基础上长期发展、渐进改进、内生性演化的结果。我国国家治理体系需要改进和完善，但怎么改、怎么完善，我们要有主张、有定力。"④ 中国劳动监察制度自1950年政务院规定"劳动局监督劳动政策法令在国营企业执行"而诞生，已走过70年的历史，颁布与之相关的国家法律7项、国务院行政法规10余项以及诸多的地方性法规、规章、规范性文件，劳动监察较为"完备的法律规范体系"已经形成，如何促使劳动监察"高效的法治实施体系、严密的法治监督体系、有力的法治保障体系"更加完善，政府应该在历史传承、文化传统、经济社会发展的基础上，从充满主张定力的制度自信中寻找不足，从而渐进性改进、内生性演化。

---

① 陈刚：《公共行政与代议民主——西方公共行政的历史演变及其启迪》，中国社会科学出版社2010年版，第186页。

② ［美］约翰·罗尔斯：《正义论》，何怀宏、何包钢、廖申白译，中国社会科学出版社1988年版，第15页。

③ 《中共中央关于全面深化改革若干重大问题的决定》，《人民日报》2013年11月15日。

④ 《习近平谈治国理政》第一卷，外文出版社2018年版，第105页。

（3）"兼容并蓄、学习借鉴"，促进劳、资、政多元主体共同发展

"中华民族是一个兼容并蓄、海纳百川的民族，在漫长历史进程中，不断学习他人的好东西，把他人的好东西化成我们自己的东西，这才形成我们的民族特色。"① 20世纪90年代，强调"合作原则"的"社会治理"理念提出，政府运行逻辑更多"以谈判为基础，强调行为者之间的对话和协作以便更好地提供公共物品和服务来促进公共利益的更好地实现"②。2011年，国际劳工大会第100届会议指出："为应对迅速变化的劳动世界中的挑战，劳动行政管理必须不断地加以调整和现代化。它们应探讨治理和管理的有力和有效方法并建立三方伙伴关系，以及与其它机构和行动方建立伙伴关系。"③ 政府在完善法律制度提高劳动监察能力的过程中，更加重视以"社会对话"方式配置权力，尤其在"国家本位"政治传统与"强国家、弱社会"的现实格局中，实现国家治理能力现代化，必须重视政府、劳动者组织和雇主组织等多元主体以协商与合作方式实现共同治理。

2. 强化劳动监察政府规制的权力制衡与利益均衡

《中共中央关于全面推进依法治国若干重大问题的决定》强调，"法律是治国之重器，良法是善治之前提"，劳动监察作为政府行政行为，在承认市场主体契约自由基础上，根据法律授权，按照法律规定对特定的劳动契约关系进行规制。一项具有生命力的制度，往往包含了权力制衡与利益均衡精神。"制度"本身即是一种均衡，"制"即"规制"、"度"即"限度"，无论规制抑或限度，都是通过权力制衡达到利益均衡。

（1）强化劳动监察政府规制的法治原则意识

"规制"由英文"Regulation"翻译而来，即"政府运用法律、规章、制度等手段对经济和社会加以控制和限制。强调政府以经济手段和法律手段

---

① 《习近平谈治国理政》第一卷，外文出版社2018年版，第105—106页。

② ［英］格里·斯托克：《作为理论的治理：五个论点》，华夏风译，《国际社会科学杂志（中文版）》1999年第1期。

③ International Labour Conference 100th Session（Report 2），2011.

为主、以行政手段为辅，并通过法律等正式制度来约束和规范经济主体的行为"①。劳动监察通过对用人单位的预防性、纠错性及制裁性执法，保障劳动法律规范的实施，合理限制资本的本能张力，增强劳动者与资本博弈的力量。遵循"法治原则"是劳动监察政府规制的首要原则。《布莱克法律辞典》对"法治"作出如下界定："法治是由最高权威认可颁布的并且通常以准则或逻辑命题形式表现出来的、具有普遍适用性的法律原则。"法治原则意味着法律由政府最高权威机构颁布，且政府的行为要有法律依据，并且能给人们的行为提供有效的指引，西方国家政府规制的兴起，体现着宪政政体利用权力解决资源的有效配置，劳动监察是促进"法治国家、法治政府、法治社会一体建设"的重要手段，劳动监察必然要遵循"以法律为依据并给企业行为提供有效指引"的法治原则。

（2）增强劳动监察政府规制的责任义务意识

政府规制中强制性改变权力和利益结构的劳动监察是国家保护劳动者义务的重要方式。荷兰法学家范·霍夫将国家义务分为四个层次："尊重的义务、保护的义务、满足的义务和促进的义务。"② 日本学者大沼保昭对其进一步解释："尊重的义务是指国家避免和自我控制对个人自由的侵害，保护的义务是指国家防止和阻止他人对个人权利侵害的义务；满足的义务是指国家满足个人通过努力也不能实现的个人所需、希求和愿望的义务；促进的义务是指国家在整体上促进上述人权而采取一定措施的义务。"③ 为此，劳动监察首先要求国家必须尊重劳动者的自由，必须保护人民的基本权利义务，同时创设必备的客观条件，达到满足和促进劳动者权利实现的责任义务。

---

① 陈富良：《放松规制与强化规制——论转型经济中的政府规制改革》，上海三联书店2001年版，第2页。
② Var Hoot, *The Legal Nature of Economic, Social and Culture Rights: A Rebuttal of Some Traditional Views*, Philip Alston, and Katarina Tomasvski, eds. The Right to Food 97, at 105–107 (1993).
③ ［日］大沼保昭：《人权：国家与文明——从普遍主义的人权观到文明相容的人权观》，王志安译，生活·读书·新知三联书店2003年版，第21页。

（3）强化劳动监察政府规制的"三方合作"机制建设

党的十八大首次提出并确立了"社会主义协商民主制度"的概念；党的十八届四中全会再次强调，"加强社会主义协商民主制度建设，推进协商民主广泛多层制度化发展，构建程序合理、环节完整的协商民主体系"；党的十九大进一步强调，"有事好商量，众人的事情由众人商量，是人民民主的真谛"。党的二十大强调："协商民主是实践全过程人民民主的重要形式。完善协商民主体系，统筹推进政党协商、人大协商、政府协商、政协协商、人民团体协商、基层协商以及社会组织协商，健全各种制度化协商平台，推进协商民主广泛多层制度化发展。"劳动监察"三方合作"机制是协商民主制度的重要形式，国际劳工大会第100届会议建议"各国政府应通过真正和及时的三方对话建立有效的劳动行政管理和劳动监察体系"。劳动监察过程涉及劳方、资方及公共利益，由劳、资、政组成的"三方合作"机制，是三方利益主体"权利互动"机制与"利益制衡"机制的综合体。在强化劳动监察"三方合作"机制建设过程中，应重视劳动监察理念的转变，注重刚性惩处与柔性建议咨询相结合，更多通过提醒、建议、劝告、说明、警示等柔性管理手段减少企业违反劳动规范、侵犯劳动者权益的行为，并通过劳、资、政多元主体参与，及时获取各方面的信息，对可能发生的风险和事故提前预防劝阻。

3. 重视劳动监察由"劳动基准"向"体面劳动"发展

《中共中央关于全面推进依法治国若干重大问题的决定》强调，"必须坚持法治建设为了人民、依靠人民、造福人民、保护人民，以保障人民根本权益为出发点和落脚点，保证人民依法享有广泛的权利和自由、承担应尽的义务，维护社会公平正义，促进共同富裕"。"造福人民、保护人民"、"维护社会公平正义、促进共同富裕"需要重视劳动监察由"劳动基准"向"体面劳动"发展。

（1）劳动监察的基础是政府督促劳动基准的落实

劳动关系领域因劳动的从属性特征，政府通过倾斜立法、实行宏观控制，保障劳动者的利益。"劳动基准法主要依靠劳动关系双方当事人自觉履行，作为一种公法性的规范，当用人单位未能履行时，以劳动监察这种行政执法手段，强制当事人履行。"① 对于劳动基准，部分学者提出了"低标准、广覆盖、严执法"的观点，认为劳动标准过高无论政府如何努力都难以奏效，在劳动监察实践落实过程中，也总是出现以"标准高"为借口难以真正落到实处的情况。笔者认为，从工资标准角度，最低工资标准于 2004 年 3 月开始实施，2014 年我国各省最低工资标准为 9.9 元—17 元/小时，相当于 1.5 美元—2.7 美元/小时，而"2012—2014 年期间韩国、日本、美国、加拿大、法国分别为 4.3 美元/小时、9.3 美元/小时、9.8 美元/小时、9.7—11.2 美元/小时、12.22 美元/小时"②，难以谈及标准过高；从工作时间角度，八小时工作制自 1817 年至 1866 年日内瓦代表大会经过 50 年争取已确立 250 余年，我国《劳动法》规定"劳动者每日工作时间不超过八小时，平均每周工作时间不超过四十四小时"、"延长工作时间每日不超过三小时，但是每月不得超过三十三小时"，意味着每日工作时间可达近 10 小时，难以谈及标准过高；从社会保险费额与安全卫生生产条件的具体确定角度，也难以谈及标准过高。

（2）"体面劳动"是劳动监察更高层次的保护义务

劳动监察通过规定最低工资、最高工时等"劳动基准"，承担着劳工权益"底线控制"的政府责任，伴随社会发展进步劳动监察向更加重视"体面劳动"发展。社会发展进步的表现是"人的全面自由发展"，在满足了体现"生存生命"原则的劳动基准之后，必然需要上升到满足"人的全面自由发展"、体现劳动者"生存尊严"原则的"体面劳动"阶段。马克思对此提出"保护好劳动者"是实现"体面劳动"的核心任务，一要尊重员工的人格，二要为员工提供体面的劳动环境，三要有合理的薪酬福利。1999 年，国际劳工局局长胡安·索马维亚在第 87 届国际劳工大会上首次明确提出"体面劳动"的概念。2008 年，国际劳工大会通过《国际劳工组织关于促进

---

① 董保华：《中国劳动基准法的目标选择》，《法学》2007 年第 1 期。
② 参阅百度百科"最低工资"，https://baike.baidu.com。

社会正义、实现公平全球化宣言》，将"体面劳动"从倡议上升为所有成员国都必须实现的目标。体面劳动主要包括"促进工作中的权利"、"就业"、"社会保护（重点是社会保障、职业安全卫生、保护移民工人）"和"社会对话"，是一种较高层次的劳动权利与劳动尊严状态。在"全面建成小康社会、实现中华民族伟大复兴的中国梦"的过程中，"造福人民、保护人民"的发展目标，必然对我国劳动监察提出了从"劳动基准"上升为"体面劳动"的更高层次劳动保护。

（3）劳动监察的深层价值目标应实现"资本逻辑"与"生活逻辑"统一

"造福人民、保护人民"是社会发展的根本目的和内在动力，社会主义市场经济发展过程中尤其要关注"生活逻辑"、关注"生活质量"，防止资本逻辑对生活逻辑的吞噬。生活逻辑是"人的自由全面发展"的逻辑起点，也是追求快乐幸福"体面劳动"的哲学基础。资本逻辑借助物的力量创造着现代文明，给人们带来物质财富，使人们生活幸福、充实自信，但也体现出"唯利是图、不断扩张"的本性，"资本逻辑"利润最大化本性及危害即使在社会主义市场经济体制下也很难改变。实现最大多数人的利益是社会主义的本质，在全面推进依法治国视域下，作为国家治理体系重要组成部分的劳动监察工作，必然需要遏制资本逻辑"唯利是图、不断扩张"的本性，同时更加有力地在倡导并实施"合作原则"的"社会治理"理念过程中，促进资本创造文明、推动发展、促进"幸福充实自信"的价值属性，将实现"资本逻辑"与"生活逻辑"的统一作为更深层追求的价值目标。

三、《劳动合同法》实施、探索与争鸣

2007 年 6 月 29 日，《中华人民共和国劳动合同法》颁布，开启了继《中华人民共和国劳动法》之后，中国劳动法治建设更具实践推动的新征程。《劳动合同法》自 2018 年 1 月实施以来，对于维护劳动者合法权益、减少劳动合同纠纷、促进企业规范发展，进而实现劳资和谐合作发挥了巨大作用。深入探讨《劳动合同法》的社会法立法属性、立法依据、立法宗旨，尤其深入探讨《劳动合同法》的实践实施与社会价值，对于新时代"坚持依法治国、依法执政、依法行政共同推进，坚持法治国家、法治政府、法治社会一体建设，坚持依法治国和以德治国相结合"①，具有重要价值。

（一）"社会法"与"民法"：立法属性对劳动关系的定位

社会关系中天然存在强势群体和弱势群体，而且市场经济会自发导致强者越强、弱者越弱，如果没有公权力介入保护弱者利益，社会关系失衡将加剧并导致严重的社会问题。社会法产生的目的是基于对社会中弱者的基本生活和基本权利的保障，产生的社会背景是社会发展进入现代或"后现代"之后，社会竞争必然产生弱者，必然产生弱势群体，社会发展到今天，维护社会安全，保障社会可持续发展以及人权观念的深入人心，是社会法产生的社会基础。② 政府通过制定和完善"社会法"的法治途径是改变这种失衡局面的必然选择。

社会发展过程中，公法、私法之间出现了兼具两者特征的第三法域——社会法，社会法所体现的是社会利益，调整对象往往是传统的私法主体，当事人双方的关系是在表面平等掩盖下，存在着实质不平等。③ 社会法是指以保护与社会整体利益密切相关的公民经济、社会、文化权利为主旨的公法、私法规范融合的法律统称。现代社会劳资矛盾和由此引发的劳动问题成为主要的社会问题，协调劳动关系和保障劳工权益成为社会法产生的主要动因，劳动法成为社会法领域最重要的法律部门。

劳动合同不是一种完全意义上的合同，而是一种在"契约自由"原则的基础上渗透了国家公权力必要干预的、以社会利益为本位的合同，这种干

---

① 习近平：《决胜全面建成小康社会 夺取新时代中国特色社会主义伟大胜利——在中国共产党第十九次全国代表大会上的报告》，《人民日报》2017 年 10 月 28 日。

② 参见郑尚元：《社会法的存在与社会法理论探索》，《法律科学（西北政法学院学报）》2003 年第 3 期。

③ 参见董保华、郑少华：《社会法——对第三法域的探索》，《华东政法学院学报》1999 年第 1 期。

预是国家基于社会公共管理者的身份，在对劳动关系双方当事人的实力对比和各自社会地位、身份等情形经过具体考察后，在劳动法"劳动者权利本位"、"用人单位义务本位"思想指导下所实施的，目的是实现劳动关系的具体平等、结果平等和实质平等，使双方利益格局符合社会公共利益要求。①

《劳动合同法》属社会法，社会法的理念就是对相对弱势的一方给予特殊合理保护，是一种在"契约自由"原则基础上渗透着国家公权力并以社会利益为本位的合同，其立法价值在于追求劳资双方关系平衡，在统筹兼顾用人单位与劳动者双方利益时更注重维护劳动者个人权益。② 为此，青年学者张俊（2010）从法理、历史、现实和制度四个角度论证了《劳动合同法》的社会法属性③，认为社会法是以"实质公平"为理念、"倾斜保护"为原则的公私法之外的第三法域，作为劳动法重要组成部分的《劳动合同法》谋求用人单位与劳动者的实质公平，从而协调劳动关系的双方，维护劳动关系的和谐稳定。另有青年学者太月（2015）④ 围绕董保华提出的广义社会法"从契约到身份"规制对象、从"平等保护到倾斜保护"基本原则、从"权利本位到义务重心"的利益观、从"任意性、强制性规范到相对强制性规范"客观法、从"契约优先到法定优先、团体优位"调整模式、从"对称关系到不对称关系"法律关系、从"分别执法到综合执法"执法程序、从"单项责任到综合责任"法律责任的逻辑构成，以及中义社会法"域外经验"、"本土选择"与"社会弱者利益保护、追求社会公平正义、追求社会和谐"的理念契合等角度，对《劳动合同法》为社会法予以明证。

与《劳动合同法》社会法属性持不同观点，认为其归属民法观点存在

---

① 参见王全兴主编：《劳动法学》，高等教育出版社 2004 年版，第 139 页。
② 参见何玉芳：《〈劳动合同法〉与道德关怀》，《河北学刊》2009 年第 4 期。
③ 参见张俊：《我国劳动合同法之社会法属性论》，硕士学位论文，西南交通大学，2010 年。
④ 参见太月：《劳动合同法的社会法属性之证成》，《学术交流》2015 年第 8 期。

着。申建平（2004）① 认为，在民法债权合同篇中规定雇佣契约章，作为劳动契约法制的基础，调整各种情况下发生的劳务关系，以适应飞速发展的社会经济需要应是必然，如此也遵循了大陆法系国家将民法尤其是合同法作为劳动合同基础性法律的传统。郭英华（2006）② 认为，在关于劳动合同实体的法律适用上，《合同法》应当作为劳动合同的基础性法律，《合同法》的一般规定可适用于劳动合同，而劳动合同法则作为合同法的特别法。梁慧星（2009）③ 认为，劳动者与企业之间有劳动关系的协议，属于合同法的适用范围，《合同法》与《劳动合同法》之间是一般法与特别法的关系，劳动合同是现行合同法上的合同的一种，劳动合同是民事权利义务关系的一种。

为此，产生了诸多对"《劳动合同法》归属民法"的反驳。林嘉（2003）④ 提出，由于劳动法在性质上归属于社会法，因此《劳动合同法》也具有了社会性品格，其法制理念在相当程度上体现了社会大众的利益，不能简单将劳动合同看作是劳动者与用人单位之间"私的合同"，它相当多的内容已经超越了意思自治的范畴。孙学致（2007）⑤ 剖析，这是由于受有限理性限制，合同法实际上是以一次性交易为典型调整对象构造其规则体系的，对具有持续性并随时发生变化的劳动合同关系则存在无法克服的调整障碍，面对由现代企业科层组织塑造的人格从属性劳动关系，以及由此引发的劳资矛盾和冲突，如果仅依赖意思自治，而不引入国家管制和劳工集体力量约束，则无法实现秩序和公正。冯祥武（2010）⑥ 认为，《劳动合同法》是否纳入民法典，既是价值选择也是成本对比，西方民法典对雇佣合同的规定有其特殊的历史条件，代表《劳动合同法》本质的法要素恰恰在民法典之

---

① 参见申建平：《劳动合同法律属性论》，《河北法学》2004 年第 7 期。

② 参见郭英华：《论劳动合同的私法性质及其法律适用》，《行政与法》2006 年第 8 期。

③ 参见梁慧星：《劳动合同法：有什么错？为什么错？》，http：//www. iolaw. org. cn/showarticle. asp？id＝2428，2009 年 3 月 9 日。

④ 参见林嘉：《劳动合同若干法律问题研究》，《法学家》2003 年第 6 期。

⑤ 参见孙学致：《合同法的局限：一个劳动关系的视角》，《当代法学》2007 年第 6 期。

⑥ 参见冯祥武：《〈劳动合同法〉遭受批判的原因评析——基于政治法律学的宏观视域》，《北方法学》2010 年第 4 期。

后，我国劳动关系具有许多特殊性，决定了干预的必要性和正常化，劳动法体系已经形成并发挥着巨大的作用，因此《劳动合同法》不宜纳入民法。

笔者认为，《劳动合同法》是受社会法制约与限制的合同法，以保护与社会整体利益密切相关的劳动者经济、社会、文化权利为主旨。政府在主导推动劳动法治建设中，需实现基于"主体平等"的民法三大修正："劳动者生存权优位"修正"民法所有权绝对"，"《劳动合同法》公权力限制下的契约"修订"民法契约自由"，"《劳动合同法》职业病工伤等非过失责任"修正"民法过失责任"。

（二）《劳动法》与《合同法》：立法依据对劳动关系的归属

《劳动合同法》立法的直接依据，应该是《劳动法》而不应该是《合同法》，从法制史角度劳动合同关系作为雇佣关系的法律调整，经历了从民法到社会法的历史转变，从雇主与雇员之间强弱失衡的社会现实出发，劳动合同从民法中的合同法体系中独立出来而隶属于劳动法，便成为普遍的法律现象。① 《劳动合同法》是《劳动法》的下位法，当然应与《劳动法》的立法主旨相一致，在劳动关系中存在着形式上的平等与事实上的不平等，劳动者属于弱势群体，为了更好地维护劳动者合法权益不受侵犯，所以法律在保护劳动者双方利益的同时，更强调对劳动者合法权益的保护。②

《劳动合同法》起草过程中，关于立法依据的表述历经两次变更，一审稿和二审稿都明确指出以《劳动法》作为立法依据，但三审稿和最终定稿却未再提及以《劳动法》作为立法依据，不过在该法具体法条的设计上基本上是继承了《劳动法》的立法宗旨。③ 有关《劳动合同法》与民法的关系，在起草劳动合同相关的法律法规时，学者很少关注传统雇佣契约理论，债法中之雇佣契约理论被束之高阁；而民法学界在关注物权、其他债权等基本制度的研究时，对雇佣契约未曾提出过学术主张，更没有与劳动合同制度

---

① 参见常凯：《关于〈劳动合同法〉立法的几个基本问题》，《当代法学》2006 年第 6 期。
② 参见关怀：《〈劳动合同法〉与劳动者合法权益的保护》，《法学杂志》2006 年第 5 期。
③ 参见王广彬等：《劳动法》，中国政法大学出版社 2009 年版，第 136 页。

论战的成果献世。[①] 一审稿、二审稿都以《劳动法》为立法依据；三审稿、最终定稿中都没有再提以《劳动法》为立法依据；最终定稿与一审稿、二审稿、三审稿中有显著变化的是，增加"明确劳动合同双方当事人的权利和义务"以与"保护劳动者的合法权益"相配套。[②]

　　鉴于以上两种观点，《劳动合同法》是以"劳动法"为立法依据还是以"民法"为依据展开了深入讨论。冯彦君（2001）[③] 认为，《劳动法》发端于民法，又超越了民法，多因其规律特殊的对象而日益自成体系，实现对劳动者的法律保护，必须冲破民法理念和制度框架的束缚，寻求公共权力的积极介入，促进劳动法制建设，繁荣劳动法学研究，是中国法学面临的紧迫任务。黎建飞（2012）[④] 认为，从雇佣契约到劳动契约的社会化变迁，劳动法对民法中的两大基本原则"平等"与"诚信"进行了理念更新，矫正了形式平等并升华了一般诚信，转向《劳动法》中的实质平等和最大诚信，从合同的订立、履行、解除到变更，雇佣契约与劳动契约的法律调整呈现出不同的价值评判及处理手段。青年学者黄增辉（2012）[⑤] 认为，《劳动合同法》虽具有《合同法》某些特征却又独立于《合同法》。一是法律定位不同，《合同法》归属于民法体系，它调整平等主体之间的财产关系和人身关系，《劳动合同法》本质上属于社会法，调整劳动者和用人单位之间的劳动关系；二是法律理念不同，《合同法》以意思自治为基础，充分体现个人本位和权利本位思想，《劳动合同法》体现社会大众利益，具有社会性色彩；三是调整方式不同，《合同法》调整方式充分体现平等、等价有偿等原则，充分尊重当事人合意，《劳动合同法》更多体现"倾斜保护"，即以保护劳动者为主，当事人合意与法律强制性规定相冲突时，以法律规定为准。

　　笔者认为，《合同法》以法律主体平等为前提，但劳资主体存在固有的

---

　　① 　参见郑尚元：《雇佣关系调整的法律分界——民法与劳动法调整雇佣类合同关系的制度与理念》，《中国法学》2005 年第 3 期。

　　② 　参见董保华：《论劳动合同法的立法宗旨》，《现代法学》2007 年第 6 期。

　　③ 　参见冯彦君：《民法与劳动法：制度的发展与变迁》，《社会科学战线》2001 年第 3 期。

　　④ 　参见黎建飞：《从雇佣契约到劳动契约的法理和制度变迁》，《中国法学》2012 年第 3 期。

　　⑤ 　参见黄增辉：《论〈劳动合同法〉的立法宗旨》，硕士学位论文，广州大学，2012 年。

"不平等"，这是由"资本具有稀缺性与独占性，劳动者只能依靠劳动谋生，且生产过程处于被支配、被管理地位"决定的。在国家未颁布《劳动基准法》使劳动者最基础权利得以保护的情况下，《劳动合同法》以合同法的形式发挥基础法的作用，"劳动从属资本"、"劳资主体不平等"的本质特征，最终决定政府在制定《劳动合同法》时必然以《劳动法》而非《合同法》为主要立法依据。

（三）"单保护"与"双保护"：立法宗旨对劳动关系的导向

《劳动法》开宗明义提出"为了保护劳动者的合法权益"为其立法宗旨，当然作为劳动法法律体系的《劳动合同法》亦应义无反顾地以保护劳动者合法权益作为立法宗旨。[①] 劳动关系的"要命"之处在于永远是"强资本、弱劳动"，只是不同时候、不同阶段程度不同而已，劳动者永远是弱者，因此才有劳动法作为社会法的发展，才有侧重规制用人单位的要求，才有《劳动法》以及现在的《劳动合同法》明确保护劳动者合法权益的立法宗旨。[②]《劳动合同法》所规制的劳动合同关系，是一种具有从属性质的个别劳动关系，其立法目的是实现劳资双方力量相对平衡，以实现劳动合同关系长期化和稳定化，其立法定位坚持"《劳动合同法》立法直接依据是《劳动法》，立法主旨是保护劳动者，立法功能是追求社会公平实现劳资两利，劳动关系调整必须强调公权力介入"[③] 的原则。因此，《劳动合同法》在寻求建立稳定和谐劳动关系的基础上，明确了侧重保护劳动者的价值取向，在尊重当事人意思自治的基础上，把政府对劳动关系的强制作为劳动关系的基本调整手段。[④] 为此，产生从"劳动权的社会权属性要求、平衡已有不平衡的劳动权机能"的劳动权内在意蕴要求、"利润优先价值理论、利益相关人利益价值理论"的主体本质认识理论变化、"财产劳动者一无所有、劳动关

---

① 参见关怀：《〈劳动合同法〉与劳动者合法权益的保护》，《法学杂志》2006 年第 5 期。
② 参见郑东亮：《信仰法律 写在〈劳动合同法〉颁布之际》，《中国劳动》2007 年第 8 期。
③ 常凯：《论劳动合同法的立法依据和法律定位》，《法学论坛》2008 年第 2 期。
④ 参见林嘉：《〈劳动合同法〉的立法价值、制度创新及影响评价》，《法学家》2008 年第 2 期。

系实质是劳动力租赁使用关系"的劳动者弱者地位，对《劳动合同法》"倾斜保护"劳动者之合理性论证。[1]

郑功成（2006）[2] 认为，制定《劳动合同法》的目的，应当是平等保护劳动合同当事人双方的正当权益，促进劳动关系平等、健康与稳定发展，它特别需要注重对劳动者正当权益的维护，但绝对不是只保护劳动者的权益而忽略用人单位或雇主的正当权益，绝对不是要偏袒劳动者，而是要确立劳动者与用人单位或雇主平等的法律地位，维护双方的正当权益，最终实现用人单位或雇主与劳动者走向合作与双赢。同时，厉无畏（2006、2007）[3] 认为，劳动合同是由劳资双方签订的，既应该保护劳动者的利益，也应该保护雇佣劳动者的人的利益，制定劳动合同法应兼顾各方利益，企业的权益无法保障，劳动者的最终权益也无法保障。程多生[4] "双保护"的观点（2005）基于以下原因而形成，《劳动合同法》不是劳动标准法，也不同于《劳动法》，《劳动合同法》是规范劳动合同当事人双方权利义务的法律制度。

郑功成（2006）[5] 还认为，尽管基于"强资本、弱劳动"格局的现实，劳动合同立法需要更多地关注对劳动者正当权益的维护，但劳动合同作为一种特殊的民事合同，劳动关系作为一种特殊的民事关系，其立法的宗旨仍然应当是"平等"，即既要保护劳动者的正当权益，也要维护雇主的正当权益。董保华（2007）[6] 认为，劳动法的立法宗旨是"倾斜保护"，但绝不是"单保护"，倾斜保护作为劳动法基本原则由"倾斜立法"和"保护弱者"组成，就保护弱者而言，通过倾斜对于失衡的社会关系作出必要矫正，缓和

---

[1] 　参见熊樟林：《劳动合同法倾斜保护劳动者之合理性论证》，《法制与社会》2008 年第 12 期。

[2] 　参见郑功成：《劳动合同法不是偏袒劳动者的法律》，《光明日报》2006 年 4 月 24 日。

[3] 　参见厉无畏：《竞业限制补偿标准作进一步研究》，http//finance sina. com. cn，2006 年 3 月 24 日、2007 年 4 月 23 日。

[4] 　参见程多生：《〈劳动合同法〉立法宗旨必须坚持维护劳动合同当事人双方的合法权益》，《中国劳动》2005 年第 12 期。

[5] 　参见郑功成：《劳动合同法不是偏袒劳动者的法律》，《光明日报》2006 年 4 月 24 日。

[6] 　参见董保华：《论劳动合同法的立法宗旨》，《现代法学》2007 年第 11 期。

实质不平等，以实现实质平等；倾斜立法应集中体现在劳动基准法中，立法可在法律维护的利益上有所倾斜，但司法过程必须严守平等原则。

为此，"单保护"观点对"双保护"展开论辩。周志军（2006）① 认为，如果《劳动合同法》把双方放在同一个水平线上来保护，这种貌似的"平等"已经包含了不平等的前提，带来的结果无疑是不平等的，只有确立优先保护劳动者的宗旨，通过这种"价值救济"的途径，才能矫正劳资双方关系的天然不平等性，从而为真正意义上的社会平等的实现提供现实可能性。王全兴（2006）② 认为，劳动法区别于民法的根本标志是，劳动法基于劳动关系中劳动者是相对弱者的假设，在保护双方当事人合法权益的同时，偏重保护劳动者合法权益，故立法目的条款中作"单保护"表述；民法基于平等主体的假设，对当事人双方的合法权益给予平等保护，故立法目的条款中作"双保护"表述。季红、穆晓军（2007）③ 认为，作为一种特殊的民事关系，劳动关系的核心是劳资双方平等，既要保护劳动者权益，又要保护用人单位或者雇主权益，因而平等是《劳动合同法》应该追求的价值理念，但从本质上说《劳动合同法》是社会法，以社会利益作为直接的立法取向，对大量劳动者的保护是社会利益最基础的东西。姜颖（2016）④ 认为，劳动法产生及存在，源于劳动关系"资强劳弱"特性，从其产生之日起就刻上劳动者保护法的烙印，属于社会法范畴，目标是在倾斜保护劳动者的基础上发展和谐劳动关系，劳动法的这一性质决定了其与调整平等民事关系、主张意思自治的民法有着本质的区别，《劳动合同法》是劳动法中的重要内容，其价值取向当然与劳动法一致。

关于"单保护"与"双保护"的辩证关系，"单保护"说并不意味着只保护劳动者的合法权益，而不保护或者排斥用人单位的合法权益，法律的

---

① 参见周志军：《〈劳动合同法〉必须向劳动者倾斜》，《工会理论研究（上海工会管理干部学院学报）》2006 年第 3 期。

② 参见王全兴：《劳动合同立法争论中需要澄清的几个基本问题》，《法学》2006 年第 9 期。

③ 参见季红、穆晓军：《劳动合同法：中国寻找新的劳资平衡线》，《经济导刊》2007 年第 8 期。

④ 参见姜颖：《〈劳动合同法〉亟需客观准确的解读》，《工人日报》2016 年 3 月 8 日。

制定总是在利益相关主体之间寻求一个平衡点，以对社会主体之间的利益进行合理的分配，同时每部法律都体现了立法者一定的价值选择。[①]《劳动合同法》的立法取向是要通过对劳动者权益的倾斜保护来矫正天然不对等的劳资关系，但矫正的目的不是为了单纯地保护劳动者的合法权益，而是要尽可能地平衡劳资双方的关系，法律真正要做的就是在劳资双方之间找到相对理想的平衡点。[②]

笔者认为，社会关系中天然存在强势群体和弱势群体，劳动者因其从属性在劳动关系中处于弱势地位，政府通过制定《劳动合同法》以"单保护"为切入点，保护并提升处于从属弱势地位的劳动者，从而主导矫正天然不对等的劳资关系，寻找劳资利益主体平衡点，进而通过"倾斜性"保护促进劳资和谐、提高劳动生产率、实现共赢"双保护"。

（四）《劳动合同法》的实践推动：企业、行业与地域

《劳动合同法》争辩的重要原因是其增加劳动力成本、限制企业发展的观点，认为《劳动合同法》养懒人，无固定期限合同将搞垮中国经济，市场的存在是为了降低交易费用，没有交易费用不会有市场，市场的合约自由选择是降低交易费用的重点，新《劳动合同法》是全面干预市场的一种重要合约，整个市场会受到严重的损害。[③]《劳动合同法》实施后，产业雇佣领域劳动力供求失衡与劳动者地位的进一步弱化、劳动合同短期化现象与职工职业稳定感的丧失，成为缺乏解雇保护制度的中国劳动法律制度。[④]

随着《劳动合同法》以及《劳动合同法实施条例》实施的深入，关于劳动合同期限、服务期、经济性裁员、劳务派遣、劳动合同的解除等规定过

---

① 参见张伟杰：《劳动合同法：突出保护劳动者是对不平等的矫正》，《工人日报》2007 年 5 月 21 日。

② 参见张杨：《劳动合同法立法宗旨的再反思》，《消费导刊》2010 年第 3 期。

③ 参见张五常：《新劳动法的初步效应》，http//www. blog. sina. com. cn/s/blog - 47841af701008r06. html，2008 年 3 月 11 日。

④ 参见郑尚元：《〈劳动合同法〉的功能与制度价值分析 ——评〈劳动合同法〉的"是与非"》，《深圳大学学报（人文社科版）》2008 年第 3 期。

度限制了企业权利。[1]《劳动合同法》的弊端主要在于降低劳动力市场的流动性和灵活性，职工可以炒雇主，但雇主不能解雇职工；当前我国《劳动合同法》对企业保护不足，诸如签订长期合同等规定，不适应我国外向型、代工型企业，在一定程度上僵化了劳动力市场的灵活性；而工资刚性增长等规定，使得工资增长超过劳动生产率的增长，不利于生产率的提高，削弱了我国竞争力——凡此种种，最终伤害的是劳动者的利益。[2]《劳动合同法》实施过程中反映出一些问题，导致劳动力市场的灵活性不够，企业用工成本比较高，制约着企业的发展，也造成事实上对劳动者保护不力的现实，成为可能阻碍经济发展的因素。[3]

在基于企业人力资源管理深入调研的基础上，冯喜良（2009）[4] 认为，劳动关系不仅仅是一个法律问题，除法律和政策之外，应将和谐劳动关系融入人力资源管理的整个过程，用人单位微观层面的劳动争议是一个由小到大、由简单到复杂的发展过程，其中每一个环节上都有可能通过适当的管理和调节措施来化解争议，是可以动态调节和有效管理的。程延园、杨柳（2010）[5] 认为，《劳动合同法》对企业人工成本影响主要表现在招聘培训成本、薪酬福利成本以及违法成本，其中违法成本增加幅度最大，限制用工灵活性，促使企业招聘和解雇员工的决策更加谨慎，其影响既有积极也有消极。

更有诸多观点（2008）[6] 认为，《劳动合同法》增加用工成本具有合理性，《劳动合同法》增加用工成本，一方面是用人单位违法成本提高，另一方面即使不违法，随着书面劳动合同签订率提高，将便于对社会保险费缴纳

---

① 参见高旭军、韩文江：《论〈劳动合同法〉对企业利益保护的缺失》，《安徽农业大学学报（社会科学版）》2011 年第 3 期。

② 参见楼继伟：《中国有 50% 以上可能滑入中等收入陷阱》，清华大学演讲，2015 年 4 月 24 日；《中国经济 50 人论坛 2016 年年会演讲》，2016 年 2 月 19 日。

③ 参见杨傲多：《保护民事主体、让企业轻装上阵》，《法制日报》2016 年 3 月 22 日。

④ 参见冯喜良：《完善劳动合同 减少劳动争议》，《管理@ 人》2009 年第 Z1 期。

⑤ 参见程延园、杨柳：《〈劳动合同法〉实施对我国企业人力资源管理的影响——基于人力资源经理的观点》，《经济理论与经济管理》2010 年第 7 期。

⑥ 参见郑东亮、王全兴、王文珍：《〈劳动合同法〉实施专家谈——深化认识 正视挑战 积极引导》，《中国劳动》2008 年第 1 期。

监管，相对逃避社会保险费缴纳，当然会提高用工成本，但这是适度和必要的提高。《劳动合同法》带来的用人成本的增加完全在适度幅度之内，没有也不可能影响到企业正常生产经营，这种成本增加与我们国家经济高速增长的成果共享取向是一致的，与正常用人成本加大相比较，《劳动合同法》更多的是加大了用人单位的违法成本。

《劳动合同法》较《劳动法》的改进，主要明确了用人单位终止劳动合同后应当依法向劳动者支付补偿金，并规定试用期工资最低标准，仅涉及少部分劳动者，对企业成本影响并不大，同时《劳动合同法》明确《劳动法》原本规定的企业为劳动者缴纳保险义务，增加的只是企业的违法成本。① 客观分析，企业成本的上升跟《劳动合同法》没有必然的联系，成本上升有两方面因素：一是燃料、原料、物流、税费等成本上升比较快，社保缴费跟《劳动合同法》有一定关系，但即便没有《劳动合同法》，企业也得按照社会保障制度改革要求缴费；二是自 2012 年以来中国新增劳动力供给总量首次出现下降，很多地方或多或少出现"招工难"问题，这是很重要的促使企业工资成本上升的内生动力。②

与此同时，有观点认为《劳动合同法》直接促进企业发展。《劳动合同法》关于"劳动规章制度制定权"、"企业出资培训劳动者约定服务期违约金"、"保护用人单位商业秘密、知识产权和竞争优势的竞业限制"、"辞退无过错劳动者'代通知金'方法"、"裁减人员虽增设三种人员优先留用但裁员前提和条件较《劳动法》大大放宽"、"无效劳动合同由《劳动法》只单向规定用人单位调整为用人单位与劳动者均适用"等规定，为企业转换人力资源管理观念和转变用人机制提供契机，企业应把《劳动合同法》的实施看作是发展机遇。③ 在我国经济结构、经济增长方式和劳动力市场转型

① 参见乔菁：《由〈劳动合同法〉看劳动立法的国际化与本土化》，《西安交通大学学报（社会科学版）》2012 年第 1 期。
② 参见张墨宁：《〈劳动合同法〉争议再起》，《南风窗》2016 年第 6 期。
③ 参见郑东亮、王全兴、王文珍：《〈劳动合同法〉实施专家谈——深化认识 正视挑战 积极引导》，《中国劳动》2008 年第 1 期。

的过程中，《劳动合同法》的实施将在用人机制、用工成本和就业形势上影响劳动关系的走向，有助于完善劳动力资源配置市场化的用人机制，适度提高用工成本，并从就业数量和质量上促进就业。①

在行业范围，通过对旅游业（2008）② 调研，伴随《劳动合同法》实施，导游与旅行社、导游服务公司之间的法律关系发生实质性变化，导游权益保障一定程度的改善，是受益法；这种受益转化为旅行社或导游服务公司经营成本，是负担法；导游可长期受雇于旅行社成立劳动关系，也可作为独立契约人向旅行社出售导游业务形成承揽关系，甚至可以临时受雇形成劳务关系，导游与旅行社之间法律关系多样化，更有利于导游权益保障和旅游业良性发展。通过对广州天河软件园、深圳高科技园区等一批软件、IT 类科技型微型企业（2010）③ 调研，立法规范事实劳动关系并约定合同，有利于科技型微型企业节约人力资源管理成本，建立人力资源管理体系；违规惩罚与经济补偿，有利于科技型微型企业降低司法维权成本及社会维稳成本，营造互惠双赢的发展环境；订立无固定期限劳动合同，有利于科技型微型企业降低人员重置成本及试错成本，稳定核心科技型员工队伍。通过对北京市出租汽车行业实行劳动合同制度情况（2010）④ 调研，《劳动合同法》与《承包经营合同》关系、车辆安全保证金（风险抵押金）、经济补偿金标准（月平均工资）、法定节假日增加和承包金标准等问题须明确或解决。

在地域范围，通过对北京市贯彻《劳动合同法》基本情况（2009）⑤ 予

---

① 参见王全兴：《〈劳动合同法〉实施后的劳动关系走向》，《深圳大学学报（人文社会科学版）》2008 年第 3 期。

② 参见汪传才：《〈劳动合同法〉对导游用工涉及的法律关系的影响》，《旅游科学》2008 年第 5 期。

③ 参见吴頔、朱茎：《〈劳动合同法〉对科技型微型企业的积极效应浅析》，《中国商界》（上半月）2010 年第 12 期。

④ 参见高大慧：《北京市出租汽车行业贯彻〈劳动合同法〉相关问题探析》，《中国职工教育》2010 年第 2 期。

⑤ 参见朱海波：《关于北京市企业贯彻实施〈劳动合同法〉情况的调查报告》，《中国工运》2009 年第 4 期。

以调查，认为总体情况较好，但存在配套规章制度不健全法律规定难以落实、用工成本增加对劳动密集型企业和小型微利企业影响较大、就业转失业人员数量大幅上升影响劳动关系和谐稳定、企业和部分劳动者认识误区成为贯彻的消极因素、劳动检查执法和劳动争议处理亟须加强。通过对浙江省贯彻《劳动合同法》(2014)① 调研，认为《劳动合同法》的最大绩效在于劳动合同的签订率大幅度提高，而对劳动者权益保护的其他方面效果不甚明显，原因在于劳动关系当事人对法的了解和理解不足、个别劳动关系协议机制存在薄弱之处，应进一步区分标准劳动关系和非标准劳动关系、转化一元劳动关系调整机制、加大对劳动力市场管理和劳动者培训。通过对广东省广州市《劳动合同法》实施情况 (2009)② 予以调查，认为总体评价一般、用工成本有所增加、劳动合同签订续订良好、社会保险事项有待细化、员工流动较为严重、企业内部管理需进一步规范、企业工会有待健全、劳动关系基本稳定、其他用工方式受到影响。通过对广东省东莞市部分个体工商户(2010)③ 实地考察，《劳动合同法》实施后仍然存在劳动合同签订率低、用工随意性强、工作时间严重超标、休息休假安排失当、不参加社会保险现象普遍存在、缺乏有效规章制度、解除劳动关系操作程序不规范等问题。通过对吉林省绥化市《劳动合同法》实现情况 (2009)④ 予以调查，认为《劳动合同法》宣传学习不足、书面合同的签订率不高、漠视《劳动合同法》的规定，建议继续加强《劳动合同法》宣传深入领会其精神、深刻研读《劳动合同法》制度规定、理性分析《劳动合同法》作用影响。通过以四川省自贡市部分企业为样本，从劳动合同签订情况、工资发放情况、加班情

---

① 参见俞晓晓、张妮:《浙江省〈劳动合同法〉实施效果的调研及反思》，《学理论》2014 年第 4 期。

② 参见陈文彬、李红琳、袁国生:《广州市〈劳动合同法〉实施情况调查及分析》，《科技资讯》2009 年第 7 期。

③ 参见全裕吉、王建文:《〈劳动合同法〉实施后东莞个体工商户劳动用工规范化探析》，《东莞理工学院学报》2010 年第 4 期。

④ 参见徐洪军:《〈劳动合同法〉实现问题研究——兼以绥化市为例的调查分析》，《长春大学学报》2009 年第 7 期。

况、带薪休假情况等角度对《劳动合同法》实施情况（2015）[①] 予以调查分析，认为整体状况良好，员工加班和休假制度较为规范，但《劳动合同法》宣传还需增强，总体经济不景气导致企业运营困难，拖欠工资严重，员工需跟随市场掌握新技能、适应新环境。

笔者认为，政府主导推动《劳动合同法》的实施，对于劳动关系稳定与社会保险保障发展起到了重要促进作用，功不可没。但实施十余年仍争议不断、困难重重，尤其在实施中起关键性作用的企业仍持排斥态度、部分劳动者因即时高工资不愿交保险、劳动监察疏于严格执法的情况依然存在，《劳动合同法》的宣传研究、贯彻实施仍然任重道远。

（五）《劳动合同法》的社会价值：道德、法理与实践

从道德角度，在市场化进程中，我国劳动力市场存在的主要道德缺陷是雇主为追求自身利益而损害劳动者利益，其原因主要在于劳资关系法律不健全，保护劳工、劳动者权益的条款不完善，政府在由计划经济向市场经济转轨中忽视劳动者基本权利，企业"资强劳弱"对劳动者应有权益漠视和不尊重，许多劳动者不知道如何依法保护自己的合法权益，不知道如何能获得保护。《劳动合同法》立法意图深层次体现着人文关怀，现代劳动法在规定劳动者原有劳动权利基础上，已发展到对劳动者基本权利的尊重和保护，将宪法规定的公民基本权利落实到劳动领域。[②]《劳动合同法》充分体现着人性化特点，在整个立法过程以及法律的实施过程中充分注意人性要素，以充分开掘人的潜能为己任的管理模式，在实施中人力资源与政策环境促使就业更加公平、强化规范管理为中小企业发展提供契机、关注农民工权益使其成为《劳动合同法》的最大受益者。[③]

[①]　参见陈肖琳：《〈劳动合同法〉实施情况调查分析——基于企业员工视角》，《人力资源管理》2015 年第 11 期。

[②]　参见高建军、李莉莉：《劳动合同法的人文精神关怀》，《经济研究导刊》2009 年第 26 期。

[③]　参见王琳琳：《解读〈劳动合同法〉的人性化特点》，《中国劳动关系学院学报》2010 年第 5 期。

从法理角度，《劳动合同法》是对中国劳动力供求失衡、劳动者地位弱化和劳动合同短期化等社会问题的理性回应，具有积极功能，尽管在具体制度设计上存在可矫正之处，其颁布将开启中国劳动法法理化新时代。① 《劳动合同法》对现行劳动法从"约束事实劳动关系"、"制约劳动合同短期化"、"限制违约金适用"、"关注用人单位利益，适当扩大用人单位解除劳动合同条件"、"规范劳务派遣用工"予以修改调整，使之更符合市场经济发展规律，更有利于劳动者合法权益保障，从而促进劳动关系和谐稳定。② 《劳动合同法》并非否定《劳动法》，肯定的同时进一步完善；《劳动合同法》遵循国际劳动立法通行规则，强调保护弱势劳动者合法权益，但未过分倾向劳动者利益，强调在用人单位和劳动者之间找到平衡点；《劳动合同法》是继《劳动法》之后，我国劳动和社会保障法治建设的又一个里程碑。③ 从劳动立法国际化应考虑的法理要素、现实要素以及本土化应当考虑的政治因素、经济因素、历史因素，对《劳动合同法》予以详尽考量，《劳动合同法》尽管饱受争议，却有着符合立法原理和趋势的生命力。④

从实践角度，《劳动合同法》是过去 30 多年来全球首部强化规制的法律，也是首部强化规制的劳动立法，启动了劳动关系再规制进程，理论价值在于，体现了工具理性与价值理性并重的理念，将政治学理论引入企业管理理论，坚持劳动价值论，彰显矫正正义这一社会法的理念；现实意义在于，有利于保持社会稳定与和谐，有利于实现供求平衡，有利于市场公平竞争，有利于企业持续发展，也有利于我国法治建设。⑤ 《劳动合同法》对用人单位管理和劳动者权益作了较大调整，增加了用人单位社会责任，设立了更加

---

① 参见郑尚元：《〈劳动合同法〉的功能与制度价值分析——评〈劳动合同法〉的是与非》，《深圳大学学报（人文社会科学版）》2008 年第 3 期。

② 参见姜颖：《劳动合同法对现行劳动法的修改及对我国劳动关系的影响》，《中国劳动关系学院学报》2008 年第 1 期。

③ 参见牟宇峰、王蓉蓉：《浅析〈劳动合同法〉的影响和意义》，《知识经济》2009 年第 6 期。

④ 参见乔菁：《由〈劳动合同法〉看劳动立法的国际化与本土化》，《西安交通大学学报（社会科学版）》2012 年第 1 期。

⑤ 参见刘诚：《〈劳动法〉、〈劳动合同法〉与中国劳动立法的未来》，《工会理论研究》2014 年第 5 期。

严格的法定义务，提高了违法成本，给企业的劳动用工管理带来挑战和机遇，赋予劳动者更多的自主选择职业的权利，劳动者法律意识提高，自我维权意识、抗争意识进一步增强。① 在实践中，《劳动合同法》肩负三重使命，追求三重目的：一是弹性化的制度需求者的倾斜保护力，建立起传统与现代、典型与非典型并存的制度体系；二是满足劳动关系全球化和强化对职业劳动关系弱者的倾斜保护，达到平衡协调；三是通过调适灵活与稳定的关系实现劳动关系和谐，为社会和谐奠定坚实的基础。② 《劳动合同法》对劳动者而言，提高劳动者素质，促进就业稳定性，有利于降低摩擦性失业水平，减少劳动者择业成本，降低劳动者维权成本，重新界定了劳资之间的劳动关系，明确双方权利和义务，有利于减少劳动者和雇主博弈成本，促进劳动力资源最佳配置；对企业而言，短期内需要付出一些制度建设、人力资源管理及违法成本，但换来的是企业制度的完备和管理的升级；对于社会利益而言，对于减少政府管理成本、应对人口变局、配合国家产业结构调整升级，以致构建和谐、稳定的劳动关系都有积极意义。③

尤其在实践中，政府主导《劳动合同法》的通过，将能够矫正失范的劳动关系，平衡失衡的劳动关系，在确立劳动者与用人单位或雇主平等的法律地位的基础上，维护双方当事人的合法权益，实现用人单位或雇主与劳动者走向合作与双赢，最终实现构建规范、和谐、稳定的劳动关系的目的。④《劳动合同法》的制定对劳动关系法制化非常必要，对政府来说，加强了政府责任，政府部门必须在劳动关系监管、劳动法律救济以及劳动争议调解仲裁等方面发挥更大作用；对企业来说，一些劳动力成本可能会提高，但并不

---

① 参见章法苗：《浅议〈劳动合同法〉实施对企业的影响及企业的自我提升》，《中国就业》2008年第2期。

② 参见冯彦君：《理想与现实之间的〈劳动合同法〉——总体评价与创新点解析》，《当代法学》2008年第6期。

③ 参见白晓明：《〈劳动合同法〉社会价值分析——基于劳动者、企业、社会长期利益的视角》，《中国社会科学院研究生院学报》2010年第1期。

④ 参见郑功成：《构建和发展规范、和谐、稳定的劳动关系——写在劳动合同法颁布之际》，《中国人大》2007年第7期。

是不合理提高，过去过低，现在回到正常水平，同时规制企业行为，尤其是企业劳动关系和人力资源管理；对劳动者来说，通过提高劳动者的权利意识和行动意识，促进劳动者自身素质提高。从劳动合同制度影响角度，使劳动合同签订率明显提高，劳动合同短期化得到有效遏制，社会保险参保人数提高，企业通过提升管理水平避免成本提升；从劳动争议角度，进入法律程序的劳动争议数量大增，劳动关系调整手段法制化程度提升。①

笔者认为，政府主导推动劳动法治建设的基本宗旨，是对劳资关系中处于从属弱势位置的劳动者加强保护，进而维护整个社会的良性和谐发展。依法治国视域下的《劳动合同法》作为劳动法治的重要基础、作为国家治理体系的重要组成部分，对于"统筹社会力量、平衡社会利益、调节社会关系、规范社会行为"具有重要意义。

（六）《劳动合同法》实施与修改的思考建议

《劳动合同法》实施十余年争鸣不断，从内容组成（2007）②，既有立法宗旨和指导原则的争论，也有具体法条的争论；既有合同期限方面的争论，也有立法与执法关系方面的争论；既有关于竞业限制的争论，也有关于劳动者派遣的争论。其聚集焦点（2009）③ 主要在于企业认为无固定期限劳动合同会导致用工机制僵化，法律实施带来用工成本的上升，且一些地方政府、商会和学者反映法律实施影响地方的投资环境，劳务派遣用工亟待规范，农民工养老保险关系难接续影响劳动合同的签订。对其反对根本（2014）④ 主要体现为：一是《劳动合同法》立法宗旨不应仅仅保护劳动者，而应与民事合同法一样保护劳动关系双方权益；二是《劳动合同法》确立的劳动标准太高，脱离了我国国情，将削弱我国劳动力低成本优势，导致低素质劳动

---

① 参见郑桥、傅麟、刘晓倩、牛玲：《〈劳动合同法〉实施以来劳动关系新变化以及工会应对策略研究》，《中国劳动关系学院学报》2009 年第 6 期。

② 参见刘诚：《论劳动合同立法的指导原则——兼评〈劳动合同法（草案）〉及有关评论》，《上海师范大学学报（哲学社会科学版）》2007 年第 2 期。

③ 参见乔健：《〈劳动合同法〉"艰难"前行》，《工会博览》2009 年第 5 期。

④ 参见徐世平：《中国劳动合同法实施争议研究》，《学理论》2014 年第 4 期。

者失业，并使大量中小企业面临困难；三是该法体现了政府对劳动力市场和企业用工行为的过度干预，将会使我国劳动力市场凝固化、行政化，使企业丧失用人自主权。

诸多维护者（2009）[1] 认为，如果为了快速发展经济，而擅自修改、变通或者暂停使用这些法律，那么，整个社会利益分配失衡的现象将会更加严重；劳动者是社会弱势群体。他们的法定权利得不到保护，不是因为他们缺乏权利意识，而是因为他们没有参与决策的资格。尤其有的专家（2016）[2] 明确提出，通过对工人工资、劳动合同、劳动时间、居住福利、工资支付、社会保障、用工制度的数据比较，《劳动合同法》实施以来，农民工劳动权益仅在社保和工时方面的权益指标有个位数增长，与其争论是否要修改《劳动合同法》，不如加大对《劳动合同法》执行力度，使其能够在真正有效保障劳动者权益的同时，实现与企业双赢。

批判者将《劳动合同法》等同于民事合同法，忽视了《劳动合同法》固有的社会法属性，在对《劳动合同法》批判与反批判的过程中，应当以更加宏观的视域审视立法背景和其固有的社会法属性，从政治法律学的宏观角度是意思自治和国家强制之间的"度"的把握，从立法价值冲突的中观角度是立法价值正义与利责的统一，从立法与社会资源分配的微观角度是劳动立法向劳动者倾斜及倾斜多少的实现。[3] 同时，《劳动法》与《劳动合同法》的法律类别归属不仅是纯粹的理论问题，而且是重大的实践问题，劳动法律体系应以《劳动法》为核心，对劳动合同、就业促进、工资、社会保险、劳动争议等应该始终起到统驭作用。[4] 为此，《劳动合同法》的修改主要在如何执行的技术层面，在调整对象上层次、类型区分不够；在法律适用对象上，微小企业可以考虑特殊豁免权。另外，企业高管不应适用劳动者

① 参见乔新生：《劳动合同法"暂缓执行"就是改革倒退》，《人大建设》2009 年第 3 期。
② 参见李大君：《〈劳动合同法〉还应加大执行力度》，《人民政协报》2016 年 3 月 28 日。
③ 参见冯祥武：《〈劳动合同法〉遭受批判的原因评析——基于政治法律学的宏观视域》，《北方法学》2010 年第 4 期。
④ 参见樊华：《论〈劳动合同法〉的立法缺陷与解决路径》，《法治研究》2009 年第 2 期。

保护；工人辞职规定可以更严格，加一些程序让企业可以有更多准备，可以作法律实施细则上的修改。

笔者花两年多时间深入多省市调研认为，伴随产业结构升级加快、科技创新不断推进、人力管理有待强化，《劳动合同法》有待政府通过法制程序不断修改完善；同时，深感在社会法理论与实践上均非常薄弱，甚至诸多法学专家将民法原理套用于《劳动合同法》，致使其在实践难以顺利实施的社会环境中，《劳动合同法》争议的产生较多来源于自由经济效率与政治经济公平关系、社会法倾斜保护与民法公平契约的属性功能认识不足造成。从政治法律层面，政府亟须强化"公平效率兼顾、更加重视公平"的发展理念、"以社会整体利益为出发点的社会法"的宣传。同时，从技术实施层面，政府亟须对执行过程中因不同行业、地区特征而产生的有关"无固定期限合同"、"经济补偿金"、"劳动者辞职过于简单"等问题予以客观分析，重视制度空间的内在逻辑、法律功能与主体博弈选择，在以"促进发展、包容发展、共享发展"理念的完善修改中，推动中国特色和谐劳动关系的构建。尤其，面对法律实施与企业人力资源管理、劳动者职业生涯提升的衔接、面对社会法与民法的错位、面对西方经济学与对马克思主义政治经济学等诸多问题，亟须强化劳动关系学作为"具有重要现实意义的新兴学科和交叉学科"发展的政府主导性推动，使之真正成为促进国家经济社会科学健康快速良性发展的"哲学社会科学的重要突破点"。

第 四 章

政府伦理论："劳动伦理倡导者"角色构建

> 在人性化雇佣关系形成过程中需重视效用伦理、责任伦理、自
> 由伦理、公正伦理、德行伦理和关怀伦理。
>
> ——约翰·W.巴德

市场经济转型发展过程中，市场机制冲击、政策机制有待成熟的环境使社会出现前所未有的矛盾，劳动关系成为转型期非和谐因素中的突出问题，政府在劳、资、政三方组成的劳动关系中的社会协调作用日益突出。政府在发挥"规制者"、"监督者"、"调解仲裁者"、"就业促进者"、"权益保护者"等角色的同时，尤其需高度重视"劳动伦理倡导者"作用的发挥，在"道德调整"中实现劳资理解包容、推动社会和谐发展。中国传统经济伦理、延安时期的革命劳动伦理、马克思劳动伦理、《道德情操论》等西方市场经济伦理，对政府"劳动伦理倡导者"角色的确立具有重要借鉴价值。

一、政府"劳动伦理倡导者"角色探析

伦理是人类自我管理的本质内在活动，是一种产生于内心的社会控制力量，同时又是与政治、法律等发挥同样作用的特殊社会管理方式。在市场经

济体制下，以矫正和改善市场机制的内在问题为目的。"劳动伦理是对劳动关系中道德现象的概括，主要指劳动中人与其他要素之间应当遵守的道德准则"①，反映劳动者、劳动集体与国家社会之间的关系特点与发展规律。劳动关系的伦理调整已经成为解决劳动关系复杂矛盾的基本方式之一，② 但"劳动伦理"研究在我国还处于初始阶段，政府主导构建和谐劳动关系的"劳动伦理倡导"研究更没有引起足够关注。

（一）劳动伦理文献研究综述

1. 国外有关劳动伦理思想研究

（1）围绕"马克思劳动伦理观"的研究

马克思劳动伦理思想是对古希腊劳动伦理思想、古典政治经济学、古典哲学劳动伦理思想、小资产阶级和空想社会主义劳动伦理思想的继承与发展，实现了对庸俗资产阶级劳动伦理思想的系统批判，是人类劳动伦理思想发展史上最进步最科学的思想理论。③ 西方马克思主义学派或从以对马克思劳动伦理观批判现代资本主义社会劳动伦理问题为角度，或从肯定马克思劳动伦理主体思想但提出马克思劳动伦理新思想的角度予以研究。

法国著名哲学家阿尔都塞（1965）④ 将马克思劳动伦理思想概括为三大方面：一是批判作为反道德根源的资本，二是批判为资本进行辩护的资产阶级思想家、经济学家，三是设想未来社会的道德模型。英国理查德·海曼（1969）⑤ 将资本二重性作为认识马克思劳动伦理思想与理解资本主义社会诸多特殊道德现象的关键，资本作为手段，客观上为实现人的自由和解放创

---

① 刘进才：《劳动伦理学》，华南理工大学出版社 1994 年版，第 9 页。

② 参见赵健杰：《公平与正义：劳动关系调整中的伦理维度》，《中国劳动关系学院学报》2007 年第 1 期。

③ 参见贺汉魂：《回到马克思、培育和谐美——马克思劳动伦理思想现代解码》，光明日报出版社 2016 年版。

④ 参见［法］路易·阿尔都塞：《保卫马克思》，顾良译，商务印书馆 2006 年版，第 23 页。

⑤ 参见［英］理查德·海曼：《劳资关系：一种马克思主义的分析框架》，黑启明主译，中国劳动社会保障出版社 2008 年版，第 640 页。

造了物质条件，由此资本有其"道德善"的一面；资本作为目的，其发展以人的片面化、异化以及劳动者丧失劳动条件、丧失劳动自由和生活自由为基本前提，具有"道德恶"的一面。

（2）关于"市场经济与现代化的劳动伦理"研究

市场经济学鼻祖亚当·斯密（1759）[①] 提出"道德人"假设，认为"无论人们认为某人怎样自私，他总是存在着关心他人命运的天性，把别人的幸福和痛苦当作自己的遭遇，为别人的幸福而高兴，尽管自己并不能从中得到什么；为别人的不幸而产生怜悯和同情，尽管自己并不因此失去什么"。法国社会学奠基人涂尔干（1893）[②] 系统考察了职业伦理的社会起源，从而揭示了职业伦理在现代社会发展中所起的奠基性作用，并从国家和个人关系的角度探讨了政治形式与公共道德的特殊关系。德国著名社会学家马克斯·韦伯（1920）[③] 论述了宗教改革形成的新教对西方近代市场经济发展的重要作用，认为新教神学中的天职观强调劳动天职、忠于职守、精明勤奋、自制节俭和积极进取，孕育生成了一种与资本主义文明的本质相契合的进取精神，这种精神促进了资本的积累，推动了市场经济的发展。

美国经济学家詹姆士·布坎南（1982）[④] 对市场经济具备的劳动伦理予以强调，"自律、公正感、诚实、公平、勇气、谦逊、公共精神、对人类尊严的尊重、公司伦理规范——所有这些都是人们在前往市场开展相互竞争之前就必须拥有的"。美国著名学者福山（1998）[⑤] 探讨了伦理道德与社会经济发展的关系，提出"一国的福利和竞争能力受到单一而广泛的文化特征所制约，那就是这个社会中与生俱来的信任程度"。

---

① 参见［英］亚当·斯密：《道德情操论》，蒋自强等译，商务印书馆1997年版，第1页。
② 参见［法］爱弥儿·涂尔干：《职业伦理与公民道德》，渠东、付德根译，上海人民出版社2001年版，前言。
③ 参见［德］马克斯·韦伯：《新教伦理与资本主义精神》，于晓、陈维纲等译，陕西师范大学出版社2006年版。
④ 参见 R. B. Meckezie, *Bound to be Free*, Standford：Hoover Institution Press, 1982 words by American Social Philosopher Wilhelm Roke, p. 4.
⑤ 参见［美］弗兰西斯·福山：《信任——社会道德与繁荣的创造》，李宛蓉译，远方出版社1998年版，第12页。

（3）"中国传统劳动伦理"相关的国外研究

日本"实业之父"涩泽荣一（1916）[①] 提出"论语加算盘"的经营理念，以儒家思想和道德伦理作为立足点，吸收西方资本主义经营之道，被称为"儒家资本主义"的代表，日本企业界由此提出"士魂商才"的命题，认为企业家应是"士"的道德精神与"商"的经营才能的结合体，能够以道德作为精神支柱，同时兼备在市场上纵横捭阖的经商才能。德国著名社会学家马克斯·韦伯（1920）[②] 认为，在中国占统治地位的儒家思想与基督教（新教）不同，新教对西方资本主义的产生发挥了重要作用，但由于儒家思想强调人伦和道德，强调适应此时，因此尽管中国具有有利于资本主义产生的外在条件，但未能发展出资本主义。美国学者杜维明（1989）[③] 认为，儒家思想的本来宗旨、核心价值是人际关系中的个人道德化，作为社会和政治本体的个人道德化要求政治的道德化，儒家思想和世界上许多别的精神传统不同，它在很大程度上是东亚国家公众的生活经验的一部分。它塑造了东亚的心灵，它的贡献不仅在于个人人格的发展，而且也在于社会政治组织的发展。

2. 国内劳动伦理研究基本状况

（1）宏观角度围绕道德建设的劳动伦理研究

罗能生（2006）[④] 认为，经济伦理具有多层面价值，在个体层面，经济伦理既是人的内在能力的重要构成要素，又是人际合作的根本条件；在企业层面，经济伦理是企业商誉的灵魂，凝聚企业团队精神、激发员工不断努力；在社会层面，经济伦理是一种社会资本，它提升社会信任程度、降低社会交易成本、强化社会合作行为及其创造共同价值的社会资本。叶小文（2014）[⑤] 从中华传统文化汲取培育和弘扬社会主义核心价值观的丰厚滋养、

---

① 参见周见等：《"论语加算盘"的大师：涩泽荣一》，《财经界·管理学家》2008 年第 4 期。

② 参见［德］马克斯·韦伯：《儒教与道教》，洪天富译，江苏人民出版社 1995 年版。

③ 参见［美］杜维明：《新加坡的挑战——新儒家伦理与企业精神》，高专诚译，生活·读书·新知三联书店 1989 年版，第 130、137 页。

④ 参见罗能生：《经济之魂——经济的伦理蕴涵和道德选择》，湖南科学技术出版社 2006 年版。

⑤ 参见叶小文：《让道德成为市场经济的正能量》，《光明日报》2014 年 4 月 17 日。

化解市场经济道德悖论角度，提出在市场经济中激活民族优秀传统文化基因、实现法治与德治并举，从而使道德成为市场经济的正能量。

（2）中观角度围绕经济伦理的劳动伦理研究

刘伟、梁钧平（1999）[①] 认为，市场经济是人类文明进步的历史形式，必然包含深刻的伦理精神，包含对社会成员深刻的人格要求，如果经济学对人的行为导向的理解仅仅局限于偏好，而忽略了现实社会中个人和群体的伦理道德信条，必然使任何以经济学为基础所构建的经济模型都很难具有现实的意义。李建华（2008）[②] 从劳动的道德价值、道德关系、道德保护等角度对劳动伦理展开探讨，认为劳动伦理是整个社会伦理体系的基础，从劳动的角度考量道德，以劳动关系的变化注解道德的发展轨迹，是我国现阶段道德建设的重要课题。

（3）微观角度围绕劳动关系对劳动伦理的直接研究

王昕杰、乔法容（1989）[③] 围绕劳动者、劳动生活、管理劳动、知识劳动等领域探讨了当代劳动条件下经济繁荣与道德进步、物质文明建设与精神文明建设、劳动方式变革与社会发展，以及人格完善的内在机制及其共同提高的操作原则，为提高劳动集体的经济效益和社会效率，促进人类的自由、幸福和全面发展，提供诸多可行性理论参考，也对改革十年社会经济生活进行道德思考。刘进才（1994）[④] 对劳动过程中劳动关系的诸要素如劳动者、劳动管理者、劳动资料、劳动对象、劳动产品的道德调控问题展开的研究，对我国在不规范的市场经济条件下所产生的生态破坏、资源枯竭、科技失控、伪劣商品、职业病危害、工伤事故、拜金主义、为官不廉，以及行业不正之风等一系列劳动伦理问题进行了开拓性的理论探讨。

万俊人（2000）[⑤] 认为，劳动既具有生存权的一般价值，更具有自身人

---

① 参见刘伟、梁钧平：《冲突与和谐的集合：经济与伦理》，北京教育出版社1999年版。
② 参见李建华：《走向经济伦理》，湖南大学出版社2008年版，序言。
③ 参见王昕杰、乔法容：《劳动伦理学》，河南大学出版社1989年版，序言。
④ 参见刘进才：《劳动伦理学》，华东理工大学出版社1994年版，内容摘要。
⑤ 参见万俊人：《道德之维：现代经济伦理导论》，广东人民出版社2000年版，第236页。

格、尊严或荣耀的自我表达和社会认可的特殊道德价值，还要承诺相应的社会责任和道德义务，同时以国企改革中人员分流为案例对社会公平代价予以道德考量，并从效率与公平、相应的补偿、社会环境等角度提出具体化的期待建议。刘诚（2009）①认为，劳动关系的调整机制包括劳动法和劳动伦理的调整机制，其中劳动法的调整机制主要是传统劳动法和人权法调整机制，劳动伦理的调整机制包括道德意识、传统习惯和社会舆论调整机制，两者的关系是劳动法调整机制居于基础地位、属于基本保护机制，劳动伦理调整机制居于辅助地位、属于辅助性保护机制，二者分工合作、可相互转化。

（二）政府"劳动伦理倡导者"的角色定位构建

1. 强化政府"劳动伦理倡导者"的角色职能定位

（1）"劳动伦理倡导者"角色亟待确立

社会转型期贫富差距加剧，劳动者面临严峻劳动境况，以体力劳动为生的普通劳动者，劳动强度大、工作时间长、工资标准低，尤其是农民工常年游离于正常家庭之外，造成人性不完整；以脑力劳动为生的劳动者，"亚健康"成为说不出的痛、"心理疾病"使灵魂处于挣扎、"过劳死"成为生命不能承受之重。政府"劳动伦理倡导者"角色亟待确立。目前政府参与劳动关系调整的角色更多定位于"立法者"、"管理者"、"协调者"等硬性角色，如常凯提出的"规制者"、"监督者"、"损害控制者"、"调解仲裁者"，程延园提出的"劳工基本权利的保护者"、"集体谈判与劳工参与的促进者"、"劳动争议的调停者"、"就业保障与人力资源的规划者"、"公共部门的雇佣者"等，"劳动伦理倡导者"角色在学界及政府部门亟须引起足够重视。

（2）劳动伦理构建需要政府引导与推动

德国古典哲学代表黑格尔说，"民族是伦理的实体、伦理是民族的精

---

① 参见刘诚：《劳动法与劳动伦理的调整机制及其相互关系》，《东南大学学报（哲学社会科学版）》2009 年第 4 期。

神"。伦理对民族发展极为重要,但需要政府的引导和推动并促使人们走向幸福,扬善抑恶,使人性中的善性充分发育,使人格变得崇高,这是伦理道德养成的终极目的。政治的功能在于塑造德性。季康子问政于孔子,孔子说:"政者,正也。子帅以正,孰敢不正?""己身正,不令而从;己身不正,虽令不行",在社会治理中为政者首先要起到表率作用,同时要以自身的表率作用促进优良社会伦理的形成。在转型期劳动伦理意识模糊、劳动道德失范突出的情况下,政府的引导和推动不仅尤为必要,而且十分关键。因为"政府不仅对社会意识形态负有建构职责,而且政府有优势调动社会公共资源直接作用或辅佐于文化建设,引导公民达成特定的价值目标"①。政府在塑造和促进劳动伦理过程中,尤其要重视转型期劳动伦理观的内涵探讨、树立先进典型榜样、加强伦理道德实践并通过强化制度机制予以推动。

(3)劳动伦理构建需要政府制度安排

美国制度经济学家诺斯提出"制度就是为人类设计的,构造着政治、经济和社会相互关系的一系列约束,制度是由非正式约束(道德约束、禁忌、习惯、传统和行为准则)和正式的法规(宪法、法令、产权)组成"②。在经济社会和谐发展过程中正式规则和正式制度无疑极为重要,非正式规则和非正式制度对于社会良性运行同样不可忽视,甚至在一定条件下比正式规则制度发挥的作用更大。因为从制度变迁和规则演变来看,非正式规则和非正式制度的产生早于正式规则和正式制度。劳动伦理是重要的由非正式规则和非正式制度组成的价值系统,"价值系统自身不会自动地'实现',而要通过有关的控制来维系。在这方面要依靠制度化、社会化和社会控制一连串的全部机制"③。

---

① 姜克俭、谢桂山、王学文:《构筑富有良善德性的心灵居所》,《大众日报》2012年6月12日。
② [美]道格拉斯·C.诺斯:《制度、制度变迁与经济绩效》,刘守英译,上海三联书店1994年版,第7页。
③ [美]T·帕森斯:《现代社会的结构与过程》,梁向阳译,光明日报出版社1988年版,第141—145页。

2. 政府"劳动伦理倡导者"的角色内涵组成

（1）"劳动伦理倡导者"的概念内涵

当前有关"劳动伦理"的明确概念还极为匮乏，即使最具权威性的《伦理学大辞典》也无界定，政府作为"劳动伦理倡导者"的研究几乎处于空白状态，其概念更少涉及。学界有关"劳动伦理"的概念大体有两种观点，一是"道德原则说"，二是"道德关系说"[①]。"道德原则说"认为："劳动伦理是对劳动关系中道德现象的概括，指在劳动中人与其他诸要素之间应当遵守的道德准则。"[②]"道德关系说"认为："劳动首先反映的是人和自然的关系，但其背后隐藏着深刻的社会关系和道德关系。因此，劳动伦理是对劳动者各种道德关系的反映，如对劳动者之间，劳动者与劳动集体之间，劳动集体与国家、社会之间等各种利益关系的特点及其发展规律的反映。"[③] 笔者认为，政府主导构建和谐劳动关系的"劳动伦理倡导者"，是指面对劳动关系诸多问题矛盾，应真正确立"改革成果共享、弱势群体保护"的共享发展理念，高度重视劳动伦理的积极倡导，在"道德调整"与"法制调整"相互促进中提升资方道德血液、实现劳资理解包容、推动社会和谐发展。

（2）"劳动伦理倡导者"的理论内涵

劳动伦理倡导者的理论内涵主要体现在探讨劳动伦理问题的实质、劳动与人的本质实现、劳动道德职能与道德意义，以及对劳动道德合理性的论证、体面劳动的保障及实现等。陈宇（1993）将劳动伦理内容归纳为五方面："1. 在劳动过程中的基本伦理问题，最主要的是劳动与自由和幸福的全面发展关系；2. 在劳动过程中劳动者的道德问题；3. 在劳动过程中劳动集体的道德问题；4. 在劳动过程中现有经济政治体制下公平与效率关系的伦理学思考；5. 在职业道德即人们在从事其特定工作时的行为规范。"[④] 政府

---

① 夏明月：《当代中国劳动伦理研究述评》，《河南社会科学》2010 年第 3 期。
② 刘进才：《劳动伦理学》，华东理工大学出版社 1994 年版，第 9 页。
③ 王昕杰、乔法容：《劳动伦理学》，河南大学出版社 1989 年版，第 17 页。
④ 参见陈宇：《劳动科学体系通论》，中国劳动出版社 1993 年版，第 125 页。

作为劳动关系调整的"劳动伦理倡导者"基于劳动伦理的基本关系和五方面内容，应强化探讨研究。

（3）"劳动伦理倡导者"的实践内涵

在劳动伦理实践推动过程中，"体面劳动"应成为政府"劳动伦理倡导者"最为突出的主旨内涵。1999 年，国际劳工大会提出的"体面劳动"意味着"劳动者的权利应得到保护，有足够的收入和充分的社会保护，也意味着有足够的工作岗位"。"体面劳动"只有通过促进"工作中的权利、就业、社会保护和社会对话"四个战略目标，在整体上予以平衡和统一推进才能够实现。2019 年 6 月，国际劳工百年大会再次强调："确保所有人的共同繁荣和体面工作。"政府应通过加强劳动者基本权益维护、劳动者人格尊严保护，主导推动劳动者实现以"健康安全"、"人格尊严"、"权利保障"、"自我实现"为主要内容的体面劳动。正如黑格尔所说："一个人劳动时，他既是为他自己劳动也是为一切人劳动，而且一切人也都为他而劳动。"[①]健康安全的劳动是人类追求的永恒哲学命题，体面劳动是劳动者实践愿望、体现意志、实现人格的自主劳动，也是自我实现得到权利保障的劳动。

3. 政府"劳动伦理倡导者"的角色构建渊源

（1）强化对中国传统经济伦理的吸收借鉴

中国古代经济思想博大精深，中国传统经济伦理充满着智慧与德性的灵光，深入研究挖掘其内涵与精华对于构建和谐劳动关系具有重要借鉴意义，中国传统经济伦理必然成为政府"劳动伦理倡导者"角色的首要构建渊源。以孔子为代表的儒家"德性主义经济伦理"的"义利之辨"、"重义轻利"思想，以管子、墨子、司马迁等为代表的"功利主义经济伦理"的"义利统一"观、"富而仁义附"思想，对资方主体促进劳动关系和谐具有重要的借鉴价值；在劳动关系构成中劳动者处于"从属"、"弱势"位置，但中国传统经济伦理"勤劳敬业"、"团结互助"的劳动美德观，"明分使群"、"劳心劳力"的社会分工论，对于劳动者以更为积极主动的劳动观促进劳动

---

① ［德］黑格尔：《精神现象学》下卷，贺麟、王玖兴译，商务印书馆 1979 年版，第 47 页。

关系和谐不可忽视；中国传统经济伦理思想的"敬德保民"、"天道酬勤"的劳动光荣理念，"仓廪实而知礼节"、"恒产恒心"的富民理念，"力戒奢侈"与"俭奢统一"的消费理念，对于政府主导构建和谐劳动关系具有重要的借鉴价值。

（2）重视延安时期革命劳动伦理的传承借鉴

延安时期陕甘宁边区政府推动劳动伦理建设、促进劳动关系和谐，对于今天和未来具有重要启发，大生产运动成为延安时期劳动伦理建构的总切入，劳模运动是延安时期劳动伦理建构的重要载体，劳动立法体现着延安时期劳动伦理精神建构的理性思维，传媒文艺感性推动延安时期劳动伦理精神的建构，由此形成的"自力更生、艰苦奋斗"成为延安时期劳动伦理的最显著特征，"劳动光荣、科技重要"成为延安时期劳动伦理的重要内容，"劳动互助、劳动合作"成为延安时期劳动伦理精神的突出创造，"劳动保护、劳资两利"体现着延安时期劳动伦理精神的开拓突破。"自力更生、艰苦奋斗"成为劳者敬业、民族自立、国力强盛永恒的话题，"劳动光荣、科技重要"体现着政府责任伦理、劳动职业伦理的交融交集，"劳动保护、劳资两利"促进着政府责任伦理、企业经营伦理的互推互进，"劳动互助、劳动合作"突出国情、重视世情、全球发展的伦理追求，以历史的纵深、厚重与沉淀借鉴于现实发展将更加有力，延安时期陕甘宁边区政府建构劳动伦理对劳动关系的推动，更成为我国劳动关系革命年代精神传承。

（3）重视对马克思劳动伦理观的吸收借鉴

资本在追求价值增殖的同时创造着现代文明，马克思既是资本逻辑的追随者也是资本逻辑的批判者，同时马克思还是生活逻辑的倡导者、重建者，资本与中国特色市场经济给中国带来了比计划经济更为优越的资源配置方式，帮助中国创造巨大物质财富的同时，改变着中国人的精神气质面貌，马克思劳动伦理观必然成为政府"劳动伦理倡导者"角色的重要渊源。劳动不仅成为获得劳动产品的手段，而且展现着人的能力，成为人生的追求，因资本对劳动盘剥使劳动矛盾凸显的现实中，将人们从"资本逻辑"桎梏中解放出来，使发展动力与发展目标回归到"生活逻辑"，是政府需承担的重要社会责任。重视对马克思劳动伦理观的吸收借鉴，扬弃"资本逻辑"、重视"生活逻辑"、实现"资本逻辑"与"生活逻辑"统一，从而对改变我们的精神气质、重塑我们的生存模式、构建我们的精神物质家园意义突出。

（4）强化对《道德情操论》等西方经典市场经济伦理的吸收借鉴

在社会发展过程中每个人天生都是利己、趋利避害的，即使有利他行为，也是出于自利的动机。在市场经济环境中利益更成为人们从事经济活动的出发点，在这样的环境中"如果一个社会的经济发展成果不能真正分流到大众手中，那么它在道义上将是不得人心的，而且是有风险的，因为它注定要威胁社会稳定"①。以亚当·斯密《道德情操论》为代表的西方经典伦理思想必然成为政府"劳动伦理倡导者"角色不可忽视的构建渊源。"利己、自爱"理念在肯定人首先追求自身利益的同时，"看不见的手"促进国民财富增加，实现整个社会财富的最大化。"同情、公正"理念引领企业家塑造合作、诚信、共赢的品质，形成对社会、对他人承担责任、履行义务的"利他"精神。"仁慈、良心"理念使人从自利和局部仁爱的狭隘意识中跳出，进入利他和普遍仁爱的全局观念之中。"正义、规则"理念强调正义是社会制度的伦理基础，如果社会制度缺乏道德正义，即使效率再高也难以保证经济健康发展和社会稳定运行。

（三）政府"劳动伦理倡导者"的角色实施路径

1. 建构"劳动伦理"环境氛围

（1）政府建构"劳动伦理"体现强烈的社会伦理关怀

政府通过相关立法体现对劳动者权益的道德关怀，执法机关通过强有力的执法行为维护社会的公正，媒体和舆论界通过对非法侵害劳动者权益行为的道德谴责表达对处于弱势地位的劳动者群体的深切同情。② 政府通过"劳动伦理"宏观调整维护社会公平正义的同时，可以形成以社会公正为主流

---

① 该段语言出自亚当·斯密出版于 1759 年的《道德情操论》（序言），强调经济发展与分配、与道义、与社会稳定之间的关系。

② 参见李志祥、朱晓林：《近二十年来我国劳动关系研究综述》，《上海企业》2009 年第 12 期。

的道德氛围；政府通过"劳动伦理"微观调整，在企业内部促进良好道德氛围的形成，避免劳动双方因利益矛盾而产生内耗，有利于劳动双方利益的满足和企业凝聚力的形成；同时政府通过"劳动伦理"调整，可以借助政府或行政的力量及时解决劳动矛盾，减少或避免社会震荡，有利于社会和谐稳定，最大限度维护广大劳动者切身利益。

（2）实现公平和正义是政府建构"劳动伦理"的核心

习近平同志在 2014 年新年贺词中第一句便是"我们推进改革的根本目的，是要让国家变得更加富强、让社会变得更加公平正义、让人民生活得更加美好"。2018 年新年贺词"我们伟大的发展成就由人民创造，应该由人民共享。我了解人民群众最关心的就是教育、就业、收入、社保、医疗、养老、居住、环境等方面的事情，大家有许多收获，也有不少操心事、烦心事"。2021 年新年贺词更从人类命运共同体"大道不孤，天下一家。经历了一年来的风雨，我们比任何时候都更加深切体会到人类命运共同体的意义"。确立"以人民为中心"与"人类命运共同体"的理念，实现公平正义是政府构建"劳动伦理"的核心。抗击新冠疫情中美对比更呈现着"国家一切权力来源于人民、属于人民。而美国等资本主义国家是垄断资产阶级领导的资产阶级寡头民主专政的国体，国家一切权力表面上属于人民，实质上属于垄断资产阶级"[①]。体现尊重人、帮助人、爱护人是"劳动伦理"的基础伦理精神，这种伦理精神辐射和放大，就是意味着如何实现公平正义，包括劳动关系中主体地位的平等、分配中的公平、劳动者待遇和自身价值的实现等。[②]"自由、民主、平等、博爱"是资本主义最为重要的核心价值，社会主义较之更加重视公平与正义。正如阿瑟·奥肯所言："资本主义的主要竞争对手，当然是社会主义，它允诺了更大的平等。"[③]

---

① 程恩富：《中国特色社会主义前进征途上要做到"五个坚持"》，《马克思主义研究》2019 年第 10 期。

② 参见赵健杰：《公平与正义：劳动关系调整中的伦理维度》，《中国劳动关系学院学报》2007 年第 1 期。

③ ［美］阿瑟·奥肯：《平等与效率》，王奔洲等译，华夏出版社 1999 年版，第 50 页。

（3）注重"劳动伦理"由自律向他律的转化

伦理道德规范实现的基础是要求人们"自律"，即人们能够自觉地约束和调整自己的行为，并使之符合社会共同认同的伦理道德标准且不断强化固化。"一个人做了这样或那样一件合乎伦理的事，还不能说他就是有德的；只有当这种行为方式成为他性格中的固定因素时，他才可以说是有德的。德毋宁应该说是一种伦理上的造诣。"[①] 同时构建"劳动伦理"必须重视伦理"他律"，从资本逻辑角度无限制追求剩余是资本本性，让企业资本家自觉承担对员工和社会的责任，与资本逻辑是完全不一致的，资本逻辑的本质是实现价值增殖和不断扩张，只有通过强化"劳动伦理"他律，才能强调在生产过程中对人的价值的关注，才能使企业与资本真正关心社会和劳动者。企业由"单纯经济人"走向"有限经济人"，进而升华为"道德经济人"，是社会健全发展的需要，更是劳动伦理价值追求的最重要趋向。

2. 建立"劳动伦理"调整机制

（1）劳动伦理的"道德意识调整"机制

道德意识是人们对自己行为的自我约束和心理约束意识，属于内在自我约束。"道德意识调整"机制通过确立一定的善恶标准和行为准则约束人们的相互关系和行为，并与法规一起维护和保障社会生活正常秩序。"劳动伦理"中的道德意识指以善恶标准为评价标准，企业主与劳动者各自内在的自我约束与心理约束规范。从劳动者角度，"一个缺乏积极工作伦理精神的人，即使有很高的个人天赋，其人力资本的价值却可能很低；反之，一个具有积极工作伦理精神，善于与人合作的人，即使是个人天赋因素稍弱一点，其现实的人力资本价值却可以很大"[②]。从企业主角度，及时发放工资、给劳动者创造稳定与安全的环境、满足其基本需求，使之自愿为企业发展努力工作，是基础性的"劳动伦理"要求，同时要站在"体面劳动"与"公平正义"的更高层次促进劳动者综合素质的提升、全面自由的发展。

---

① ［德］黑格尔：《法哲学原理》，范扬、张企泰译，商务印书馆1982年版，第168、173页。
② 罗能生：《经济伦理：现代经济之魂》，《道德与文明》2000年第2期。

（2）劳动伦理的"传统习惯调整"机制

传统习惯作为社会意识形态，是劳动伦理中具有特殊稳定性的内容，由以个人习惯为主体的"内在无意识"约束和以社会习俗为主体的"外在无形"约束组成，是人们在长期劳动过程中形成的较为固定的行为准则和规范。[①]"传统习惯调整"机制属于内外双重约束机制。美国管理学家德鲁克认为，"管理上越是能够利用一个社会的传统、价值和信念，则管理的成效便越大"。企业内在的传统习惯和伦理精神促进企业员工个别人力资本融合为更具效率效益的整体人力资本。在宗教国家，宗教起"第二执政力"作用，中国属非宗教国家，但儒教已被百姓视为宗教，"儒教"使中国企业主尤其中小企业主"劳动伦理"呈现"重情轻法"、"家长作风"、"父系父权延续性"、"权威人格"、"家规即社训"[②]等特征。注重吸取传统习惯和传统文化的心灵资源、注重"公共理性与契约精神"现代理念，应该成为转型期建立"传统习惯调整"机制的重要导向。

（3）劳动伦理的"社会舆论调整"机制

社会舆论是社会对人们行为活动的外在评价，劳动伦理通过社会舆论可以对劳动关系起到约束作用。伦理道德的基本特点是其社会取向，强调人的行为不能只考虑自己的利益，更应该承认、兼顾并以他人利益为重，甚至首先要以社会和他人利益为重。"社会舆论调整"机制可以通过弘扬共同劳动价值观，形成团结奋斗的凝聚力，激发引导更加积极的劳动创造力；可以通过约束和规范人们的行为选择，建立经济发展所必需的伦理秩序，保障经济健康有序发展；可以通过影响和制约经济制度的确立，对资源配置和经济效率产生重大影响，最终保障劳动者在更加公平正义的环境中追求"体面劳动"。

3. 促进"劳动伦理"与"劳动法治"的互补与互转

（1）劳动关系需要伦理道德与法律的"互补"作用

康德认为："自由法则仅仅涉及外在的行为和这些行为的合法性来说，

---

① 参见刘诚：《劳动法与劳动伦理的调整机制及其相互关系》，《东南大学学报（哲学社会科学版）》2009 年第 4 期。

② 林建：《我国中小企业主基于劳资关系的伦理观》，《企业改革与管理》2013 年第 5 期。

它们被称为法律的法则。可是，如果它们作为法则，还要求它们本身成为决定我们行为的原则，那么它们又被称为伦理的法则。如果一种行为与法律的法则一致就是它的合法性。如果一种行为与伦理的法则一致就是道德性。"①伦理道德同法律规范具有一致性，都是调节人们行为的重要手段，但两者在调节方式上具有本质区别：法律是一种他律性的行为规范，依靠有组织的强制力量，通过审判与制裁，使人们遵循法律的轨道；而伦理道德是一种自律性的规范，有赖于人们的自尊心和义务感，体现了自觉性和内在性。②作为社会规范体系法律存在着局限：从约束范围角度法律只能对违法行为进行规范，从经济价值角度法律调节需要很高的成本投入，打官司必然劳民伤财。因此，在劳动关系调整中仅仅依靠法律是远远不够的，还必须重视伦理道德的作用。政府参与劳动关系调整需要加强法律制度和政策的保障，更离不开劳动伦理的支撑，只有为劳动关系提供合理有效的伦理支撑，才能使和谐劳动关系得以形成和建立。

（2）劳动关系需要伦理道德与法律的"互转"作用

道德法律化与法律道德化对于转型社会的良性发展和劳动关系调整具有重要促进作用。道德的法律化指立法者将一定的道德理念和道德规范或道德规则借助于立法程序以法律的、国家意志的形式体现出来并使之规范化制度化。③最为典型的是世界第一部劳动法《学徒健康与道德法》，最初始于18世纪初英国社会舆论对当时英国企业中使用劳工的悲惨工作生活境地的同情，从而使保护未成年童工逐步成为整个社会自觉的道德意识，进而成为越来越多雇主在使用童工时更加关注童工健康工作生活成长的行为习惯，最后通过国家层面最高立法促使该法律规范确立。法律的道德化指法律主体把社会的守法义务内化为自己的道德义务，以个人的道德义务对待社会的法律义务，主要体现在守法过程之中。英国著名社会学家霍布斯认为"道德的基

---

① ［德］康德：《法的形而上学原理——权利的科学》，沈叔平译，商务印书馆1991年版，第12页。

② 参见周祖城编著：《企业伦理学》，清华大学出版社2005年版，第10—11页。

③ 参见范进学：《论道德法律化与法律道德化》，《法学评论》1998年第2期。

础是社会契约"。伦理作为人类的自我发展在个人欲望的满足与社会秩序的和谐之间的一种平衡机制，既是人类自我实现的方式，也是社会矛盾的调解方式和调节社会关系的手段，它为人们的生活、创造以及交往活动提供必要的秩序，提供适应环境、改造环境和自我完善的方式。①

（3）和谐劳动关系构建伦理较法律更具社会价值

人类社会的发展历来依靠两个杠杆：一个是经济杠杆，没有它社会就会失去发展的动力，另一个是体现为道德和法律的社会杠杆，没有它人类就会在相互竞争和相互倾轧中走向毁灭。伦理是人类自我管理的本质内在活动，同时又是一种政治、法律等发挥同样作用的特殊社会管理方式，它是一种产生于内心的社会控制力量，担负着特殊的社会管理和社会调节的职能。新制度经济代表诺斯认为，即使在最发达的经济中，法律等正式规则在规范人们行为的总体约束中也只占少部分，大部分行为空间是由伦理道德、习俗等非正式规则来加以约束的。现代劳动过程中诉诸道德的力量比诉诸法律的力量更能适应经济的发展要求，更具社会价值。因为采取法律途径和手段耗费的金钱和人力，会使社会失掉许多具有建设性的资源，而从伦理道德角度来判断应该采取的行动，便可以增添具有建设性的力量。

二、马克思"劳动伦理观"的当代阐释
——资本逻辑与生活逻辑的统一

2001 年，习近平任福建省省长时指出："马克思的《资本论》是一部博大精深的政治经济学巨著，也是马克思主义政治经济学作为完整的科学理论体系得以形成和确立的重要标志。……在大力发展社会主义市场经济的新形势下，重读《资本论》，能够指导我们更加深刻地认识和发展社会主义市场经济。"②

---

① 参见汤正华、韩玉启：《管理的伦理价值与伦理的管理功能——对管理伦理的一些理性思考》，《江苏社会科学》2003 年第 4 期。

② 习近平：《对发展社会主义市场经济的再认识》，《东南学术》2001 年第 4 期。

《资本论》指出资本是"一本打开了的关于人的本质力量的书"①;"资产阶级在它的不到一百年的阶级统治中所创造的生产力,比过去一切世代创造的生产力还要多,还要大"②。资本在以其巨大推动力创造现代文明的同时,在资本逐利性的本质推动下资本逻辑与生产逻辑、技术逻辑联姻共同吞噬生活逻辑成为现代社会的奇特景观。③ 在社会主义市场经济体制下资本逻辑的利润最大化追求并没有改变,在全球经济发展的背景下,由于资本趋利的自然本性,几乎所有的现代重要事件都与"资本逻辑"紧密相关。"追寻人的解放是马克思哲学的最高旨趣,正是通过对传统人的解放理论的解构和超越,马克思真正实现了哲学革命,使人的解放从解释世界的思想活动,转变成改造世界的历史活动。"④ 引导人们重视"生活逻辑"、扬弃"资本逻辑"、实现"资本逻辑"与"生活逻辑"的统一,从而科学阐释马克思"劳动伦理观"的当代价值,必然成为劳动伦理学的重要使命。

(一) 资本逻辑:马克思"畸形劳动"伦理观的本质内涵

资本在"无休止追求剩余价值"的过程中形成资本逻辑,资本逻辑在借助物的力量创造现代文明的同时,更多地体现着"唯利是图、不断扩张"的本性。资本逻辑成为"异化劳动"形成的逻辑起点,也成为"畸形劳动"关系形成的哲学基础。

1. "资本逻辑"的形成与"资本逻辑"的价值

马克思曾一针见血指出"资本是能够带来剩余价值的价值",价值增殖性便成为资本运动的根本动力,资本的本性及其存在的意义更多地体现为"无休止追求剩余价值"。马克思在《资本论》中引用了托·约·登宁的一段精彩论述:"资本害怕没有利润或利润太少,就像自然界害怕真空一样。

---

① 《马克思恩格斯全集》第 42 卷,人民出版社 2017 年版,第 127 页。
② 《马克思恩格斯文集》第 2 卷,人民出版社 2009 年版,第 36 页。
③ 参见张艳涛:《资本逻辑与生活逻辑——对资本的哲学批判》,《重庆社会科学》2006 年第 6 期。
④ 艾四林、柯萌:《马克思对传统人的解放理论的超越及其当代意义》,《思想教育研究》2018 年第 5 期。

一旦有适当的利润，资本就胆大起来。如果有 10% 的利润，它就保证到处被使用；有 20% 的利润，它就活跃起来；有 50% 的利润，它就铤而走险；为了 100% 的利润，它就敢践踏一切人间法律；有 300% 的利润，它就敢犯任何罪行，甚至冒绞首的危险。"①

在当代，资本更是"一种普照的光，它掩盖了一切其他色彩，改变着它们的特点。这是一种特殊的以太，它决定着它里面显露出来的一切存在的比重"②。而这种"特殊的以太"和"普照的光"，发挥着资本改变世界的作用，不断增殖是资本最重要的价值特征，在实现价值不断增殖及不断扩张的过程中，资本逻辑由此形成。

马克思指出："按照资本的天生固有的规律，凡是人类所能提供的一切剩余劳动都属于它。"③ 资本逻辑是在现代生产关系占支配地位的资本，在自我增殖的追求剩余价值过程中，所展示出来的以技术理性为手段、以追逐利润为终极目标的运动轨迹和发展规律，具有唯利是图和不断扩张的本性。由资本的本性衍生出的资本逻辑必然具有双重属性：一种是如上所述从社会关系中产生的追求价值增殖的逻辑，另一种则是借助物的力量而产生的创造现代文明的逻辑。资本在追求价值增殖过程中，具有重要的解放生产力的功能和创造现代文明的力量。在资本逻辑驱使下，资本推动着整个社会生产力和科学技术快速发展进步，"自然力的征服，机器的采用，化学在工业和农业中的应用，轮船的行驶，铁路的通行，电报的使用，整个整个大陆的开垦，河川的通航，仿佛用法术从地下呼唤出来的大量人口——过去哪一个世纪料想到在社会劳动里蕴藏有这样的生产力呢？"④ "社会一旦有技术上的需要，这种需要就会比十所大学更能把科学推向前进。"⑤

在资本逻辑驱使下，人们的社会关系和社会交往不断丰富、日益频繁并

---

① 《资本论》第 1 卷，人民出版社 2004 年版，第 871 页。
② 《马克思恩格斯全集》第 2 卷，人民出版社 2012 年版，第 70 页。
③ 《资本论》第 3 卷，人民出版社 2004 年版，第 447 页。
④ 《马克思恩格斯选集》第 1 卷，人民出版社 2012 年版，第 405 页。
⑤ 《马克思恩格斯选集》第 4 卷，人民出版社 2012 年版，第 648 页。

促进着全球化的形成，"人的本质不是单个人所固有的抽象物，在其现实性上，它是一切社会关系的总和"①，"不断扩大产品销路的需要，驱使资产阶级奔走于全球各地……资产阶级，由于开拓了世界市场，使一切国家的生产和消费都成为世界性的了"②。在资本逻辑驱使下，人们的观念见解不断更新变化，资本追逐最大利润的本质促进着冒险精神探索，商品经济的快速发展促进着自由、民主、平等理念的发展，"一切固定的僵化的关系以及与之相适应的素被尊崇的观念和见解都被消除了，一切新形成的关系等不到固定下来就陈旧了"③。

2. 资本逻辑："异化劳动"形成的逻辑起点

资本是一个矛盾体，在借助于物的力量产生创造现代文明体现资本逻辑价值的同时，资本逐利性扭曲着人的发展，使劳动者丧失主体性。在资本逻辑驱使下，资本作为剥削手段像"有灵性的怪物"使劳动者从属于资本，成为劳动者的支配主体并拥有劳动者的劳动。在资本逻辑逐利本性的驱动下，"工人在他的对象中的异化表现在：工人生产得越多，他能够消费得越少；他创造的价值越多，他自己越没有价值、越低贱；工人的产品越完美，工人自己越畸形；工人创造的对象越文明，工人自己越野蛮；劳动越有力量，工人越无力；劳动越机巧，工人越愚笨，越成为自然界的奴隶"④，"劳动的这种现实化表现为工人的非现实化，对象化表现为对象的丧失和被对象奴役，占有表现为异化、外化"⑤。劳动者创造了财富，但财富却为资本家占有并使劳动者受支配，这种财富及财富的占有和劳动者劳动的本身皆异化成为统治劳动者并与劳动者敌对、异己的力量。

在私有制前提下，劳动是为了生存，为了得到生活资料，是生命的外化，不是内在的必然需要而是被迫的活动。"在资本逻辑的结构化运行中，

---

① 《马克思恩格斯选集》第 1 卷，人民出版社 2012 年版，第 139 页。
② 《马克思恩格斯选集》第 1 卷，人民出版社 2012 年版，第 404 页。
③ 《马克思恩格斯选集》第 1 卷，人民出版社 2012 年版，第 403 页。
④ 《马克思恩格斯文集》第 1 卷，人民出版社 2009 年版，第 158 页。
⑤ 《马克思恩格斯全集》第 3 卷，人民出版社 2002 年版，第 268 页。

主体的位置发生了根本性的变化。在生产逻辑中，劳动本体论确立了主体的主导性地位，但在资本逻辑的结构化运行中，主体变成了资本实现自身价值增殖的工具"[1]。由此，劳动者"在自己的劳动中不是肯定自己，而是否定自己，不是感到幸福，而是感到不幸，不是自由地发挥自己的体力和智力，而是使自己的肉体受折磨、精神遭摧残。因此，工人只有在劳动之外才感到自在，而在劳动中感到不自在，他在不劳动时觉得舒畅，而在劳动时就觉得不舒畅"[2]。资本逻辑由此成为"劳动异化"形成的逻辑起点。马克思曾对人未被异化时的本质作如下假设："人的本质是人的真正的社会联系，所以人在积极实现自己本质的过程中创造、生产人的社会联系、社会本质，而社会本质不是一种同单个人相对立的抽象的一般的力量，而是每一个单个人的本质，是他自己的活动，他自己的生活，他自己的享受，他自己的财富。"[3]

马克思劳动伦理观的最初逻辑起点在正反对比中形成，"异化劳动"是马克思劳动伦理观的核心范畴，体现着马克思劳动伦理观的生成。随后马克思通过对交换关系的探讨，对"异化劳动"从四个方面予以阐述：劳动对劳动主体的异化和偶然联系；劳动对劳动对象的异化和偶然联系；工人的使命决定于社会需要，但是社会需要是一种强制；维持工人个人生存表现为活动的目的，其现实行动只具有为了谋取生活资料的手段目的。马克思认为异化决不是永恒存在的现象，而是受资本主义生产关系制约的阶段性历史现象，必将随着资本主义生产关系的彻底消灭而消灭。

3. 资本逻辑："畸形劳资"关系形成的哲学基础

资本逻辑是"异化劳动"形成的逻辑起点，由此也成为资本主义"畸形劳资"关系形成的哲学基础。"资本是根本不关心工人的健康和寿命的，除非社会迫使它去关心。人们为体力和智力的衰退、夭折、过度劳动的折磨而愤愤不平，资本却回答说：既然这种痛苦会增加我们的快乐（利润），我

---

① 仰海峰：《马克思资本逻辑场域中的主体问题》，《中国社会科学》2016 年第 3 期。
② 《马克思恩格斯选集》第 1 卷，人民出版社 2012 年版，第 53—54 页。
③ 《马克思恩格斯全集》第 42 卷，人民出版社 1979 年版，第 24 页。

们又何必为此苦恼呢?"① 资本与劳动的对立，使劳资矛盾纷争重重，并成为现代社会最为突出亟待解决的核心问题。"工人不是为自己生产，而是为资本生产"，"工人变成资本增殖的直接手段"，工人的劳动只是为资本家生产剩余价值而服务，于是"成为生产工人并不是一种幸福，而是一种不幸"②。

这种不幸体现在：首先，工人被机器化。"过去是终生专门使用一种局部工具，现在是终生专门服侍一台局部机器。滥用机器的目的是要使工人自己从小就化为局部机器的一部分。这样，不仅工人自身再生产所必需的费用大大减少，而且工人终于毫无办法，只有依赖整个工厂，从而依赖资本家。"③

其次，劳动者自由时间被掠夺。资本主要是通过增加工人的工作时间提高剩余利润，使工作时间"不仅突破了工作日的道德极限，而且突破了工作日的纯粹身体的极限。它侵占人体的成长、发育和维持健康所需要的时间"④。为此，要求缩短工作时间，争取八小时工作制成为 1817 年罗伯特·欧文提出、1833 年约翰·多赫尔蒂等人发动，至 1866 年第一国际日内瓦代表大会确立的长达半个世纪的工人运动目标。当下，更需高度重视闲暇时间参与社会活动和娱乐休息，这是对劳动力再生产及必要劳动的补偿，闲暇可以使人得到全面发展，可以创造产生科学艺术，进而产生更为突出的生产力。

最后，劳动者身心被摧残。"最有效的经济，就是在最短的时间内从当牛马的人身上榨出最多的劳动。"⑤ 在资本逻辑驱使下，资本盲目追求利润最大化使劳动者身心受摧残，甚至视生命安全如儿戏。

劳动者与资本家的斗争伴随资本主义发展从未间断。"当利润增长百分

① 《马克思恩格斯全集》第 44 卷，人民出版社 2001 年版，第 311—312 页。
② 《马克思恩格斯选集》第 2 卷，人民出版社 2012 年版，第 236 页。
③ 《马克思恩格斯选集》第 2 卷，人民出版社 2012 年版，第 226—227 页。
④ 《马克思恩格斯选集》第 2 卷，人民出版社 2012 年版，第 191 页。
⑤ 《马克思恩格斯全集》第 37 卷，人民出版社 2019 年版，第 247 页。

之二十时，工人必须通过罢工才能提高工资百分之二"①；"现代工业和科学为一方与现代贫困和衰颓为另一方的这种对抗，我们时代的生产力与社会关系之间的这种对抗，是显而易见的、不可避免的和毋庸争辩的事实"②。无论在自由还是在垄断资本主义时代，劳动者为改善劳动条件和劳动待遇、反抗资本家的剥削进行着长期斗争，资本与劳动的对立导致社会两极分化日益严重，资本越来越富有，劳动者更加贫穷，由此劳资矛盾突出、劳资斗争不断。社会主义最广大人民根本利益的宗旨约束资本逻辑的利润最大化，新时代"以人民为中心"的发展思想更推动"劳资合作"改变基于资本逻辑最大化的"劳资对抗"与"劳资斗争"。

（二）生活逻辑：马克思"体面劳动"伦理观的追求渊源

马克思指出："劳动创造了美。""只有人才能在劳动实践中，不仅把产品作为美的对象，而且把人的生命活动本身，即劳动活动和生活本身作为美的对象，从而使美的领域在自由创造的实践中逐渐扩大起来。"③ 劳动创造着美，塑造着生活逻辑。生活逻辑体现着人追求"诗意地栖居"的本真化生存本质，在资本吞噬生活、工作吞没家庭、事业湮没生活的迫于资本逻辑活得极累的市场经济背景中，追求生活逻辑的"诗意地栖居"显得尤为重要。生活逻辑是"人的全面自由发展"的逻辑起点，也是追求快乐幸福"体面劳动"的哲学基础。

1. "生活逻辑"的形成与"生活逻辑"的意义

所谓生活逻辑，即"人诗意地栖居"，指人追求生活自身本真化的生存本质。人有生存发展和自我实现的需要，劳动是人的本性自我确证的社会过程，只有通过劳动人才能够获得自我实现，也只有在劳动过程中人才能感受人之为人的存在。提高人之生活质量的是经济社会发展的根本目的和内在动

---

① 《马克思恩格斯全集》第 50 卷，人民出版社 1985 年版，第 422 页。
② 《马克思恩格斯选集》第 1 卷，人民出版社 2012 年版，第 776 页。
③ 程恩富：《"羊大为美"与劳动创造了美——经济学的美学方法》，《光明日报》2004 年 1 月 6 日。

力,尤其在社会发展的转型期关注"生活逻辑"、关注生活质量,防止资本逻辑对生活逻辑的吞噬极为重要。

生活逻辑体现和反映了人类在自然和社会空间中,享受、占有、内化并创造人类物质文化、精神文化和制度文化,实现人生价值和意义的各种活动的内在规律。生活是有着多重意义的常用概念,可以指人的存在状态和存在背景,也可以指为了生存发展所进行的各种活动,生活是人的生命动态展开的过程。逻辑是思维的规律规则,借助概念、判断、推理反映客观现实,并借助抽象的思维过程反映逻辑本身,揭示客观事物的内在本质和规律。

从横向纵向分析:生活逻辑包含过去、现在和未来生活时态的纵向过程和社会生活的横向侧面。从时间纵向看,生活是过去、现在和未来的延续;从社会纵向看,生活是丰富多彩的,包括人类的生产方式、生活方式,政治经济、文化军事、宗教艺术。从上下层面分析:生活逻辑包括日常生活逻辑与制度生活逻辑。日常生活逻辑是满足人自在性生活的自身生存需要的符合社会生活的习俗与规则;制度生活逻辑是维系社会正常运行必不可少的政治、经济、文化生活等制度规范的本质内容,是人类的制度生活中带有规律性的内容。

马克思将生活逻辑的概念深入到将劳动理解为人的生命活动和人的本真实现,在"资本"这只"看不见的手"的操控下,资本逻辑以利润最大化为终极目的逐渐支配一切。如果缺少应有的社会限制,资本只会遵循"经济理性"与"市场逻辑"的规则追逐利润最大化,并引起生活和伦理的种种混乱。人的存在具有"两重性",即生物性与社会性、现实性与理想性、存在性与超越性、已定性与创造性,劳动是人自我实现的要求,是其体力和智力的表现、也是其财富与幸福的源泉,但资本往往吞噬生活,工作往往吞没家庭,事业往往湮没生活。在市场经济人们迫于资本逻辑活得极累的背景下,追求生活逻辑的"诗意地栖居"显得尤为重要。

2. 生活逻辑:"人的全面自由发展"的逻辑起点

社会发展进步的表现是"人的全面自由发展",马克思的终极价值目标也是"人的全面自由发展",即实现人的解放。黑格尔说:"社会和国家的目的在于使一切人类的潜能以及一切个人的能力在一切方面都可以得到发展和表现。"① 促进人的自由全面发展是国家和社会的重要价值职能，社会的进步最终表现为人的自由全面发展的实现，意味着消除贫困剥削、消除歧视压迫，意味着促进法治权利与社会保障的实现，意味着提高人们按照自我意愿生活的意识与能力。

人为了自我实现，应当能动地作用于外部世界并支配外部世界，人只有遵循生活逻辑，"诗意地栖居"，追求本真化的生存本质，把自己从任何状况之中解放出来，充分发挥及发展自己的体力、智力和创造力，才能在全面发展的基础上实现个性的自由，由此生活逻辑必然成为"人的全面自由发展"的逻辑起点。

马克思"人的全面自由发展"可概括为：每个人获得不受强制性的限制（自然力、社会和他人）而摆脱对物的依赖的自觉发展与选择的自由，是人类社会生产力和生产关系高度发展的趋势和结果。② 马克思"人的全面自由发展"为探索当代中国人的全面发展提供了认识框架参照系。从每个人全面自由发展的最低要求看，要保障其能力、素质及潜能有发挥和发展的机会，个性发展和自主行动有进步空间。从整个人类全面自由发展看，人的全面自由发展要求人与社会、人与自身、人与自然之间的关系达到一种崭新的和谐境界。

无论对每个人还是对整个民族发展而言，"用于娱乐和休息的余暇时间"和"发展智力，在精神上掌握自由的时间"都是人的自由全面发展的标志性衡量尺度，这种展现"诗意栖居"的生活逻辑促进人的自由全面发展的闲暇时间，体现在"个人受教育的时间，发展智力的时间，履行社会职能的时间，进行社交活动的时间，自由运用体力和智力的时间"③。

社会主义发展观与资本主义发展观的本质区别在于：遵循"生活逻辑"

---

① ［德］黑格尔：《美学》第一卷，朱光潜译，商务印书馆 1979 年版，第 59 页。
② 参见宋萌荣：《人的全面发展：当代社会主义在中国发展的现实图景与目标》，《马克思主义研究》2006 年第 7 期。
③ 《马克思恩格斯全集》第 44 卷，人民出版社 2001 年版，第 306 页。

推进人的全面自由发展，还是遵循"资本逻辑"导致人的畸形发展。在社会发展过程中，如果偏重于经济建设忽视人的发展，着力于资金投入而忽视人口素质提高，重视于引进先进设备忽视人的管理水平提升，离开提高人的科学文化素质去追求经济的现代化，离开人的全面发展去追求物质财富增加，必然游离于社会主义本质。

3. 生活逻辑：追求"体面劳动"的哲学基础

遵循"生活逻辑"实现"人的解放"和"人的全面自由发展"，离不开劳动的解放，只有当劳动真正属于人本身，人的自由全面发展才能实现。马克思认为劳动是人存在的本质，人不能像动物那样直接通过对自然界适应而生存，而必须通过改造自然并创造"第二自然"而生存，所以劳动是人赖以存在的前提。重视"生活逻辑"、关注"体面劳动"、防止资本逻辑对生活逻辑的吞噬尤为重要。"在资产阶级社会里，活的劳动只是增殖已经积累起来的劳动的一种手段。在共产主义社会里，已经积累起来的劳动只是扩大、丰富和提高工人的生活的一种手段。"①

马克思认为回避"资本逻辑"重新建立的所有制"应该是这样的生产组织：在这样的组织中，一方面，任何个人都不能把自己在生产劳动这个人类生存的必要条件中所应承担的部分推给别人；另一方面，生产劳动给每一个人提供全面发展和表现自己的全部能力即体能和智能的机会，这样，生产劳动就不再是奴役人的手段，而成了解放人的手段，因此，生产劳动就从一种负担变成一种快乐"②。快乐的"体面劳动"是马克思劳动伦理观的重要内容与实践追求，其内涵主要包括"劳动者因劳动而体面"，"劳动者有劳动才体面"，"劳动者的劳动应是体面的劳动"。

深入分析马克思劳动伦理观可以看出，马克思劳动伦理观的根本旨趣是"劳动解放"，"体面劳动"是实现"劳动解放"的劳动，"异化劳动"、"过度劳动"则与此背道而驰；马克思劳动伦理观的核心问题是"劳动权利与

---

① 《马克思恩格斯选集》第 1 卷，人民出版社 2012 年版，第 415 页。
② 《马克思恩格斯全集》第 26 卷，人民出版社 2014 年版，第 311 页。

义务"的合理协调,其根本前提是保障劳动者体面劳动的权利和义务,使劳动者能够充分就业,获得与劳动相一致的工资福利、享有良好安全的工作环境;马克思劳动伦理观的基本原则是"人道、自由、公正",从 1999 年国际劳动组织首次提出"体面劳动"概念以及首要目标"促进男女在自由、公正、安全和具有人格尊严的条件下获得体面的、生产性的工作机会"与马克思劳动伦理基本原则"体面劳动"精神实质相一致。

根据马克思"体面劳动"伦理观的基本内涵,现代社会实践"体面劳动"的基本方面①:其一,贯彻"德福相通"的伦理精神,确保"劳动者因劳动而体面",而幸福即"人生具有重大意义的需要、欲望得以实现时所产生的心理体验"②;其二,就业是劳动者"体面生活"实现人生价值的基础,应确保劳动者能就业,能体面地就业,"有了工作机会,才能产生工作动力和工作道德"③;其三,劳动者的劳动是体面的劳动是"体面劳动"的核心问题,"保护好劳动者"是实践体面劳动的核心任务,根据马克思的相关论述,一是尊重员工的人格,二是为员工提供体面的劳动环境,三是要有合理的薪酬福利。同时,让劳动者拥有闲暇时间,不断提升综合素养、职业技能,才能最终实现"体面劳动"。

(三)资本逻辑与生活逻辑的统一:马克思劳动伦理观的当代阐释

马克思既是资本逻辑的追随者、批判者,也是生活逻辑的倡导者、重建者。资本逻辑与生活逻辑的冲突主要源于人是现实性与理想性、生物性与社会性、自在性与自为性、给定性与超越性的统一体。当代中国要全面协调可持续发展,必须重视马克思劳动伦理观的当代阐释,扬弃"资本逻辑"、重视"生活逻辑"、实现"资本逻辑"与"生活逻辑"的统一。

---

① 参见贺汉魂、王泽应:《马克思体面劳动观的伦理阐析》,《道德与文明》2012 年第 3 期。
② [德]莱布尼茨:《人类理智新论》,陈修斋译,商务印书馆 1982 年版,第 88 页。
③ [英]罗素:《罗素论幸福人生》,杨玉成、崔人元译,世界知识出版社 2007 年版,第 75—76 页。

1. 扬弃"资本逻辑"：当代中国发展的必然选择

恩格斯曾指出，"资本和劳动的关系，是我们全部现代社会体系所围绕旋转的轴心"①。社会生活的各个领域、各个方面都是围绕资本与劳动不断展开的，并持续围绕着资本逻辑运转，现代社会的产生与发展是以资本的运营和扩张为特征的市场经济的发展扩张过程。马克思从实践发展透视出资本逻辑的正负作用：从积极角度分析，"它已经取得了统治的地方把一切封建的、宗法的和田园诗般的关系都破坏了。它无情地斩断了把人们束缚于天然尊长的形形色色的封建羁绊"②；从消极角度分析，资本的本性是贪婪的，"死的资本总是迈着同样的步子，并且对现实的个人活动漠不关心"③。发挥资本逻辑的积极作用，还是任其贪婪本性发展？以资本力量压迫人，还是人驾驭资本？这是"资本逻辑"在扬弃中实现由"必然王国"向"自由王国"的过渡过程。

马克思当年对资本的分析批判与当前中国发展特定的初级历史阶段具有诸多相似之处，也由此面临诸多相似或相同的问题。改革开放后，中国特色社会主义市场经济的确立，使中国社会开始认识到资本的"经济性"与"非政治性"，开始辩证地对待资本、承认资本、发展资本、限制资本、驾驭资本，使资本更好地为中国社会发展进步服务。资本是一种生产性的"力量"：一方面，资本是强迫进行剩余劳动的力量，资本作为一种经济权力在社会中具有获得剩余价值的权利；另一方面，资本吸收和占有社会生产力并将其人格化，现代社会人们难以置身于资本之外。在此背景下，"如果不能从实践上颠覆资本逻辑的霸权，那么，即使最深刻的现代性批判也无异于自欺欺人"④。当代中国在全面协调可持续发展过程中，必须高度重视资本逻辑的扬弃，真正驾驭资本而非被资本驾驭，充分发挥资本的巨大生产推动力，推动中国当代物质文明、精神文明的发展。

---

① 《马克思恩格斯选集》第 2 卷，人民出版社 2012 年版，第 70 页。
② 《马克思恩格斯选集》第 1 卷，人民出版社 2012 年版，第 402—403 页。
③ 《马克思恩格斯全集》第 3 卷，人民出版社 2002 年版，第 227 页。
④ 王善平：《现代性：资本与理性形而上学的联姻》，《哲学研究》2006 年第 1 期。

2. 重视"生活逻辑"：构建当代中国的精神物质家园

资本逻辑天然具有采取非伦理行为的冲动，主要原因在于追逐利润第一的资本逻辑占主导地位，导致生活逻辑的遗忘和淡忘。人们在奋斗过程中往往忘记奋斗的最终目的价值，总是在家庭与事业、工作与健康、幸福与苦难之间进行非此即彼的抉择。"过劳死"成为现代社会关注的焦点，我国已超过日本成为"过劳死"大国，每年因巨大工作压力造成过劳死亡人数达60万人，每天平均1664人。在马克思主义理论中工业社会的生产劳动和个人技能的畸形发展、单调化、异化相联系，闲暇时间则与人的全面发展、多样志趣的形成、精神生活的丰富相联系。① "生活逻辑"注重的是生活质量而非仅仅财富积累，在劳动过程中要表现的是自己的创造力，要体现的是自己的价值。使自己能力得到发展、需要得到满足，劳动不仅成为获得劳动产品的手段，而且展现着人的能力，是一种人生的享受。

依照生活逻辑，生产效率和交往效率的提高必然促使生活资料增加、生活内容丰富、生活质量提升，然而资本逻辑在促成生活资料丰富的同时，却使生活意义贫乏。在市场经济发展过程中，人们采用不同的逻辑，便形成极不相同的生存方式：立足于资本逻辑存在论的人，必然采用重物质占有的生存方式；立足于生活逻辑生存论的人，往往采取重生活、重诗意栖居的生存方式。重"资本逻辑"的占有与重"生活逻辑"的生存成为蕴含于人本性之中的两种可能："占有性个体是只知占有的物欲主义者，他崇拜的是物质和权力，而生成的人却以更有趣的生活作为更高目标，他推崇的是自由和创造。"② 虽然"资本逻辑"的占有在一定意义上排斥"生活逻辑"的分享，但人的生存意义在很大程度上需要通过"生活逻辑"来实现。

在构建当代中国精神家园、实现全面协调可持续发展过程中，必须要控制资本逻辑的强势、控制人们的物欲。"在我们这个时代，每一种事物好像都包含有自己的反面。我们看到，机器具有减少人类劳动和使劳动更有成效

---

① 参见石秀印：《农民休闲：对我国以人为本程度的一个衡量——〈农民闲暇〉一书评介》，《河北学刊》2006年第2期。

② 李文阁：《回归现实生活世界》，中国社会科学出版社2002年版，第172—173页。

的神奇力量，然而却引起了饥饿和过度的疲劳。财富的新源泉，由于某种奇怪的、不可思议的魔力而变成贫困的源泉。技术的胜利，似乎是以道德的败坏为代价换来的。"① 中国特色社会主义制度体系将追求效率的市场理念与注重公正的价值理念相结合，将人们从"资本逻辑"的桎梏中解放出来，使发展动力与目标回归到"生活逻辑"上来，改变我们的精神气质面貌，重塑我们的生活生存模式，构建我们的精神物质家园。

3. "资本逻辑"与"生活逻辑"的统一：马克思劳动伦理观的当代中国阐释

当代中国要全面协调可持续发展，必须扬弃资本逻辑，重视生活逻辑，实现资本逻辑与生活逻辑的统一。资本逻辑具有双重性：一方面因给人们生活带来物质财富，而使人变得幸福、充实、自信；另一方面，也因在物质追逐中掏空人的精神世界，使人变得实用、狭隘，甚至缺少了人情味。依照生活逻辑，提高生产和交往活动的效率必然带来生活资料的增加、生活内容的丰富和生活质量的提升②，然而资本运动似乎总有一种造成生活资料丰富而生活意义贫乏的内在逻辑，如果缺乏必要的规范，就会导致"马太效应"，引起生活伦理的混乱与异化，导致生活逻辑的淡忘与遗忘。

实现资本逻辑与生活逻辑的统一，应成为当代中国劳动伦理的追求、成为马克思劳动伦理观的当代中国阐释，"人民日益增长的美好生活需要和不平衡不充分的发展之间的矛盾表征中国现代化实践重心的重大转换，马克思主义由关注社会发展及其动力的经济问题转向保障持续性发展的政治问题以及由发展所引致的社会问题、环境问题等"③。资本逻辑与生活逻辑的冲突与资本和劳动的矛盾密切相关，折射出工具理性和价值理性的冲突，体现着"资本善"与"生活善"的冲突，劳动与资本属于经济学范畴，更属于人类学范畴。马克思所追寻的社会主义是资本和物质利益不再占支配地位，美好生活的憧憬向往和人道主义的价值判断成为社会主义更为主旨的内容，使生

---

① 《马克思恩格斯选集》第 1 卷，人民出版社 2012 年版，第 776 页。
② 参见张艳涛：《当代中国发展需要哲学家的声音》，《江淮论坛》2009 年第 1 期。
③ 刘同舫：《百年马克思主义中国化的发展动力》，《国外社会科学》2021 年第 1 期。

活成为人们追求自由自主的主要活动，而不是奴役于劳动以谋生，人们有更多机会发展属于诗意生活的东西。"在资产阶级社会里，活的劳动只是增殖已经积累起来的劳动的一种手段。在共产主义社会里，已经积累起来的劳动只是扩大、丰富和提高工人的生活的一种手段。"①

中国特色市场经济与资本，给中国带来了比计划经济更为优越的资源配置方式，在创造社会主义性质的全新市场经济体制的同时，再造着中国人的生存生活模式；在帮助中国创造巨大物质财富的同时，改变着中国人的精神气质面貌，为当代中国发展提供了物质和精神双重保障。当代中国特色社会主义建设过程中，"资本逻辑"与"生活逻辑"应该是统一的，资本与劳动不是分离敌对的而是亲和相依的，在经济社会发展过程中应放弃无限增长的经济目标，代之以低风险、少代价、有选择的经济增长，并将"自主创新"精神从经济领域推广到生产生活各领域，在"资本逻辑"与"生活逻辑"的统一中使更多的人获得物质财富满足的同时，追求"诗意地栖居"的生活本质、追求物质精神家园的丰厚。

三、中国传统经济伦理与和谐劳动关系构建

"要加强对中华优秀传统文化的挖掘和阐发，努力实现中华传统美德的创造性转化、创新性发展，把跨越时空、超越国度、富有永恒魅力、具有当代价值的文化精神弘扬起来"②。中国古代经济思想史上出现了以孔子为代表，"明等级"、"罕言利"、"重义轻利"的儒家德性伦理经济思想；出现了以墨子为代表，"兼相爱、交相利"、"义利统一"的墨家重利经济思想；出现了以老子为代表，"提倡无为"实际遵循规律而为并与自然和谐相处的道家经济思想；出现了以荀子、韩非子为代表，具有改革精神、重视经济措施实施的法家法治经济思想；尤其出现了既有各家学派思想又兼备商人意识

① 《马克思恩格斯选集》第 1 卷，人民出版社 2012 年版，第 415 页。
② 《习近平谈治国理政》第一卷，外文出版社 2018 年版，第 106 页。

的不可多得的经济学巨著《管子》。中国古代经济思想博大精深，其中中国传统经济伦理思想以儒家道德为基础，同时吸收法家、道家、墨家诸家治国治人之道，形成了用以指导社会生产和经济活动，规范和评价人们经济思想和行为的伦理思想体系。[①] 深入研究挖掘中国传统经济伦理思想的内涵与精华，对于构建和谐劳动关系具有重要的借鉴意义。

（一）中国传统经济伦理与资方主体促进劳动关系和谐

在劳动关系三方主体中作为资本拥有者的资方主体对待利润、利益的理念是促使劳动关系和谐的重要关键点。在中国传统经济伦理思想发展过程中，以孔子为代表的儒家"德性主义经济伦理"的"义利之辨"、"重义轻利"思想，以管子、墨子、司马迁等为代表的"功利主义经济伦理"的"义利统一"观、"富而仁义附"思想，对资方主体促进劳动关系和谐具有重要的借鉴价值。

1. 儒家德性主义经济伦理"义利之辨"、"重义轻利"思想

孔子从"仁者爱人"的性善论出发，积极推崇"义利之辨"，提出"君子喻于义，小人喻于利"（《论语·里仁》），确立了"重义轻利"的德性主义价值取向，尤其是在"天下熙熙，皆为利来；天下攘攘，皆为利往"（战国民谚）的社会中，儒家言义但不讳利，重要的是要求士大夫阶级"见利思义"（《论语·宪问》）。孟子在继承孔子"义利之辨"的基础上提出"何必曰利"（《孟子·梁惠王上》）的问题，从而将经济问题的根本看作"仁义而已"（《孟子·梁惠王上》）。"资本的本性"是追逐利润，因此从资本的本性角度，在构建和谐劳动关系的过程中社会很难要求资方"何必曰利"、只是"仁义而已"，但必须应该促使资方主体能够做到"见利思义"。

"见利思义"是指见到财货利益就能想起道义，在强调物质利益的同时，必须强调精神、道德对物质生产和利益分享的导向作用，尤其在劳动关

[①] 参见安云凤：《中国传统经济伦理思想论析》，《首都师范大学学报（社会科学版）》1999 年第4 期。

系中资方处于强势位置，劳动者与资本的关系只能是"从属关系"的弱势位置，在形成劳动关系之前劳动者只有依靠谋求劳动位置而生存，"在劳动过程中他们已经不再属于自己了。他们一进入劳动过程，便并入资本。作为协作的人，作为一个工作机体的肢体，他们本身只不过是资本的一种特殊存在方式"①。因此，在"强资本、弱劳动"的劳动关系本质规律中，如果纵容资方"见利忘义"的本性发展就会促使劳动关系处于更加不平衡的状态，所以必须高度重视在企业家群体中积极倡导"见利思义"的思想。企业家人生价值的实现不仅仅是追求利润为本的经济价值，更重要的是企业家在成为社会财富创造引领者的同时更多地以"道义"促进社会的和谐发展、促进劳动关系的和谐稳定。

孔子说："富与贵，人之所欲也，不以其道得之，不处也"（《论语·里仁》），"不义而富且贵，于我如浮云"（《论语·述而》）。发财与做官是每个人都希望得到的，但是不用正当的途径得到它，我们不能接受；如果通过不道德的手段获得富贵，对我们来说如同浮云一般。在社会转型发展过程中，存在着较为浓厚的"仇富"心理，尤其对于富人阶层致富手段的合法性持有怀疑和否定倾向。在劳动关系领域部分企业为了降低劳动成本随意延长职工劳动时间，劳动条件简陋、安全伤亡事故不断发生，劳动工资仅处于最低工资线且总是被拖欠，"讨薪难"成为重要的社会问题。在构建和谐劳动关系的过程中如何更加重视儒家德性文化及传统"儒商"思想，并更具创造性地应用于市场经济企业发展过程中，促使企业家更加具有人文道德、社会责任是重要的课题。儒家"德性主义经济伦理"最突出的特点便是强调道德对社会经济发展的决定作用，企业家在追求利润、创造财富的过程中必须更加重视流淌道德的血液。

2. 中国功利主义经济伦理"义利统一"观、"富而仁义附焉"思想

与儒家"重义轻利"、"见利思义"思想不同的是，春秋早期齐国管仲从"人本自利"的人性论出发提出"仓廪实而知礼节"（《管子·牧民》）

---

① 《马克思恩格斯全集》第23卷，人民出版社1972年版，第370页。

的道德生成论，标志着中国“功利主义经济伦理”思想的产生。人民生活富裕，府库财富充盈，礼仪就能得到发扬，政令才能畅通无阻，经济发展衍生文明进步，文明的进步依仗经济发展，物质是精神与道德的基础。因此，在社会发展过程中应高度重视企业发展对社会发展的重要推动作用，更加重视企业家群体对社会的贡献，促使他们以企业为本位，为社会创造财富。

继管子之后墨子提出“义，利也”（《墨子·经八上》）的功利主义命题，大谈“兴天下之利，除天下之害”（《墨子·兼爱下》），试图在“公利”的层面将“义利”统一起来，并将此命题延伸到劳动生产和日常生活领域，从而奠定了中国“功利主义经济伦理”思想的基本理论。从“公利”即整个社会利益角度分析，“义利”是统一的，在构建和谐劳动关系过程中如果企业家以促进整个社会的发展为己任，进而延伸到劳动生产领域通过与劳动者共同创造企业“利益共同体”，将劳动者的发展视为自我的发展、将劳动者的利益视为自我的利益，那么“义利”必然是完全统一的，劳动关系也必然是和谐的。

汉代司马迁继承道家的自然人性思想，认为“人富而仁义附焉”（《史记·货殖列传》），也就是如果人富裕了那么“仁义”就随之产生，同时司马迁将“富”分为依靠农业的“本富”、依靠工商业的“末富”和依靠不规则手段的“奸富”，认为前两者之“富”本身蕴含着“善者因之”的“德”，应鼓励人们去追求。企业家依靠仁义、才能及规则获得财富理应得到社会敬重，并且应该倡导更加有为的企业家精神，让企业家认识到他们在追求利润财富的同时拥有更为强烈的社会责任，以更为良好的公民公共意识和责任担当意识推动社会发展、促进劳动关系和谐。同时，正如中国“功利主义经济伦理”所认为的，人的自然需要就如“天理”一样具有一种伦理的正当性，人的“好利”之心是一种用来提高人的生产积极性的内在资源。明末清初顾炎武更提出圣人“用天下之私以成一人之公，而天下治”的思想，则具有与市场经济学鼻祖亚当·斯密的“国富论”命题——只有充分而自由地追求私利，才会促进整个社会财富的增长——有着异曲同工之妙的意蕴。①

（二）中国传统经济伦理与劳动者主体促进劳动关系和谐

劳动者是指具有一定的劳动能力，遵循一定的劳动规范，占据一定的劳动岗位，参与实际劳动过程的人。在劳动关系构成中劳动者与资本的"从属关系"必然造成劳动者处于弱势位置，但作为劳动关系与资本相对应的主体以更为积极主动的行为促进劳动关系和谐不可忽视。中国传统经济伦理"勤劳敬业"、"团结互助"的劳动美德观，"明分使群"、"劳心劳力"的社会分工论思想对劳动者主体促进劳动关系和谐具有重要的借鉴价值。

1. 中国传统经济伦理"勤劳敬业"、"团结互助"的劳动美德观

在原始社会，生产劳动是人同自然界之间的一种物质能量交换，更是人与神之间的一种精神交换，正是因为原始人的劳动是一种与自然神灵打交道的活动，所以作为劳动者就不会轻视劳动，轻视劳动便意味着对神灵的亵渎。"重视劳动"、"勤劳敬业"成为原始人类的追求，"共同劳动"、"团结互助"成为原始社会劳动道德的基本内涵，尤其人类依靠集体的共同力量来弥补个体劳动在实现自己需要中的不足。春秋时期管子认为提高劳动者的生产积极性是致富和发展经济的最主要途径，应利用劳动者的"自利之心"使其"不推而往，不引而来，不烦不扰，而民自富"（《管子·禁藏》）。同时管子认为社会生产力的高低既取决于劳动者的积极性，又取决于劳动者的素质，更取决于一种公平合理的经济制度安排。"勤劳敬业"是劳动者重要的优良素质，也是劳动积极性形成的内在动力，经济制度安排则是劳动者主体地位客观形成的关键因素。

在"团结互助"成为劳动的本能，工会建设和改革应更好地传承中国工会在自身成长过程中形成的"建设职能"、"教育职能"，充分发扬"重视劳动"、"勤劳敬业"的中国传统经济伦理思想传承，在促使整个社会更加"重视劳动"的氛围中高度重视广大职工的多样化需求，带领劳动者更加积

---

① 参见唐凯麟、陈科华：《中国古代经济伦理思想史》，人民出版社 2004 年版，第 13、24 页。

极主动地提高自身综合素质，不断拓展职工成长成才空间，着力培养造就一大批知识型、技术型、创新型的高素质职工，推动社会经济效益和企业生产力的提高。

2. 中国传统经济伦理"明分使群"、"劳心劳力"的社会分工论思想

战国时期荀子提出"明分使群"的观点，"人之生，不能无群。群而无分则争，争则乱，乱则穷矣"（《荀子·富国》），意思是说人要生存，就要存在于一定群体中，一群人若没有组织就要发生争执和争斗，相互争斗便会混乱，混乱必然穷困落后。因此，要使个人生活富足就必须相互结合以汇集力量，要使天下社会富足就必须明确各自在生产活动中的职责所在，职业分工既是社会发展的必然结果，也是人作为群居性存在的本质属性体现。从个人生活富足角度，相互结合汇集力量，更多地以合作型思维对待劳动关系，并以员工参与为基本条件、以劳动合作为基本途径，促进企业经济利益共同体的建立、促进合作型劳动关系的形成。我国的劳动关系不是"非劳即资"，资方可能是国有或国有控股出资人也可能是民营企业所有者，尽管管理方与员工存在利益矛盾和冲突，但不是一方以消灭另一方来获得自身利益的最大化，而是以冲突求得更好的合作，因此合作型劳动关系比劳动冲突更适合中国国情①，在国家更加重视劳动者利益维护的环境中，劳动者应以更为积极的心态对待合作型劳动关系的构建。

从社会富足角度，职业分工是社会发展的必然。根据转型期社会发展状况，陆学艺以职业分类为基础，以组织资源、经济资源和文化资源的占有状况为标准，勾画了当代中国社会阶层结构的基本形态，它由十个社会阶层和五种社会地位等级组成。这十个社会阶层是：国家与社会管理者阶层、经理人员阶层、私营企业主阶层、专业技术人员阶层、办事人员阶层、个体工商户阶层、商业服务业员工阶层、产业工人阶层、农业劳动者阶层和城乡无业失业半失业者阶层。② 在这十个阶层和五种社会地位等级组成中，无论职业

---

① 参见李贵卿、陈维政：《合作型劳动关系研究》，四川大学出版社 2008 年版，第 17 页。

② 参见陆学艺主编：《当代中国社会阶层研究报告》，社会科学文献出版社 2002 年版，第 8 页。

分类还是彼此拥有的组织资源、经济资源和文化资源都是存在客观差异的，十个社会阶层的社会地位甚至是很不平衡的。战国时期孟子提出"劳心者治人，劳力者治于人"（《论语·滕文公上》），脑力劳动与体力劳动、管理者与被管理者的差别不仅在古代而且在当代都真实存在着，虽然消除"三大差别"即工农差别、城乡差别和脑力劳动与体力劳动的差别，是马克思、恩格斯在设想未来共产主义理想社会时的美好追求，但其实现条件是建立在社会主义生产力高度发达基础上的。

因此，在社会主义初级阶段劳动者如何面对社会阶层、社会地位差异的客观存在，如何面对脑力劳动与体力劳动、管理者与被管理者差别的客观存在，尤其在由计划经济时期较为强烈的国家"主人翁"、企业"主人翁"而成为市场经济劳动关系中不具有产权和经营权的劳动者，这种变化如果难以适应，便会产生强烈的被剥夺感和失落感，甚至导致心理失衡，成为劳动关系不和谐的重要心理因素、思想因素。如何在促使社会更加公平公正发展、更加重视劳动者利益的同时，无论从马克思、恩格斯科学社会主义发展客观规律的引导，还是从中国传统经济伦理思想的借鉴，促使劳动者主体正确对待社会发展不同阶段虽然存在阶层差异，但国家主人翁意识不变，更加努力地追求素质能力的提升，对于构建和谐劳动关系、构建和谐社会意义深远。

（三）中国传统经济伦理与政府主导构建和谐劳动关系

政府作为一种组织是社会重要的主导性成员，在劳、资、政三方组成的劳动关系中社会协调作用日益突出。中国传统经济伦理思想的"敬德保民"、"天道酬勤"的劳动光荣理念，"仓廪实而知礼节"、"恒产恒心"的富民理念，"力戒奢侈"、"崇尚节俭"的消费理念，对于政府主导构建和谐劳动关系具有重要的借鉴价值。

1. 中国传统经济伦理"敬德保民"、"天道酬勤"的劳动光荣理念

周初统治者在总结殷商灭亡的经验教训时，认为不了解劳动者艰辛、耻于劳动、耽于逸乐是其灭亡的重要原因。周公认为"先知稼穑之艰难，乃逸，则知小人之依"（《尚书·无逸》），也就是为政者只有懂得生产劳动的艰辛，才能明白劳动者的疾苦，政令的制定才会符合百姓的需求，国家才会长治久安。周代思想家特别强调劳动致富光荣的意义，提出"慎之劳，劳则富"（《礼记·大戴礼》），同时还赋予生产劳动更高的宗教意义，在《尚书·大诰》中提出"敬德配天"命题，并且"天亦惟用勤毖我民"成为后世"天道酬勤"思想的雏形。在周公的带领下周成王经常亲自耕作，与百姓一起共同参加劳动生产，亲耕作风的劳动伦理对中国传统政治伦理产生深远影响。

春秋时期墨子说："今人固与禽兽、麋鹿、蜚鸟、贞虫异者也。今之禽兽、麋鹿、蜚鸟、贞虫，因其羽毛以为衣裘，因其蹄蚤以为裤屦，因其水草以为饮食。故惟使雄不耕稼树艺，雌亦不纺绩织纴，衣食之财固已具矣。今人与此异者也，赖其力者生，不赖其力者不生。"（《墨子·非乐下》）墨子把劳动视为人与动物的根本区别，人类正是依赖自己劳动所创造的物质财富才得以生存下来。生产劳动不仅是人类最终从动物界分离出来的决定因素，而且也是社会财富的真正来源。财富是由人们的劳动创造的，劳动越努力创造的财富就越多。"下强从事，则财用足矣"（《墨子·天志中》）。"强必富，不强必贫，强必饱，不强必饥"（《墨子·非命下》）。在构建和谐劳动关系过程中，高度重视中国传统经济伦理"劳动光荣"、"天道酬勤"的思想传承，在整个社会营造更为浓厚的"劳动光荣"氛围意义重大。

习近平同志说："劳动是财富的源泉，也是幸福的源泉。人世间的美好梦想，只有通过诚实劳动才能实现；发展中的各种难题，只有通过诚实劳动才能破解；生命里的一切辉煌，只有通过诚实劳动才能铸就。劳动创造了中华民族，造就了中华民族的辉煌历史，也必将创造出中华民族的光明未来。'一勤天下无难事。'必须牢固树立劳动最光荣、劳动最崇高、劳动最伟大、劳动最美丽的观念，让全体人民进一步焕发劳动热情、释放创造潜能，通过劳动创造更加美好的生活。"① 这充分体现着新一届党委政府对劳动光荣的高度重视。在"劳动光荣"的浓厚理念倡导下，当代劳动者群体不仅必然

① 《习近平谈治国理政》第一卷，外文出版社 2018 年版，第 46 页。

有力量，而且必然有智慧、有技术、能发明、会创新，以实际行动奏响时代主旋律。

2. 中国传统经济伦理"仓廪实而知礼节"、"恒产恒心"的富民理念

春秋时期管子提出"仓廪实而知礼节，衣食足而知荣辱"（《管子·牧民》），意思是只要仓库里有充足的东西人们就能知道礼貌，只要丰衣足食人们就知道荣誉和耻辱，这句话强调了经济的发展决定着文化的发展水平，由此阐发了管仲的民本思想和富民政策。孟子认为，"民之为道也，有恒产者有恒心，无恒产者无恒心，苟无恒心，放辟邪侈，无不为己"（《论语·滕文公上》），仁政必须让百姓拥有"恒产"，使百姓具有必要的生活物质基础。"恒产"即一定数量的长期占有的财产，百姓拥有"恒产"就会有常存的善心，对于维护社会稳定和善良风俗具有极其重要的意义。

孔子对于满足人类基本生存需要的"饮食之利"，以及通过正当方式取得"利"的伦理正当性持肯定态度，并在此基础上提出"富民"、"富国"生产观。荀子以"富国"为目的、以"富民"为手段，提出著名的"下富则上富"（《荀子·富国》）论。老子指出："圣人无常心，以百姓心为心"（《老子·第四十九章》），也就是要站在老百姓的立场上考虑问题。由此可见，"仓廪实而知礼节"、"恒产恒心"、"下富则上富"的"富民"思想是中国传统经济伦理思想的重要内容，也成为我们党带领人民群众进行革命建设的重要传承。《中国共产党章程》明确规定："党除了工人阶级和最广大人民群众的利益，没有自己特殊的利益"，"是否有利于提高人民的生活水平"也成为判断一切工作得失成败的三项标准之一，新时代"以人民为中心"的发展思想、"人民对美好生活的向往，就是我们的奋斗目标"成为更高定位的传承。

党的十八大报告指出："实现发展成果由人民共享，必须深化收入分配制度改革，努力实现居民收入增长和经济发展同步、劳动报酬增长和劳动生产率提高同步，提高居民收入在国民收入分配中的比重，提高劳动报酬在初次分配中的比重。"党的十九大报告强调："必须坚持人民主体地位，坚持立党为公、执政为民，践行全心全意为人民服务的根本宗旨，把党的群众路线贯彻到治国理政全部活动之中，把人民对美好生活的向往作为奋斗目标，依靠人民创造历史伟业。"党的二十大报告进一步强调："坚持以人民为中心的发展思想。维护人民根本利益，增进民生福祉，不断实现发展为了人民、发展依靠人民、发展成果由人民共享，让现代化建设成果更多更公平惠及全体人民。"劳动关系是在实现劳动的过程中劳动者与劳动力使用者所结成的社会经济关系，工资是连接劳动者和用人单位的最基本因素，工资收入必然成为劳动关系的核心问题，"两个同步增长"和"两个比重提高"必然将对劳动工资、居民收入提高起到重要的制度保障、制度引领作用，体现了党的民生优先、惠民富民政策取向，表明国家从追求"国富"转向更加追求"民富"，"把人民对美好生活的向往作为奋斗目标"，对于和谐劳动关系构建必然起到极为重要的促进作用。

3. 中国传统经济伦理"力戒奢侈"、"崇尚节俭"的消费理念

"力戒奢侈"、"崇尚节俭"是中国传统经济伦理极为突出的理念。周公引用文王的话说"无彝酒"、"饮惟祀，德将无醉"（《尚书·酒诰》），即不要酗酒，祭祀时可以喝酒，但要以道德约束自己，不能喝醉。此外，周公还从经济学的角度指出，饮酒成风是对社会物质财富的极大浪费，不利于社会经济的发展，因此应当提倡"惟土爱物"的节约美德。孔子曰："百姓足，君孰与不足？百姓不足，君孰与足？"（《论语·颜渊》）作为统治者必须"因民之利而利之"（《论语·尧曰》），就是顺着老百姓可以得利的方面引导他们去做能得利的事，使他们得到利益，也就是顺应和满足人民的物质欲望。荀子说："足国之道，节用裕民，而善藏其余。节用以礼，裕民以政"（《荀子·富国》），也就是说，富国先要富民，统治者要节用裕民，以政裕民。

《中央政治局关于改进工作作风、密切联系群众的八项规定》体现着从严治党的要求，也体现着中国未来"珍惜民力"、"实干兴邦"的施政导向。随着"三费公开"的积极推动与"节用裕民"风气的积极倡导，国家税费必然更多地用于民生建设，必然为中小企业转型升级创造更为有利的财税支持，也必然对劳动者工资水平提高起到重要的间接推动作用。管子被称为中国古代第一位站在经济学的角度考量伦理道德的思想家，其中有别于中国古代许多思想家之处在于他并非一味反对奢侈消费。首先，他认为从发展经济来说适当超前消费是必要的，应鼓励人们在"积"的基础上大胆消费才能促进生产的发展；其次，应鼓励人们发财致富，满足人们的物质生活需要，"足其所欲，赡其所愿，则能用之耳"（《管子·侈靡》）；再次，正是基于社会经济发展以及社会伦理道德的积极影响，管子主张要发展商业经济，对于国家税收的增加和社会各阶层消费水平的提高起到十分重要的作用。以上三方面的主张对于消费拉动经济增长、促使劳动者收入增加具有重要借鉴意义。

消费是经济增长的原动力，在人类社会的漫长历史中，正是由于人类对消费水平不断提高的愿望和追求，才刺激了生产力的发展。消费最终由收入决定，劳动者报酬份额是衡量城乡居民消费能力的重要指标，较长时间以来劳动者报酬份额持续下降导致城乡居民消费能力不足。党的十七大确立"发展要由主要依靠投资、出口拉动向依靠消费、投资、出口协调拉动转变"理念后，扩大内需消费已经成为拉动经济增长的主导力量。党的十八大强调："深化收入分配制度改革，努力实现居民收入增长和经济发展同步，劳动报酬增长和劳动生产率提高同步，提高居民收入在国民收入分配中的比重，提高劳动报酬在初次分配中的比重。"党的十九大将"人民日益增长的美好生活需要和不平衡不充分的发展之间的矛盾"作为新时代的主要矛盾，鲜明提出"把人民对美好生活的向往作为奋斗目标"。尤其，党的二十大着力强调："治国有常，利民为本。为民造福是立党为公、执政为民的本质要求。必须坚持在发展中保障和改善民生，鼓励共同奋斗创造美好生活，不断实现人民对美好生活的向往。"由此，带来劳动者收入的增加和生活质量、生活水平的提高，成为促进劳动关系和谐的重要杠杆力。

（四）中国传统经济伦理的当代传承与转型发展

2014年2月24日，习近平同志在十八届中央政治局第十三次集体学习时强调："博大精深的中华优秀传统文化是我们在世界文化激荡中站稳脚跟的根基。中华文化源远流长，积淀着中华民族最深层的精神追求，代表着中华民族独特的精神标识，为中华民族生生不息、发展壮大提供了丰厚滋养。"[1] 中国古代经济思想博大精深，中国传统经济伦理更充满着智慧与德性的灵光，但有关中国传统经济伦理思想研究还较为薄弱，甚至被称为学术界研究的"鸡肋"，深入研究中国传统经济伦理的内涵、萃取其熠熠生辉的思想精华并促其当代传承与转型发展，对于中国特色市场经济推动、对于社会主义和谐社会构建具有重要意义。

1. 中国传统经济伦理当代传承与转型发展的价值意义

中国古代经济思想史上出现了以孔子为代表，"明等级"、"罕言利"、"重义轻利"的儒家德性伦理经济思想；出现了以墨子为代表，"兼相爱、交相利"、"义利统一"的墨家重利经济思想；出现了以老子为代表，"提倡无为"实际"天人合一"遵循规律而为，并与自然和谐相处的道家经济思想；出现了以荀子、韩非子为代表，具有改革精神、重视经济措施实施的法家法治经济思想。

在市场经济发展过程中，我们不仅要研究西方市场经济国家自由经济学派、宏观经济学派理论主张及实践发展经验，更要高度重视"为中华民族生生不息、发展壮大提供了丰厚滋养"的中国传统文化的现实影响。明末清初中国传统经济伦理思想的近代演变，使人们感受到经济伦理的变迁不仅成为社会伦理文化变迁的先导，而且在特殊情况下会成为社会经济转型的决定性因素。[2]

在中国传统经济向市场经济快速转型发展过程中，中国传统经济伦理也必然面临当代转型与传承发展。积淀着中华民族最深层的精神追求，代表着中华民族独特的精神标识的中国传统经济伦理如何由适应服务于传统社会转向适应服务于社会主义市场经济建设，并在有所否定、有所发展、有所创新的批判继承中，构建与社会主义市场经济相适应的新型经济伦理

---

[1] 《习近平谈治国理政》第一卷，外文出版社 2018 年版，第 164 页。

[2] 参见王玉生：《言强必先富：中国传统经济伦理思想的近代演变》，中国社会科学出版社 2007 年版，绪论。

意义突出。

2. 中国传统经济伦理当代传承与转型发展的研究现状

中国传统经济伦理研究相对薄弱，20 世纪 90 年代以来学术文章 40 余篇、硕士论文 16 篇、博士论文 5 篇，论著 7 部，许多文章为论著阶段性成果。

吴来苏、安云凤（1999）[①] 通过历史传统分析与现实价值挖掘，认为构建社会主义道德体系要对中国传统伦理细心梳理、深入反思、扬弃传承，实现创造性转化。夏振坤、张艳国（2000）[②] 认为，从历史发展的连续性和社会意识的传承性来看，传统经济伦理通过认真钻研、吸收、融合和发展可以实现与现代化的对接；从东亚经济成功的实践经验来看，传统经济伦理转化为现代化具有动力可行性。唐凯麟、陈科华（2004）[③] 将中国古代经济伦理思想发展分为先秦、汉唐、宋元明清三大阶段，揭示了经济与伦理的互动关系的本质、规律和特点，探寻中国古代经济伦理思想与现实契合的成分和机制，从而彰显其作为有益资源的合理性。

汪洁（2005）[④] 将中国传统经济伦理思想深入到生产领域、交换领域、分配领域、消费领域进行动态研究，而且努力探究市场经济与传统经济伦理思想的结合点、生长点。王玉生（2007）[⑤] 从"义利观"、"本末观"、"贫富观"、"奢俭观"对中国传统经济伦理的近代演变予以阐述，提出应重新审视传统的价值和对待传统的态度、保持伦理文化的与时俱进、培育公民的理性伦理精神，尤其构建社会主义市场经济和谐发展的伦理基础。黄海涛（2007）[⑥] 对"中国传统经济伦理的主流思想与中国古代社会"、"明清实学

---

① 参见吴来苏、安云凤：《中国传统经济伦理思想论析》，《首都师范大学学报（社会科学版）》1999 年第 4 期。

② 参见夏振坤、张艳国：《儒家经济伦理与中国的现代化》，《经济评论》2000 年第 10 期。

③ 参见唐凯麟、陈科华：《中国古代经济伦理思想史》，人民出版社 2004 年版。

④ 参见汪洁：《中国传统经济伦理研究》，江苏人民出版社 2005 年版。

⑤ 参见王玉生：《言强必先富：中国传统经济伦理思想的近代演变》，中国社会科学出版社 2007 年版。

⑥ 参见黄海涛：《明清实学经济伦理思想研究》，云南大学出版社 2007 年版。

思潮的理论创新及其价值转向"、"明清实学经济伦理的现代价值"等内容予以阐述。

樊浩（1999）[①] 从经济发展的人文力角度对传统经济伦理予以研究，认为"传统伦理的现代转化"，其重要的内容除了转换伦理要素外，就是调理伦理要素的作用方向。王曙光（2013）[②] 对我国古代商业伦理实践累积的伦理遗产进行分析，认为商业伦理遗产的核心是"公平交易、诚信从商、重视信誉、秉持义利"合一的价值观和财富观，以及对社会利益和国家利益的高度关注。韩喜平、王立新（2017）[③] 认为传统伦理学的基本法则是正义法则，伦理的实质就是用理性来规范和调节人们的利益行为，从而使行为具有正义性，当代伦理学的新法则应为可持续生存法则，一切行为都要以不违背共同体的可持续生存为最高原则。

3. 中国传统经济伦理当代传承与转型发展的内容重点

中国传统经济伦理包含了诸多与社会主义市场经济发展相一致的思想，必然成为实现当代传承与转型发展的重点内容。

"贵义轻利"的义利观。"义利之辨"是中国传统经济伦理思想的核心与主线，儒家"德性主义"主张义本利末、以义制利，墨家"功利主义"主张"利"是基础根本、有利而有义。当代中国市场经济的快速发展，需要人们树立正确的义利观，反对见利忘义、唯利是图，正确处理竞争与协作、效率与公平的关系。

"崇公黜私"的公私观。儒家通过倡导"克己复礼"、"仁者爱人"达到"公而忘私"、"大公无私"，"崇公黜私"的公私观奠定了中国传统经济伦理的基调，共同缔造了"崇尚群体"和"整体利益"的传统理念。在当代市场经济追逐利润的私利本性、个人自利成为市场经济发展基础环境中，如何传承"崇公黜私"、更多以"国家社会他人"为理念值得强化思考。

---

① 参见樊浩：《经济伦理与经济发展的人文力》，《江海学刊》1999 年第 3 期。

② 参见王曙光：《汲取传统经济伦理》，《第一财经日报》2013 年 1 月 23 日。

③ 参见韩喜平、王立新：《可持续生存：当代经济伦理的至上性法则》，《南京师大学报（社会科学版）》2017 年第 1 期 。

"均、礼、齐"的贫富观。"均"指同等级之间富无大富、贫无大贫，不同等级各安其分，相安无侵；"礼"指社会财富分配标准，是正国治民的恒常法则，衡量政治经济行为、政策法规合理与否的准绳；"齐"指达成或维系"均"的方式和途径，按礼仪"均之"、"安之"、"和之"。"均、礼、齐"的贫富观强调经济关系人伦和谐、反对贫富悬殊，追求"政均而民无怨"的公正价值诉求，对于推动中国特色社会主义共同富裕有重要借鉴。

"天人合一"的自然观。以直觉和朴素的方式表现了人与自然的沟通与融合，强调善待自然、重视自然规律和道德法则的一致性。季羡林曾说："天人合一论，是中国文化对人类最大的贡献。"在市场经济发展过程中人们总是企图以高度发达的科学技术征服自然、掠夺自然赢得更高的生产效率，无论庄子的"顺天"因任自然说、荀子的"制天"改造自然说，还是《易传》的"天人调谐"说，对市场经济发展过程遵循顺应自然、保持生态和谐、促使天人协调都有重要借鉴。

4. 中国传统经济伦理当代传承与转型发展的途径探讨

在促使中国传统经济伦理当代传承与转型发展，从而更好地为市场经济服务并促进社会和谐发展的过程中，最为紧迫的是在多学科研究、中西方研究的交融借鉴中促进现实问题的解决。

从学科研究角度，中国传统经济伦理涉及经济学、伦理学、历史学、管理学、社会学、心理学、文化学，针对目前研究寥落且各自局限于本学科领域、缺乏交流意愿与对话机制的状况，亟须强化学科交流机制建设，加强学科的繁荣与学科的交叉融合互动。

从传承导向角度，在重新审视传统经济伦理的价值和对待传统的态度、促使伦理文化与时俱进服务现实、培育现代公民理性伦理精神的同时，应着力强化中国传统经济伦理研究的问题意识，构建社会主义市场经济发展以"理性营利"、"现代产权伦理"、"现代经济自由"、"共同富裕"为主要内容的伦理基础。

从转型借鉴角度，应加强对清末中国传统经济近代转型演变的借鉴，在充分肯定其奠定中国近现代社会经济转型伦理基础、兼具救亡与启蒙双重价值意蕴、促使中国传统经济伦理思想文化承前启后的同时，如何强化传统与现当代的对接与转化值得深入思考。

应加强中外经济伦理思想理论研究借鉴，当前中西方传统经济伦理比较研究几乎处于空白状态，仅有的零星研究成果缺乏足够的学术影响，中西方传统文化各自蕴含着丰富的经济伦理思想，全球经济伦理所倡导的"平等公正"、"仁爱人道"、"宽容信任"、"义务责任"、"自我约束"、"尊重生命"等都在中国传统经济中有很深的体现，如何打破"东方经济伦理中心论"和"西方经济伦理中心论"的自我封闭心态，相互投射、互为比照、吸收彼此合理资源，值得研究借鉴。

四、延安时期的劳动伦理精神及其当代价值

2015 年春节前夕，习近平同志在陕西考察时强调："老一辈革命家和老一代共产党人在延安时期留下的优良传统和作风，培育形成的延安精神，是我们党的宝贵精神财富……要继续从延安精神中汲取力量。"延安时期，党通过大生产运动、劳模运动、劳动立法及传媒文艺的推动，在抗日根据地的军民中形成了"自力更生、艰苦奋斗"、"劳动光荣、科技重要"、"劳动互助、劳动合作"、"劳动保护、劳资两利"的劳动伦理精神。延安时期的劳动伦理精神对于促进新时期劳动光荣理念的确立、推动劳资关系和谐稳定具有重要价值。

（一）延安时期陕甘宁边区政府劳动伦理的建构推动

1. 大生产运动：延安时期劳动伦理建构的总切入

为了战胜由于国民党封锁所造成的严重经济困难，保障抗战物资的供给，1939 年 2 月，苏维埃政府召开生产动员大会，毛泽东发出"自己动手，克服困难"的号召，并题词"自己动手，丰衣足食"，提出"发展生产，保障供给"的总方针以及"艰苦奋斗、不屈不挠"、"坚决执行屯田政策"等指导方针。各机关学校部队积极响应，掀起了大生产运动，陕甘宁边区政府

和边区领导以身作则参加生产劳动。边区的大生产运动取得了辉煌成绩。农业方面，1942 年开荒 21 万亩、1943 年开荒 77 万亩、1944 年猛增到 120 多万亩，粮食产量由 1938 年的 120 万石增加到 1944 年的 180 万石，棉花产量由 1941 年的 50 万斤猛增到 1944 年的 300 万斤，大部分农民做到"耕三余一"，甚至"耕一余一"。

工业方面，先后办起纺织、兵工、冶铁、被服、造纸、印刷、化工、石油、火柴、陶瓷等许多小型工厂，1944 年公营工厂 130 余家，职工 1.2 万人。铁厂年产量共约 7.0 吨，占生铁需要量的 40%。油矿 1939 年至 1945 年生产汽油 1.1 万桶，煤油 66 万桶，柴油、机油 3 万多桶，除满足延安电台、工厂的需要外，还输出一部分。[1] 商业、交通运输业也有很大发展。正是依靠延安大生产运动积极向上的进取精神、奋发图强的创造精神、勇于探索的开拓精神，革命力量从小到大、由弱变强，将胜利由陕北推向全国，延安大生产运动也成为延安时期劳动伦理建构的总切入。

2. 劳模运动：延安时期劳动伦理建构的重要载体

1939 年 4 月，陕甘宁边区政府先后颁布《人民生产奖惩条例》、《督导民众生产运动奖励条例》、《机关、部队、学校人员生产运动奖励条例》，奖励大生产运动中有特殊成绩的群众和集体。1939 年表彰 1811 名劳动英雄，1940 年表彰 3000 多名劳动英雄。1942 年，吴满有被确定为陕甘宁边区政府确立的第一个劳动英雄典型。随后，《解放日报》陆续发表《模范农村劳动英雄吴满有　连年开荒收粮特多　影响群众积极春耕》、《边府号召边区向吴满有学习》等文章，号召学习新劳动态度的"赵占魁运动"拉开序幕。1943 年 10 月，《解放日报》刊发劳动英雄评选条件，采取"自上而下"、随后"自下而上"的方法挑选劳动英雄，激发群众的参与热情。对于农业生产中出现的吴满有、马杏儿，工业生产中出现的锅炉工赵占魁、炼铁工温贤良、工程师沈鸿、边区化工工业的创建者钱志道等劳动英雄，毛泽东称他们为"人民的领袖"，在边区建设中发挥了"带头作用、骨干作用、桥

---

[1]　参见张俊波、王禄林等：《延安岁月》，解放军出版社 1990 年版，第 25 页。

梁作用"①。

三五九旅则成为陕甘宁边区劳动英雄集体的代表，在王震旅长带领下进驻南泥湾，"生产、战斗、学习"三丰收，密切了军政、军民和官兵关系。延安劳模评选的意义不仅在于促进经济发展，更是为了提高群众的思想觉悟，陕甘宁边区政府主导推动将生产与军事紧密结合，将个人命运与边区生存相统一。"劳动英雄评选与表彰运动，成为延安时期劳动伦理精神建构的重要载体，对于新中国各类劳模评选，及至国家荣誉制度的建立都产生了深远影响。"②

3. 劳动立法：延安时期劳动伦理精神建构的理性思维

苏维埃政府在土地革命战争时期于 1931 年 12 月、1933 年 10 月两次颁布的《中华苏维埃劳动法》，从"雇佣手续、劳动合同工作时间、休息时间、工资、女工青工童工、劳动保护、工会、社会保险、劳资冲突"等方面对工人基本权利予以保障。1940 年 4 月，边区政府颁布的《陕甘宁边区劳动保护条例（草案）》规定：工人工资不得低于最低工资率；工人有组织工会的自由；保护女工与青工权利；工人每日工作 8 小时，青工工作 6 小时等。③ 以上立法和条例由于过于机械不利于操作，特别是工资制度不尽合理、工作时间过短、社会保障理想化等问题，未能取得预期效果。为了巩固抗日民族统一战线，延安时期苏维埃政府确立了依靠工人阶级、团结资本家共同抗日的指导思想，制定了新的劳动法规政策。

1940 年 12 月，《中央关于各抗日根据地劳动政策的初步指示》提出三点原则："一是手工业农业店员工人目前绝不宜实行八小时工作制。二是对失业工人及其家属应尽可能组织到各种生产部门中去。三是农业手工业店员工资，应以现在生活水准能够维持生活为原则。"④ 毛泽东在《论政策》中

---

① 《毛泽东选集》第三卷，人民出版社 1991 年版，第 1014 页。

② 王建华：《革命的理想人格：延安时期劳动英雄的生产逻辑》，《南京大学学报（哲学·人文科学·社会科学）》2016 年第 5 期。

③ 参见陕甘宁边区财政经济史编写组、陕西省档案馆主编：《抗日战争时期陕甘宁边区财政经济史料摘编·工业交通》第三编，陕西人民出版社 1981 年版，第 678—683 页。

④ 中央档案馆编：《中共中央文件选集》第 12 册，中共中央党校出版社 1991 年版，第 572—573 页。

指出："必须改良工人的生活，才能发动工人的抗日积极性。但是切忌过左……必须使资本家有利可图。否则，工厂关门，对于抗日不利，也害了工人自己。"[1] 抗战时期的延安劳动立法，非常突出地体现了劳动伦理精神的理性思维，政府既重视工人阶级的利益保护，又注意团结资产阶级，体现了统一战线的宗旨，团结一切可以团结的力量，争取抗战的最后胜利。

4. 传媒文艺：延安时期劳动伦理精神建构的感性推动

延安时期，陕甘宁边区政府主导推动大生产运动、劳模运动与劳动立法，有力促进了劳动伦理精神建构，新闻传播与文学艺术对其起到了重要的感性推动作用。陕甘宁边区的报刊《解放日报》、《共产党人》、《群众日报》、《中国工人》等多达 60 多种，文艺期刊《文艺战线》、《中国文化》、《前线画报》等也达 20 多种。《解放日报》社论《郑重准备边区建设的"总检阅"》、《再谈劳动英雄运动》等对宣传劳模运动、大生产运动起到了重要指导作用。这些社论、专论及通讯有力促进了"吴满有运动"、"赵占魁运动"，塑造了一大批在党和政府的领导教育下具有新劳动观念，起到带头骨干桥梁作用，受到尊重爱护的劳模典型。一批有影响力的通讯报道《向模范村前进的井沟村》、《二流子杨树枝的转变》等，使大生产运动和劳模运动直观深入地得到促进。

1942 年 5 月，延安文艺座谈会提出"文艺为工农兵服务"的方针，艾青的长诗《吴满有》、丁玲的报告文学《田保霖》、陈学昭自传体小说《工作着是美丽的》以及秧歌剧《兄妹开荒》、《变工好》、《刘二起家》等，在促进文艺与大众结合中推动了大生产运动和劳模运动。歌曲小调《赵占魁运动之歌》、《建设边区运动》在延安广为传唱，劳模形象在春联、年画、窗花中代替了财神爷，老百姓的崇拜对象由"传统权威"转移到"现实劳模"，崇尚"劳动光荣"的理念得以确立。"劳动的结果，对于自己是丰衣足食，过好光景；对于民族、对于全国人民，是争取抗战的胜利和民族的解

---

[1] 《毛泽东选集》第二卷，人民出版社 1991 年版，第 766 页。

放，劳动应该被看作愉快的，以致光荣的。”① 新闻传媒与文学艺术成为延安时期政府主导劳动伦理构建最有力的感性推动，“劳动光荣”理念通过传媒文艺在边区得到最生动、最广泛的传播。

（二）陕甘宁边区政府推动劳动伦理构建的内涵主旨

1. “自力更生、艰苦奋斗”：延安时期劳动伦理的最显著特征

陕甘宁边区政府积极推动大生产运动，最生动体现的“自力更生、艰苦奋斗”是延安精神的最显著特点，也是延安时期劳动伦理的最显著特征。1939 年，毛泽东在延安五一劳动大会上强调：“我们的民族历来有一种艰苦奋斗的作风，我们要把它发扬起来，坚定正确的政治方向，是与艰苦奋斗的工作作风不能脱离的，没有坚定正确的政治方向，就不能激发艰苦奋斗的工作作风，没有艰苦奋斗的工作作风也就不能执行坚定正确的政治方向。”② 同时，倡导艰苦奋斗要通过自力更生去改变，“不提倡发展生产并在发展生产的条件下为改善物质生活而斗争，只是片面地提倡艰苦奋斗的观点，是错误的”③。

1945 年 5 月，毛泽东在党的七大上总结道：“古人说过：‘艰难困苦，玉汝于成’，艰难困苦给共产党以锻炼本领的机会……艰难困苦能使我们的事业成功。”④ 1949 年 3 月，离开陕北不到两年的毛泽东在中国共产党第七届中央委员会第二次全体会议上的讲话中强调：“务必使同志们继续地保持谦虚、谨慎、不骄、不躁的作风，务必使同志们继续地保持艰苦奋斗的作风。”⑤ “自力更生、艰苦奋斗”的延安精神所体现的“艰苦创业”、“勤俭节约”、“勤俭建国”，成为延安时期劳动伦理的最显著特征。

2. “劳动光荣、科技重要”：延安时期劳动伦理的重要内容

“劳动光荣”是延安时期基于大生产运动形成的“自力更生、艰苦奋

---

① 《建立新的劳动观念》（社论），《解放日报》1943 年 4 月 8 日。
② 《毛泽东在延安各界庆祝五一国际劳动节大会上的讲话》，《新中华报》1939 年 5 月 10 日。
③ 《毛泽东选集》第三卷，人民出版社 1991 年版，第 912 页。
④ 《毛泽东文集》第三卷，人民出版社 1996 年版，第 390 页。
⑤ 《毛泽东选集》第四卷，人民出版社 1991 年版，第 1438—1439 页。

斗"精神而倡导的最重要的劳动伦理。众多青年走向延安，学习马克思主义、学习革命，但学习的第一课是"生产劳动"，劳动被置于首要位置。陕甘宁边区政府通过大生产运动着力解决当时的物质困难，努力让人们过上富裕生活，由此更加突出"劳动光荣"的理念。劳模评选与表彰运动的根本目的就在于营造"劳动是光荣的"、"劳动者是幸福的，也可以成为英雄"的劳动光荣观。"二流子"改造的定位在于以"劳动光荣"的观念改造社会不良意识，改造"二流子"工作"是人民的意识的改造"，也是"劳动光荣"意识的提倡。①

延安时期陕甘宁边区政府高度重视生产科技，1940年2月成立了自然科学研究会，毛泽东在成立大会上强调："自然科学是很好的东西，它能解决衣、食、住、行等生活问题……自然科学是人们争取自由的一种武装。人们为着要在社会上得到自由，就要用社会科学来了解社会，改造社会，进行社会革命。"② 陕甘宁边区政府除创办自然科学院外，还建立了农业科学研究所、中国医科大学、边区农业学校、边区职业学校等，共同推动边区科学技术的进步。陕甘宁边区政府在科技工作者中主导推动开展的"科学大众化运动"对于改变民众愚昧落后意识起到重要作用。马兰草造纸术诞生、玻璃试制成功、大量中西药品研制、边区地质矿产自然资源开发，都有力地改变了边区物资匮乏的状况。

3. "劳动互助、劳动合作"：延安时期劳动伦理精神的突出创造

陕甘宁边区政府倡导的大生产运动在对外"自力更生"、对内"艰苦奋斗"的同时，特别重视"劳动互助、劳动合作"。1939年3月，《陕甘宁边区劳动互助社暂行组织规程》规定："劳动互助社，直接受乡政府之领导"，"凡属边区农民，无论男女老少，只要赞成并能遵守本社一切规定者，均得加入本社为社员"，变工队、互助组、合作社相继出现，边区形成劳动互助的高潮。为了加强互助组织制度的建设，1941年陕甘宁边区政府制定的

---

① 参见陕甘宁边区财政经济史编写组、陕西省档案馆编：《抗日战争时期陕甘宁边区财政经济史料摘编·农业》第二编，陕西人民出版社1981年版，第765页。

② 《毛泽东文集》第二卷，人民出版社1996年版，第269页。

《农业生产互助小组暂行组织条例》强调："生产互助小组的宗旨，是依靠自力生产，互相帮助，并联合借款和运输，达到共同发展生产的目的。"[①]尤其是互助公约、劳动公约的制定，克服了农民的散漫性，集体观念逐步加强，被毛泽东称为"延安经验"。1943年10月，毛泽东在《切实执行十大政策》中，将劳动互助视为第二次生产制度革命，"这样的改革，生产工具根本没有变化，但人与人之间的生产关系变化了。从土地改革到发展劳动互助组织两次变化，这是生产制度上的革命"[②]。

　　劳动合作是延安时期的又一突出创造。1938年1月，边区合作社成立，并于次年10月召开第一次代表大会。1943年11月，毛泽东在《组织起来》中总结道："目前我们在经济上组织群众的最重要形式，就是合作社……除了这种集体互助的农业生产合作社以外，还有三种形式的合作社，这就是延安南区合作社式的包括生产合作、消费合作、运输合作（运盐）、信用合作的综合性合作社，运输合作社（运盐队）以及手工业合作社。"[③]同时从"冲破教条主义、打破公式主义、公私两利方针、根据人民意见改进"等四个方面对南区合作社的经验予以总结，党的"从群众中来，到群众中去"的工作方法由此产生。合作社给边区带来巨大变化，"这种生产团体，一经成为习惯，不但生产量大增，各种创造都出来了，政治也会进步，文化也会提高，卫生也会讲究，流氓也会改造，风俗也会改变"[④]。由此，毛泽东称其是"人民群众得到解放的必由之路，由穷苦变富裕的必由之路，也是抗战胜利的必由之路"[⑤]。

　　4. "劳动保护、劳资两利"：延安时期劳动伦理精神的开拓突破

　　基于"劳动光荣"的理念，劳动保护是最重要的体现。1939年4月，边区政府公布的《陕甘宁边区抗战时期施政纲领》提出"确定八小时工作

---

　　① 陕甘宁边区财政经济史编写组、陕西省档案馆编：《抗日战争时期陕甘宁边区财政经济史料摘编·农业》第二编，陕西人民出版社1981年版，第425—426页。

　　② 《毛泽东文集》第三卷，人民出版社1996年版，第71页。

　　③ 《毛泽东选集》第三卷，人民出版社1991年版，第931—932页。

　　④ 《毛泽东文集》第三卷，人民出版社1996年版，第1017页。

　　⑤ 《毛泽东选集》第三卷，人民出版社1991年版，第932页。

制度，改善劳动待遇，保护工人利益"，1941 年又一次提出"适当改善工人
生活"① 的主张。1945 年 4 月，毛泽东在《论联合政府》中从劳资关系的角
度系统论述劳动保护："一方面，保护工人利益，根据情况的不同，实行八
小时到十小时的工作制以及适当的失业救济和社会保险，保障工会的权利；
另一方面，保证国家企业、私人企业和合作社企业在合理经营下的正当的赢
利；使公私、劳资双方共同为发展工业生产而努力。"② 在重视劳动保护的
同时，延安时期非常重视"劳资两利"，"劳资两利"也是"劳动合作"伦
理精神的重要体现。1934 年 1 月，毛泽东在第二次全国苏维埃代表大会上
明确表述"劳资两利"的思想。1935 年 12 月，毛泽东在《论反对日本帝国
主义的策略》中指出："在民主革命阶段，劳资间的斗争是有限度的。人民
共和国的劳动法保护工人的利益，却并不反对民族资本家发财，并不反对民
族工商业的发展。"③

　　1941 年 11 月，毛泽东在《在陕甘宁边区参议会的演说》中强调："在
劳资关系上，我们一方面扶助工人，使工人有工做，有饭吃；另一方面又实
行发展实业的政策，使资本家也有利可图。"④ 为实现"劳资两利"，1946
年 3 月，《中央关于解放区经济建设的几项通知》强调："解放区劳资关系
必须采取合作方针，以达发展生产、繁荣经济之目的。"⑤ 1947 年 12 月，毛
泽东在《目前形势和我们的任务》中指出："新民主主义国民经济的指导方
针，必须紧紧地追随着发展生产、繁荣经济、公私兼顾、劳资两利这个总目
标。"⑥ 在政府主导推动下，"劳资两利"作为新民主主义经济建设的指导方
针被完整地提出。

---

　　① 韩延龙、常兆儒编：《中国新民主主义革命时期根据地法制文献选编》第一卷，中国社会科学
出版社 1981 年版，第 33 页。
　　② 《毛泽东选集》第三卷，人民出版社 1991 年版，第 1082 页。
　　③ 《毛泽东选集》第一卷，人民出版社 1991 年版，第 159 页。
　　④ 《毛泽东选集》第三卷，人民出版社 1991 年版，第 808 页。
　　⑤ 中央档案馆编：《中共中央文件选编》第 13 册，中共中央党校出版社 1987 年版，第 381 页。
　　⑥ 《毛泽东选集》第四卷，人民出版社 1991 年版，第 1256 页。

（三）延安时期劳动伦理构建对劳动关系政府主导的借鉴

1. "自力更生、艰苦奋斗"：劳者敬业、民族自立、国力强盛的永恒话题

中华民族作为具有五千年文明史的古老民族，以自强不息著称于世，这也是"自力更生、艰苦奋斗"精神形成的历史渊源，正是依靠这种"自力更生、艰苦奋斗"的精神，中华民族才能历经沧桑而不衰，巍然屹立于世界民族之林。"'爱岗敬业、争创一流，艰苦奋斗、勇于创新，淡泊名利、甘于奉献'的劳模精神，生动诠释了社会主义核心价值观，是我们的宝贵精神财富和强大精神力量。"① 同时，"一个没有艰苦奋斗精神作支撑的民族，是难以自立自强的；一个没有艰苦奋斗精神作支撑的国家，是难以发展进步的"②。"自力更生、艰苦奋斗"必然成为劳动者敬业、民族自立自强、国家国力强盛的永恒话题。

社会转型发展过程中，伴随传统官本位理念与西方价值观的冲击，对劳动的忽视、轻视甚至歧视，导致社会价值观混乱、精神引领误导，直接影响着"自力更生、艰苦奋斗"精神的传承。"劳动教育是中国特色社会主义教育制度的重要内容，直接决定社会主义建设者和接班人的劳动精神面貌、劳动价值取向和劳动技能水平"，面对"不珍惜劳动成果、不想劳动、不会劳动的现象，劳动的独特育人价值在一定程度上被忽视，劳动教育正被淡化、弱化。对此，全党全社会必须高度重视，采取有效措施切实加强劳动教育"③。

同时，在科技进步、科学管理、平台经济及多生产要素参与的背景下，劳动不仅仅指狭义的体力劳动，更指"体力劳动、脑力劳动与简单劳动、复杂劳动"并重的广义劳动。"自力更生、艰苦奋斗"的劳动伦理精神，在

---

① 习近平：《在庆祝"五一"国际劳动节暨表彰全国劳动模范和先进工作者大会上的讲话》，《人民日报》2015 年 4 月 29 日。

② 胡锦涛：《坚持发扬艰苦奋斗的优良作风　努力实现全面建设小康社会的宏伟目标》，《人民日报》2003 年 1 月 3 日。

③ 《中共中央国务院关于全面加强新时代大中小学劳动教育的意见》，《人民日报》2020 年 3 月 27 日。

于"积极探索、勇于创新",在勇于进取、知难而进的劳动过程中,创造新成果、新财富、新经验;在于"励精图治、无私奉献",以强烈的事业心、责任感投入到现实工作中,在无私奉献的劳动追求中实现在工作上有所突破;在于"博采众长、自强不息",在以"不忘本来、吸收外来、面向未来"为理念的劳动过程中开拓崭新事业。

2. "劳动光荣、科技重要":政府责任伦理、劳动职业伦理的交融交集

延安时期通过大生产与劳模运动形成的"劳动光荣"伦理精神,需要通过政府责任伦理倡导、劳动职业伦理夯实。习近平总书记在 2013 年的"五一"讲话中强调:"劳动是财富的源泉,也是幸福的源泉。人世间的美好梦想,只有通过诚实劳动才能实现;发展中的各种难题,只有通过诚实劳动才能破解;生命里的一切辉煌,只有通过诚实劳动才能铸就。"① 2014 年,习近平总书记再次强调:"劳动是一切成功的必经之路……实现我们确立的奋斗目标,归根到底要靠辛勤劳动、诚实劳动、科学劳动。"② 2015 年,习近平总书记又进一步强调:"劳动是人类的本质活动,劳动光荣、创造伟大是对人类文明进步规律的重要诠释……让劳动光荣、创造伟大成为铿锵的时代强音,让劳动最光荣、劳动最崇高、劳动最伟大、劳动最美丽蔚然成风。"③

在政府责任伦理与劳动职业伦理共同倡导"劳动光荣"的同时,"科技重要"同样成为政府主导推动现代化建设高度重视的议题。中美贸易摩擦的本质是科技战和未来战,对此必须加大科研投入,强化科学家、科技人才的经济待遇和社会地位,在科技制高点上实现引领性突破。同时,"一个国家发展能否抢占先机、赢得主动,越来越取决于国民素质特别是广大劳动者素质。要实施职工素质建设工程,推动建设宏大的知识型、技术型、创新型

---

① 《习近平谈治国理政》第一卷,外文出版社 2018 年版,第 46 页。
② 《习近平在乌鲁木齐接见劳动模范和先进工作者、先进人物代表　向全国广大劳动者致以"五一"节问候》,《人民日报》2014 年 5 月 1 日。
③ 习近平:《在庆祝"五一"国际劳动节暨表彰全国劳动模范和先进工作者大会上的讲话》,《人民日报》2015 年 4 月 29 日。

劳动者大军"①。源自生产一线的创新潜能是巨大的，任何一个创新理念，任何一个创新设计，最终必须依靠劳动来实现，劳动者从来都是推动技术创新和社会进步的主力军。以技能报国为使命的产业工人是企业兴旺发达的根本支撑，以"肯学肯干肯钻研，练就一身真本领，掌握一手好技术"② 的各行各业劳动者必然成为经济繁荣、国家富强的中流砥柱。

3. "劳动保护、劳资两利"：政府责任伦理、企业经营伦理的互推互进

实现好、维护好、发展好广大普通劳动者根本利益是政府责任伦理的根本。《中共中央国务院关于构建和谐劳动关系的意见》对保障职工"取得劳动报酬权利、保障休息休假权利、获得劳动安全卫生保护权利、享受社会保险和接受职业技能培训权利"提出了明确具体要求，也对企业提出切实承担"报效国家、服务社会、造福职工的社会责任"的伦理要求。"让人民体面地劳动，有尊严地生活"，尤其是"共同享有人生出彩的机会，共同享有梦想成真的机会，共同享有同祖国和时代一起成长与进步的机会"③，更成为政府责任伦理的庄严承诺。高危艰苦行业争取与劳动付出相适应的工资待遇成为必然，但盐城吊车工人停工事件从工作厂区走向公共场所，即使有明确罢工权的国家也会将其视为违法性公共事件，在国家高度重视劳动保护过程中劳动者如何强化自我保护的合法性同样重要。

劳动关系的实质是资本获取利润、劳动者获得工资，两者必然存在对立，但最终必须两利统一。解放初期，毛泽东针对私营企业劳资对抗的问题指出："如果劳资双方不是两利而是一利，那就是不利。为什么呢？只有劳利而资不利，工厂就要关门；如果只有资利而劳不利，就不能发展生产。"④习近平总书记强调："要坚持促进企业发展和维护职工权益相统一，同时调

① 习近平：《在庆祝"五一"国际劳动节暨表彰全国劳动模范和先进工作者大会上的讲话》，《人民日报》2015 年 4 月 29 日。

② 习近平：《在庆祝"五一"国际劳动节暨表彰全国劳动模范和先进工作者大会上的讲话》，《人民日报》2015 年 4 月 29 日。

③ 《习近平谈治国理政》第一卷，外文出版社 2018 年版，第 40 页。

④ 逢先知、金冲及主编：《毛泽东传（1949—1976）》（上），中央文献出版社 2003 年版，第 64—65 页。

动劳动关系主体双方的积极性、主动性，推动企业与职工群众协商共事、机制共建、效益共创、利益共享"①。《劳动合同法》颁布实施十五年，劳动所固有的从属性必须通过向劳动者倾斜性保护达到劳资平衡，同时对雇主和用人单位的正当权益高度重视，对企业发展环境整体优化日益加强，政府责任伦理与企业经营伦理具有互推互进的重要作用。

4. "劳动互助、劳动合作"：突出国情、重视世情、全球发展的伦理追求

延安时期"劳动互助、劳动合作"的劳动伦理精神是基于延安艰苦环境的突出创造，在尊重群众首创精神中突出时代和国情特色。习近平总书记强调："要尊重人民首创精神，甘当人民群众小学生，把蕴藏于工人阶级和广大劳动群众中的无穷创造活力焕发出来，把工人阶级和广大劳动群众智慧和力量凝聚到推动各项事业上来。"② 基于首创精神体现着人们工作中的主动性和创造性，基于国情特色的首创精神是社会发展的原动力，也是市场竞争的必然要求。对于中国劳动关系协调的探讨更需突出国情，吸收借鉴延安时期"劳动互助、劳动合作"的精神精华，更具中国特征地实现劳资和谐，更加坚定国家治理自信在文化自信中实践价值的实现。

西方国家无论是"自由市场型"还是"经济协调型"劳动关系调整模式，均基于资本与劳动固有矛盾而形成以"谈判对抗"为特征的劳资自治，中国劳动关系在承认劳资矛盾对立存在的同时更加重视统一，尤其是基于"社会和谐与共同富裕"的中国特色社会主义本质特征，必然形成政府主导的、以"合作互助"为特征的劳资自治，必然需要更加重视对"合作型"劳动关系协调模式的探索。尤其在承认劳资双方利益目的存在不同的前提下，寻找共同利益目标，通过劳动互助与合作，在增强企业凝聚力、强化技术协调力、提高工人"有效努力"中，让劳动者更为体面尊严地劳动，让

① 《全国构建和谐劳动关系先进表彰暨经验交流会在京举行——习近平会见与会代表并讲话》，《人民日报》2011年8月17日。
② 习近平：《在庆祝"五一"国际劳动节暨表彰全国劳动模范和先进工作者大会上的讲话》，《人民日报》2015年4月29日。

企业经营者获得合理回报，让收入分配更加公平合理。同时，在全球化发展背景下在更广阔范围形成劳动合作、劳动互助的"一带一路"，寻求利益契合点和合作最大公约数，共同打造政治互信、经济融合、文化包容的利益共同体、命运共同体和责任共同体，使全球化经济发展更加良性互动。

五、《道德情操论》对政府"劳动伦理倡导者"角色的借鉴

　　亚当·斯密以其"富国裕民"为目标的经济学著作《国富论》奠定了"市场经济学鼻祖"的地位，而其六次易稿终生修订的以"公民幸福生活"为追求的伦理学著作《道德情操论》提出的"如果一个社会的经济发展成果不能真正分流到大众手中，那么它在道义上将是不得人心的，而且是有风险的，因为它注定要威胁社会稳定"①，给世界带来的影响更为深远，对处于转型期的我国市场经济的良性运行，对处于转型变革中更深层次地了解人性和人的情感，最终促进社会和谐发展、促进劳动关系和谐构建，具有十分重要的意义。

（一）斯密"利己、自爱"理念与"劳动伦理倡导者"角色

　　亚当·斯密《国富论》从人的利己本性出发，论述了利己主义的利益观，认为个人利益是人们从事经济活动的出发点，每个人天生都是利己、趋利避害的，即使有利他行为，也是出于自利的动机。在《道德情操论》中斯密同样明确提出"每个人生来首先和主要关心自己"②，并在全书多个篇章将基于个人利益的"利己"主义称为"自爱"。"自爱"是人类的一种美德，是一切经济活动的必要条件，人虽然在自爱心的引导下首先追求自己的利益，但理性状态下"看不见的手"的作用发挥，使每个人在追求自身利

---

　　① 该段语言出自亚当·斯密出版于1759年的《道德情操论》（序言），强调经济发展与分配、与道义、与社会稳定之间的关系。
　　② ［英］亚当·斯密：《道德情操论》，蒋自强等译，商务印书馆1997年版，第101—102页。

益最大化的同时促进国民财富增加，最终实现整个社会财富的最大化，以及更大的人类福利增进的社会目的。市场经济最著名的"看不见的手"的理念在《国富论》中出现一次，在《道德情操论》中也同样出现一次："一只看不见的手引导他们对生活必需品做出几乎同土地在平均分配给全体居民的情况下所能做出的一样的分配，从而不知不觉地增进了社会利益"①。

在市场经济发展过程中，人们往往从个人利益出发从事经济社会活动，但在"看不见的手"的指引下，每个人对个人利益的追求共同促进着整个社会的繁荣发展。斯密没有将"利己"和"自爱"视为恶的品质，也没有将"利己"思想与"他人的幸福"截然列为对立，而是在论述个人品质时首先规定了个人美德的善之维度：当我们考虑任何个人的品质时，我们要从两个不同的角度来考察它，"虽然对他来说，自己的幸福可能比世界上所有其他人的幸福重要，但对其他人来说并不比别人的幸福重要"②。

在构建和谐劳动关系过程中，如何同时关注"自己的幸福"和"他人的幸福"，值得深入探讨。人际关系是我们社会中企业经营管理的核心问题所在，也是市场运作的核心问题所在。③ 从企业发展的微观角度，需要确立"合作博弈"的思维，合作博弈的根本主旨是"利人利己"，重视"自己的幸福"，也重视"他人的幸福"，利人的同时为了利己，利己的同时达到利人。"合作博弈"可以通过企业共同体采取合作妥协的方式实现，合作妥协能够增进劳动双方及整个社会的利益，合作博弈可以产生合作剩余，合作妥协则有利于"合作剩余"的合理分配。

从社会发展的宏观角度，应重视通过"道德自律"与"道德他律"来实现彼此的幸福，一方面，行为人能够以旁观者身份对自己的行为进行自我评价，通过"道德自律"调整自己的行为与社会道德要求相一致；另一方面，通过"道德他律"社会其他成员以旁观者身份对当事人情感与行为进

---

① ［英］亚当·斯密：《道德情操论》，蒋自强等译，商务印书馆1997年版，第230页。
② ［英］亚当·斯密：《道德情操论》，蒋自强等译，商务印书馆1997年版，第102页。
③ 参见石秀印：《站在世纪之交的思考——市场经济与人际关系》，黑龙江人民出版社1995年版，第7页。

行道德评价，并以社会道德舆论对当事人情感行为进行调整、修正。劳动关系协调中以"道德自律"与"道德他律"为内容的道德调整，提倡以道德为调整手段，以善恶为评价标准，以启发道德良心、发挥舆论监督为导向，在企业内外确立"劳资互利"的价值观念系统和利益驱动机制，促使劳资双方能够自觉主动地协调发展彼此融洽的关系，共同促使企业与个人利益最大化。

在"利己"之心的驱动下，人们在经济活动中会形成节俭、勤奋和审慎等许多美德，出于对自我利益的关心，人们就会在经济生活中形成"谨慎"的美德；出于对自己长期福利的关心，人们就会发展出"节制"的美德；在追求利益的活动及相互作用中，人们就会产生对正义的需要。斯密提醒人们对自己幸福的关心，要具有"慎重、谨慎"的态度；对别人幸福的关心，要具有"正义、慈悲"的品德。如果一个人在其一生中，大部分的时间坚定而又始终如一地自我克制，保持慎重、谨慎、正义、仁慈的品德，就可以获得"公正的客观的第三者"所赞扬和同感，做到道德所要求的"合适性"。①

斯密认为"利己"主义可以被道德和法律所限制和克服，"人道主义的软弱力量和自然在人的心中点起的轻微的仁爱的火花不能抵抗利己的强烈冲击是一更大的力量更强的动因，在这种情况下发挥了作用。这里指的是理智、原则、良心、胸中的栖息者、内心的人、我们行为的大法官和仲裁者"②。在斯密眼中人的"利己心"不能为所欲为，而要受自身的内在道德、"内心法官"的约束。斯密认为对物质生活的有限需求，不足以使人们无限地从事"利己"、"自私"的各种活动，人们对财富、经济的追求最终是为了满足精神、心理的需求，是为了"引人注目、被人关心、得到同情、自满自得和博得赞许……吸引我们的，是虚荣而不是舒适或快乐"③。

---

① 参见朱绍文：《亚当·斯密的〈道德感情论〉与所谓"斯密问题"》，《经济学动态》2010年第7期。

② ［英］亚当·斯密：《道德情操论》，蒋自强等译，商务印书馆1997年版，第137页。

③ ［英］亚当·斯密：《道德情操论》，蒋自强等译，商务印书馆1997年版，第61页。

在斯密看来，财富与经济、政治地位只是引起人们注目、关心和赞许的虚荣手段，追求"利己"、"自私"的经济、政治活动不能以损害自己在他人心目中的价值评判为代价，对财富经济政治的追求实际成为人们追求道德情感的手段。① 诸多企业家在获得经济发展的同时，也在追问除了金钱之外的人生价值，作为有理性的人，资本在追逐利润的同时关注自我的政治、社会地位很容易让人理解，从更高的层次上关注整个社会的发展繁荣应该成为更加主动的意识。"自己的利益与社会的繁荣休戚相关，他的幸福或者生命的维持，都取决于这个社会的秩序和繁荣能否保持。"② 如何在现实社会中实现"利己"与"利他"的统一，并通过两者的统一促进社会的秩序与繁荣，促进劳动双方和谐，需要整个社会、需要劳动双方共同关心。

"最完美的谦逊和质朴，加上同对同伴的尊敬一致的不拘小节，应该是一个平民的行为的主要特征。……他必须具有较多的专业知识，十分勤勉地做好自己的工作，他必须吃苦耐劳，面对危险坚定不移，在痛苦中毫不动摇。他必须通过事业的艰难和重要，以及对事业的良好判断，通过经营事业所需的刻苦和不懈的勤奋努力，来使公众看到这些才能。正直和明智，慷慨和直率，必然被用来描述他在所有普通场合的行为的调整。"③ 斯密从"平民的行为特征"角度，不仅对资本所有者，也对普通劳动者从更高的层次提出了要求，在促进人的全面自由发展的中国特色社会主义建设中，这一要求对劳动者谦逊质朴、勤勉敬业、正直明智等综合素质的提高不无借鉴。资本在追求利润的同时促进着生产效率的提高，最终推动经济、社会、文化发展，资本"利己"不仅以自身利润占有为目的，更要以利于劳动者工资收入的提高、生产生活条件的改善为条件，实现"利己"道德正当性与"利己"、"利他"统一性的一致。

---

① 参见聂文军：《亚当·斯密与"亚当·斯密问题"》，《哲学动态》2007 年第 6 期。
② ［英］亚当·斯密：《道德情操论》，蒋自强等译，商务印书馆 1997 年版，第 108 页。
③ ［英］亚当·斯密：《道德情操论》，蒋自强等译，商务印书馆 1997 年版，第 67 页。

（二）斯密"同情、公正"理念与"劳动伦理倡导者"角色

斯密在《道德情操论》第 1 卷第 1 篇中开宗明义地指出，人在拥有"利己"、"自爱"本性的同时拥有"同情"本性，即"无论人们会认为某人怎样自私。这个人的天赋中总明显地存在着这样一些本性，这些本性使他关心别人的命运，把别人的幸福看成自己的事情，虽然他除了看到别人幸福而高兴以外，一无所得。这种本性就是怜悯或同情，就是当我们看到或逼真地想象到他人的不幸遭遇时所产生的感情"①。斯密认为人的天性是善良的，同情是人类与生俱来的禀赋，"人性本善"是人类道德的理论本原和实践基础。"正是这种多同情别人和少同情自己的感情，正是这种抑制自私和乐善好施的感情，构成尽善尽美的人性。"②

人的同情能力是通过人们特有的想象能力，通过对周围换位思考而产生的基本认同感。"如果我们设身处地地想一下他的同伴们的处境，我们就会同情他们对他的感激，并体会他们从一个如此充满深情的朋友的亲切同情中肯定得到的那种安慰。"③ 斯密的"同情"理念并非简单的"安慰"、"怜悯"与"关爱"，它具有更为丰富深刻的内容，尤其伴随斯密时代科学领域"心理联想律"的发现，其"同情"理念更多地体现着"设身处地"的核心思维。"正是由于我们对别人的痛苦抱有同情，即设身处地地想象受难者的痛苦，我们才能设想受难者的感受或者受难者的感受的影响。"④

在劳动关系协调中，处于强势位置的资本所有者应更多地通过换位思考，更多地感受劳动者的生产、生存以及生活追求。每个人都是其他人行为的旁观者，其他人也是自己行为的旁观者，当把劳资双方尤其是资方把自己放在旁观者地位，"推己及人"就会使自己以对待自己的情感对待对方，尤其是劳动者，就会适度限制约束过于强烈的"自利"、"自爱"的追逐利润

---

① ［英］亚当·斯密：《道德情操论》，蒋自强等译，商务印书馆 1997 年版，第 5 页。
② ［英］亚当·斯密：《道德情操论》，蒋自强等译，商务印书馆 1997 年版，第 25 页。
③ ［英］亚当·斯密：《道德情操论》，蒋自强等译，商务印书馆 1997 年版，第 24 页。
④ ［英］亚当·斯密：《道德情操论》，蒋自强等译，商务印书馆 1997 年版，第 6 页。

之心，从而更多地顾及劳动者的生产生活环境、工资收入待遇，更多地履行奉献社会、推动社会发展的责任，从而得到他人和社会的赞同肯定。

同时，资本追求利润的"利己"行为需要社会尺度与规则的规范，如果"利己"过分成为贪婪自私，"利他"的纽带就会被斩断，社会各个环节也将脱节。在斯密眼里，作为相互对立的统一体人的"利己"心与"同情"心同时存于人的本性之中，"有完全道德的人……是一个能把对于别人的原始和同情心的微妙感情得到最完全控制的、原始的和自私的感情结合起来的一个人"①，如何把劳动者从机器人、从赚钱工具变回有七情六欲、生理心理需要的真实人，需要资本所有者基于天性善良与设身处地同情理念的人际关怀、人文关爱，尤其在"资本逻辑"追逐利润最大化的过程中，强调"同情"的与生俱来的自然禀赋，使"企业更多流淌道德的血液"。这需要更多的企业家从"利己"的追求利润的"经济人"走向"同情心"与"自私感"相结合的"有完全道德的人"。

斯密在《道德情操论》全书诸多地方阐释"合宜"思想，且第 1 篇的主题便是《论合宜感》，而"合宜"的实质是强调"公正"的旁观者的客观标准。"自我控制的美德在大多数场合主要并且几乎完全是由一种原则——合宜感，对想象中的这个公正的旁观者的情感的尊重——向我们提出来的要求"②。"合宜"就是恰当、合理、公正，但"合宜"不是自我的个人规定，而是依据"公正"的旁观者——客观的社会标准确定。"在当事人的原始激情同旁观者表示同情的情绪完全一致时，它在后者看来必然是正确而又合宜的"③，斯密的公正合宜并不是简单地就人们所熟知的"己所不欲，勿施于人"的利己心的自我约束，也不是简单地就人们日常所说的"既想到自己、也想到他人"，而是指以公正的旁观者的观念、态度予以客观公正的评价，"不是用自己看待两种对立的利益时所天然具有的眼光，而是用他

---

① ［英］亚当·斯密：《道德情操论》，蒋自强等译，商务印书馆 1997 年版，第 137 页。
② ［英］亚当·斯密：《道德情操论》，蒋自强等译，商务印书馆 1997 年版，第 343 页。
③ ［英］亚当·斯密：《道德情操论》，蒋自强等译，商务印书馆 1997 年版，第 14 页。

人天然具有的眼光来考虑那两种利益"①。

在市场经济发展过程中，公正合宜要求每一个经济活动参与者以正当的、平等交换的方式在充分竞争中"互助互惠"，公正合宜的道德情感引领企业家塑造合作、诚信、共赢的品质，形成对社会、对他人承担责任、履行义务的"利他"精神。斯密的公正合宜也是作为自爱利己心与同情利他心的平衡，"这两种情感相互之间可以保持某种对社会的和谐来说足够的一致。虽然它们决不会完全协调，但是它们可以和谐一致，这就是全部需要或要求之所在"②。

市场经济伦理是在利己心与利他心的平衡中升华出的"公正心"。"公正"是市场经济社会的道德基石，是现代社会法的精神，"公正心"并不排斥利己心，而是以利己心为前提，但重要的是利己心要有限度，资本获取利润是正常的追求，重要的是获取的限度应"合宜"而非无限制。没有人能否认，纯粹的"利他心"比"公正心"更加崇高，但在以"看不见的手"的经济理性人为基础上的市场经济社会，基于"利己心"与"利他心"平衡形成的"公正心"比纯粹的"利他心"更具现实性，尤其在市场经济转型过程中，呼唤基于同情的纯粹"利他心"的同时，更重要的是培育以"合宜"为理念的促进利他心与利己心平衡的"公正心"。

以合宜公正为理念的"合作型"劳动关系，可以增进劳动主体间的信任和合作，"当一个人用一种内在的自我形象的观念支持自己，和他人打交道时，就产生了信任。如果信任缺失，经济机器就会磨损，就会因为缺油而停止运转。而监管和强制实施某种计划的成本无疑是昂贵不堪，难以承受的"③。"合作型"劳动关系以"信任"减少"监管与强制"的昂贵成本，对于企业有利于提高人力资本和实物资本的投资收益，对于员工可以提高工作满意度和工作效率，对于政府是重要的投资环境改善因素。和谐劳动关系

① ［英］亚当·斯密：《道德情操论》，蒋自强等译，商务印书馆1997年版，第238页。
② ［英］亚当·斯密：《道德情操论》，蒋自强等译，商务印书馆1997年版，第22页。
③ 王曙光：《论经济邪恶的道德中性与经济学家的道德关怀——亚当·斯密〈道德情操论〉和"斯密悖论"》，《学术月刊》2004年第11期。

的最终目标是通过完善劳动关系内部利益制衡机制，增进劳动合作意识和责任意识，使劳资双方利益得以维护，实现合宜平衡、公正共赢的合作博弈。

（三）斯密"仁慈、良心"理念与"劳动伦理倡导者"角色

斯密在《道德情操论》第2卷第2篇对"仁慈"予以阐述，认为"只有具有某种仁慈倾向、出自正当动机的行为才是公认的感激对象，或者说仅仅是这种行为才激起旁观者表示同情的感激之情"①。斯密并没有将同情和仁慈等同起来，其"同情"更多地强调同感共鸣，同感共鸣使"同情"成为公认的道德源泉，而仁慈则是"同情"的源泉，对他人的怜悯和帮助都源自于"仁慈"，"仁慈"以爱的纽带将社会联结使之充满温情。"那些心里从来不能容纳仁慈感情的人，也不能得到其同胞的感情，而只能像生活在广漠的沙漠中那样生活在一个无人关心或问候的社会之中。"②

在社会发展过程中，人们首先和主要关心的往往是自己以及与自己密切相关的人的利益，这或许无可厚非，但缺乏对社会的仁慈便会使自己生活在孤立而陌生的状态之中，企业发展也是如此。"仁慈"则使人从自利和局部仁爱的狭隘意识中跳出，进入利他和普遍仁爱的全局观念之中。"个体在追求利益最大化时，应该保持一份超越意识，应该以自我完善与发展为尺度来选择利益最大化的追求，使自己的经济行为不仅有利可图，也始终有利于人的发展。"③

斯密在《道德情操论》第3卷第3章阐述了"良心"理念。斯密从社会和内心两个层面讨论了良心问题，就社会而言，他人对自己的评判往往是最初的审判，"虽然人以这种方式变为人类的直接审判员，但这只是在第一审时才如此；对他的判决还要上诉到更高一级的法庭，求助于他们自己良心的法庭，求助于那个假设的公正的和无所不知的旁观者的法庭，求助于人们

---

① ［英］亚当·斯密：《道德情操论》，蒋自强等译，商务印书馆1997年版，第101页。
② ［英］亚当·斯密：《道德情操论》，蒋自强等译，商务印书馆1997年版，第101页。
③ 罗能生：《经济之魂——经济的伦理蕴涵和道德选择》，湖南科学技术出版社2006年版，第58页。

心中的那个人——人们行为的伟大的审判员和仲裁人的法庭"①。一方面，良心是仁慈和同情心的自然表现，是"内心法官"，由于这种同情共感的仁慈心理机制作用，人们知道自己该做什么、不该做什么；另一方面，良心又存在于常规社会机制中，当不知道该做什么、不该做什么时，依据社会认可做出决策。

斯密早期较为强调社会化的良心机制，晚年则更加重视基于内心本原的同情共感的良心机制，"在所有的场合，良心的影响和权威是非常大的；只有在请教内心这个法官后我们才能真正看清与己有关的事情"②；"它是一种在这种场合自我发挥作用的一种更为有力的动机，一种更为强大的力量，它是理性、道义、良心、心中的那个居民、内心的那个人、判断我们行为的伟大法官和仲裁人"③。斯密晚年实际将道德评判的最终标准交给了一种信念，即人的良心。良心是以道德自律形式锤炼沉淀积累下来的道德自制力和道德判断力，是社会个体对自己应尽社会义务责任的主观认同，体现着道德的向善之心，是道德自律性的最高体现，是道德主体内心的道德法庭。

合乎良心的德行行为不仅体现着人性的要求，而且是人安身立命之本，同时带来精神的充实幸福和内心的宁静祥和，良心在促使人们行为更加善良、促进劳动关系更加和谐中具有重要作用。以"囚徒困境"为基础的爱克塞罗德经典实验带给我们深刻丰富的启示，"善良宽恕"的良心理念不仅闪烁着德性光彩，而且显示着强大的生命力，它毋庸置疑地表明：善良必然战胜邪恶，以善待人终将获得善的回报，能够使他人过得更好的人，自己也将过得更好……善良、宽容、合作、利人的良心美德过去是、现在是、将来更是人类走向光明与辉煌的真正动力。为此，爱克塞罗德说："要是你打算过得好一些，那么，最好是让别人过得和你一样或者更强一些……对方的成功实际上是你自己过得更好的前提。"④　相反，"对一个人来说，不正当地夺

①　[英] 亚当·斯密：《道德情操论》，蒋自强等译，商务印书馆 1997 年版，第 158 页。
②　[英] 亚当·斯密：《道德情操论》，蒋自强等译，商务印书馆 1997 年版，第 163 页。
③　[英] 亚当·斯密：《道德情操论》，蒋自强等译，商务印书馆 1997 年版，第 165 页。
④　罗能生：《经济之魂——经济的伦理蕴涵和道德选择》，湖南科学技术出版社 2006 年版，第 32 页。

取另一个人的任何东西，或不正当地以他人的损失或失利来增进自己的利益，是比从肉体或从外部环境来影响他的死亡、贫穷、疼痛和所有的不幸，更与天性相违背的"①。

资本在"无休止追求剩余价值"的过程中，如果听任"资本逻辑"唯利是图、不断扩张就会使劳动关系畸形发展，尤其以延长劳动者工作时间、增强劳动者工作强度、克扣拖欠工人工资，以及在没有卫生安全保障的环境中以劳动者健康甚至生命为代价，从而获取更多的剩余利润，在增加自身利益的同时，必然与天性相违背。"做有良心能担当的企业家"与"企业要流淌道德的血液"对于构建和谐劳动关系意义突出。

（四）斯密"正义、规则"理念与"劳动伦理倡导者"角色

斯密在《道德情操论》第 2 卷第 2 篇阐释"仁慈"的同时阐述了"正义"，同时全书诸多地方也阐释了"正义"理念。除了"仁慈"之外，"还有一种美德，对它的尊奉并不取决于我们自己的意愿，它可以用压力强迫人们遵守，谁违背它就招致愤恨，从而受到惩罚。这种美德就是正义"②，"对社会的生存而言，正义比仁慈更根本。社会少了仁慈虽说让人心情不舒畅，但它照样可以存在下去。然而，要是一个社会的不公行为横行，那它就注定要走向毁灭"③，"正义犹如支撑整个大厦的主要支柱。如果这根柱子松动的话，那么人类社会这个雄伟而巨大的建筑必然在顷刻之间土崩瓦解。……为了强迫人们尊奉正义，造物主在人们心中培植起那种恶有恶报的意识以及害怕违反正义就受到惩罚的心理"④。仁慈不受约束，但正义"用压力强迫人们遵守"、"利用人们害怕受到惩罚的心理来保障和强制人们行善"，对正义的遵从不取决于我们自己的自由意志，而是依靠法律权威的督促规范实现，一个人如果违背法律权威就会招致社会愤恨，从而受到法律的惩罚。

---

① ［英］亚当·斯密：《道德情操论》，蒋自强等译，商务印书馆 1997 年版，第 167 页。
② ［英］亚当·斯密：《道德情操论》，蒋自强等译，商务印书馆 1997 年版，第 98 页。
③ ［英］亚当·斯密：《道德情操论》，蒋自强等译，商务印书馆 1997 年版，第 93 页。
④ ［英］亚当·斯密：《道德情操论》，蒋自强等译，商务印书馆 1997 年版，第 107 页。

斯密那里至少存在三种社会形态："在最幸福温暖的社会中，成员之间相互关心、爱护，互相帮助，通过爱心与感情联系在一起；若社会中完全没有仁慈、慷慨、友爱等德性，成员之间出于功利相互合作，依正义准则进行交往和交换，那这个社会尽管不那么令人愉快，却依然能够存续；但是，在相互伤害、没有正义的人们之间，维系社会的纽带就会断裂"①。由此，如果要良性维持一个社会存在与发展的基本秩序，就要强化社会成员之间的爱心和感情维系，强化仁慈、慷慨、友爱等德性。同时，必须建立众人必须遵守的不侵害他人利益的正义规范。如果社会缺失正义，生产生活将无法正常运行，整个社会便会陷入无序和混乱，甚至土崩瓦解、走向崩溃。

"人类相同的本性，对秩序的相同热爱，对条理美、艺术美和创造美的相同重视，常足以使人们喜欢那些有助于促进社会福利的制度"②，人天生对社会充满热爱，有秩序的兴旺发达的社会总是让人愉快的，人们不希望看到混乱的无秩序的社会，每个人的利益与社会发展息息相关，人们总是尽力阻止有损于社会的不义行为。改革开放促进着生产力的快速发展、促进着人们收入水平的整体提高，即使有所差距人们也能理解接受。但伴随收入差距扩大、社会矛盾冲突加剧、分配格局严重失衡等经济社会问题，在"强资本、弱劳动"格局下劳动关系矛盾增多、冲突升级，并逐步成为经济社会发展中最为突出的矛盾和风险源头时，人们期盼基于公平正义的劳动关系和谐与社会良性发展。

郑杭生等指出，社会正义是社会资源和社会机会配置的公平性和平等性。在初级阶段，正义主要与公平，即"合理的差别"联系在一起；在高级阶段，则与平等特别是"事实上"或实质性的平等联系在一起。作为初级阶段，社会公正、公平主要有两个维度：制度安排与百姓认可。制度安排无疑是基础性的，百姓认可则是制度安排合理性的反映和体现③。市场必然

---

① 范良聪：《亚当·斯密的自然正义与德性正义》，《伦理学研究》2021年第1期。

② ［英］亚当·斯密：《道德情操论》，蒋自强等译，商务印书馆1997年版，第230页。

③ 参见郑杭生、徐晓军、彭扬帆：《社会建设与社会管理中的理论深化与实践创新——访中国人民大学郑杭生教授》，《社会主义研究》2013年第3期。

追求效率，社会必须促进公平，而政府必须通过公正、合理的政策制度安排促进市场效率与社会公平的实现，赢得百姓认可。我国的社会政策制度应坚持社会公正的基本理念，确立实现"社会保护"基础上的"社会发展"目标，并据此确定我国社会政策、劳动政策的内容和模式。在政府参与劳动关系调整中，"社会保护"主要是指政府对在劳动关系变迁过程中的利益受损者和弱势群体提供积极的保护和补偿；所谓"社会发展"，主要指通过实施社会政策提高整个社会的人力资本，增强处境不利者的能力建设和资本积累，从而使社会经济效率不断提高的同时社会更加公平公正，全体人民不断实现全面自由发展。

斯密以"正义论"为主干的政治学，从某种意义上比其"道德哲学"和"经济学"还要重要，他极为重视制度性、法律性的结构分析，认为经济学根本主旨是市场经济制度结构，并认真研究促使市场机制有效发挥机能的适宜制度。"政策的完善，贸易和制造业的扩展，都是高尚和宏大的目标。……它们成为政治制度的重要组成部分，国家机器的轮子似乎因为它们而运转得更加和谐和轻快了"①，"一切政治法规越是有助于在它们的指导下生活的那些人的幸福，就越是得到尊重。这就是那些法规的唯一用途和目的"②，"出于某种制度的精神，出于某种对艺术和发明的爱好，我们有时似乎重视手段而不重视目的，而且渴望增进我们同胞的幸福与其说是出于对同胞的痛苦或欢乐的任何直接感觉或感情，不如说是为了完善和改进某种美好的有规则的制度"③。正义需要制度来保障、需要强力来维护，但是如果只有制度和强力，没有道德为根基就会软弱无力。

市场经济制度以政治和道德为基础，最终依赖于道德，并且这种道德是崭新的——体现着道德原则、道德精神及道德形态。正义是社会制度的伦理基础，如果社会制度缺乏道德正义，即使效率再高也难以保证经济健康发展

---

① ［英］亚当·斯密：《道德情操论》，蒋自强等译，商务印书馆1997年版，第230页。
② ［英］亚当·斯密：《道德情操论》，蒋自强等译，商务印书馆1997年版，第231页。
③ ［英］亚当·斯密：《道德情操论》，蒋自强等译，商务印书馆1997年版，第231页。

和社会稳定运行。① 正义的实现需要制度基石，更需要个体道德品质，斯密本人没有主动区分客观的公正制度和主观的公正态度，但他强调从"公正旁观者"的态度理解客观的公正制度，并且设定有一个超然的、保证社会德福一致的执法者存在，它使得社会成员之间具有平等的自由身份、平等的经济交换，并监督契约的执行。也正是这一客观制度的存在，使每一个社会成员拥有了平等交换的客观机制，使每一个人在为自己谋利的同时在平等交换的客观制度中实现社会福利总量增加。②

关于权利的政治正义与关于平等的经济正义是社会正义的两大主题。斯密在《国富论》中曾对劳动者、商人和制造业等阶级特征进行分析：劳动者的收入与社会的繁荣衰退同步，但他们可能无法了解一般的社会利益，从而难以理解自身利益与社会利益的关系；商人和制造业阶级因为最富裕所以最为社会尊敬，他们具有敏锐的理解力和行动力，但他们通常为自己的特殊利益打算，而不为社会一般利益打算，甚至于他们的利益在于欺骗、压迫公众，公众常为他们所欺骗和压迫。

斯密由此阐明"具有利己主义本性的个人（主要指追逐利润的资本家）是如何在资本主义关系和社会关系中控制自己的感情和行为，尤其是自私的感情和行为，从而为建立一个有必要确立行为准则的社会而有规律地活动"③。"行为准则"的社会需要将正义、正当的"公正心"作为市场经济制度的逻辑前提，"那些较高的理智和理解力，最初是因为正义、正当和精确，而不是仅仅有用和有利而为人所赞同"④。良好的社会制度能够强化人的公正心、激励人们自觉地抑制恶性、追从善良，而不良的社会制度则会抑制人的公正心、压抑人的善行，甚至使人从恶如流。一个良序社会是一个能够向社会成员提供良好榜样示范的社会，它能让选择德行的人觉得自己是明

---

① 参见杜帮云、米加宁：《〈道德情操论〉之"正义"解读》，《河南师范大学学报（哲学社会科学版）》2012年第3期。

② 参见向玉乔：《论市场经济主体的道德责任》，《伦理学研究》2011年第5期。

③ ［英］亚当·斯密：《道德情操论》，蒋自强等译，商务印书馆1997年版，第16页。

④ ［英］亚当·斯密：《道德情操论》，蒋自强等译，商务印书馆1997年版，第235页。

智的。

（五）斯密"经济人"、"道德人"、"制度人"假设的反思

亚当·斯密《道德情操论》中"利己、自爱"、"同情、公正"、"仁慈、良心"、"正义、规则"等理念，对于转型期中国社会的和谐发展、对于和谐劳动关系的构建具有重要启示作用。斯密的"经济人"假设对推动商品经济、市场经济的发展是重要的，其"道德人"、"制度人"的假设却常被我们忽视。在更加重视经济社会全面发展、更加重视社会和谐公正之时，我们有必要再读亚当·斯密，更加全面深刻辩证地反思"经济人"、"道德人"、"制度人"的假设。

斯密在其著名的经济学专著《国富论》中说："我们每天所需要的食物与饮料，不是出自屠户、酿酒家或烙面师的恩惠，而是出于他们自利的打算。"① 他认为人是理性的，也是自私的，正是理性的自私促使人在追求自身利益的同时推动社会的发展。这就是斯密"经济人"假设的含义。

斯密在其哲学论著《道德情操论》中是以下一句话开头的："无论人们会认为某人怎样自私，这个人的天赋中总是明显地存在着这样一些本性使他关心别人的命运，把别人的幸福看做自己的事情，虽然他除了看到别人幸福而感到高兴以外，无所得。"② 因此，斯密在强调人的利己心的同时，强调这种利己心应以不损害别人的利益、社会的利益和公众的利益为前提。这就是斯密"道德人"假设的含义。

在经济发展中，斯密坚持"完全竞争"的思想和经济"自由放任"的思想，认为"阻碍自然趋势、使事物向其他方向发展、力图使社会的进步停留在某一点的政府都是不自然的"。他把政治家和计划者称为"制度人"，并对"制度人"持完全否定的态度，称其为"狡猾的动物"。他说："一个主张某种制度的人，常常是自作聪明的。"认为一切人为的干预，特别是政

---

① ［英］亚当·斯密：《道德情操论》，蒋自强等译，商务印书馆 1997 年版，第 14 页。
② ［英］亚当·斯密：《道德情操论》，蒋自强等译，商务印书馆 1997 年版，第 1 页。

府干预都是多余的，政府无须过问和插手干涉经济，什么也不管的政府是最会管理的政府，应该信守自由竞争、自动调节、自由放任的经济原则，政府对经济的干预只会破坏这种自动调节机制，反而引起经济的动荡或失衡。这就是斯密"制度人"的观点。

再读亚当·斯密，我们深感斯密对人的本性的认识是极为深刻的，在利己本性的驱使下追求个人利益的发展从而推动社会的发展，这就是社会发展中的"看不见的手"。但是，"斯密在《国富论》中只确认经济领域的自私自利行为，而在《道德情操论》中，又确认道德领域的人可能有某些同情心和利他行为，这便形成一个'经济—道德'二元悖论"①。如何能够解开"经济—道德"二元悖论的矛盾死结，必然成为中国特色坚持以公有制为主体的市场经济和谐劳动关系的更高定位探索。同时，我们完全可以看出斯密的"制度人"假设观点是带有浓重的历史局限性的，值得我们在借鉴中反思。如何突破以斯密为代表的西方旧"经济人"假设的"功利主义、预设主义、历史唯心主义、形而上学、准理论教条、低级本能意识、'店老板'狭隘思维和人性异化心理"，以马克思"经济人"理性模型为导向，以整体主义、唯物主义与现实主义为方法论，构建新"经济人"即"利己和利他经济人"假设，突出"1. 经济活动中的人有利己和利他两种倾向性质。2. 经济活动中的人具有理性与非理性两种状态。3. 良好的制度会使经济活动中的人在增加集体利益或社会利益最大化的过程中实现合理的个人利益最大化"三个基本命题。② 在一个利益结构多元化的社会中，至少有三种力量对社会发生着决定性的作用，即基于"经济人假设"的市场力量、基于"利己与利他"的伦理和道德力量以及提醒"良好制度"的政府与法的力量。

借鉴反思之一：在强调经济发展的同时必须重视道德的引领作用。

《国富论》的主旨是如何做到"国富民强"，因此斯密非常重视经济的发展。斯密在强调个人利己心推动经济发展的同时，是以这种利己心刺激下

---

① 程恩富：《新"经济人"论：海派经济学的一个基本假设》，《教学与研究》2003 年第 11 期。

② 参见程恩富：《西方旧"经济人"假设的批判与新"经济人"理论的构建》，《海派经济学》2008 卷第 23 辑。

追求个人私利的行为不以损害别人的利益、社会的利益和公众的幸福为前提条件的，斯密非常重视道德在社会发展中的引领作用。而如何破解德国历史学派发现和提出的斯密"人性悖论"，制造"自利"和"利他"间的人格分裂，以及经济学和伦理学间的内在紧张：一种人性本善的利他主义社会道义论与一种人性本恶的经济利己主义个人目的论，矛盾而奇妙地共生于作为伟大思想家的斯密的理论体系之中。[①] 构建"利己和利他"的新"经济人"假设，应该成为新时代我国社会发展"人民日益增长的美好生活需要和不平衡不充分的发展之间的矛盾"解决过程"人性悖论"突破的理论自信。

在社会发展与劳动关系的协调中，"推己及人"的传统文化、"个人主义与集体主义相统一"的社会主义理念、"人民美好生活的向往就是我们的奋斗目标"新时代追求，必然使新"经济人"的"利己并利他"理念成为推动社会发展的重要伦理道德，并成为推动社会文化与社会道德建设的重要内涵，在社会主体和劳动关系主体中形成基于"利己并利他"为导向的正当与不正当、合理与不合理等观念，从而实现、营造合理健康的社会关系、和谐的劳动关系。

社会文化道德的调节实际上是价值观念的调节，是通过改变人们对劳动关系双方价值的认识、判断，形成新的劳动关系价值观念，进而改变人们的行动，最终达到使社会关系、劳动关系得到调整的目的。企业家必须增强民主平等意识、社会责任情怀，充分尊重劳动者的权利和利益，在实现自身经济价值的同时，实现奉献社会的人生价值，只有如此才能促使企业健康持久发展。道德调节评价就是根据道德的自律特点，以善恶为评价标准，以启发人的道德良心、发挥社会舆论的监督导向功能、发挥优良传统习惯作为桥梁，营造出自觉而富有理性的人际关系的环境和氛围，使劳动双方积极主动地协调、发展彼此的关系。

借鉴反思之二：在重视自由竞争的同时必须重视政府与法律的调控

---

① 参见朱富强：《斯密人性悖论及其内在统一性——勿将现代经济学"经济人"假设归源于斯密的自利人》，《东北财经大学学报》2019年第4期。

作用。

斯密认为，每个人对自身利益的追求，同时也就是对其他人追求自身利益的一种限制，这种限制力量就是一种互相抵消的平衡力量。为了让自然规律充分发挥作用，以实现个人利益和社会利益之间的协调，斯密系统地发挥了经济自由的思想，反对一切阻碍自由的政策和学说，主张建立完全竞争的经济模式。他认为政府的作用是维护法制，过量的规制和政府干预是有害无益的。但斯密没有认识到，完全自发的价值规律的作用，是以社会有用资源的巨大浪费为前提的，古典主义自由经济发展的失误也在于政府宏观调控的弱化。

斯密是劳动分工论的创始人，他认为劳动是价值的标准和源泉，为了提高工作效率，人们在分工的基础上产生了专业化，促成了复杂经济结构的产生，提高了生产效率，同时劳动分工又成为把全社会整合起来的力量。而部分国家的"当代政治家和立法家对待自己的经济体关注的是'利己'，看重单边主义，经济保护主义'只重视国内劳动'的爱国主义，即他们关注的是小的边际变化，不重视'利他''不支持国外劳动'，是对市场经济的伤害"[①]。"为他"的社会性是市场经济客观规律的要求，人类命运共同体是市场经济的内在要求，必然引领人类走向更高的文明时代。

政府的宏观调控是市场经济的重要组成部分，政府要发挥经济调节、市场监管、社会管理和公共服务的职能，2020年抗疫复工中国成为全球唯一实现正增长的国家，呈现出政府宏观调控、有序推进的强大抗疫生产力。在新发展格局中，还"应尽快实现从选择性产业政策向功能性产业政策的转变，以便更好地发挥政府作用，并为市场机制发挥作用创造良好环境。与选择性产业政策着眼于对特定产业的扶持不同，功能性产业政策旨在弥补市场失灵、完善市场功能、为所有产业创造更好的发展环境"[②]。尤其要制定市场竞争的游戏规则，准确有效地反映市场信息，千方百计为市场运行创造良好的环境，运用经济、法律手段，必要时加以行政手段对市场经济运行、对

---

①　冯景源、龚维丽：《〈道德情操论〉与〈国富论〉的内在联系——兼论人类命运共同体与"看不见的手"的关系》，《东南学术》2019年第1期。

②　陈彦斌：《中国特色宏观调控如何更好地发挥政府作用》，《经济研究参考》2020年第8期。

劳动关系协调进行引导。

借鉴反思之三：在社会发展过程中应更加重视全面协调、和谐公正。

斯密在强调国富民强的同时，希望建立一种"自然的秩序"，在这一秩序中能够使"经济人"和"看不见的手"充分地、不受阻碍地发挥作用并贯彻到整个经济生活中，从而使个人利益和社会利益经常保持一致。这种"一致"体现着和谐与公正，但在社会发展中"和谐与公正"很难仅靠自发实现，更多需要国家的调控、政策的规范、道德的引领。斯密认为，社会分工促进了劳动生产率提高，成为推动现代社会快速发展的根本性原因，但也成为社会不平等的根源。

斯密在《道德情操论》与《国富论》中两次提出"看不见的手"，两个"看不见的手"的研究对象不一样，第一个"看不见的手"论述的是农产品的效用性，其主体是土地所有者，这个"看不见的手"是道德教导式的"道德人"；第二个"看不见的手"是资本的运动，体现在生产领域和流通领域，其主体是资本所有者。两个"看不见的手"，都是为了解决看不见的"为他"的问题。一个好的健康的社会必须是"道德教导式"推动的公平公正社会，公平公正是和谐社会的重要保证，也是和谐社会的重要特征，更是构建和谐劳动关系的基本准则和要求。

要使我们的社会成为民主与善治的社会、秩序与法治的社会、公平与正义的社会、宽容与友善的社会、诚实与信任的社会，这就要求我们既要努力发展经济、提高全体人民的生活水平、不断增强社会和谐的物质基础，又要倡导社会公共道德、弘扬优秀传统文化、营造团结合作的社会氛围以及和睦相处的人际环境。同时，还需要我们加强制度建设，建立公正的社会制度机制，实现以共同富裕为目标、增大中等收入者比重，提高低收入者的收入水平；建立公正的社会保障机制，在贫富差距过大的社会矛盾日益改善的同时，实现社会和谐稳定。

第 五 章

政府助推论：工会传承创新与劳动者能力素质提升

坚持眼睛向下、面向基层，把力量和资源向基层倾斜投放，把广大职工凝聚在党的周围。

——习近平

《中国工会章程》规定中国工会"是党联系职工群众的桥梁和纽带，是国家政权的重要社会支柱，是会员和职工利益的代表"。《中华人民共和国工会法》第六条规定："维护职工合法权益是工会的基本职责。工会在维护全国人民总体利益的同时，代表和维护职工的合法权益。"中国工会"既维护职工利益又维护全国人民总体利益"、"既代表职工又代表党和政府"的"双重角色"准政府定位，与西方市场经济国家工会"仅代表劳动者、仅维护劳动者利益"明显不同。深入探讨中国工会"双重角色"准政府定位的形成渊源与探索发展，对于厘清社会主义国家工会以"社会服务"为主与资本主义国家工会以"劳动维权"为主的不同，促进中国特色社会主义和谐劳动关系、坚定中国特色社会主义工会发展道路，并以道路自信、理论自信、制度自信，丰富世界工会运动发展实践具有重要意义。

一、中国工会"双重角色"定位的
形成渊源与探索发展

（一）民主革命时期：中国工会"双重角色"定位的孕育形成

中国共产党是马克思主义同中国工人运动相结合的产物，中国工会跟随中国共产党应运而生。自五四运动始至新中国成立，中国工会"双重角色"的定位在新民主主义革命实践以及列宁社会主义工会理论的影响下，逐步孕育形成确立。

1. 中国工会跟随中国共产党应运而生，"双重角色"定位初步孕育

中国共产党是马克思主义同中国工人运动相结合的产物，中国工会跟随中国共产党应运而生，中国工会"双重角色"的定位在斗争实践中初步孕育。1918 年 3 月，《劳动》刊物创刊，同年 11 月蔡元培提出"劳工神圣"[①]的口号，李大钊呼吁"知识分子要寻着那痛苦悲惨的声音，到工人群众中去"。1919 年五四运动，上海工人声援学生发动的举世瞩目的总同盟大罢工，标志着中国工人阶级以独立的姿态登上政治舞台。1920 年 11 月，中国共产主义者领导的第一个现代工会——"上海机器工会"宣告成立。

1921 年 7 月中国共产党成立，将开展"工人运动"作为党的中心工作，并明确规定："本党的基本任务是成立产业工会"，"党应在工会里要灌输阶级斗争的精神。党应警惕，不要使工会成为其他党派的傀儡。"[②] 同年 8 月建立"中国劳动组合党书记部"，将其作为公开领导工人运动的专门机构。1922 年 5 月，中国劳动组合书记部邀请全国各地各党派工会团体，在广州召开"第一次全国劳动大会"，并顺利通过《工会组织原则案》、《八小时工作制案》及《罢工援助案》等 10 余项法案，同时提出的《劳动法大纲》虽

---

① 《新青年》"劳动节纪念号"，1920 年第 7 卷第 6 号，蔡元培为其扉页题写"劳工神圣"。

② 中共中央文献研究室、中央档案馆编：《建党以来重要文献选编（1921—1949）》第 1 册，中央文献出版社 2011 年版，第 4 页。

暂时未能通过，但其十九条内容深入工人群众之中，成为罢工高潮的斗争纲领。

1922 年 7 月，中国共产党在上海召开第二次代表大会，会议明确指出："中国共产党是中国无产阶级政党。他的目的是要组织无产阶级，用阶级斗争的手段，建立劳工专政的政治，铲除私有财产制度，渐次达到一个共产主义的社会。"① 为了加强对工会的领导，大会通过的《关于"工会运动与共产党"的决议案》提出："工会就是保护工人切身的利益和为工人的利益奋斗的机关，因为劳动者是创造各种物品者，所以劳动者应该享受劳动者所创造的东西。这个事实，便是真正工会的出发点。"② 并指出："共产党无论在哪种劳动运动之中，他都要是'先锋'和'头脑'，决不可以不注意任何工会活动，并要能适当的、诚实的和勇敢的率领工会运动。"③

1923 年 6 月，中共三大在广州召开，确定了"建立国共合作革命统一战线"的策略。1925 年 1 月，中共四大在上海召开，明确提出"无产阶级在民主革命中的领导权问题"，强调在逐渐高涨的民族革命中，必须使工人阶级"有强固的群众的独立的阶级组织"，以组织起来的"纯粹阶级的斗争的工会"，去赞助国民党所指导的国民革命运动。同年 5 月，第二次全国劳动大会在广州召开，全国工会的领导机关"中华全国总工会"宣告成立。大会通过了《工人阶级与政治斗争决议案》、《经济斗争决议案》、《组织问题决议案》、《工农联合决议案》、《中华全国总工会章程》等 30 多个决议案。

1926 年 5 月，第三次全国劳动大会在广州召开，大会总结了"五卅"以来工人运动的经验，指出"一年来的斗争事实证明中国工人阶级是国民革命领导阶级"。大会通过了《中国职工运动总策略》、《经济斗争最近目标

---

① 中共中央文献研究室、中央档案馆编：《建党以来重要文献选编（1921—1949）》第 1 册，中央文献出版社 2011 年版，第 133 页。

② 中共中央文献研究室、中央档案馆编：《建党以来重要文献选编（1921—1949）》第 1 册，中央文献出版社 2011 年版，第 150—151 页。

③ 中共中央文献研究室、中央档案馆编：《建党以来重要文献选编（1921—1949）》第 1 册，中央文献出版社 2011 年版，第 154 页。

与其步骤》、《组织问题与其运用之方法》等 10 个决议案，以及《关于中国职工运动的发展及其在国民革命中之地位的报告》等 9 项决议。1927 年 6 月，第四次全国劳动大会在汉口召开，大会的任务是"工人阶级要领导农民阶级和小资产阶级向共同的敌人作战"，并通过《国民革命的前途与工会的任务》等 13 个决议案。1928 年 11 月，第五次全国劳动大会在上海秘密召开，会议确定"中国工人在目前革命阶段最根本的任务是联合农民结成坚固的革命同盟；接受共产党对于大会政治上的指导；反对黄色工会，扩大赤色工会运动"，会议通过了《全国工人斗争决议案》、《工会组织问题决议案》等 12 个决议案。

2. 中国工会跟随中国共产党在曲折中发展，"双重角色"定位初步形成

1927 年大革命失败，中国革命从城市转入农村，革命根据地经济虽不发达，但在中国共产党的领导下，工会立法工作受到很高重视。1931 年，第一次全国苏维埃代表大会通过《中华苏维埃共和国劳动法》。该法废除了"包工"、"招工员"、"雇佣代理"等对工人的各种封建剥削和一切压榨工人的不合理陋规，禁止向工人罚款、克扣工资及征收保证金、强迫储金等行为；该法规定工人有集会、结社及参加工会的权利，并保证工人有一定时间参加社会活动；该法规定了工时、工资，青工女工特殊利益以及劳动保护和社会保险，并规定工作时间不超过八小时，危害健康的部门可减至六小时；该法规定了劳动纠纷和违反劳动法的处理办法，设立仲裁委员会、评判委员会、劳动法庭等处理劳动问题。该法成为中国历史上第一个真正以"保障工人群众利益和工会组织权利"为目的的劳动法令，体现了人民民主政权下工人阶级的领导地位。

1934 年 1 月，毛泽东指出："苏区工人是组织坚强的阶级工会。这种工会是苏维埃政权的柱石，是保护工人利益的堡垒，同时它又成为广大工人群众学习共产主义的学校。"[①] 1934 年，苏区政府颁布《苏维埃国有工厂管理条例》与《苏维埃国家工厂支部工作条例》，确立了"厂长负责制"之下的

---

① 李国忠主编：《中国共产党工运思想文库》，中国工人出版社 1993 年版，第 311 页。

"工厂管理委员会"制，工会代表与厂长、党支部代表组成"三人团"，代表"工厂管理委员会"协同处理厂内日常问题。

在此阶段，列宁关于"马克思主义工会理论"的创新对苏区工会发展起到重要的理论促进作用。首先，列宁提出"工会学校说"。列宁认为："文盲是站在政治之外的"，工会"是一个教育的组织，是吸引和训练的组织，它是一所学校，是学习管理的学校，是学习主持经济的学校，是共产主义的学校"①。集体主义思想淡薄、小资产阶级偏见的存在，以及大多数工人文化教育水平较低等情况的改变，都需要发挥工会的教育作用。其次，列宁提出"传动装置说"。列宁指出，无产阶级专政是一个由若干齿轮组成的复杂体系，如果"没有一些把先锋队和先进阶级群众、把它和劳动群众联结起来的'传动装置'，就不能实现专政"②，这里的"传动装置"就是工会，其作用发挥得好坏，直接影响到社会主义的建设事业。"正像一家拥有优良发动机和第一流机器的上等工厂，如果发动机和机器之间的传动装置坏了，那就不能开工，同样，如果共产党和群众之间的传动装置——工会位置摆得不正或工作得不正常，那我们的社会主义建设就必然遭殃。"③ 最后，列宁提出"工会维权说"。列宁认为虽然无产阶级实现了专政，"我们的国家是带有官僚主义弊病的工人国家"，工人应当学会利用工会保护自己的利益，同时还要利用工会保护自己的国家，即工会具有既要维护工人利益又要维护国家利益的"双重维护"职能。中国工会革命发展过程中，借鉴苏俄列宁工会学说理论，"双重角色"定位初步确立。

3. 中国工会跟随中国共产党发展壮大，"双重角色"定位最终确立

1945 年，中国解放区职工联合会筹委会制定的《中国解放区职工联合会纲领（草案）》提出：扩大与巩固解放区工会组织，动员解放区职工恢复和发展工业建设，正确贯彻"公私兼顾、劳资兼顾"的调节劳动关系的政策；开展职工政治、技术、文化教育，保护职工的利益；同时，号召解放区

---

① 《列宁全集》第 4 卷，人民出版社 2012 年版，第 368 页。
② 《列宁全集》第 4 卷，人民出版社 2012 年版，第 370 页。
③ 《列宁选集》第 4 卷，人民出版社 2012 年版，第 626 页。

职工群众援助各地工人斗争，促进全国工人运动的团结与统一，争取国内和平民主，积极动员和组织工人群众保卫和建设解放区，增强自卫战争的力量。1948 年 8 月，在哈尔滨召开第六次全国劳动大会，通过《关于中国职工运动当前任务的决议》，制定了解放区和国民党统治区工会的总任务，就是要彻底推翻帝国主义及其走狗在中国的统治，建立新民主主义人民共和国。解放区的工会工作，应在"发展生产、繁荣经济、公私兼顾、劳动两利"的总方针下，"团结全体职工，积极劳动，遵守纪律，以及保护职工的日常利益，教育职工"①。《中国解放区职工联合会纲领（草案）》与《关于中国职工运动当前任务的决议》无不体现出浓厚的"维护职工利益、维护国家利益"的特征。

1949 年 3 月，中共七届二中全会召开，全会提出了进一步做好工会工作和工人运动的一系列重要思想：工人阶级是人民民主专政的领导力量，要加强工人阶级领导的以工农联盟为基础的人民民主专政的国家政权，工人阶级要团结一切能与自己合作的力量；在城市工作中，必须全心全意依靠工人阶级，正确对待民族资产阶级。工人阶级要学会管理城市和建设城市，学会同帝国主义和国民党残余势力进行各种形式的斗争；工会必须围绕着恢复和发展生产这个城市的中心任务开展工作，在发展生产事业的基础上，改善工人和其他人民群众的生活。

1949 年 7 月 23 日，"全国工会工作会议"在北平召开，毛泽东指出：工会要主动做资本家的工作，调动积极因素，使他们安心生产是搞好工会工作的先决条件。工会要主动与行政搞好关系，取得当地党委对工会工作的领导支持。行政方面要帮助工会解决房屋、经费等实际问题，党、政、工三位一体，进行工作，就一定能够搞好生产。毛泽东在宴会讲话《关于工会工作的方针》中强调："做工会工作的同志应该抱主动的态度，主动地和资本家搞好关系，和行政搞好关系（对厂长方面也应该强调主动，如像《桥》里面的宋厂长那样）。党、政、工三方面，共同的目的都是为了搞好生产，

---

① 《关于中国职工运动当前任务的决议》，百度文库，1948 年 8 月。

有什么不能解决的问题呢?"① 会议通过《关于私营工商业劳资双方订立集体合同的暂行办法》、《关于劳动关系的暂行办法》和《关于劳动争议解决程序的暂行规定》。党的七届二中全会关于"学会管理建设城市、围绕恢复和发展生产及改善工人群众生活"以及"关于工会工作的方针"等工会工作思想，与毛泽东全国工会工作会议上关于"工会与资本家、与党委行政的关系处理"的要求，体现着工会"双重角色"的逐步确立。

1950 年 6 月 29 日，中央政府颁布《中华人民共和国工会法》，对工会的性质、权利与责任、基层组织、经费等作出规定。明确"工会是工人阶级自愿结合的群众组织"；"在国营及合作社经营的企业中，工会有代表受雇工人、职员群众参加生产管理及与行政方面缔结集体合同之权。在私营企业中，工会有代表受雇工人、职员群众与资方进行交涉、谈判、参加劳动协商会议并与资方缔结集体合同之权"；"教育并组织工人、职员群众，维护人民政府法令，推行人民政府政策，以巩固工人阶级领导的人民政权；教育并组织工人、职员群众，树立新的劳动态度，遵守劳动纪律，组织生产竞赛及其他生产运动，以保证生产计划之完成"。《中华人民共和国工会法》使工会"双重角色"通过立法形式最终确立。

（二）新中国成立初期：中国工会"双重角色"定位的理论实践探讨

计划经济体制下国家的利益与工人的利益是一致的，工会"双重角色"也具有较强的一致性。由于政党和行政的力量很强，工会更多的是自上而下地传达政党和行政的命令，而自下而上反映和代表工人群众的能力被弱化。② 新中国成立初期，刘少奇、邓子恢、李立三、赖若愚等从"妥善处理各方面的利益关系"、"工会应站在工人阶级的立场"、"工会应保持相对独立的地位"、"脱离群众是工会最大的危险"等角度对工会"双重角色"予

---

① 《毛泽东文集》第五卷，人民出版社 1996 年版，第 327 页。
② 参见齐凌云：《政党、工会与阶级基础》，《当代世界社会主义问题》2006 年第 3 期。

以理论实践探讨。

1. 刘少奇对工会"双重角色"的探讨：妥善处理各方面的利益关系

　　刘少奇分管工会工作过程中非常重视工会"双重角色"，提出"要使党说好，行政说好，群众也说好，这样是正确的。做好这件事情很困难，但也可以做到，研究一下，想一想办法，就可以做好"①。同时，刘少奇也感受到工会"双重角色"履行过程中出现的困难。1957年12月，刘少奇在中国工会第八次代表大会的祝词中强调："工会工作者面临着复杂的任务：他们需要善于正确地处理国家、集体和个人的关系，善于正确地处理生产和福利、长远利益和目前利益的关系，善于正确地处理行政和群众的关系，善于处理这一部分工人和那一部分工人的关系。但是工会工作者不应当害怕困难，而要在克服困难中创造出好的工作方法和工作作风，并且把自己锻炼成为坚强的干部。"② 为此，刘少奇1949年5月在华北职工代表会议上的讲话提出"把最强的干部，第一等的干部放在工会，做工会工作"。

　　刘少奇在对工会"双重角色"探讨中指出："普通的特别是政治上落后的工人，他来加入工会，并积极参加工会中的各种工作，出发点和目的是什么呢？他们既不是要来建立共产党与工人群众之间的桥梁，也不是来参加共产主义的学校和建立人民政权的社会支柱，他们通常的出发点和目的很简单，就是要使工会成为保护他们日常切身利益的组织。他们是为了保护自己的利益和一般劳动者的利益而团结起来的，组织起来的。如果工会不能实现他们这个目的，如果工会脱离了保护工人利益这个基本任务，那么他们就会脱离工会，甚至还会另找办法来保护他们的利益，工会就会脱离工人群众。"③ 为此，刘少奇强调："工会中工作的一切共产党员，务必最周密地关心工人群众一切经济的、政治的和文化的福利，即使是最微小的事情，也必

---

　　① 中共中央文献研究室、中华全国总工会编：《刘少奇论工人运动》，中央文献出版社1988年版，第392—393页。

　　② 中华全国总工会编：《建国以来中共中央关于工人运动文件选编》上册，中国工人出版社1989年版，第635页。

　　③ 中共中央文献研究室编：《建国以来重要文献选编》，中央文献出版社1992年版，第562页。

须予以关心。只要工人群众的这些要求无损于工人阶级领导的国家及其经济发展，无损于劳动人民的其他部分，亦即无损于工人阶级根本的、整个的和长远的利益，就应该力求满足工人群众的这些要求。"①

2. 邓子恢对工会"双重角色"的探讨：工会应站在工人阶级的立场

计划经济体制下，国家的利益与工人的利益一致，使工会"双重角色"的冲突并不十分严重，但也引起争论，工会不能明确站在工人阶级立场的现象更引起关注。1950年7月，在中南总工会筹委扩大会议上，时任中南军政委员会代主席邓子恢在肯定中南各省市工会工作取得的成绩后，着重指出工会工作严重脱离群众的缺点，并系统地分析如下三个主要原因：一是工会工作者未能明确地站在工人阶级利益的立场；二是工会工作者未能及时反映与切实代表工人阶级的利益；三是在工作方法中不是走群众路线，而是存在着相当严重的官僚主义和命令主义。②

为此，邓子恢从如下三个方面提出意见：一是关于工会工作的立场问题："在私营企业中，工会工作者应为工人利益作打算，绝不能代表资方替资方说话，也不应该站在劳动中间，即使有时需照顾资方、向资方让步，也应该从工人长远利益需要出发"；"在国营企业中，工会工作者也不应与企业行政人员混同起来，虽然双方基本立场一致，都是为了国家、都是为了工人利益服务，但应该分清彼此岗位的区别。企业管理者代表的是厂方利益，工会工作者代表工人利益"；"如果工会工作者与政府人员的立场态度完全一致而无所区别，对政府一切法令、政令与措施，不加研究盲目服从，甚至对工人不利者，也无条件服从，这同样要使工会脱离工人群众"③。二是关于代表工人利益问题："工会工作者，必须处处反映与解决工人的当前利益与局部利益，以取得工人信任，并从而提高工人觉悟。在这个基础上再去说服工人照顾长远利益与整体利益，这就易收事半功倍之效。"④ 三是关于工

---

① 中共中央文献研究室编：《建国以来重要文献选编》，中央文献出版社1992年版，第568页。

② 参见《邓子恢文集》，人民出版社1996年版，第274页。

③ 《邓子恢文集》，人民出版社1996年版，第274—276页。

④ 《邓子恢文集》，人民出版社1996年版，第280页。

作方法与工作作风问题："工会工作同志，只要多少沾染上官僚主义与命令主义，就会脱离群众，使自己陷于孤立，并会使工会变成官办的、没有群众的、有名无实的工会"；"工会工作者就必须实事求是，从实际出发，必须接近工人，深入群众，倾听群众的意见，反映群众的要求与情绪"；"工会要举办每一件事情，通过每一个决议，只能依靠说服教育去取得工人的同意，而不能采取其他任何办法，更不能强迫命令"；"在工人没有觉悟的条件下，工会同志要善于等待工人的觉悟，并要能够适当地去迁就他，目的在仍然保持与工人联系，不致脱离工人"①。

3. 李立三对工会"双重角色"的探讨：工会应保持相对独立的地位

新中国成立之初，李立三在主持全总工作过程中对工会思想进行了艰辛探索。关于工会指导方针和主要任务方面，他提出遵循党的"发展生产、繁荣经济、公私兼顾、劳动两利"的总方针，促使工会较长时间执行的"以生产为中心，生产、生活、教育"三位一体方针形成雏形。毛泽东曾评价道："六次劳人贯彻的'公私兼顾、劳动两利'的方针，是为了达到发展生产、繁荣经济的目的。这是很好的。这个方针在苏联没有"。同时，李立三对工会的"双重角色"，尤其"工会应保持相对独立的地位"进行了探讨，他认为"工会是工人群众的组织，它所处的地位和环境就不能不多关心每个工人的日常利益（即私的利益）。而且只有多关心工人的日常利益，才更便利于对工人进行整体利益与长远利益的教育。这也就是行政与工会有时发生争议的根源"②。为此，李立三在《关于在新民主主义时期工会工作中几个问题的决议》中指出："在有关工人生活的具体问题上，在劳动条件的问题上，公私利益之间还是存在着一定的矛盾，这就是在社会主义性质的国营企业中，还需要有代表工人群众的工会组织以及还需要执行保护工人群众利益任务的客观基础"③。

---

① 《邓子恢文集》，人民出版社1996年版，第281—284页。
② 《李立三赖若愚论工会》，档案出版社1987年版，第17页。
③ 中共中央党史研究室第一研究部编：《李立三百年诞辰纪念集》，中共党史出版社1999年版，第291页。

　　在行政与工会代表的不同利益方面，李立三认为"在某些具体问题上行政方面多代表整体利益、长远利益，同时也照顾到个人利益、眼前利益，工会在某些具体问题上多代表个人利益、眼前利益，同时必须注意到整体利益、长远利益。如果工会不维护工人的利益，便会发生脱离群众的危险，丧失其群众组织的作用。因此行政应当尊重作为工人群众的代表机关的工会，不应当要求工会'唯命是听'，把工会变成行政机构的职工科或政治部性质的组织"①。在解决劳动纠纷时，李立三明确提出"工会只能代表工人进行'谈判、协调'，'调解、仲裁'是劳动局的责任"，划清界限"因为劳动局是政府机关，政府不仅包括工人，而且也包括资本家，所以它可以站在两个阶级之间来调解仲裁"。如果工人提出的要求过高，工会应该怎么办呢？他认为"工会要去说服工人，但不能站在两个阶级之间去说服，而是要站在工人的位置去说服工人"②。

4. 赖若愚对工会"双重角色"的探讨：脱离群众是工会最大的危险

　　李立三之后赖若愚接任全总工作，对工会"双重角色"极为重视，认为："工会必须成为党联系群众的纽带，必须把广大群众团结在党的周围。"③ 同时"工会组织必须保护职工群众的物质利益和民主权利"④。关于工会履行"双重角色"处理与党、政、企及群众关系，赖若愚提出："在工会工作中（不论国营或私营），有几个问题必须注意：第一，必须尊重党的领导。无论哪一级工会，如果脱离了党的领导，就一定要犯错误，脱离党的领导，本身就是极大的错误。第二，要与政府劳动部门、企业行政部门紧密联系，主动地征求他们的意见。第三，必须建立工会内部的民主生活，把整个工作放在群众的监督之下。"赖若愚强调："工会不能埋怨党、行政的工作没有做好，首先应该有首创精神把自己的工作做好。这完全是可能的。因

---

① 《李立三赖若愚论工会》，档案出版社 1987 年版，第 153—154 页。
② 《李立三赖若愚论工会》，档案出版社 1987 年版，第 154 页。
③ 《李立三赖若愚论工会》，档案出版社 1987 年版，第 229 页。
④ 《李立三赖若愚论工会》，档案出版社 1987 年版，第 393 页。

为党、行政无论如何不会限制工会把工作做好。"①

赖若愚极为重视群众工作，认为"联系群众是做好工会一切工作的最基本条件"，"脱离群众是工会最大的危险。脱离了群众，工会就没有了生命。工会的生命、工会所有的力量在于联系群众，失去了群众，工会什么力量也没有"②。并且在思想上明确的同时，重视在组织、制度上保障，他提出"工会是工人阶级的群众组织，其最重要、最基本的问题是联系群众。联系群众的程度如何，是测量工会工作最根本的标尺。因此，工会基本的工作方法，就是说服教育，贯彻民主精神；我们不只是要在思想上明确这些，而且要从组织上、制度上加以保证。工会的组织形式和工作制度都必须贯彻民主精神，以保证我们和工人群众的联系"③。赖若愚认为工会虽在政治上接受党的领导，但在组织上具有相对独立性，"工会要真正地进行群众的自我教育，不断地提高群众的觉悟，发挥群众的生产积极性，那它就必须是独立的组织，不是独立的组织就不能发挥这些作用。工会在政治上必须接受党的领导，同时必须发挥它自己的组织作用。发挥它独立的组织作用，正是为了更好地贯彻党的政策"④。

（三）改革开放以来：中国工会"双重角色"定位的体制性强化

改革开放以来，中国工会伴随市场化经济发展过程，在"强化工人代表性"、"强化维护职工合法权益"等方面不断探索改革，中国工会"双重角色"定位在改革探索中于党的十五大予以体制性强化。

1. 20 世纪 80 年代，强化"工人代表性"的工会改革探索

1978 年 10 月，中国工会第九次代表大会在北京召开，邓小平在致辞中强调："工会组织，必须密切联系群众，使广大职工都感到工会确实是工人自己的组织，是工人信得过的、能替工人说话和办事的组织，是不会对工人

---

① 《李立三赖若愚论工会》，档案出版社 1987 年版，第 180 页。
② 《李立三赖若愚论工会》，档案出版社 1987 年版，第 261 页。
③ 《李立三赖若愚论工会》，档案出版社 1987 年版，第 229 页。
④ 《李立三赖若愚论工会》，档案出版社 1987 年版，第 260 页。

说瞎话、拿工人的会费做官当老爷、替少数人谋私利的组织。"[①] 1980 年 7 月，波兰组织全国性罢工，团结工会成立并演变为反对组织，全总强调应从波兰工人罢工事件中吸取教训，要求"各级工会组织，特别是各级工会领导，都必须有改善工会同群众关系的紧迫感"。1983 年初，在讨论《全总十大工作报告提纲》时，中央主要领导指出"建国以后，在'左'的思想指导下，工会工作受到了很大的干扰，长期强调党的领导，但忽视了工会是工人阶级的群众组织的特点，在一定程度上，工会变成了行政机关，脱离了工人群众。这种状况必须改变"。1986 年，邓小平提出政治体制改革的主张，如何划分党与社会团体的职能被提上议事日程。1987 年 5 月至 1988 年 2 月，中央高层领导多次强调"工会是社会主义国家中最重要的社会政治团体，要改善党同工会的关系，把党和工会的职能分开。工会有它自己的职能，党不应该包揽一切，干涉过多"。

1987 年 10 月，党的十三大报告强调："要理顺党和行政组织同群众团体的关系，使各种群众团体能够按照各自的特点独立自主地开展工作，能够在维护全国人民总体利益的同时，更好地表达和维护各自所代表的群众的具体利益。"1988 年 10 月，中国工会第十一次全国代表大会提出《关于工会改革的基本设想》，其由五部分组成：关于工会改革的目标，"把我国工会建设成为中国共产党领导的，独立自主、充分民主、职工信赖的工人阶级的群众组织，在国家和社会生活中发挥重要作用的社会政治团体"；关于理顺工会和党的关系，"使工会能在党的领导下，依照法律和章程独立自主地履行自己的社会职能"；关于理顺工会与政府的关系，"使工会成为政府的亲密合作者和坚强的社会支柱"；关于增强基层工会的活力，"工会改革要以增强基层工会工作活力为中心环节"；关于工会的组织制度改革，"工会是职工群众自愿参加、自下而上地联合起来的组织。工会组织制度要逐步向联合制、代表制的方向过渡"；关于工会干部人事制度改革，"由党委主管、工会协管的体制逐步向工会按自己的章程和条例自行管理干部的体制过渡"，

---

① 中华全国总工会编：《邓小平论工人阶级与工会》，中国工人出版社 1994 年版，第 7 页。

最终实现"由党委主管、工会协管的体制，逐步向工会按自己的章程和条例自行管理干部的体制过渡"。

2. 20 世纪 90 年代中后期，强化"维护职工合法权益"的改革探索

1998 年 10 月，胡锦涛在中国工会十三大祝词中强调，希望"各级工会把自觉接受党的领导与独立自主地开展工作统一起来"，"支持工会依照法律和自己的章程独立自主、创造性地开展工作"①。时任全国总工会主席尉健行提出"工会是劳动关系矛盾的产物"，强调"维护职工合法权益是工会基本职责"，并以此作为修改、制定法律及推动工会实践工作的基本原则、精神和要求。

首先，将劳动关系的矛盾作为社会主义工会存在的基础，较列宁"官僚主义"、"公私矛盾"及"具体利益"等作为社会主义工会存在与运行的基础更为坚实。

其次，在《工会法》修改过程中以"维护职工合法权益是工会的基本职责"为主旨，2001 年修改后的《工会法》较 1992 年《工会法》，第二条增加"中华全国总工会及其各工会组织代表职工的利益，依法维护职工的合法权益"；第三条增加"任何组织和个人不得阻挠和限制"；第六条增加"维护职工合法权益是工会的基本职责"，"通过平等协商和集体合同制度，协调劳动关系，维护企业职工劳动权益。工会依照法律规定通过职工代表大会或者其他形式，组织职工参与本单位的民主决策、民主管理和民主监督"。由此，国家以法律形式要求工会肩负起"代表职工利益"、"维护职工的合法权益"的重任。

再次，为保障工会的代表性，第九条增加"企业主要负责人的近亲属不得作为本企业基层工会委员会成员的人选"；为加强对工会主席的保护性，增加第十七、第十八条；为增强对职工劳动权益保护，第二十二条规定"企业、事业单位违反劳动法律、法规规定，侵犯职工劳动权益，工会应当

---

① 胡锦涛：《工人阶级要为实现我国跨世纪发展的宏伟目标不懈奋斗》，《光明日报》1998 年 10 月 20 日。

代表职工与企业、事业单位交涉，要求企业、事业单位采取措施予以改正；企业、事业单位应当予以研究处理，并向工会作出答复；企业、事业单位拒不改正的，工会可以请求当地人民政府依法做出处理"；为妥善处理停工、怠工事件，第二十七条规定"企业、事业单位发生停工、怠工事件，工会应当代表职工同企业、事业单位或者有关方面协商，反映职工的意见和要求并提出解决意见"。同时，增加"法律责任"一章，明确了工会组织诉讼权，对阻挠职工依法参加和组织工会、对依法履职的工会工作人员打击报复、对侵占工会经费和财产等违法行为，规定了相应的经济、行政、刑事等法律责任。

最后，在工会工作实践中，通过各种方式强化工会维权职能，尤其提出"集体合同是牛鼻子"的观点。2001 年 11 月，在全国贯彻实施《劳动法》、《工会法》，推进集体合同、劳动合同工作经验交流会上，尉健行强调，"推行集体合同和劳动合同制度，是为了建立稳定协调的企业劳动关系，维护劳动关系双方的合法权益，规范双方的行为，增进双方的合作，共谋企业的发展，实现维护全国人民总体利益与维护职工群众具体利益的统一"，"要坚持把职工关心的热点、难点问题作为平等协商、集体合同的重点"，"要坚持把工资集体协商作为推行集体合同制度的重要内容，由工会或职工代表与企业进行平等协商，在协商一致的基础上签订工资协议，以落实职工参与工资分配的权利"、"推行集体合同和劳动合同制度，必须有健全的企业民主管理制度作保证"[①]。

3. 新世纪以来，中国工会"双重角色"的体制性强化

2002 年 10 月，党的十六大报告强调，"坚持和完善职工代表大会和其他形式的企事业民主管理制度，保障职工的合法权益"。2003 年 9 月，王兆国在中国工会十四大报告中指出，"始终把党的领导作为工会工作的根本保证"，"始终把围绕中心服务大局作为对工会工作的必然要求"，"始终把保持与职工群众的密切联系作为工会工作的生命线"，"始终把维护职工合法

[①]　《尉健行强调进一步推行集体合同和劳动合同制度》，《工人日报》2001 年 11 月 21 日。

权益作为工会必须履行的基本职责"①，中国工会"双重角色"的要求特征突出。

2004 年全总提出工会工作重点是"加强工会基层建设、发挥基层工会作用，关心职工生产生活、维护职工切身利益。概括地讲，就是组织起来、切实维权"，"组织起来、切实维权"被认为是对新时期工运方针的高度概括。2005 年 12 月，中华全国总工会出台《关于加强协调劳动关系，切实维护职工合法权益，推动构建社会主义和谐社会的决定》，确定了工会维权的基本设想，并提出工会维权的五项原则：一是坚持自觉接受党的领导，二是坚持围绕中心服务大局，三是坚持两个维护相统一，四是坚持依法维权，五是坚持维护与教育相结合。

2006 年 12 月，王兆国在全总十四届十一次主席团会议上的讲话中提出，"以职工为本、主动依法科学维权"的中国特色社会主义工会维权观，强调"坚持维护全国人民总体利益与维护职工群众具体利益相统一"的维权原则、"坚持党政主导、工会运作"的维权格局，并通过"建立健全利益协调机制，确保职工群众共享改革发展成果"，"建立健全诉求表达机制，充分反映职工的意愿和要求"，"建立健全矛盾调处机制，维护职工队伍团结稳定和社会和谐"，"建立健全权益保障机制，切实解决职工生产生活困难和问题"等途径，为工会维权工作提供制度机制保障。

2007 年 10 月，党的十七大报告中强调，"支持工会、共青团、妇联等人民团体依照法律和各自章程开展工作，参与社会管理和公共服务，维护群众合法权益"、"健全党和政府主导的维护群众权益机制"。从党的十三大强调"独立自主"到党的十四大强调"创造性"到没有修饰语，再到党的十七大"党和政府主导"的维护职工权益机制的表述变化②，确认了中国工会"双重角色"的体制性特征。

2008 年 10 月，中国工会十五大提出了"坚持以职工为本，主动依法科

---

① 《学习工会十四大报告讲话》，中国工人出版社 2003 年版，第 151—153 页。
② 参见徐小洪：《中国工会的双重角色定位》，《人文杂志》2010 年第 6 期。

学维权"的新时期维权观。习近平在中国工会十五大祝词中强调"要在党和政府主导的维护职工权益机制中发挥工会的特点和优势"、"要把更多资源和手段赋予工会组织，把党政所需、职工所急、工会所能的事更多地交给工会组织去办，不断扩大工会组织的社会影响，为工会事业发展创造更好环境"①。王兆国在中国工会十五大报告中说，"坚持党的领导，是中国工会的政治原则、本质要求和根本保证，也是中国工会区别于西方资本主义国家工会的根本特点。中国工会具有鲜明的阶级性、高度的政治性、广泛的群众性"②。

"中国特色社会主义工会"是对现行体制工会的真实描述，不仅具有鲜明的阶级性、广泛的群众性，而且具有高度的政治性，"在维护全国人民总体利益的同时，代表和维护职工的合法权益"，从而对中国工会"双重角色"从体制性角度予以确认。中国特色社会主义理论要求工会作为政党联系群众的"传送带"，作为具有国家和社团"双重身份"属性的组织而存在，决定了工会权力是国家公共权力的延伸，代表政党国家利益的同时，表达并维护工人的合法权益。

2012 年 11 月，党的十八大报告强调，"全心全意依靠工人阶级，健全以职工代表大会为基本形式的企事业单位民主管理制度，保障职工参与管理和监督的民主权利"。2013 年 4 月 28 日，习近平在同全国劳动模范代表座谈时强调，"中国特色社会主义工会发展道路是中国特色社会主义道路的重要组成部分，深刻反映了中国工会的性质和特点，是工会组织和工会工作始终沿着正确方向前进的重要保证。要始终坚持这条道路，不断拓展这条道路，努力使这条道路越走越宽广"③。

2013 年 10 月，中国工会十六大报告提出，"团结动员亿万职工在实现中国梦历史进程中充分发挥主力军作用"、"只有坚持党的领导，工会工作才能方向明确、不走偏路，才能做得有声有色、扎实有效。工会要永远保持

---

① 《中国工会十五大文件资料汇编》，人民日报出版社 2008 年版，第 11 页。
② 《中国工会十五大文件资料汇编》，人民日报出版社 2008 年版，第 44 页。
③ 《习近平谈治国理政》第一卷，外文出版社 2018 年版，第 47 页。

自觉接受党的领导这一优良传统"、"工会要赢得职工群众信赖和支持，必须做好维护职工群众切身利益工作，促进社会公平正义"①。

2015年7月6日，习近平出席党的群团工作会议强调："中国特色社会主义群团发展道路，是中国特色社会主义道路在群团工作领域的具体展开。"② 2015年7月9日，《中共中央关于加强和改进党的群团工作的意见》指出："中国特色社会主义群团发展道路……是中国特色社会主义道路的重要组成部分，其基本特征是各群团自觉接受党的领导、团结服务所联系群众、依法依章程开展工作相统一。"

2017年10月，党的十九大报告强调，"增强群众工作本领，创新群众工作体制机制和方式方法，推动工会、共青团、妇联等群团组织增强政治性、先进性、群众性，发挥联系群众的桥梁纽带作用，组织动员广大人民群众坚定不移跟党走"。

2018年10月，中国工会十七次全国代表大会召开后，习近平总书记在新一届工会领导班子集体谈话时强调："树立大抓基层的鲜明导向，坚持眼睛向下、面向基层，把力量和资源向基层倾斜投放，把广大职工凝聚在党的周围。……工会要坚持以职工为中心的工作导向，抓住职工群众最关心最直接最现实的利益问题，认真履行维护职工合法权益、竭诚服务职工群众的基本职责，把群众观念牢牢根植于心中，哪里的职工合法权益受到侵害，哪里的工会就要站出来说话。"③ 随后，《中国工会章程》总则明确指出："中国工会的基本职责是维护职工合法权益、竭诚服务职工群众。"

2019年五一劳动节前夕，习近平总书记指出："工会是党联系职工群众的桥梁和纽带，工会工作是党的群团工作、群众工作的重要组成部分，是党治国理政的一项经常性、基础性工作。新形势下，工会工作只能加强，不能

---

① 李建国：《高举旗帜 改革创新 团结动员亿万职工在实现中国梦历史进程中充分发挥主力军作用——在中国工会第十六次全国代表大会上的报告》，《工人日报》2013年10月25日。

② 习近平：《切实保持和增强政治性先进性群众性 开创新形势下党的群团工作新局面》，《人民日报》2015年7月8日。

③ 《习近平同中华全国总工会新一届领导班子成员集体谈话》，中新网，2018年10月30日。

削弱；只能改进提高，不能停滞不前。"①

中国工会"双重角色"在体制性强化的实践中，必然在传承与中共党史同步发展的中国工会历史形成的"双重角色"定位的过程中，实践道路自信、理论自信、制度自信，推动中国特色社会主义和谐劳动关系建设、推动中国特色社会主义工会道路发展，为丰富世界工会运动发展实践贡献"中国智慧"。

二、中国工会"双重角色"传承的逻辑思考与路径选择

中国工会组织模式是在适应计划经济高度集权发展需要、延续革命年代根据地工会组织传统、借鉴苏联工会模式经验基础上建立起来的，其"既代表职工又代表党和政府"、"既维护职工利益又维护全国人民总体利益"的"双重角色"准政府定位，与西方市场经济国家工会"仅代表劳动者、仅维护劳动者利益"明显不同，高度重视中国工会职能发挥成为政府推动劳动关系和谐发展的重要路径。

（一）中国工会理论与实践研究综述

在深入探讨中国工会"双重角色"定位形成渊源与探索发展的历史基础上，厘清社会主义国家工会以"社会服务"为主与资本主义国家工会以"劳动维权"为主的不同，并对转型期中国工会适应市场经济特征更好传承发展予以深入思考，对于促进劳动关系和谐稳定发展、坚定中国特色社会主义工会道路具有重要意义。近年来，围绕工会理论与实践探讨大致可梳理为如下三个方面。

1. 围绕"工会与国家、政党、企业关系"研究

中国工会"双代表、双维护"角色定位与西方市场经济国家工会"仅

---

① 习近平：《在庆祝"五一"国际劳动节暨表彰全国劳动模范和先进工作者大会上的讲话》，《人民日报》2015年4月29日。

代表劳动者、仅维护劳动者利益"明显不同,转型期中国工会传承发展研究中"工会与国家、政党、企业关系"必然成为重要内容。

(1) 关于"工会由党和国家决定"研究

吴建平(2011)[①]认为,改革初期中国工会服从并服务于国家对城市治理的单位制模式,以企业工会为运作载体参与企业治理,改革中后期工会确立了"党委领导、政府重视、各方支持、工会运作、职工参与"的社会化维权模式,积极参与地方治理。许晓军、吴清军(2011)[②]认为,工会已被整合进党政社会管理系统之中,属"类政府机关"的群团组织,工会"维权"与"维稳"的核心职能,恰恰符合中国工会的性质特征。

(2) 关于"工会既代表党和国家又代表职工"研究

徐小洪(2010)[③]认为,现行体制下中国工会理论、法律、体制及运行都体现了中国工会具有双重角色定位,中国工会改革的矛盾焦点就是双重角色定位的争论与演变。吴亚平、郑桥(2013)[④]认为,中国工会地位具有两重性特点,作为执政阶级的组成部分工会要参与国家和社会事务的管理,在企业中工会要参与企业的管理,同时工会又是劳动关系中被管理者的代表,要代表、反映和维护被管理者利益。

(3) 关于"工会是企业与工人中介者"研究

冯同庆(2003)[⑤]通过案例研究证明,职工参与在国家规范、参与者结构、价值取向等方面发生了变化,但工会作为企业与工人中介者在组织形式、社会后果等方面没有变化,工会中介性的职工参与有助于提高企业效益、规范基层关系、保持社会稳定,兼顾协调国家、企业与职工的关系。冯

---

① 参见吴建平:《从企业参与治理到地方治理参与——从国家治理模式转变看中国工会组织与制度变革》,《学海》2011 年第 1 期。

② 参见许晓军、吴清军:《对中国工会性质特征与核心职能的学术辨析——基于国家体制框架内工会社会行为的视角》,《人文杂志》2011 年第 5 期。

③ 参见徐小洪:《中国工会的双重角色定位》,《人文杂志》2010 年第 6 期。

④ 参见吴亚平、郑桥:《中国特色社会主义工会发展道路探析》,《新视野》2013 年第 6 期。

⑤ 参见冯同庆:《国家、企业、职工、工会之间关系的良性调整——尚存国有企业在改革中的职工参与案例研究》,《"市场经济下的中国工运、工会与国家"学术研讨会论文》,香港中文大学中国研究服务中心,2003 年。

钢（2006）① 认为，工会组织对行政主管和企业领导高度依赖，不具备"工人利益聚合"功能、没有代表工人利益采取集体行动权等制度性弱势，使工会无法代表职工利益，集体谈判、集体协商和集体合同制度缺乏集体行动的合法性基础。

（4）关于"工会是独立利益主体"研究

佟新（2005）② 通过实证调研，认为工会正是凭借党组织在企业中的影响力较为有力地实现其权利，工会从传统"生产"与"维权"双重目标向"维权"为主目标发展，建立以福利目标为主、民主目标为辅的工会功能体系，并促使劳、资、政三方谈判为主的劳动关系制度化，便能成为主动发挥作用的"能动的行动者"。游正林（2011）③ 通过实证研究，认为企业工会尤其是工会主席主动介入企业生产管理，并非工会必须开展的本职工作，更多出于追求政绩的考虑，虽然这种做法得到企业厂级领导和职能部门的支持，但并非根据职工群众意愿行事，甚至会损害职工利益，且模糊工会的基本形象。

2. 围绕"工会维护劳动者权益"研究

计划经济"劳动一体"向市场经济"资强劳弱"转型发展过程中，最为突出的是在工会"双重角色"定位基础上着力强化维护劳动者权益。

（1）有关"三方协商机制"研究

乔健（2010）④ 认为，中国"三方协商机制"较西方发达国家存在较大区别，政府主导性过强，劳动双方都未形成真正具有独立性的利益代表组织，对党和政府具有较强的依附性。李丽林、袁青川（2011）⑤ 认为，"三

---

① 参见冯钢：《企业工会的"制度性弱势"及其形成背景》，《社会》2006 年第 3 期。
② 参见佟新：《企业工会：能动的行动者——以北京中外合资企业 B 有限公司工会实践为例》，《江苏行政学院学报》2005 年第 5 期。
③ 参见游正林：《政绩驱动下的工会行动——对 F 厂工会主动介入生产管理过程的调查与思考》，《学海》2011 年第 1 期。
④ 参见乔健：《中国特色的三方协调机制：走向三方协商与社会对话的第一步》，《广东社会科学》2010 年第 2 期。
⑤ 参见李丽林、袁青川：《国际比较视野下的中国劳动关系三方协商机制：现状与问题》，《中国人民大学学报》2011 年第 5 期。

方协商机制"是多元社会协调劳动双方利益冲突的基本制度，也是最为重要的"国际劳工标准"，在中国转型发展中具有其他制度无法取代的作用，我国虽已逐步建立但其作用受到普遍质疑，仍需借鉴国际经验进行必要改革，形成具有中国特色的"三方协商机制"。鲜开林、乔伟聚（2013）① 认为，现实劳动权益关系中由于没有真正形成对等式的"三方协商机制"，政府和资方异常主控和强势，劳方异常弱势和缺失，应当切实构建并真正完善对等式的"三方协商机制"，促使劳动利益关系信任稳定、提高劳动者报酬，激发劳动者创造活力。

（2）有关"工会与集体谈判"研究

赵曙明（2012）② 对国外集体谈判研究现状予以梳理，提出"跨文化、跨国界集体谈判制度"、"西方劳动关系管理实践的中国化应用"以及"集体谈判保障性法律体系建设"三个未来研究方向。刘诚（2012）③ 对集体谈判与工会代表权予以研究，认为我国工会集体谈判代表权属于基层工会、县以下产业工会及区域工会，导致集体谈判流于形式的原因是基层工会不能有效行使代表权，应通过基层工会直选和工会代表诉讼激活基层工会，同时强化产业级集体谈判立法、探索劳务派遣集体谈判途径，并加强集体谈判培训。艾琳（2014）④ 对集体谈判中政府侵权现象予以研究，认为政府功能定位和施政目标设置造成"政绩导向下政府越位"、"管制导向下政府缺位"、"利益导向下政府错位"，从而集体谈判制度"有集体协商无集体谈判、有集体合同缺集体认同"。

（3）有关"劳动者集体意识形成"研究

常凯（2013）⑤ 通过对中国劳动关系集体化转型分析，认为中国工人在市场化转型过程中逐步形成自己的集体意识，并通过自发集体行动予以表

---

① 参见鲜开林、乔伟聚：《论对等式"三方协商机制"的构建与完善》，《东北财经大学学报》2013 年第 2 期。

② 参见赵曙明：《国外集体谈判研究现状述评及展望》，《外国经济与管理》2012 年第 1 期。

③ 参见刘诚：《集体谈判与工会代表权》，《社会科学战线》2012 年第 4 期。

④ 参见艾琳：《集体谈判中政府侵权现象研究》，《江汉论坛》2014 年第 3 期。

⑤ 参见常凯：《劳动关系的集体化转型与政府劳工政策的完善》，《中国社会科学》2013 年第 6 期。

达，应在现有政治、法律框架下对其引导、规制，实现自上而下与自下而上两种劳工力量的互相支援和互相补充。许叶萍、石秀印（2013）[①] 对中国自民国始四轮集体谈判总体上均未成功的深层原因予以探讨，认为集体谈判与中国"一统体制"使雇主、工会及政府缺乏集体谈判理念而不相容，应促进工人内生力量的理性发展分析，劳动者阶层集体意识初步形成不仅表现在社会经济、政治关系中，而且表现在劳动者对其社会身份与地位的自我认同。

3. 围绕"工会组织改革创新"研究

转型期发展过程中，劳动争议的骤增，尤其对抗性集体劳动纠纷出现时工会暴露的尴尬处境，使社会聚焦于工会组织改革创新。

（1）有关"工会改革面临的问题现状"研究

陈峰（2003）[②] 认为，工会与国家和劳工之间的"双重角色"定位，造成劳资冲突发生时：如果现实需要工会扮演的角色与制度允许的角色无冲突且基本一致时，工会有较大制度空间代表工人利益；如果两种制度身份有明显冲突，迫使工会站在国家一边；如果当某些工人企图自发成立组织时，工会将决不妥协站在国家一边，扮演国家工具的角色。邵思军（2013）[③] 认为，劳动关系规范机制滞后于市场经济发展已成为经济社会可持续发展的巨大隐患，改变劳动关系制度滞后的矛盾焦点是工会改革，应进一步处理好党与工会的关系、工会附属于企业管理层及工会维权手段不足等问题。张冬梅（2013）[④] 认为，富士康事件体现出工人对企业工会认同感低、企业工会代表性弱、工会人员构成违法、未能有效进行集体协商并监督集体合同履行，企业工会作用发挥困境的根本原因在于其独立人格的缺失。

---

① 参见许叶萍、石秀印：《中国集体谈判的困境与中国的一统制传统》，《江苏社会科学》2013年第2期。

② 参见陈峰：《在国家和劳工之间：市场经济下中国工会的角色冲突》，香港中文大学中国研究服务中心内部网站，2003年。

③ 参见邵思军：《全球化背景和历史视野中的中国劳动关系发展途径——兼议工会改革》，《中国人力资源开发》2013年第9期。

④ 参见张冬梅：《企业工会改革的法律探讨——以 FLA 对富士康的调查为背景》，《中国劳动关系学院学报》2013年第5期。

（2）有关"工会社会化组织建设"研究

张默（2010）① 认为，工会社会工作是以职工和会员的劳动生活场域为平台，以工会组织为载体，运用社会工作知识和方法满足职工劳动权益和职业福利保障需求，提升解决问题能力构建协调劳动关系的活动。刘泰洪（2012）② 认为，中国工会作为"职工自愿结合的群众组织"的社会组织建制属性在《工会章程》和《工会法》中都有界定，但在实践中工会更多演变为国家建制的行政组织，要实现工会组织真正转型，需积极推动工会由行政性向社会化转变，工会完善的组织体系、工作机制和社会工作平台，使之具有其他社会组织不可比拟的影响力。王向民（2013）③ 基于中国工会"双重角色"的历史与草根维权的现实，提出将工会建设成"枢纽性社会组织"的观点，即工会既代表社会又代表国家，并成为汇聚国家与社会的资源中心进行资源分配与转换。

（3）有关"工会民主化建设"研究

冯同庆（2011）④ 认为，企业民主管理需要双方互动合作的社会权利基础一直没有真实建立起来，尤其是职工权益表达和工会利益代表性体现缺乏动力和保障机制，基于职工诉求表达其合法社会权益，并据此与职代会制度相匹配，将有助于提高职工与企业相互博弈。吴亚平（2010）⑤ 认为，职工民主管理的主体、性质和作用定位分别应是企业"全体职工"而非"全体人员"、应是职工"参与管理"而非"做主决策"、应是"现代企业制度组成部分"而非"主人翁的体现"。石秀印（2013）⑥ 认为，劳企商谈会在一

---

① 参见张默：《2010 社会工作蓝皮书——中国社会工作发展报告（2009—2010）》，社会科学文献出版社 2010 年版，第 146 页。

② 参见刘泰洪：《劳资冲突化解：由集体谈判向网络化治理的转向》，《社会主义研究》2012 年第 1 期。

③ 参见王向民：《双重代表、资源中心与转换中介：将工会建设成枢纽性社会组织的内涵》，《工会理论研究》2013 年第 2 期。

④ 参见冯同庆：《中国职代会制度——一个有希望的憧憬》，《中国工人》2011 年第 6 期。

⑤ 参见吴亚平：《对工会民主管理工作的再认识》，《中国劳动关系学院学报》2010 年第 2 期。

⑥ 参见石秀印：《劳企商谈会：一种新型劳动关系治理机制》，《中国党政干部论坛》2013 年第 4 期。

定程度上填补了企业体制的缺项，它并非通过罢工、上访等压力施加影响，而是立足于中华民族的和合文化，以基于文化合理性的陈情、说理、商量产生穿透力，以公理、公议、公论产生影响力，以设身处地、通情达理实现互谅互让。陈伟光（2013）[①] 认为，通过真正意义的民主选举产生工会，体现"职工自愿结合的工人阶级的群众组织"的工会应有面貌，工会才能真正有地位有作为，民主集中制是党的优良传统，工会章程也明确规定了民主集中制，工会直选不能离开民主集中制。

（二）转型期中国工会传承发展的逻辑思考

在市场经济转型发展过程中，劳动争议案件骤增，尤其对抗性集体劳动事件频发，使社会深感劳动关系规范机制滞后于市场经济发展，已成为经济社会可持续发展的巨大隐患，劳动关系制度滞后的矛盾焦点指向工会改革滞后，工会"双重定位"造成的工会在对抗性劳动事件发生时或"徘徊于政府与职工"，或"只能代表政府维稳"的尴尬处境，使工会"双重角色"定位备受争议。从历史逻辑、现实逻辑与理论逻辑角度，深入探讨转型期中国工会传承发展而非传统舍弃，既是历史唯物主义的体现，也是社会现实发展的需要。

1. 转型期中国工会传承发展的历史逻辑思考

（1）中国工会"双重代表"属性伴随中国共产党产生而孕育发展

马克思主义同中国工人运动相结合促使中共产生壮大，中国工会跟随中国共产党应运而生，其"双重角色"定位在新民主主义革命实践以及列宁社会主义工会理论的影响下孕育形成确立。1921 年 7 月，中国共产党成立后便将"工人运动"作为中心工作，明确规定"本党的基本任务是成立工会"，党的历次代表大会都将工会工作作为重要内容。1934 年 1 月，毛泽东在全苏二大上对苏区工会予以高度评价，指出："苏区工人是组织坚强的阶级工会。这种工会是苏维埃政权的柱石，是保护工人利益的堡垒，同时它又

---

① 参见陈伟光：《工会民主与工会自身改革》（上），《中国工人》2013 年第 6 期。

成为广大工人群众学习共产主义的学校。"① 中国工会"双重代表"定位在中国革命实践与列宁"马克思主义工会"理论的促进下逐步形成。1949 年，党的七届二中全会"工会必须围绕着恢复和发展生产这个城市的中心任务开展工作，在发展生产事业的基础上，改善工人和其他人民群众的生活"，以及全国工会工作会议"关于工会工作方针"的思想，尤其是 1950 年 7 月《中华人民共和国工会法》颁布实施，体现着中国工会"双重代表"定位的最终确立。

（2）中国工会改革伴随"双重代表"传承发展

改革是推动实践发展的重要动力，新中国成立 60 余年围绕工会改革主要有三次，新中国成立之初，虽然计划经济体制国家利益与工人利益具有一致性，工会"双重角色"也具有较强的一致性，但依然存在脱离工人群众的现象，究其原因政党和行政力量过强，工会更多"自上而下"传达政党和行政的命令，"自下而上"代表和反映工人群众能力较为弱化。为此，刘少奇、邓子恢、李立三、赖若愚等从妥善处理各方面的利益关系、工会应站在工人阶级的立场、工会应保持相对独立的地位、脱离群众是工会最大的危险等角度，对工会"双重角色"予以理论实践探讨。改革开放以来，伴随市场化经济发展，工会在"强化工人代表性"、"强化维护职工合法权益"等方面不断探索改革。

（3）在传承发展中坚定中国特色社会主义工会道路

市场经济发展过程中"资强劳弱"造成劳动关系失衡，劳动者权益受到侵害成为转型期最为突出的社会问题，为此"组织起来，切实维权"成为新时期工会工作的根本方针，如何维权成为转型期工会改革的关键问题。2005 年，全总提出"自觉接受党的领导"、"围绕中心服务大局"、"两个维护相统一"、"依法维权"、"维护与教育相结合"的工会维权五项原则；2007 年 10 月，党的十七大报告提出"健全党和政府主导的维护群众权益机制"；2013 年 4 月，习近平总书记强调"中国特色社会主义工会发展道路是

---

① 李国忠主编：《中国共产党工运思想文库》，中国工人出版社 1993 年版，第 311 页。

中国特色社会主义道路的重要组成部分，深刻反映了中国工会的性质和特点"①；2013 年 10 月，中国工会十六大报告强调"工会要永远保持自觉接受党的领导这一优良传统"、"工会要赢得职工群众信赖和支持，必须做好维护职工群众切身利益工作，促进社会公平正义"。

2. 转型期中国工会传承发展的现实逻辑思考

（1）中国劳动关系转型期特征的现实

当代中国劳动关系形成过程中，无论国企改革、民企壮大还是外企引入，政府均发挥着重要的指导引导作用，中国政府较其他任何国家政府对劳动关系更具"主导性"特征。同时，中国特色社会主义市场经济发展较西方自由资本主义市场经济具有根本性的区别，更加重视发展"最广大人民根本利益"，尤其是基于共同富裕与社会和谐的逻辑，应更加重视"劳动合作"的理论探讨。在经济快速发展"GDP 增长竞赛，重资本、轻劳动"与"地方政府执政为民"矛盾存在的基础上，如何强化政府主导型的劳动关系调整模式必然成为发展和稳定我国劳动关系的基础。在政府主导型劳动关系调整模式中，如何强化工会代表党和政府"自上而下"推动劳动关系和谐发展，尤其在集体劳动争议增加、工会职责角色凸显的当下，工会如何应对法律变化更好地代表和维护广大职工，就成为新时期工会工作的重点之一。②

（2）中西方工会特征不同的现实

西方国家劳动关系的两个核心要素是劳动双方主体明确，如果劳动双方谈判破裂，劳方可罢工。如果以西方劳动关系理论观察分析中国工会，必然在逻辑上内在决定了中国工会的"非法"性，也必然将自身置于尴尬位置，必然是受到批评的错误观点。在西方劳动关系理论模式推动下，"工会主席直选"和"积极推动罢工"成为近年来工会和劳动关系学界主要研究和努力的方向。如何积极面向中国工会自身形成发展的模式和创造性改革探索的

---

① 《习近平谈治国理政》第一卷，外文出版社 2018 年版，第 47 页。

② 参见叶静漪：《工会组织在〈劳动合同法（修正案）〉实施中应大有作为》，《工会信息》2013年第 16 期。

实践，科学系统总结概括中国工会发展的政治智慧和实践智慧，不仅是坚定中国特色社会主义工会发展之路的需要，而且对于丰富世界工会发展理论更是重要推动。

（3）中国工会优势特征的现实

中国工会在发展过程中形成了诸多优良传统和发展优势。首先，工会拥有"自下而上"、"自上而下"并行的健全强大的组织系统及干部队伍，工会突出的组织优势成为强化工会的基础保证。其次，工会拥有独特的工作机制，确保了计划经济时期较强的工作针对性和时效性，工会适应市场经济创新发展的劳动法律监督组织、工会法律援助机构、基层劳动争议调解委员会及职业介绍机构等依法维权的工作新机制为职工提供了更有针对性的服务，维护了职工权益，促进劳动关系的和谐稳定。最后，工会拥有数量庞大的设施优势，文化宫、图书馆、俱乐部、体育场（馆）、职工学校、疗休养院、职业介绍、工会信访及职工维权热线电话等服务机构设施成为重要资源，同时"送温暖工程"、小额贷款、农民工援助、困难职工帮扶、金秋助学等制度化、社会化职工品牌帮扶体系也成为中国工会重要的优势特征。

3. 转型期中国工会传承发展的理论逻辑思考

（1）西方市场经济工会理论

工会组织是在工业革命发生后，伴随资本主义商品经济生产方式产生的以劳工为主体的组织形式，在其成立之初并未得到西方政府承认甚至遭受镇压。随着工会力量增强和民主政治发展，工会拥有更强的代表劳动者与雇主开展谈判的影响力，各国政府和雇主做出让步而确立。韦伯夫妇的"产业民主理论"被视为西方市场经济工会理论的先导，该理论认为劳动冲突可通过"集体交涉"、采取控制劳动力供应和统一工资水平达到权利均衡而解决，在政治上主张工人与雇主平等相待，在经济上主张通过工人运动消除个体工人对雇主的被动依附状态。以康门斯为代表的"制度学派"认为劳动冲突可通过制度规范加以制约，即劳动双方通过谈判妥协达到合作，认为劳动者反抗并非阶级意识，而是与雇主既对立又合作的工资意识，工会是帮助产业民主化的一种自由力量，而不是暴政和垄断的承受者。邓洛普"劳动关系三方理论"认为，工会与资方、政府处于平等地位，发挥同等重要作用；工会作为一个经济组织，目的是使成员工资最大化或劳动涉及的综合体最大化，由此成为西方国家占主导地位的工会理论。

（2）列宁社会主义工会理论

由于时代限制，马克思、恩格斯没能论及社会主义条件下的工会问题，列宁社会主义工会理论被视为马克思主义工会理论的实践，其"工会学校说"、"传动装置说"、"工会维权说"在 20 世纪 30 年代中国红色苏维埃政权时期便成为影响我国工会理论确立的基础。列宁"工会学校说"认为，工会"是一所学校，是学习管理的学校，是学习主持经济的学校，是共产主义的学校"[①]，中国工会的"教育职能"理念确立。列宁"传动装置说"认为，"没有一些把先锋队和先进阶级群众、把它和劳动群众联结起来的'传动装置'，就不能实现专政"、"正像一家拥有优良发动机和第一流机器的上等工厂，如果发动机和机器之间的传动装置坏了，那就不能开工，同样，如果共产党和群众之间的传动装置——工会位置摆得不正或工作得不正常，那我们的社会主义建设就必然遭殃"[②]，中国工会"双重代表"的理念由此确立。列宁"工会维权说"认为，虽然无产阶级实现了专政，"我们的国家是带有官僚主义弊病的工人国家"，工人应当学会利用工会保护自己的利益，同时还要利用工会保护自己的国家，工会"双重维护"的理念确立。

（3）中国特色社会主义工会理论

转型期"资强、劳弱"的市场经济发展过程中，如何借鉴西方市场经济国家经验，强化维护劳动者权益意识，被越来越多工会工作者和研究人员所重视，但建立"独立自由工会"的错误意识必然危及工会发展的正确方向，以苏联为代表的社会主义国家建立后，工会作为党领导的群众组织，在社会主义国家政治生活中的地位与西方国家的工会组织截然不同，工会和工人阶级政党的关系不能变，否则就会造成党缺少与群众建立联系的纽带，工

---

① 《列宁全集》第 40 卷，人民出版社 2017 年版，第 404 页。
② 《列宁选集》第 4 卷，人民出版社 2012 年版，第 626 页。

会也失去强大的政治支持的不利局面。① 各国工会只有结合本国实际处理与政府、政党的关系，才能真正维护好劳动者合法权益。2005 年 7 月及 2012 年 1 月，中华全国总工会分别通过《关于坚持走中国特色社会主义工会发展道路的决议》及《关于学习宣传实践中国特色社会主义工会发展道路的决议》，概括总结了中国特色社会主义工会发展道路"坚持自觉接受党的领导"、"坚持中国工会的社会主义性质"、"坚持发展工人阶级先进性"、"坚持构建和谐劳动关系"、"坚持维护职工群众合法权益"、"坚持完善社会主义劳动法律体系"、"坚持推动形成国际工运新秩序"、"坚持以改革创新精神加强自身建设"等基本内涵，中国特色社会主义工会理论体系由此确立。

（三）转型期中国工会传承发展的路径探讨

转型期中国经济社会发展的现实，劳动关系规范机制滞后于市场经济发展的现实，尤其是对抗性劳动事件发生时工会所处的矛盾位置与角色，基于中国工会传承发展的历史、现实与理论逻辑思考，必须高度重视中国工会传承发展的路径探讨。

1. 重视中国工会发展历史回顾，强化工会密切联系职工群众

回顾中国工会发展史，脱离职工群众一直是工会的突出问题，在新中国成立初期、20 世纪 80 年代后期，以及进入 21 世纪后，中国工会曾进行过三次大的改革，力图通过改善工会与党和政府的关系、降低工会的"官办"色彩、增强工会的自主性与活力、加大维护职工群众合法权益的力度等手段来加强工会与职工群众之间的联系。如何促使工会密切联系职工群众，必然成为转型期中国工会传承发展的首要问题。

（1）重视将工会密切联系群众列入加强党的群众工作整体范畴

2013 年 10 月，习近平总书记在同中华全国总工会新一届领导班子集体谈话时指出，"群众路线是党的生命线和根本工作路线，也应该成为工会工

---

① 参见王东昱、刘彤：《西方工会理论的发展及其对我国的启示探析》，《中共党史研究》2012 年第 11 期。

作的生命线和根本工作路线。工会必须牢记党的重托、不忘工会职责，增强对职工群众的感情，密切同职工群众的联系，为他们排忧解难，始终同职工群众心连心"①。密切联系群众是工会"代表群众利益、维护职工权益"的职责要求，是工会发挥"党联系职工群众的桥梁和纽带作用"的责任要求。密切联系群众是党的优良传统和政治优势，党和国家一切工作的出发点和落脚点是实现好、维护好、发展好最广大人民根本利益，甚至"能否始终保持和发展同人民群众的血肉联系，直接关系到党和国家的盛衰兴亡"②。工会作为党领导的工人阶级群众组织，是国家政权的重要社会支柱，必然要求将工会密切联系群众置于加强党的群众工作整体范畴，更加紧密地围绕党的中心工作开展工会工作，把职工群众团结在党的周围，把党的政策贯彻到职工群众中，把党的主张变成职工群众的自觉行动。

（2）重视工会密切联系群众结构性限制的突破

工会密切联系群众主要受以下结构性限制：其一，由于建立工会的权力属于用人单位行政一方，造成工会组织不太容易感受到来自职工群众的压力；其二，由于职位委派而非群众选举（即使选举也仅为形式），造成工会干部缺乏密切联系职工群众的欲望；其三，由于工会主席实际都是所在单位主要领导干部之一，其工作立场很难站在职工群众一边；其四，由于工会经费主体来源于企业按职工工资总额百分之二每月向工会拨缴，造成工会联系职工群众内在动力的削弱。③ 如何突破工会结构性限制将是克服工会组织脱离群众的关键。

（3）强化工会密切联系群众的动力支撑

有的学者提出"密切联系群众的动力机制由压力机制、内力机制和引力机制构成"④。强化工会密切联系群众的动力机制，必须使工会意识到劳

---

① 《习近平在同中华全国总工会新一届领导班子集体谈话时强调　竭诚服务职工群众维护职工群众权益　为实现中国梦再创业绩再建新功勋》，《人民日报》2013 年 10 月 24 日。

② 中共中央文献研究室编：《改革开放三十年重要文献选编》（上），中央文献出版社 2008 年版，第 572 页。

③ 参见游正林：《60 年来中国工会的三次大改革》，《社会学研究》2010 年第 4 期。

④ 梁道刚：《构建密切联系群众的动力机制》，《岭南学刊》2013 年第 5 期。

动争议剧增、对抗性劳动集体行动不断出现过程中，面对"工会无为"、"工会被改选"的尴尬处境，尤其面对劳动关系制度滞后的矛盾焦点指向工会改革滞后的社会质疑，在"党对工会寄予厚望，职工群众对工会充满期待"的环境中，确实增强紧迫危机意识、增强外部压力感、增强内生动力感。同时必须增强工会组织的凝聚力、吸引力，从社会心理研究角度看，群体是"一种由各种力所构成的场域，这些力能使成员保留在群体中"①。工会应更好地发挥工会人际情感亲和力优势，切实将维护劳动者权益作为转型期工作的基本出发点，强化工会密切联系职工群众的有力支撑。

2. 重视西方市场经济工会理论借鉴，强化工会主体代表性

市场经济发展转型过程中资源配置方式与"资强劳弱"的共性，使"如何借鉴西方市场经济国家经验维护劳动者权益，如何明确市场经济条件下工会地位、作用与组织形式、运作机制"，被越来越多的研究人员和工会工作者重视。②

（1）努力促使集体协商、集体合同发挥实效

集体谈判被西方经济国家视为"民主社会的必要组成部分"和"处理公共部门中劳动关系的正常手段"③。我国《劳动法》、《工会法》、《劳动合同法》也都规定工会在集体合同制度中代表工人利益，且集体合同签订率已成为衡量工会的重要内容，但在集体（协商）谈判实践推行过程中，工会主体代表性较弱，集体协商、集体合同形式性更强。国际劳工局《2010/11 年全球工资报告》指出谋求集体协商效应最大化面临的特别挑战，是设计能够覆盖最大范围劳动者的包容制度，建立以行业工资集体协商为主，行业、区域、企业工资集体协商联动的包容性工资集体协商制度，提高集体协商层次，成为促使集体协商、集体合同发挥实效的关键性途径。

---

① Gross, Neal, & William E. Martin, "On Group Cohesiveness", The American Journal of Sociology, Vol. 57, No. 6, 1952, pp. 546-564.

② 参见王东昱、刘彤：《西方工会理论的发展及其对我国的启示探析》，《中共党史研究》2012 年第 12 期。

③ 程延园：《集体谈判制度研究》，中国人民大学出版社 2004 年版，第 34 页。

（2）重视"三方协商机制"工会主体代表性

邓洛普的"劳动关系三方理论"将工会置于与资方、政府平等地位，且成为市场经济国家占主导地位的工会理论。1990 年 11 月，全国人大常委会批准《三方协商促进实施国际劳工标准公约》在我国实施。2001 年 8 月，国家协调劳动关系三方会议举行国家性正式三方协调制度建立，同年 10 月《工会法》修正案为"三方协商机制"提供法律依据，"各级人民政府劳动行政部门应当会同同级工会和企业方面代表，建立劳动关系三方协商机制，共同研究解决劳动关系方面的重大问题"。在"三方协商机制"推动过程中，政府拥有权力，企业拥有资本。中国权力过分集中的政治体制，使我国"三方协商机制"较任何国家都更明显呈现政府主导性特征，劳动双方处于建言献策位置，尤其工会在政治上过分依赖政府，在经济上过分依赖资方，难以真正代表职工发挥其应有作用。强化工会主体代表性，促使劳、资、政三方主体力量均衡，形成对等式"三方协商机制"已成为使之充分发挥作用的关键。

（3）客观谨慎对待"停工"、"罢工"等集体行动

集体劳动争议曾一度逐年增加，使"停工"、"罢工"等劳工集体行动成为十分敏感但又无法回避的问题。虽然这些集体行动都属经济性争议，均为工人自发而非事先有组织进行，且绝大部分在理性状态局限于工作场所停止工作，但社会主义条件下由于工会维权不具有对抗性质，罢工在实践中基本被禁止。随着市场经济体制改革不断深化，市场竞争环境下多元利益冲突产生，罢工现象已不可避免。"罢工是以经济、社会损失为代价寻求劳动关系平衡的一种方式，其制度成本极其高昂，如果能够找到制度效果类似而制度成本较低的方式，社会应当欢迎。"[①] 如果能够以客观谨慎的态度，遵循习近平总书记在庆祝政协成立 65 周年大会上所强调的"坚持有事多商量，遇事多商量，做事多商量"的原则，寻找到制度成本较低的替代性方式，同样不仅是对中国特色工会理论的贡献，更是对世界工会发展实践的丰厚。

---

① 董保华：《劳动者自发罢工的机理及合法限度》，《甘肃社会科学》2012 年第 1 期。

3. 强化中国特色工会实践推动，重视中国特色社会主义工会理论探讨

中国特色社会主义工会发展道路是中国特色社会主义道路的重要组成部分，深刻反映了中国工会的性质和特点，是工会组织和工会工作始终沿着正确方向前进的重要保证。应重视中国特色社会主义理论探讨中强化中国特色工会实践推动。

（1）加强党对工会的领导，赋予工会组织更多资源与手段

"要加强和改善党对工会工作的领导，支持工会创造性地开展工作，认真研究和及时解决工会工作中的重大问题，把更多资源和手段赋予工会组织，为工会工作提供更好的环境和条件。"[1] 工会作为党的群众性组织，是党组织联系职工群众的重要战略资源，通过支持强化工会组建，扩大工会政治参与渠道，增强与工人群众的联系。在调解日益增多的劳动矛盾冲突过程中，党组织通过赋予工会更多的资源和手段，强化工会的代表、协商和谈判功能协调劳动关系、平衡劳动矛盾，从而使工会成为党整合阶级基础的战略性资源和协调劳动矛盾的基础性平台。

（2）强化"中国特色社会主义工会维权观"

2006 年 12 月，全国总工会提出"以职工为本，主动依法科学维权"、"既不能盲目照搬西方国家工会的模式，也不能沿袭革命时期和计划经济条件下的做法，更不能支持所谓'职工维权组织'的行为"的中国特色社会主义工会维权观，[2] 并提出"坚持党政主导、工会运作"的维权格局以及"党委领导、政府重视、各方支持、工会运作、职工参与"的维权模式。维护职工权益是中国特色社会主义工会发展道路的关键，是工会工作的基本职责和基本出发点，集体冲突往往具有"撕裂效应"，导致劳动双方关系"预后不良"[3]，社会主义条件下的工会维权不具有对抗性。在保障劳动者利益、

① 习近平：《在夺取全面建设小康社会新胜利中充分发挥工人阶级主力军作用——在中国工会第十五次全国代表大会上的祝词》，《人民日报》2008 年 10 月 18 日。

② 王兆国：《在全总十四届十一次主席团（扩大）会议上的讲话》，《工人日报》2006 年 12 月 9 日。

③ 参见石秀印：《企业工会的科学定位和劳企商谈》，《工会信息》2014 年第 21 期。

促进劳动者发展的同时，保障国家和企业的利益，促进国家、企业和社会利益共同发展。

（3）警惕西方"独立自由工会"错误思潮影响。西方中心论学者强调工会独立性，认为只有独立工会才能真正代表会员利益，并以此质疑共产党领导下的中国工会性质，乃至否定中国工会。[1] 20 世纪 80 年代，波兰"团结工会"引发建立"独立自治工会"风潮，苏联及东欧社会主义国家政权颠覆与此直接相关。在市场经济转型发展过程中，劳动关系领域不同程度出现各种维权，甚至对抗性事件，批判中国工会不作为，甚至要求改变"官办工会"性质、建立"独立自由工会"的杂音一直不断。在社会主义国家，政党与工会自成立时形成的天然联系，是工会开展工作的先天独特优势，更是西方国家工会组织难以获得的。苏联解体、东欧剧变教训证明：宣扬"独立自治工会"，实际是西方势力利用社会主义国家执政党和工会工作失误试图改变共产党政权性质的招牌，其真正目的并非维护职工合法权益而是发起社会运动。中国特色社会主义工会必须引以为戒，并在更加积极的"主动、依法、科学维权"的道路拓展中坚定中国特色社会主义工会发展道路。

三、劳动者主体地位、综合素质与职业能力提升

党的十九大报告提出"以人民为中心"的发展思想，指出："人民是历史的创造者，是决定党和国家前途命运的根本力量。必须坚持人民主体地位，坚持立党为公、执政为民，践行全心全意为人民服务的根本宗旨，把党的群众路线贯彻到治国理政全部活动之中，把人民对美好生活的向往作为奋斗目标，依靠人民创造历史伟业。"党的二十大报告强调："江山就是人民，人民就是江山。中国共产党领导人民打江山、守江山，守的是人民的心。治

---

[1] 参见 Taylor, B. and Q. Li, "Is the ACFTU a Union and Does It Matter?", *Journal of Industrial Relations*, 2007, 49（5）, pp. 701-715。

国有常，利民为本。为民造福是立党为公、执政为民的本质要求。必须坚持在发展中保障和改善民生，鼓励共同奋斗创造美好生活，不断实现人民对美好生活的向往。"在构建和谐劳动关系的过程中，劳动者主体素质能力的提高是促使劳动关系协调稳定发展的重要条件。在全媒体与平台经济时代，政府尤其应高度重视劳动者的综合素质与现代能力的提高。

（一）劳动者的主体地位变化与影响因素分析

所谓劳动者主体地位，是指在一定的经济社会条件与文化环境下处于一定的劳动关系之中并受其制约和决定的、以劳动者权益保障为主要内容的劳动者自身利益的实现程度。由以上定义可以看出，劳动者主体地位是处于一定劳动关系之中的劳动者的现实利益关系在理论上的反映，是以劳动者享有的劳动权益为内容，通过对劳动权益的切实保障及合法权益的实现得以确立的。

1. 社会转型期劳动者主体地位观念认识特点

在计划经济时代，劳动者是国家和企业的主人翁的观念极为深刻地根植于劳动者思想中。然而，随着市场经济的发展，尤其在社会转型期由于劳动关系的变化，劳动者在对"主体地位"的观念认识上产生如下特点。

（1）劳动者对自身的主体地位产生危机感

在市场化经济发展过程中，劳动者在社会中的地位也发生了很大的变化。当前，在我国全部从业人员中，70%以上成为雇佣劳动者。由于企业用工制度及分配方式的改革，打破了劳动者对于企业的依赖，由此而产生了危机感。特别是在劳动力市场形成买方市场的条件下，劳动力供大于求的状况，在激烈的劳动竞争中深感竞争乏力，面对市场经济的风险充满了压力感、无助感，加重了劳动者生存的危机感，更对自身的主体地位产生危机感。

（2）劳动者对"主人翁地位"产生失落感

在市场化发展过程中，劳动者从过去的"主人翁"而成为劳动关系中不具有产权和经营权的劳动者，这种变化使部分劳动者一时难以适应，产生被剥夺感和失落感，甚至导致心理的失衡，进而怀念过去那种平稳、缓慢的社会环境和工作环境。"主人翁失落感"的形成并不意味着劳动者对自我的完全否定，而是劳动者对变革中的劳动关系及自身的现实地位状况的重新认识，这一过程使劳动者既成为国家和企业的主人，同时在劳动关系中又是企业雇佣的劳动者。始终以"最广大人民的根本利益作为党和国家一切工作的出发点和落脚点"为导向，使劳动者地位提升成为政府工作的着力点。尤其，伴随新时代"以人民为中心"的发展思想的确立，劳动者地位提升得到进一步强化。

（3）劳动者的阶级意识初步形成

向市场经济发展的过程中社会利益关系日益明晰，劳动者逐步成为一个相对独立的社会阶级，尤其社会与企业制度变迁过程中，市场——资本性的力量实现了对工人群体的"择优"分化，失业危机——可能失去工作的威胁——作为工人群体的集体经验对其社会身份的形成具有直接的作用，并具有了划分身份边界的符号意义；工人经历的"上岗"或"待岗"选择或被选择的"失业危机"重塑了工人的社会身份，社会身份的确立会发展出新型的权力关系和行动策略。①

作为一个相对独立的社会阶级，劳动者不仅表现在客观的社会经济、政治关系中具有共同的地位和权利，而且还表现在劳动者对自己的社会身份与地位的自我认同上。这种阶层意识的自我认同使劳动者对变革中的劳动关系以及现实中自己的政治经济地位和权利有了新的认识，减少了思想的空泛性和盲目性。从一定意义上分析，劳动者的这种认识是基于对自身社会地位和主体地位深刻反思的结果，是劳动者的阶级意识初步形成的重要表现。

（4）劳动者增强提高主体地位的自主性

劳动者的自主性是劳动者主体地位观念的核心内容和主导因素，适应市场经济发展的客观要求，深刻地反映了劳动者保障自我劳动权益的强烈愿

---

① 参见佟新：《社会变迁与工人社会身份的重构——"失业危机"对工人的意义》，《社会学研究》2002 年第 6 期。

望。具体表现为：其一，劳动者为提高自己的政治地位而表现出来的参与国家事务及企业民主管理的当家作主意识；其二，劳动者为提高自己的经济地位而表现出来的竞争意识和劳动积极性；其三，劳动者为提高自己的社会地位而表现出来的对自己的职业行为、劳动成果及社会形象的认真负责精神；其四，劳动者为维护自己在劳动法律关系中的地位而表现出来的追求平等的意识。

2. 社会转型期劳动者主体地位原因分析

在社会转型期经济社会发展过程中，劳动者的主体地位观念产生了以上特点，分析其原因可以看出劳动关系多元化、市场化对其产生重要冲击和影响，但主人翁地位也在契约化、法制化的过程中得到巩固。

（1）劳动关系多元化的变革态势，决定劳动者主体地位的不平衡性

处于社会转型期的我国劳动关系以变革的方式实现对旧有劳动关系模式的否定，自改革开放以来，在我国以公有制经济为主体的社会经济结构中，各种不同经济类型的企业得到迅速发展，社会呈现出多元化的利益分化态势，企业劳动关系受不同的所有制关系、分配方式以及管理方式的制约和影响，形成了国有企业劳动关系、外资企业劳动关系、乡镇企业劳动关系以及私营企业劳动关系等不同类型。不同类型的劳动关系代表不同的利益关系，它决定受其制约的劳动者利益的实现程度，从而使不同类型企业的劳动者的主体地位呈现一种不平衡的状态。

（2）劳动关系市场化的发展趋向，影响劳动者主体地位的实现

在市场经济条件下，随着劳动关系的市场化发展，劳动者作为生产要素，进入劳动力市场，从而拥有了自主的就业权利和择业自由。在市场经济发展过程中，工人在拥有与可利用的资源上的差异，使得其对市场机会的适应能力各不相同，地位受损的工人虽然在制度变革过程中有共同的事件经历甚至共同的认同，但却没有共同的命运，其利益是分割的，而非共享的。同时，企业在以市场为取向的改革中，逐步从对国家的依附中剥离出来，成为"产权明晰、权责明确、自主经营、自负盈亏"的市场竞争主体和生产经营实体，并且在企业用工、工资分配等诸多方面拥有自主权。

在市场化的发展过程中，劳动关系双方均被赋予了以各自利益为基础的各项权利、义务和责任，引起原有利益格局的调整。但是在转型期"强资本、弱劳动"的社会状况下，劳动者在劳动关系中处于弱势地位，劳动权益的保障问题越来越突出，劳动者的主体地位更处于弱化状态。伴随劳动者素质提升、人力资本价值的显现，尤其新时代"以人民为中心"的发展思想，劳动者主体地位将得到根本性提升。

（3）劳动关系契约化的发展要求，保障劳动者主体地位的形成

劳动关系的本质是以劳动者为利益主体的一方与以支配或使用劳动力为利益主体的另一方的全面的经济利益关系，劳动者地位的高低首先取决于劳动关系双方力量的对比状况，并在调适和解决双方利益差别与矛盾的过程中实现。在此过程中如果使处于弱势地位的劳动者利益得到保护，必须通过国家公权力的制约实现劳动关系利益的平衡。尤其改革的目的是解放生产力、发展生产力，消灭剥削，消除两极分化，达到共同富裕。劳动关系的变革同改革的总体目的更应当是完全一致的，随着改革的深入，相关法律体系的建立与完善，尤其劳动关系的调整将向契约化方向发展，劳动者权益保障及切身利益的维护通过诸如签订劳动合同、集体民主协商签订集体合同、依法加强企业民主管理等法律手段予以保证，从而保障劳动者主体地位的形成。

（4）职工主人翁地位的法律约定，促使劳动者主体地位的确立

我国宪法及其他相关法律、法规明确规定了职工在国家和企业中的主人翁地位，我们进行的改革是同社会主义制度紧密相连的，只要社会主义制度没有改变，职工在国家和企事业中的主人翁地位就不会改变。在劳动关系中确立和保障劳动者主体地位，是在市场经济条件下实现职工国家主人翁地位的前提基础和具体体现。尤其是劳动者主体地位的确立，适应了市场经济条件下对职工主人翁地位的客观要求。企业以市场为取向，在转机建制过程中成为独立的经营实体和市场竞争主体，必然引起企业内部利益关系的调整。在这一调整过程中，保证职工主人翁地位与企业改革的实际相契合，是维护宪法、遵循法规，促使劳动者主体地位形成的关键。

（二）劳动者综合素质现状与影响因素分析

在由计划经济向市场经济的社会转型期发展过渡中，伴随劳动关系的变化，劳动者的思想观念素质、文化技术素质、身体素质也发生着新的变化，呈现出新的特点，面临着诸多问题，影响因素也是多方面的。对于这些变化、特点、问题及影响因素应引起充分重视。

1. 社会转型期劳动者综合素质现状

（1）劳动者思想意识与行为观念发生较大变化

劳动者思想意识与行为观念是劳动者综合素质的"灵魂"，具体体现为以思想道德为主体的德能素质，是劳动者在处理个人与个人、个人与社会的关系时表现出来的基本品行和素养，劳动者智能、体能能否得到有效开发，很大程度上取决于德能素质的发挥。

改革开放 40 余年，中国劳动者最深刻的变化体现在思想意识与观念的变化，尤其在向市场经济发展转变及受外来文化冲击影响下，劳动者的价值取向发生了深刻变化。在处理个人与个人关系时"重实际、重实惠"已成为劳动者现有观念的主要特点，体现出从理想到实际的追求；在处理个人与集体、国家的关系时，从国家、集体至上的观念更多地体现为国家、集体和个人三者利益兼顾；在处理个人与社会关系时从平均主义到平等竞争意识，进而追求更加公平公正的意识逐步形成、变化。

同时，劳动者组织意识日益增强，更多的劳动者强烈希望现有的工会能够在真正代表和维护劳动者利益的同时，也试图通过参加"同乡会"、"兄弟会"、"姐妹会"等组织维护自身的权益，如何对劳动者组织在行为上规范和引导，对于劳动关系的规范和劳动者利益的维护将起到积极的作用。

（2）劳动者文化技术素质与经济的发展要求还不相适应

劳动者的文化技术素质是指劳动者的学习能力、思维能力、技术能力、创造能力和组织能力等科学文化素质及专业技术的智能因素总和，是劳动者综合素质的"核心"，体现为智能素质，具体体现为将所学的专业知识化为技能在实际工作中运用的技术能力，善于思考、思路清晰、触类旁通的创造能力，善于与他人交流交往、相互沟通、处理各类矛盾的组织协调能力。随着我国经济社会的发展和劳动关系的变化，劳动者的智能素质在经济社会发展和劳动者自身权益实现方面发挥着越来越重要的作用。

改革开放以来，从纵向比较我国劳动者队伍的文化技术素质有较大提高，但从总体分析，我国劳动者队伍的文化技术素质普遍偏低、结构也不尽合理，结构性用工短缺与结构性冗员并存现象突出，这成为制约我国产业经济结构调整重要因素的同时，也成为妨碍劳动者劳动就业、劳动报酬等合理劳动权益实现的重要问题。

（3）劳动者的身体素质有待进一步提升

毛泽东在其早期著作《体育之研究》中指出："体者，为知识之载而为道德之御也。"劳动者的身体素质具体体现为体能素质，是劳动者综合素质的载体，包括劳动者的生长发育及功能情况，是劳动者对社会各种刺激的感觉、调适和耐受能力，是人体生理组织对疾病的抵抗能力，体现为劳动者生理活动的敏捷性、协调性、正确性。

从规模较大的 2010 年第三次国民体质监测来看，自 2000 年以来，全民健身的浓厚氛围使我国国民的体质总体水平持续提升，国民体质表现出体格增强、有氧能力全面提高的特点，但成年人、老年人超重率与肥胖率持续增长；成年人在力量和耐力持续增长的同时绝对力量和爆发力呈持续下降趋势；2010 年成年人身体素质中的握力、背力、坐位体前屈等指标平均数略低于 2005 年，更低于 2000 年，呈持续下降趋势；纵跳、闭眼单脚站立、选择反应时等指标平均数则低于 2005 年，高于 2000 年。①

2015 年 11 月 25 日公布的《第四次国民素质监测报告》显示：2014 年全国达到《国民体质测定标准》"合格"等级以上的为 89.6%。3—6 岁幼儿达到"合格"等级以上的为 93.6%，20—39 岁成年人为 89.0%，40—59 岁成年人为 88.1%，60—69 岁老年人为 87.1%。男性达到"合格"等级以上的百分比为 88.2%，女性为 91.1%。城镇人群达到"合格"等级以上的

---

① 参见《第三次国民体质监测结果》，中国国情网，2012 年 6 月 6 日。

百分比为91.1%，乡村为87.2%。学生体质与健康状况有所改善，但依旧存在不少问题。[1]

2. 社会转型期劳动者素质影响因素分析

当前，在由计划经济向市场经济发展过程中，影响劳动者的思想观念素质、文化技术素质、身体心理素质等因素既有劳动关系变化的直接原因，也有经济社会、文化观念的环境原因。

（1）劳动关系变化对劳动者思想及心理产生重要影响

计划经济时期，劳动关系最显著的特征是强调劳动关系利益一致性和共同性。随着改革的深入，社会利益格局发生较大调整，劳动关系双方的地位、权利及相互关系发生了极大的变化，劳动关系呈现出利益分化、利益驱动及在分化驱动中追求利益协调的特点，这种变化特点对劳动者的思想意识、行为观念及心理状态产生了巨大的冲击。[2]

从客观角度分析，劳动者从过去的"主人翁"变为劳动关系中不具有产权和经营权、只能依靠劳动力而生存的劳动者，这种变化必然使部分劳动者一时难以适应，从而产生失落感和被剥夺感，进而导致心理失衡；从主观角度分析，劳动者的综合素质是劳动者谋职生存的根本要素，但相对于计划经济时期较为平稳、缓慢的社会环境、工作环境，劳动者观念、素质及心理状态与市场经济的要求还存在很大的差距，从而在激烈的劳动力市场竞争中深感竞争乏力，面对市场经济的风险充满了恐惧感、危机感、压力感、无助感。

（2）"重资本、轻劳动"的社会环境影响劳动者综合素质提高

在改革发展进程中，资本和劳动是不断提高的，但改革对资本的影响进程远远高于对劳动的影响程度（据测算两者相差900倍），资本要素掌握者的收入增长相应地数百倍高于劳动者的收入增长速度，必然会急速扩大收入分配的差距，[3] 同时也直接影响并直观体现着劳动者综合素质提高的状态。

---

[1] 参见《国民体质监测公报》，中国政府网，2015年11月25日。

[2] 参见张文高：《关于构建和谐劳动关系的思考》，《中国工运》2006年第1期。

[3] 参见刘伟：《转轨中的经济增长——中国的经验和问题》，北京师范大学出版社2011年版，第44页。

首先，资本短缺、劳动力过剩是我国较长时期经济发展中的突出矛盾，尤其是随着经济全球化的发展，资本的自由度与劳动的束缚度形成了鲜明对比，资本的自由度在全球范围达到了空前的水平，而劳动的束缚度却由于市场供求、产业结构、技术要求、政策倾向以及地理空间等多种因素有增无减，由此形成了资本处于强势主导地位、劳动处于弱势地位的"强资本、弱劳动"的整体格局。

其次，在经济社会发展的过程中，部分干部和部分地方政府过分强调经济发展指标，招商引资、拉动国内生产总值增长成为地方政府最重要的工作，更为突出的"重资本、轻劳动"现象由此形成，个别地方政府通过对资方的偏袒提高经济增长速度、增加税收和获取政绩，资方在地方政府的保护伞下，侵害劳动者的利益赚取更多的利润，造成了地方政府与资方分享经济增长收益而劳动者承担代价的失衡局面。

再次，随着非公有制经济的发展，私营企业主阶层被界定为中国特色社会主义的建设者，其政治地位得到了很大程度的提升，其话语权也相应得以提高。而劳动者的声音在社会发展中相对微弱，社会文化受财富和资本的影响造成的轻视劳动和劳动者的势力心理更使劳动者的社会地位失衡。

（3）"重学历、轻技术"文化观念忽视劳动者技能素质培养

技术工人作为经济社会发展不可或缺的技能型人才，在我国经济发展中承担着重要的任务，从我国当前社会发展和民众教育水平出发，培养以就业和谋生为主要目的的技术能力是非常重要的。但"重学历、轻技术"的文化观念，使很多人不愿意当工人，对技工教育也存在歧视，观念问题成为我国在培养和使用技术工人中的主要问题。据劳动保障部统计技工学校个数由1997年的4395个下降为2006年的2880个，随着国家对技术教育的强化重视，至2008年回升为3075个，[①] 2012年又下降为2892个。[②]

---

① 参见《中国人力资源和社会保障年鉴2009》（工作卷），中国劳动社会保障出版社、中国人事出版社2009年版，第1257页。

② 参见《中国人力资源和社会保障年鉴2013》（工作卷），中国劳动社会保障出版社、中国人事出版社2013年版，第937页。

伴随国家《职业技能提升行动方案（2019—2021年)》①的提出，虽然这一状况正在得到改善，但实施过程"大面积"基础上的"精准化、系统性"有待实践深入探索。从企业角度分析，在企业培训中存在重视管理人员培训、轻视技术工人培训的观念，尤其近年MBA盛行，职业技能提升曾一度遭到冷落。按国家有关政策，在技术工人使用上，应享受同级工程技术人员待遇，但很多企业对技术工人此类待遇迟迟不能落实，更没有政策上的倾斜，挫伤技术工人的积极性，也导致了年轻人不愿意当技工，宁愿从事平台快递业等相对自由的工作。

在德国培养一个一线工人平均要花费3万—3.5万欧元，约合人民币27万—31.5万元，而我国企业职工每人每年的培训费曾一度不足百元。在此状况下，职业技能培训、技术工人的培养始终处于经济社会发展需要的滞后状态，劳动者的综合素质亟须在国家"职业技能提升行动方案"实施推动中得到以"大面积"为导向、以"精准化、系统性"为方向的提升。

（三）不断提高劳动者的主体地位与能力素质

当今世界的综合国力竞争，归根到底是劳动者素质的竞争，不断提高劳动者的主体地位与综合素质是提高国家综合竞争实力的需要，是实现经济社会发展的需要，也是构建和谐劳动关系的需要。这就需要努力营造并不断强化维护劳动者主体地位的观念和氛围，努力建立并不断完善保障劳动者主体地位的体制机制，不断完善职业技能培训机制，切实加强劳动者职业能力建设。

1. 营造并不断强化维护劳动者主体地位的观念和氛围

2015年，习近平总书记在"五一"劳动节讲话中强调："在前进道路上，我们要始终坚持人民主体地位，充分调动工人阶级和广大劳动群众的积极性、主动性、创造性。人民是历史的创造者，是推动我国经济社会发展的

---

① 参见《国务院办公厅关于印发职业技能提升行动方案（2019—2021年）的通知》，中国政府网，2019年5月23日。

基本力量和基本依靠。"①党的十九大报告强调："必须坚持人民主体地位，坚持立党为公、执政为民，践行全心全意为人民服务的根本宗旨，把党的群众路线贯彻到治国理政全部活动之中，把人民对美好生活的向往作为奋斗目标，依靠人民创造历史伟业。"作为"在一定的经济社会条件与文化环境下处于一定的劳动关系之中并受其制约和决定的、以劳动者权益保障为主要内容的劳动者自身利益的实现程度"的劳动者主体地位是人民主体地位的最为重要的具体体现。

随着我国社会主义市场经济建设的不断推进，社会群体的分层越来越细化、社会利益主体越来越多元化、不同社会阶层的利益诉求越来越多样化，但劳动者永远是社会的主体，劳动者的社会主体地位必须得到强化的观念不能改变，这是社会主义发展的本质要求。让劳动者有尊严、受尊重，需要全社会的努力，需要各级领导干部要增强对劳动群众的感情，密切同劳动群众的联系，深入劳动群众、关心劳动群众，倾听他们的呼声，关心他们的疾苦，为他们排忧解难，始终与劳动群众心连心。需要完善劳动者权益保护的法律制度，给予弱势的劳动者更多的法律关注和支持，努力促进和谐劳动关系，增强劳动沟通，切实保障劳动者的合法权益。

新时代"以人民为中心的发展思想"、"把人民对美好生活的向往作为奋斗目标"更成为党的工作的根本导向。我们的改革是社会主义改革，改革的目的在于最终实现"发展成果由人民共享"，人民是历史的创造者，是决定党和国家前途命运的根本力量，依靠人民创造历史伟业。如果为改革和发展作出巨大贡献的劳动者不能享受改革和发展的成果，我们的改革也将失去应有的价值与意义。"最大限度地满足广大人民群众不断增长的物质和文化生活的需要"是社会主义生产的目的、改革的目的，劳动者是人民群众的主体，社会主义社会是劳动者的社会，是追求共同富裕的社会，保障和发展劳动者的权益更是理所应当的事。努力营造并不断强化维护劳动者主体地

---

① 习近平：《在庆祝"五一"国际劳动节暨表彰全国劳动模范和先进工作者大会上的讲话》，《人民日报》2015 年 4 月 29 日。

位的观念和氛围，必然成为社会主义发展的应有之义。

2. 建立并不断完善保障劳动者主体地位的体制机制

在劳动关系多元化、市场化发展过程中，劳动者的主体地位已受到很大冲击，尤其随着当前我国社会改革已由初期普遍受益局面转变为部分受益、部分受损的复杂格局，就业问题和社会收入差距过大的问题成为社会面临的最突出难题，并且已成为导致社会群体事件增多、引发社会风险的直接原因。这些难题解决得如何，直接关系到我国社会的长治久安，经济社会的持续发展。加强制度和法律建设，努力建立并不断完善保障劳动者主体地位的体制机制，切实维护和保障劳动者的主人翁地位，维护和保障作为最广大的社会阶层的劳动者的劳动权和收入分配权。

首先，通过制度和法律形成确立劳动力产权的体制。劳动产权是重要的生产要素，是以劳动作为价值尺度和价值实体的社会财产的所有权、使用权、支配权和收益权。在"强资本、弱劳动"的社会环境中，劳动产权一直未得到社会的重视，劳动者的主体地位要得到维护，就必须切实保障劳动者与其他生产要素所有者一样，以劳动力产权平等地分享自己剩余劳动成果的权利。

其次，不断完善就业促进与社会保障体制。"就业是民生之本"，劳动是人生存和发展的根本需要，劳动岗位是劳动者主体地位得以实现的首要体现。城市"弱势群体"、"边缘群体"，乃至"绝对贫困层"的存在，大都产生于传统体制中下岗、失业和较早退休的职工。在努力促进新增就业人员就业的同时，如何千方百计扩大就业渠道，大力加强职业技术培训提高失业者的文化技术水平，出台更多优惠政策以利于失业者及早就业是维护劳动者主体地位的重要体现，同时对于难以再次就业的弱势劳动群体，切实建立健全社会化的保障体系，形成多层次、多形式的社会保障格局，切实救助劳动者中的弱势群体。

最后，切实建立并强化职工民主参与的体制。职工民主参与是国有企业劳动者主人翁地位得以实现的重要具体体现，在多元所有制企业发展中如何充分发挥职工民主参与作用，既是维护劳动者社会主体地位，更是充分调动劳动者内在智慧，促使劳动双方平等协商实现共赢的重要措施，这就需要在多元化企业发展过程中通过积极推动职工代表大会、实施职工董事监事制度、厂务公开制度、职工持股制度等措施，建立并强化职工民主管理民主参与的体制机制，使劳动者在得到重视的环境和氛围中以主人翁的态度推动企业的发展，实现劳动者主体地位，并与企业成为共同体。

3. 加强劳动职业能力建设，不断完善职业技能培训机制

2008 年 1 月 1 日，《中华人民共和国就业促进法》颁布实施，从"政策支持、公平就业、就业服务和管理、职业教育和培训、就业援助、监督检查"等多角度对劳动就业予以法规性促进。2008 年 2 月 3 日，国务院下发的《关于做好促进就业工作的通知》，着力强调"健全面向全体劳动者的职业技能培训制度"，强调在"鼓励支持各类职业院校、职业技能培训机构和用人单位依法开展就业前培训、在职培训、再就业培训和创业培训"的同时，提出"对失业人员、符合条件的进城务工农村劳动者参加培训的，按规定给予职业培训补贴……建立健全职业培训补贴与培训质量、促进就业效果挂钩机制"[①]。

近年来，国家和各职能部委对就业与职业技能提升工作高度重视，教育部等六部门《关于印发〈现代职业教育体系建设规划（2014—2020 年）〉的通知》，人力资源社会保障部《关于印发〈农民工职业技能提升计划——"春潮行动"实施方案〉的通知》，中共中央组织部、人力资源社会保障部《关于印发〈高技能人才队伍建设中长期规划（2010—2020 年）〉的通知》，教育部、人力资源社会保障部、工业和信息化部《关于印发〈制造业人才发展规划指南〉的通知》，人力资源社会保障部《关于印发〈新生代农民工职业技能提升计划（2019—2022 年）〉的通知》先后推动。

尤其伴随《职业技能提升行动方案（2019—2021 年）》的颁布，"把职业技能培训作为保持就业稳定、缓解结构性就业矛盾的关键举措，作为经济

---

① 《国务院关于做好促进就业工作的通知》，中国政府网，2008 年 2 月 19 日。

转型升级和高质量发展的重要支撑"①，三年时间筹集 1000 万元资金，各类补贴性职业技能培训 5000 万人次以上，2019 年 1500 万人次以上，2021 年底技能劳动者占就业人员比例 25% 以上，高技能人才占技能劳动者比例 30% 以上，将有力缓解"技工求人倍率持续为 1.5 以上、高技能人才求人倍率达到 2 以上，技工短缺从东部沿海地区蔓延至中西部地区、从季节性演变为经常性"的用工需求状况。

在职业技能提升推动过程中，首先重视建立并不断完善职业技能培训经费投入制度，在"建立政府投入为主、社会各界多渠道支持的职业教育经费筹措机制为目标，加大公共财政投入，深化投资体制改革，逐年提高各级政府财力用于职业教育的比例，提高预算内职业教育经费占教育总经费的比例"的同时，建立健全教育投入绩效评估和加强经费使用管理和监督的政策措施，并制定各级职业学校生均经费基本标准和生均财政拨款基本标准。

其次，建立并不断完善面向城乡劳动者的多种类型、多种形式的职业培训体系。我国政府高度重视职业培训工作，在广泛动员社会各方面的力量，积极开展面向新成长劳动力的劳动预备制培训、下岗失业人员再就业培训、在岗职工继续教育和农村劳动力转移就业培训的同时，确立实施人才强国战略，制定出台高技能人才培养五年规划，逐步形成面向城乡劳动者的多种类型、多种形式的职业培训体系，如何使其不断强化还有待进一步完善。同时，在职业培训过程中逐步建立政府出资购买培训成果的有效机制、引导培训机构根据市场需求和就业需要提高培训的实用性和有效性也有待探讨并推广。

最后，不断创新并强化职业技能竞赛机制，各级各类职业技能竞赛大赛活动对于劳动者综合素质的提高起到了重要的推动促进作用。进一步创新劳动职业技能竞赛，使传统的劳动竞赛顺应经济社会发展的需要，实现从体力型向智力型及智力加体力型转变，从单纯的生产型向生产经营复合型转变，

---

① 《国务院办公厅关于印发职业技能提升行动方案（2019—2021 年）的通知》，中国政府网，2019 年 5 月 18 日。

由操作型向革新型、研发型转变，开展以降本增效、技术攻关、安全生产、技术创新、管理创新、服务创新等为内容的劳动竞赛，使竞赛与企业生产、经营、管理融为一体，使竞赛的成果体现在企业的生产经营、优化管理和提高效益的各个环节上，通过劳动竞赛提高劳动工效，在推进劳动者学技能、学技术、钻研业务的同时不断提高劳动者综合素质。

四、全媒体时代加强劳动者"媒体素养"教育

习近平总书记强调："推动传统媒体和新兴媒体融合发展，要遵循新闻传播规律和新兴媒体发展规律，强化互联网思维，坚持传统媒体和新兴媒体优势互补、一体发展，坚持先进技术为支撑、内容建设为根本，推动传统媒体和新兴媒体在内容、渠道、平台、经营、管理等方面的深度融合。"[1] 在传统媒体与新兴媒体深度融合的"全媒体"时代，媒体信息不仅成为劳动者获取就业信息、了解劳动知识、愉悦身体健康的重要渠道，而且成为影响劳动者思想观念、价值取向、道德判断的重要因素。加强劳动者"媒体素养"教育成为提高劳动者综合素质的重要内容。

（一）充分认识加强劳动者"媒体素养"教育的紧迫性

随着信息化发展趋势的日益显著，公共传媒对社会的影响力越来越强，对劳动者的影响也越来越大，"全媒体不断发展，出现了全程媒体、全息媒体、全员媒体、全效媒体，信息无处不在、无所不及、无人不用，导致舆论生态、媒体格局、传播方式发生深刻变化，新闻舆论工作面临新的挑战"[2]，我国在拥有庞大的信息市场、数量可观的各种传播媒体的情况下，如何认识"媒体素养"教育，认清"媒体素养"教育的现实意义，以及如何引进"媒体素养"教育的理论和方法等一系列问题摆在人们面前。[3]

---

[1]　《习近平主持召开中央全面深化改革领导小组第四次会议》，新华网，2014 年 8 月 18 日。
[2]　《习近平主持中共中央政治局第十二次集体学习发表重要讲话》，新华网，2019 年 1 月 25 日。
[3]　参见张开：《媒体素养教育在信息时代》，《现代传播》2003 年第 1 期。

通过接受"媒体素养"教育，劳动者就有能力对媒体影响到的各种因素进行分析和研究，从而达到提高正确使用媒体和抵制媒体不良影响的能力。英国学者富兰克·雷蒙德·李维斯和丹尼斯·托马森于 1933 年发表《文化和环境：批判意识的培养》中，首次提出了"媒体素养"这个概念，目的是在面对以电影为首的大众传媒所带来的流行文化的时候，唤醒人们的批判意识，呼吁维护传统价值观念和精英文化。1992 年，美国媒体素养中心就"媒体素养"给出了如下定义："媒体素养"就是指人们对于媒体信息的选择、理解、质疑、评估的能力，以及制作和生产媒体信息的能力。[1]

概括而言，"媒体素养"教育就是要培养国民对媒体信息的认知力、鉴别力、判断力及使用力，帮助国民通过对媒体信息的正确选择、理解、分析和使用，在得到求知满足、身心愉悦、审美熏陶、道德净化的同时，通过与媒体的参与互动促进社会和谐发展。当前，面对社会思潮发展的多样化趋势，面对舆论格局的深刻变化，面对互联网等现代信息技术的迅猛发展，世界上越来越多的国家开始重视国民的"媒体素养"，尤其加拿大、英国、澳大利亚、美国、智利、日本等国家都在采取积极措施，增强劳动者对媒体信息的辨别能力和使用能力。

据统计，我国现有报纸 1943 种，期刊 9549 种，图书出版单位 580 家，音像出版单位 378 家，网络出版企业 195 家。图书和报纸发行总量、电子出版物品种连续五年稳居世界第一。[2] 截至 2019 年 6 月，我国网民规模达 8.54 亿人，较 2018 年底增长 2598 万人，互联网普及率达 61.2%，较 2018 年底提升 1.6 个百分点；我国手机网民规模达 8.47 亿人，较 2018 年底增长 2984 万人，网民使用手机上网的比例达 99.1%，较 2018 年底提升 0.5 个百分点，与五年前相比，移动宽带平均下载速率提升约 6 倍，手机上网流量资费水平降幅超 90%。[3]

---

① 参见 Skills & Strategies for Media Education by Elizabeth Thoman from Center Of Media Literay Of USA。
② 参见柳斌:《进一步推动新闻出版产业发展》,《人民日报》2010 年 1 月 6 日。
③ 参见中国互联网络信息中心（CNNIC）在京发布《第 44 次中国互联网络发展状况统计报告》,新浪科技,2019 年 8 月 30 日。

各类媒体尤其新兴媒体在经济社会发展中的作用日益突出，对劳动者的影响越来越大。从关注个人发展角度，"媒体素养"教育能够提高劳动者在信息社会的生存发展能力和综合素质；从关注社会发展角度，"媒体素养"教育能够提高劳动者通过媒体参与社会管理的能力，促进社会良性发展；从关注国家发展角度，"媒体素养"教育能够增强国家在信息社会的竞争力，并提高劳动者的综合素质和现代能力。我们在坚持媒体正确导向、唱响主旋律的过程中，真正做到"人在哪里，新闻舆论阵地就应该在哪里。对新媒体，我们不能停留在管控上，必须参与进去、深入进去、运用起来"[1]，更加重视加强劳动者"媒体素养"教育，使劳动者能够辨别并分析信息的潜在价值，能够通过自身文化素养的提高加强与媒体交流，自觉防范抵制错误、虚假信息的负面诱导，促进自我就业能力、综合素质提高，促进整个社会文明和谐发展。

（二）切实利用"媒体资源"促进"媒体素养"教育

"媒体素养"教育的根本目的在于培养劳动者正确理解、合理积极地运用媒体信息和文化资源，以便更好地了解世界、完善知识、参与社会活动。在媒体发展繁盛的今天，媒体对于塑造国家和社会的形象发挥着日益重要的作用，国家和社会的形象在很大程度上是由媒体来建构和塑造的，这源于媒体强大的影响力及传播广泛的特点，广播、电视、报纸、网络已经成为劳动者认识外部世界的门镜、窗口和途径。必须坚持巩固壮大主流思想舆论，弘扬主旋律，传播正能量，激发全社会团结奋进的强大力量，从而"把握好时、度、效，增强吸引力和感染力，让群众爱听爱看、产生共鸣，充分发挥正面宣传鼓舞人、激励人的作用。在事关大是大非和政治原则问题上，必须增强主动性、掌握主动权、打好主动仗，帮助干部群众划清是非界限、澄清模糊认识"[2]。必须高度重视网络空间的净化，"网络空间是亿万民众共同的

---

[1] 《习近平关于社会主义文化建设论述摘编》，中央文献出版社 2017 年版，第 45—46 页。
[2] 《习近平谈治国理政》第一卷，外文出版社 2018 年版，第 155 页。

精神家园。网络空间天朗气清、生态良好，符合人民利益。网络空间乌烟瘴气、生态恶化，不符合人民利益"[1]，在高度重视网络空间净化的同时，要很好地利用"媒体资源"帮助劳动者掌握理性分析和认知客观事物的方法，增进对周围世界的了解，并在参与社会的过程中完善自我。

加拿大"媒体素养"教育全国通用教科书将"媒体素养"教育的基本原理概括为：1. 媒介信息是对现实的再架构；2. 媒体决定了人们对现实的认识；3. 受众对媒介信息接纳是有条件的；4. 媒介信息拥有商业内涵；5. 媒介信息必然反映某种意识形态和价值观念；6. 媒介信息拥有社会和政治理念；7. 媒体信息的内容和形式密切相关；8. 不同媒体都拥有自己的独特美学形态。[2]

根据该原理笔者认为：我们在利用"媒体资源"开展"媒体素养"教育的过程中，一是要重视加强媒体机构同教育机构及社会社区的良性互动。在媒体网络快速发展过程中，各类媒体应重视通过开辟专栏、制作专门节目向不同层次的劳动者宣传"媒体素养"知识。二是要重视"媒体素养"教育的"内化"与"外化"的内外互动。"媒体素养"教育者应善于将媒体社会所需要的思想道德意识传播灌输给劳动者，使劳动者了解解读媒体、参与媒体的方法和规范，并内化为自己的行为标准，并根据这些标准用于媒体信息的选择、理解、质疑、评估与使用。三是要重视从媒体"保护主义"向"超越保护主义"发展。在劳动者日益浓厚地参与媒体互动的氛围中，应着力培养劳动者的媒体体验能力，引导他们对媒体内容加以区分利用，善于通过对媒体表面特征的分析，找出媒体背后所隐含的使用价值、真实情景与深刻内涵，并通过理性的参与媒体活动促进社会和谐良性发展。

（三）有效引导劳动者正确认知"媒体职业规范"

世界正经历着复杂而深刻的变革，经济全球化、全球信息化、传播技术

---

[1] 《习近平谈治国理政》第二卷，外文出版社2017年版，第336页。

[2] See Scanning Television Written by Neil Andersen and John J., Pungente Published by Harcourt Brace&Company, Canada, 2000.

新型化以及世界文化多样性的特征，为世界传媒业的繁荣发展提供了广阔前景，也为媒体报道世界事件和全球问题搭建了重要舞台。习近平总书记强调"必须坚持巩固壮大主流思想舆论，弘扬主旋律，传播正能量，激发全社会团结奋进的强大力量。关键是要提高质量和水平，把握好时、度、效，增强吸引力和感染力，让群众爱听爱看、产生共鸣，充分发挥正面宣传鼓舞人、激励人的作用。在事关大是大非和政治原则问题上，必须增强主动性、掌握主动权、打好主动仗，帮助干部群众划清是非界限、澄清模糊认识"①。这是对媒体职业规范极为重要的要求和概括。

目前，中国新闻法与广播电视法还处于酝酿之中，但《中国新闻工作者职业道德准则》、《广播电视编辑记者（播音员主持人）职业道德准则》、《关于禁止有偿新闻的若干规定》等已对媒体从业人员作出了比较明确的、详细的职业道德规范。② 同时，网络安全也越来越重要，"没有网络安全就没有国家安全，没有信息化就没有现代化。建设网络强国，要有自己的技术，有过硬的技术；要有丰富全面的信息服务，繁荣发展的网络文化；要有良好的信息基础设施，形成实力雄厚的信息经济"③。

加强对劳动者"媒体素养"教育，增强培养有效利用、正确判断媒体能力的同时，应重视使劳动者了解基础性的媒体知识，形成对"媒体职业规范"的正确认知。比如媒体的信息怎样采集又如何制作，媒体的公益性和商业性应否分开又如何区分，传媒信息在制造生产和传播过程中怎样受文化、经济、政治和技术的影响等。增强劳动者对传播信息及传播方式的判断能力，指导劳动者学会使用信息、选择信息，具备利用有效媒体信息、拒斥不健康媒体信息的能力。

当前，各类传播媒体的宣传报道大都能遵循媒体职业规范，总体积极向上、鼓舞士气、健康有益，但也存在部分媒体为追求收视、点击率而出现内

---

① 《习近平谈治国理政》第一卷，外文出版社 2018 年版，第 155 页。
② 参见刘力军：《社会主义核心价值体系下的媒体职业道德规范》，《南昌大学学报（人文社会科学版）》2010 年第 6 期。
③ 《习近平谈治国理政》第一卷，外文出版社 2018 年版，第 198 页。

容格调不高、过度追求娱乐性，甚至与主流价值导向相悖的状况。虽然近年来国家采取诸多措施予以净化，内容日趋健康，但依然良莠不齐。因此，倡导积极健康的社会氛围，增强劳动者对"媒体职业规范"的了解，提高劳动者的媒体道德观念，养成良好的道德自律，显得极为重要。

（四）着力推动"媒体素养"教育的社会组织建设

"媒体素养"教育在社会化发展过程中深入开展，离不开"媒体素养"教育社会组织建设的推动。当前，我国推动"媒体素养"研究和实践的中坚力量是相关的学者，他们为"媒体素养"活动已经做了不少的理论准备，但仍显不足。各级党委、政府已经意识到"媒体素养"的重要性，且正采取积极的应对措施，成效有待显现。新闻媒体尚存理论误区，认为"媒体素养"仅是媒体从业者的职业素养，缺少与社会其他行动者的互动。同时，我国的社会组织基础不牢，发展的动力也不足。

在此状况下，尤其需要各方共同努力形成合力，共同推动"媒体素养"教育社会组织建设。社会组织是"媒体素养"教育体系的环境主体，各种社会组织通过"媒体素养"教育活动，能够形成一个网络状的立体环境，它和媒介机构交互作用，产生合力，同时利用组织自身的经济能力和政治能力，从政策上指导"媒体素养"教育体系的建构，并在实际上推进"媒体素养"教育的实施。[1] 在加强"媒体素养"教育社会组织建设的过程中，要重视非营利性"媒介素养"教育团体的建立与发展，以及专业媒体人才对"媒体素养"教育社会组织形成发展的重要作用。

---

[1]　参见郑保章、柴玥：《我国媒介素养教育体系的建构主体及方式》，《新闻记者》2005 年第 6 期。

第 六 章

政府优化论：企业发展环境的改善与提升

> 共同把握数字化、网络化、智能化发展机遇，共同探索新技
> 术、新业态、新模式，探寻新的增长动能和发展路径。
>
> ——习近平

企业发展环境是和谐劳动关系的根本性主旨内容，2015 年 3 月，《中共中央 国务院关于构建和谐劳动关系的意见》颁布，从"加强和改进政府的管理服务"、"加大对中小企业政策扶持力度"、"加强技术支持，引导企业主动转型升级"、"通过促进企业发展，为构建和谐劳动关系创造物质条件"等角度提出了"优化企业发展环境"具体路径导向，2018 年 11 月 1 日，习近平总书记在民营企业座谈会上的讲话中强调："要不断为民营经济营造更好发展环境，帮助民营经济解决发展中的困难，支持民营企业改革发展，变压力为动力，让民营经济创新源泉充分涌流，让民营经济创造活力充分迸发。"① 尤其，着力抓好 6 个方面政策举措落实：减轻企业税费负担、解决民营企业融资难融资贵问题、营造公平竞争环境、完善政策执行方式、构建"亲清"新型政商关系、保护企业家人身和财产安全。

---

① 《习近平谈治国理政》第三卷，外文出版社 2020 年版，第 264 页。

一、企业发展环境的研究述评

(一) 企业发展环境的影响因素研究

赵锡斌、温兴琦 (2005)[①] 认为，企业发展环境包括社会、市场和企业内部环境，社会环境包括政治、经济、政策法律、社会文化、技术环境等；市场环境包括供应商、顾客、竞争对手、公众压力集团及市场结构等；企业内部环境包括企业的组织结构、人力资源、技术、管理、企业文化等。

孙可娜 (2009)[②] 认为，一个经济区域经济能否持久增长，一方面取决于大项目投资拉动；另一方面取决于大项目辐射引领作用，形成相互联系、推进、对接的、由众多中小企业组成的产业链和发展集群。

孔德议、张向前 (2013)[③] 通过小微企业发展的历程、困境和机遇，探索小微企业发展环境支撑体系：包括以政治政策环境、经济金融环境、社会文化环境、法律制度环境和行业市场环境为主的宏观环境支撑体系，以战略管理环境、组织结构环境、人力资源环境和企业文化环境为主的微观环境支撑体系。

(二) 企业发展环境的阶段性变化研究

马光荣、樊纲等 (2015)[④] 从全国分省调研实践角度对中国的企业经营环境的差异、变迁与影响予以研究，认为40多年改革开放不断深入，企业经营环境总体上不断改善，但仍存在过多的政府干预，行政审批事项过多、流程繁杂、进入成本过高、不合理收费较多、法治水平薄弱、地方保护主义、不同所有制企业差别化待遇等。

---

① 参见赵锡斌、温兴琦：《我国民营企业发展环境分析》，《经济体制改革》2005 年第 2 期。
② 参见孙可娜：《略论天津中小企业发展环境与支撑体系的构建》，《天津经济》2009 年第 8 期。
③ 参见孔德议、张向前：《我国小微企业发展环境支撑体系研究》，《理论探讨》2013 年第 4 期。
④ 参见马光荣、樊纲、杨恩艳、潘彬：《中国的企业经营环境：差异、变迁与影响》，《管理世界》2015 年第 12 期。

王燕（2015）[①] 通过对新常态下需求环境、市场环境、竞争环境进行分析，认为市场环境倒逼企业必须作出内控调整，同时也为企业带来市场先机，企业应厘清人力、物力、财力资源的内控着眼点，并以此为基础构建起内控措施。

吴群（2016）[②] 对互联网时代中小企业发展予以研究，认为生产制造与服务模式、营销模式、管理模式和商业模式的互联网化，促进着生产能力和内部分工结构更趋优化，拓展着融资渠道，提升着竞争优势，有效帮助拓展着市场。

（三）企业发展环境的相关度与评价指标研究

黄速建、王钦（2006）[③] 运用层次分析法（AHP）从经济、政治、技术、人力资源、金融、国际六方面因素构建了中国企业发展环境评价体系，并通过对中国企业发展环境指数变化分析，对未来可能面临的不利环境因素作出前瞻性预测。

王举颖、汪波等（2006）[④] 针对科技型中小企业成长特点，采取定性与定量相结合、绝对值与相对值相配合、财务指标与非财务指标相统一的原则，构建基于平衡计分卡的科技型中小企业成长性评价体系，并采用网络分析法对基于 BSC 的企业成长性评价指标及数据进行评价。

冯兴元、张林（2018）[⑤] 研究认为，德国弗莱堡学派以价格体系、币值稳定、私有产权、开放市场、契约自由、承担责任、经济政策稳定性七项核心原则构成的竞争秩序观点，分解为 34 项主客观指标。

---

① 参见王燕：《新常态下小微企业发展环境优化的对策思路》，《江苏行政学院学报》2015 年第 5 期。

② 参见吴群：《"互联网+中小企业"的发展致思》，《理论探索》2016 年第 1 期。

③ 参见黄速建、王钦：《中国企业发展环境的测评——基于 AHP 方法合成的指数》，《经济管理》2006 年第 2 期。

④ 参见王举颖、汪波、赵全超：《基于 BSC—ANP 科技型中小企业成长性评价研究》，《科学学研究》2006 年第 4 期。

⑤ 参见冯兴元、张林：《民营企业生存发展环境的量化测度与经验调查》，《学术界》2018 年第 8 期。

（四）企业发展环境的不同地域状况研究

冯桂林（2004）[①] 通过对湖北省 670 份企业调查问卷分析，发现企业发展环境主要问题有：政府服务环境、违规违纪、非正常收费和检查、市场竞争环境、社会治安环境、基础设施环境。

王秀模、江薇薇（2010）[②] 以重庆市中小企业发展环境为实证，提出以政府制度创新为突破口，并就企业发展环境涉及的经济、社会、产业、技术、市场、法制、政策和服务等诸多因素予以探讨。

马文静、周翔（2015）[③] 对甘肃省小微型企业发展环境、政策与战略予以研究，从融资发展战略、自主创新战略、集群发展战略与社会化服务体系建设等四大方面，对甘肃省小微企业的发展环境、政策及战略进行了全面、系统、科学的研究与分析。

（五）有关企业发展中劳动伦理的相关研究

王昕杰、乔法容（1989）[④] 围绕劳动者、劳动生活、管理劳动、知识劳动等领域的道德问题，对道德价值的实现与道德评价进行系统分析，并对经济发展与道德发展同步提高的规律，效率与公平互为基础、互相促进的规律予以探讨。

刘进才（1994）[⑤] 从"道德关系说"角度提出"劳动伦理"产生于人类的劳动关系，认为自从有了社会劳动便产生了劳动关系，也就有了规范和调节这种劳动关系的道德原则，劳动伦理是对劳动关系中道德现

[①]　参见冯桂林：《企业发展环境的现状与特征 ——来自对湖北省 670 份企业调查问卷的分析》，《中州学刊》2004 年第 2 期。

[②]　参见王秀模、江薇薇：《省域中小企业发展环境问题成因和改善路径研究——以重庆市中小企业发展环境为实证》，云南大学出版社 2010 年版。

[③]　参见马文静、周翔：《甘肃省小微型企业发展环境、政策与战略》，中国社会科学出版社 2015 年版。

[④]　参见王昕杰、乔法容：《劳动伦理学》，河南大学出版社 1989 年版，第 1 页。

[⑤]　参见刘进才：《劳动伦理学》，华东理工大学出版社 1994 年版。

象的概括，主要是指在劳动过程中人与其他诸要素之间应当遵守的道德准则。

万俊人（2000）① 认为，劳动在获得其商品价值的同时，也获得了它所特有的社会价值和道德价值；所谓"劳动光荣"的价值评价，不仅仅是一种外在性的社会伦理评价，而且也是一种劳动者内在人格尊严的道德"自证"。

刘诚（2009）② 认为，劳动伦理以平衡劳动关系、保护劳动者权益为主要特点，贯穿于劳动关系的各个方面。劳动伦理的调整机制主要包括道德意识调整机制、传统习俗调整机制和社会舆论调整机制。

二、企业发展的阶段性环境状况分析

（一）经济新常态下企业经营环境步入低速高质化

在经济增长率下降、劳动力供求状况变动、全面深化改革、信息技术和现代传媒高速发展因素的综合作用下，劳动、资本、信息、知识、技术、管理等生产要素和资源重新配置，产业结构、生产方式和劳动过程正在并将继续发生重要变化，企业劳动关系建构和运行更加多元复杂，劳动关系矛盾触点多、燃点低、传导快、交织关联性强且更加多样多发多变。经济新常态意味着我国经济发展进入转型期，经济发展的资源环境约束不断强化，经济发展方式面临转变，经济结构有待升级，生态文明亟须建设。

尤其经过"市场化转型的市场经济非常态"，进入"社会主义市场经济常态"，实现"旧常态—非常态—新常态"的转换，其核心在于形成新的市场经济规则、运行机制以及新的市场结构与模式，并持续演进。③ 我国经济

---

① 参见万俊人：《道德之维：现代经济伦理导论》，广东人民出版社 2000 年版，第 236 页。

② 参见刘诚：《劳动法与劳动伦理的调整机制及其相互关系》，《东南大学学报（哲学社会科学版）》2009 年第 4 期。

③ 参见齐建国：《中国经济"新常态"的语境解析》，《西部论坛》2015 年第 1 期。

自 1978 年改革开放至 2011 年保持年均 9.87% 高速增长，在长达 32 年的时间内实现着接近两位数的高速增长，确实成为举世瞩目的经济奇迹，但也存在因高速度、粗犷式发展而出现的资源消耗、生态破坏等现象。

经济增速回落是一个经济体达到中等收入水平之后的普遍规律，我们必须理性对待经济速度的"换挡期"，用"平常心"对待中高速增长新常态。[①]经济新常态下经济结构调整是"三期叠加"形势的重要内容，通过加快推进"需求结构、产业结构、城乡结构、空间结构、收入分配结构"五大结构的调整和优化，实现经济结构优化升级，使第三产业、消费需求逐步成为主体，城乡区域差距逐步缩小，必然成为经济新常态的重要内容特征，正在进行的新旧动能转换正是这一特征的实践体现。

经济新常态下共享经济发展实现新的推动，共享经济不仅是新的经济现象和经济形态，也是加速要素流动、实现供需高效匹配的新型资源配置方式，更是新的消费理念和发展观。带来共享经济各类资源共享，方便着人们的生产生活，推动就业和经济转型，也存在所有权与使用权分离、灵活性强、多种模式并存状况，积极探索多类主体参与的协同治理格局，创新治理方式，营造良好的市场氛围，促进新产业、新经济模式的发展，推动市场活力与社会创造力。

（二）经济新常态下企业劳动关系更加复杂化

在经济结构加快调整、混合所有制经济快速发展、劳动力供求状况变动、劳动者代际更替和劳动法律法规日趋完善因素的综合作用下，劳资互动博弈受到新制约，企业劳动关系随之呈现新特点。生产要素重新配置，对生产方式和生产关系的影响深远，在经济结构调整加速，劳动者利益诉求日益多元化的综合作用下，劳动关系呈现出新的特点。

一是农民工利益诉求新常态与企业的满足能力之间的差距扩大。我国一线劳动者绝大部分是农民工，且以"80 后"、"90 后"新生代农民工为主

---

① 参见连平：《中国经济运行"新常态"解析》，《科学发展》2014 年第 8 期。

体，消费观念、利益诉求日趋城市化，对工资增长、居住条件、生活品质、"五险一金"等提出更高的利益诉求，但随着经济增长速度减缓，企业利润出现缩水，企业满足劳动者利益诉求的能力下降，但是同期 CPI 指数一直呈现增长态势，劳动者消费支出不断增加、生活压力加大，加剧着劳动关系矛盾。

二是产业结构调整导致劳动力供需变化产生劳资博弈。新常态表面特征是经济增长速度放缓，深层本质是增长动力转换倒逼产业结构调整，产业结构调整涉及地方政府税收、劳动者安置、企业债务化解等一系列问题，尤其作为农民工主体的新生代农民工教育素养普遍提高，维权意识增强，融入城市的期望更高，对利润侵蚀工资、高强度低薪劳动等侵犯自身权益的方式耐受力降低，对企业形成倒逼压力。

三是经济驱动力转变促使农民工分化劳动关系更加复杂。创新驱动是产业结构调整的根本动力，成为提升产业竞争力的突破口，对人力资本素质提出更高要求，拥有熟练职业技能、具有较高不可替代性、对企业利润贡献大、市场稀缺程度高的"核心劳动力"，成为企业需求的重点。对于没有一技之长、对企业贡献度较小的"边缘劳动力"，薪资待遇压缩，导致"同工不同酬、不同权、不同保"现象出现，劳动者内部阶层分化更加明显。

四是新旧交替状态使劳动关系遗留问题存续加剧。转型期部分企业劳动合同签订、工资发放时间、休息休假时间、劳动安全保护等问题一直没有得到妥善解决，进入新常态下经济增长速度下降，但高质量发展还有待实现，地方政府面临经济增长与严格劳动执法的两难选择，企业面临应对市场竞争和维护劳动者权益的两难选择，更无暇顾及工资和保费拖欠等遗留问题，尤其在利润空间缩小的情况下，企业为了生存发展，更加倾向于欠薪欠保、拒付补偿金解雇员工，使劳动争议多发。

（三）中美贸易摩擦过程中企业发展环境状况

2019 年成为中国摆脱新常态低迷期、走向高质量发展模式的关键年，中国宏观经济既没有"触底企稳",也没有步入稳定复苏的"新周期",反而在内部"攻坚战"与外部"贸易摩擦"的叠加中全面步入中国经济新常态的新阶段。[1]

新的贸易格局形成了新的世界级企业的产生方法和控制产业的特征,产业链的集群、价值链的枢纽和供应链的纽带,跨国公司适应这种贸易格局、生产方式的变化,它的组织方式、控制方式、管理方式也发生变化。"三链"特征的发展,引出世界贸易新格局的新国际贸易规则制度,即零关税、零壁垒、零补贴"三零"原则的提出。关税趋零对于制造业产业链的完整化、集群化和纽带、控制能力都将起到促进作用。同时,如果"零关税"成为进口大国,国家市场容量足以牵动世界,随之成为世界贸易定价者,便会有非常丰富的外汇储备,国家货币就会成为世界硬通货。"零壁垒"的相互签订,可以促使我国企业更加方便地"走出去"。"零补贴"则可以倒逼企业改革创新,使其更具发展竞争力。中美经贸摩擦促使我们必须持之以恒解决关键核心技术"卡脖子"问题,积极发挥企业主体作用,大力推进关键领域核心技术攻关。

习近平主席在第二届"一带一路"国际合作高峰论坛开幕式上的主旨演讲中强调,"顺应第四次工业革命发展趋势,共同把握数字化、网络化、智能化发展机遇,共同探索新技术、新业态、新模式,探寻新的增长动能和发展路径"[2]。"合作是中美两国唯一正确选择,共赢才能通向更好的未来",通过"更广领域扩大外资市场准入、更大力度加强知识产权保护国际合作、更大规模增加商品和服务进口、更加有效实施国际宏观经济政策协调、更加重视对外开放政策贯彻落实"扩大开放程度。[3]

---

[1]　参见刘元春:《2019:中国经济新常态新阶段的关键期》,《中国经济时报》2019 年 1 月 14 日。
[2]　《习近平谈治国理政》第三卷,外文出版社 2020 年版,第 493 页。
[3]　参见《"中美经贸磋商"白皮书 关于中美经贸磋商的中方立场》,新华网,2019 年 6 月 2 日。

三、劳动伦理构建对企业发展环境的优化推动

（一）国家责任伦理对企业发展环境的宏观优化推动

1. 以"敬德爱民"为理念，构建"亲清"新型政商关系

传统文化"敬德爱民"是国家责任伦理的基础，对于构建"亲清"新型政商关系、促进企业发展环境宏观优化具有重要促进作用。对领导干部而言，"亲"就是坦荡真诚同民营企业接触交往，帮助解决实际困难；"清"就是清白纯洁，不搞权钱交易。对民营企业家来说，就是讲真话说实情建诤言，遵纪守法办企业、光明正大搞经营。[1] 亲清新型政商关系，为领导干部在经济发展过程中与企业家交往中画出了底线，更推动着企业发展环境的优化。政府对经济的过度管制、国有企业过强的主导地位、私有财产得不到有效法律保护等，阻碍着企业家创造力的发挥，使较多企业更多停滞于"套利"活动而非创新发展，甚至热衷于寻租和非生产性活动。

伴随政治生态环境的日渐清廉清正，权钱交易之风得到遏制，也出现领导干部为避嫌刻意回避与企业家交往、对企业家创新发展漠视不屑的状况。这就需要以"敬德爱民"为理念，在企业遇到困难问题的情况下，积极作为、靠前服务，坦荡真诚地同企业接触交往。

政商关系有三层维度：宏观层面的政治与经济关系，中观层面的政府与企业关系，微观层面的领导干部与企业家关系。伴随社会主义市场经济的建立与完善，政治与经济的辩证统一关系建立；伴随市场在资源配置中起决定性作用的确立，政府与企业的关系也逐渐厘清，而领导干部和企业家的微观关系成为政商关系尚待解决的核心矛盾。要重视"企业家政府"理论作用的倡导与发挥。政府应摆脱过多的束缚，真正帮助企业找到更有效的方法实现企业自身的使命，应摒除官僚主义以实际行动来满足企业的需求，要实行

---

[1] 参见《习近平谈治国理政》第二卷，外文出版社 2017 年版，第 264—265 页。

参与式管理放下手中的权力，简化内部结构等级，分散行政机构权力。

与国家层面的制度指标相比，企业经营环境可以更好地反映制度的全貌，而且可以展示出一国内部不同地区的制度差异、制度的事前规则与事后执行上的差异，以及制度的跨时变化。应重视我国作为发展中大国，企业间发展环境有较大差异，尤其体现在制度层面上。从政治制度和法律制度角度看，虽然全国具有统一性，但在具体实施过程中，地方政府不同的政策导向，会使统一的政治法律制度在不同行业、不同规模、不同所有制形式的企业中产生较大不同，不同地区企业发展环境随之产生较大差异。

2. 以"公平正义"为理念，加大对中小企业政策扶持力度

"公平正义"较为集中地体现在权利公平、规则公平、效率公平、分配公平，源于体制机制和政策规定为基础的制度建设更是"公平正义"实现的关键。"较长时间以来政府对国有企业的优待更为明显：国有企业在地方经济中的控制力和影响力较高；国有企业承担了政策性负担，具有较重的历史包袱，在维持地方就业和社会稳定中扮演重要角色"①。国有企业凭借其政治身份，与政府官员建立更为亲密的政治关联，享受到更好的经营环境。同时，政府对大型国有企业的培训、指导等方面的支持，未能深入渗透到中小企业之中，政府对经济尤其是微观企业的干预仍然过多，一定程度上制约着企业经营环境的改善。

当政府行为和企业行为统一到市场选择的共同目标下，政府的推动就不再是"行政干预"而成为"放手"和"服务"，企业的抉择也跳出体制和观念的禁锢，着眼长远发展。青木昌彦等提出的"市场增进论"，更深入地诠释了政府和市场之间的兼容关系，政府和市场并不仅仅是相互排斥的替代物，政府不应该只是解决市场失灵的外在机构，而应该被视为与市场经济体制相互作用的内在参与者；通过特定的机制建设，将政府政策的目标定位于改善民间部门发展环境和克服其他市场缺陷。②

---

① 林毅夫、李志赟：《政策性负担、道德风险与预算软约束》，《经济研究》2004 年第 2 期。
② 参见［日］青木昌彦等主编：《政府在东亚经济发展中的作用——比较制度分析》，中国经济出版社 1998 年版，第 189 页。

政府在加大对中小企业扶持力度过程中，需高度重视外部环境支撑体系，构筑中小企业发展的服务配套体系，创建与中小企业相匹配的融资系统，建立以重大项目为引领的产业转型机制，制定鼓励创业投资的税收金融政策。高度重视社会服务支撑体系，建立以高等院校为依托的创业引导和企业培训体系，强化第三方社会组织对企业服务培训机构的建设。高度重视制造企业与互联网深度融合，以大数据、互联网思维关注企业创新、提高企业管理、解决融资难融资贵，推动制造业新模式、服务业新业态发展。

应重视国外政府对中小企业发展推动的研究。法国制定《中小企业贷款法》，明确要求拒绝为中小型企业提供融资的银行做出解释；规定年度收入 50 万欧元以下的企业免征占用税、职业税；制定《经济现代化法》，规定企业支付客户资金时间为两个月，政府采购对象必须含有中小型企业；允许政府注资银行，以防止信贷紧缩，保证经济充满活力。

1982 年美国先后颁布《小企业创新发展法》《商标法》《反垄断法》，逐步建立了中小企业发展的完整体系，2008 年、2009 年先后颁布《经济刺激法案》、出台《经济复兴和再投资计划》，强化中小企业相关税收鼓励政策。同时，建立起中小企业创新服务体系，由政府部门、政府综合服务机构、行业协会和民间机构组成；建立中小企业信息中心，定期发布有关信息；为中小企业提供技术服务中介支持，尤其在技术创新方面给予企业重要支持。

3. 以 "共享发展" 为理念，创造构建和谐劳动关系的物质条件

"社会和国家的目的在于使一切人类的潜能以及一切个人的能力在一切方面都可以得到发展和表现"①。"共享发展" 是劳动伦理中国家责任伦理的目标追求，也是当代发展伦理的 "中国表达"。在市场经济财富伦理与市场伦理运行中，应重视与中国经济市场变革方向相适应、推进中国市场经济发展的劳动伦理，让市场经济建立在信仰与美德基础上，而非仅仅基于物质基础。和谐劳动关系是企业发展环境的重要组成部分，也是劳动伦理的重要内

---

① ［德］黑格尔：《美学》第 1 卷，朱光潜译，商务印书馆 1979 年版，第 59 页。

核体现。和谐劳动关系的本质是以平等合作为宗旨、以互惠互利为准则，强调劳资双方的利益平衡，做到互利共赢，这也是"共享发展"理念的根本。劳动关系作为市场机制运行效率和市场稳定性的重要影响因素，对于提高企业生产劳动效率、激发劳动者的创造性、促进产业转型升级具有重要的推动作用。

　　计划经济向市场经济转型发展过程中，我国中小企业所涉及的"市场失灵"是造成劳动关系非和谐的重要因素。一般性的市场失灵内生于完善的市场经济，是市场经济本身所固有的基本特性，而市场不成熟则是指由于市场主要构成要素存在重大缺陷或缺失，导致市场机制难以有效发挥作用。劳动关系学奠定的理论基础制度经济学认为，对于市场失灵或不成熟等外部性问题，可以有两种调整方式：一是通过政府干预，强制性地完成交易；二是通过建立法律框架，使市场机制规范化、降低交易成本。构建和谐劳动关系的物质条件需要基于制度层面强化经济发展、效率提升，从而促进企业利润与劳动者工资同步增长。

　　劳动关系的本质是劳动者与劳动力使用者通过建立劳动关系创造价值，劳动者获得工资、劳动力使用者或资本所有者获得利润，构建和谐劳动关系的关键便集中于如何协调企业获得更多利润、劳动者获得更高工资的矛盾焦点。在资本主义生产制度下，"工人生产的财富越多，他的生产的影响和规模越大，他就越贫穷。工人创造的商品越多，他就越变成廉价的商品。物的世界的增值同人的世界的贬值成正比"[①]，由于资本的逐利性与生产制度的私有制，使劳动者创造的财富不被劳动者占有，而被资本剥夺着，并成为资本主义劳资矛盾激化的根本性原因。社会主义市场经济发展，高度重视"共享发展"理念的确立，创造劳资和谐的优良企业发展环境，便会不断提升企业发展效率，创造更为丰厚的构建和谐劳动关系的物质条件。国家政府所倡导的"共享发展"理念，以发展导向为引领带动，以实践实施为推动，对包含和谐劳动关系构建的经济体系所产生的影响力同样重大。

---

　　① 《马克思恩格斯文集》第 1 卷，人民出版社 2009 年版，第 156 页。

（二）企业经营伦理对企业发展环境的自我优化推动

1. 以"创造财富"为理念，确立企业经营的本质价值

源于企业性质的"创造财富"是企业经营伦理的本质基础。企业的本质是追求和创造财富、增加物质积累、满足社会需求的经济组织，"创造财富"是企业存在的最根本价值，"社会主义企业生产目的，除了主要是为了满足社会日益增长的需要和为国家提供收入外，也应该包含争取提高企业自身（联系到企业全体职工）利益，只有这样来规定社会主义企业的生产目的，才能更直接地调动广大群众生产积极性，也只有这样才能更好地体现社会主义原则"[①]。无论是满足社会日益增长的需要、为国家提供收入，还是提高企业自身利益、企业全体职工利益，都需要通过"创造财富"来实现。

基于社会发展的不确定性，创造财富的最根本途径在于高度重视企业家精神培育，推动创新发展，"创造财富"就是提高企业劳动生产率，取得更加高质高效的经济效益，财富创造来源于创新发展，创新成为企业创造财富的动力之源，质量是企业的立身之本，管理是企业的生存之基。企业创新涉及组织创新、技术创新、管理创新、战略创新等方面的问题创新、再创新能力的提升是一个综合系统工程。

在企业"创造财富"过程中科学技术起到根本性推动作用，中美贸易摩擦发展环境尤为凸显，由科学家、工程师、企业家三个群体组成的科学技术加速进步机制：企业家是轴心、是发动机，不断创造出来的社会需求推动科学发明创造，科学家发明创造的成果，被企业家通过工程师设计应用到经营和生产中，转变为人们生活需要的商品，科学技术潜在生产力转变为现实生产力。

强化现代管理支撑体系建设是推动企业"创造财富"价值实现的关键，通过产业结构优化升级提高企业综合实力，重视科技创新引领走新型发展道路，构建战略管理环境科学调适组织结构，重视职业经理人培养提升企业总

---

① 蒋一苇：《企业本位论》，《中国社会科学》1980 年第 1 期。

经理素质，并重视挖掘人力资源价值优化人力资源环境。

　　企业家是在充满竞争和风险的市场机制中面临各种不确定因素，需要高度重视企业家队伍建设，发挥企业家精神。在传统企业的互联网转型过程中，多重逻辑呈现出复杂的动态演变过程；在变革初期，结构型双元通过分散化效应提升逻辑中心性，降低多重逻辑兼容性；在变革中后期，情境型双元和互惠型双元通过整合效应提升制度逻辑兼容性，促进多重制度逻辑的融合。①

　　国外有关企业家精神内涵主要有三类代表性观点：一是以熊彼特和鲍莫尔为代表的德国学派，主要强调的是创新精神；二是以奈特和舒尔茨为代表的芝加哥学派，注重风险承担能力和冒险精神以及应对市场失衡的能力；三是以米塞斯和科兹纳为代表的奥地利学派，重点关注对市场机会的识别能力。② 我国改革开放 40 余年的快速发展，最根本的是激活了企业家精神，使潜在的企业家变成现实的财富创造者。

　　企业家需要具备哲学家的素质，中国传统经济伦理促进着企业家哲学素养的形成，《老子》帮助企业家确立企业经营发展的大局观，《论语》培育企业家威武不能屈、贫贱不能移、勇于进取、刚健有为的浩然正气，《孙子兵法》促进企业家形成具体的管理方法和企业竞争谋略。组织文化、组织气氛、管理情境等因素是组织管理的基础，在一个具有比较稳定的组织文化的企业单位中，仅靠个人是很难在短期内改变这些基础的，如果企业家是具有改造型领导行为特点的领导者，在一段时间内改变企业员工和群体的心理与行为，进而改变企业的文化，将有利于组织变革的阻力减小，增加弹性适应市场。③

---

　　① 参见葛明磊、张丽华、黄秋风：《产业互联网背景下多重制度逻辑与组织双元性研究——以苏宁 O2O 变革过程为例》，《管理评论》2018 年第 2 期。

　　② See Hehert, R. F., Link, A. N., "In Search of the Meaning of Entrepreneurship", *Small Business Economics*, pp. 39-49, no. 1 (1989).

　　③ 参见张丽华：《改造型领导与组织变革过程互动模型的实证与案例研究》，博士学位论文，大连理工大学，2002 年。

2. 以"报效国家"为理念，确立企业经营的愿景志向

源于近代民族企业形成的"报效国家"理念是企业经营伦理的传统传承。企业家经营的崇高目标是国家富强、社会进步。每一个人的利益包含在为国家和社会利益的奋斗之中，只有以国家富强、社会繁荣为创办目的的企业，才有希望实现自己的荣华富强。改革开放之初，蒋一苇提出"国家本位论"、"地方本位论"和"企业本位论"，并将"企业本位论"作为改革的指导思想，认为："社会主义经济的基本单位仍然应当是具有独立性的企业……在局部利益服从整体利益、眼前利益服从长远利益的原则下，企业应当具有各自的经济利益；国家与企业的关系应是经济利益的关系，国家对企业的领导应采取经济手段。"[1]

企业是市场经济的基础细胞、经济发展的重要主体，是建设现代化经济体系、推动高质量发展的根本力量。"报效祖国"成为华为等民族企业崛起的根本动力，《华为基本法》第四条强调："爱祖国、爱人民、爱事业和爱生活是我们凝聚力的源泉"，第七条强调："华为以产业报国和科教兴国为己任，以公司的发展为所在社区作出贡献；为伟大祖国的繁荣昌盛，为中华民族的振兴，为自己和家人的幸福而不懈努力"。正是基于深厚的"报效国家"的责任意识，促使华为不断发展壮大，进入科研引领的无人区。

诸多知名企业早期具有可贵的道德品质和强烈的责任意识，有豪爽、仗义、热情、深厚的国家情感与造福民众的愿望，但逐渐因企业利益伤害国家和民众利益，禁不住金钱诱惑，责任感和道德感逐渐被消磨。[2]缺乏道德感和责任意识成为诸多企业衰败的根源，如国美家电的黄光裕曾三次位列"胡润百富榜"榜首，但因涉嫌洗钱、违规贷款和偷税漏税被强制调查；曾为福布斯中国富豪榜第 11 位的上海首富周正毅，因虚开增值税专用发票和挪用资金罪被判刑 16 年。

企业绝不仅仅是利润最大化的工具，企业是给国家、给人类带来福祉的

---

① 蒋一苇：《企业本位论》，《中国社会科学》1980 年第 1 期。
② 参见彭征、孙洛：《企业家的黑天鹅》，人民文学出版社 2010 年版，前言第 1—2 页。

具有信仰的经济组织。"报效国家"首先体现在国有企业不仅代表企业的利益，更重要的是代表国家利益，国有企业是推进现代化、保障人民共同利益的重要力量。"报效国家"必须高度重视企业家创新精神、冒险精神、奋斗精神、合作精神、创业精神的培育，尤其民营企业家敢为人先的创新意识、锲而不舍的奋斗精神推动着经济社会发展过程"中国奇迹"的创造。

　　企业家事业成功证明他们"经济人"的优秀，慈善捐助则代表他们"道德人"的引领、"社会人"的尽职与"制度人"的推动。慈善的本质是伦理，其"动机应当是'为人'与'无我'，是一种无私的奉献"。但现实生活中，不少慈善捐赠者有做好事、献爱心的动机，并非完全的无私奉献，而是带有为企业发展"政治献金"、"影响力投资"的含义。慈善捐赠不论动机如何，只要符合法律相关规定，都可以接受，但具有投机性的捐赠不应成为慈善事业捐赠的主流和常态，当然如果完全排除慈善事业中的功利意识，在社会生活中的许多方面，特别是企业方面，难免缺乏现实的操作性。

　　"股东资本主义"认为慈善行为是为了改善竞争环境、提升企业效率，"企业公民主义"认为绩效不是企业捐赠动机，而是公民义务责任，"战略慈善主义"认为慈善能够客观增效。① 企业慈善动机存在一定限度的功利考量，以更多样化的思维、更开阔的视野、更包容的胸怀，重视慈善企业主体带动，推动慈善事业在更开阔的视域"报效国家"，促进"共享发展"的社会引领。

3. 以"造福社会"为理念，强化企业经营的信誉追求

　　亚当·斯密写过一段非常著名的话："企业家在追逐个人利益的同时，也在自觉不自觉地促进社会整体利益的增长，这种后果远比他们最初的设想更为有效。"② 企业家通过创造就业机会、提供消费产品、创新改革要素、推动市场发展等方式，为社会贡献出众多的福利收益。同时，必须强化企业的法律法规意识，加强企业道德意识，增强企业社会责任感。

---

① 参见钟宏武：《慈善捐赠与企业绩效》，经济管理出版社 2007 年版，第 23—30 页。
② ［英］亚当·斯密：《国富论》，郭大力、王亚南译，商务印书馆 1981 年版，第 26 页。

信誉是各类经济组织为了长远利益放弃短期利益，为了虚物利益而放弃实物利益的一种行为表现，是对经济组织的信用和名誉的总体评价。① 在日常生活中以"诚实守信"为代名词，并以"诚实守信"为导向和路径实现着"服务社会"的价值和追求，同时铸就着企业最重要的无形资产——声誉。企业家的三个基本条件：第一，利用自己或他人的资本创办企业；第二，掌握企业控制权并经营企业的人，能够对决策的全部风险与后果承担最终责任；第三，能够发现和利用一切可能的机会实现企业创新与发展并取得成绩的人。②

这三个基本条件的实现都需要以"诚实守信"为根本内涵的"信誉"为支撑，诚信是行动者在比较短期与长期可获得利益过程中做出的理性选择。企业家的诚信特征具体体现在：人格诚信性、财产诚信性、社会诚信性、信息诚信性、工具诚信性。社会学对诚信问题的发端之作，卢曼的《信任与权力》《熟悉、信赖、信任：问题与替代选择》等，从新功能主义角度界定诚信，诚信是对风险的外部条件所作出的源自纯粹内心的估价。

企业是以创造财富利润为目的导向的经济实体，企业因产品的质量、价格及服务使社会、客户感到安全、安心和满意，由此产生企业信誉所带来的经济利润非一次性的，而是可以引领并创造企业与股东、企业经营者与雇员、企业与银行、企业与政府间多个层面的信用组合。

"信任在不同时空环境中的变化，前现代，根植于社区、亲缘纽带和友谊的个人化信任关系；现代相互的自我开放过程，制度化的个人纽带和非正式或非正规化的真诚和荣誉法则，提供了潜在的信任框架"③。基于"服务社会"与"企业利润"共同交织点的企业信誉追求，需要伦理道德的维系和促进，更需要制度建设的支撑和推动，且制度化与伦理化的互为推动形成根本的持久性推动。

---

① 参见徐鸿：《企业信誉研究》，中国经济出版社 2012 年版，第 24 页。
② 参见张序：《企业家概念及其相关问题辨析》，《社会科学研究》2005 年第 1 期。
③ ［英］安东尼·吉登斯：《现代性的后果》，田禾译，译林出版社 2000 年版，第 104 页。

（三）劳动职业伦理对企业发展环境的内生优化推动

1. 以"勤劳敬业"为理念，充分重视职业技能的提升行动价值

源于儒家传统文化的"勤劳敬业"是劳动职业伦理的基础。"勤劳敬业"是中华民族最为突出的优良传统，"勤"表现为精益求精、勤勉于事业的精神行为追求，"敬"表现为对工作的虔诚尊重及对事业的不辞劳苦。"视劳动和忙碌为美德的国家并不多，大约只有中国、日本、朝鲜这样一些儒教国家和信仰新教的国家。"① 通过劳动天职观和禁欲精神，新教伦理带给资本主义的是勤劳敬业的伦理态度、发财致富的成就动机、积累资本的务实风格，是个人主义、理性主义、功利主义相互渗透的人生观，是强烈的自由冲动、高度的责任感，勇于拼搏的斗志，是认定宿命同时又反抗宿命的宗教情节与矛盾心态。②

源于儒家传统文化的"勤劳敬业"强调"勤劳"与"敬业"并重，勤劳因物质利益而来，以物质利益多寡而定，敬业也受物质利益影响，更受超越物质享受的价值观念、精神追求与人文修养的影响。大力推动"劳模精神"和"工匠精神"是现代产业发展的重要需求。"工匠精神"是职业道德、职业能力、职业品质的综合体现，也是从业者职业价值取向和行为表现，赋予所有职业劳动者物质层面和精神层面兼备的追求和升华。

《职业技能提升行动方案（2019—2021年）》强调："把职业技能培训作为保持就业稳定、缓解结构性就业矛盾的关键举措，作为经济转型升级和高质量发展的重要支撑。" 面向城乡各类劳动者开展大规模的职业技能培训，将有力强化新时代"勤劳敬业"能力提升，建设知识型、技能型、创新型劳动者大军，成为经济转型升级、高质量发展及高质量就业的重要推动力。

尤其，近些年技工求人倍率持续为1.5以上，高技能人才求人倍率达到

---

① ［日］名和太郎：《经济与文化》，高增杰、郝玉珍译，中国经济出版社1987年版，第32页。
② 参见陈均、任放：《经济伦理与社会变迁》，武汉出版社1996年版，第359—360页。

2 以上，技工短缺从东部沿海地区蔓延至中西部地区，从季节性演变为经常性，劳动者职业技能难以满足企业转型升级发展的状况凸显，亟须通过"企业主体作用发挥、职业院校基础作用调动、社会培训资源优势发掘"三种路径为重点的多管齐下，推动以"企业职工、就业重点群体、贫困劳动力"三方面主体为重点的劳动者职业技能提升。同时，积极推动学历证书与职业技能等级证书结合，探索实施"1+X"证书制度，打破"唯学历论"的人才发展"桎梏"，推动工程领域高技能人才与工程技术人才职业发展贯通，推动创新型、复合型的高技能人才发展。

"勤劳敬业"精神，更多体现为引导群众树立勤劳致富改善生活的信念，使改善民生既是党和政府的工作方向，又是群众自身的奋斗目标，不贪图安逸、不惧怕困难、不怨天尤人，依靠勤劳汗水开辟事业前程。在扶贫工作中高度重视职业技能提升行动的推动，促进贫困劳动力一技在手从而终身受益。通过深入推进技能脱贫千校行动和深度贫困地区技能扶贫行动，面向贫困劳动力、贫困家庭子女开展免费职业技能培训，落实生活费等补贴，加大技能脱贫攻坚力度，促进他们实现技能脱贫。

完成从"授人以鱼"（扶贫）到"授人以渔"（脱贫）再到修建鱼塘养鱼（致富）的飞跃，从源头上解决问题，实现全社会真正的共同富裕，[①] 需要以职业技能提升实现技能扶贫，在技能扶贫过程中不仅提升贫困地区劳动者素质，而且通过提升劳动者素质推动产业发展。在新技术浪潮发展中，如20 世纪 90 年代，习近平任宁德市委书记推动寿宁县下党村"互联网+茶叶"电商平台发展；又如近年贵州"中国数谷"大数据产业发展等，修建更多的鱼塘企业养鱼。

2. 以"积极进取"为理念，充分挖掘企业发展的人力资本价值

源于市场经济竞争与效率的"积极进取"是劳动职业伦理的核心。市场经济是通过市场配置社会资源的经济形式，一经产生便成为最具效率和活力的经济运行载体，市场经济运行的基础是竞争与效率，"积极进取"便成

---

① 参见夏一璞：《试论精准扶贫的创新价值与实现路径》，《马克思主义研究》2019 年第 1 期。

为以竞争与效率为理念的市场经济发展过程中最为突出的劳动职业伦理。"积极进取"因在不利和艰难的遭遇中百折不挠，可以站在失败之上走向成功。

新时代"积极进取"精神，更多体现为以改革创新为核心的时代精神，把个人梦与中国梦紧密结合，把人生理想、家庭幸福融入国家富强、民族复兴的伟业之中，不断为中国精神注入新能力，始终做弘扬中国精神的楷模。新时代个人梦、中国梦的实现越来越重视人力资本价值的实现。在以质量变革、效率变革、动力变革推动经济由高速度向高质量发展过程中，劳动力资源由剩余逐渐变为短缺，获取并维持必要的劳动力资源成为企业制胜的关键，同时高质量发展过程对人力资本提升提出极为迫切的要求，只有以人力资本提升推动产业升级，国民经济才能在不断提升中实现高质量发展。

人力资本是体现在劳动者身上，通过投资的形式，并由劳动者的知识、技能、经验、体力和熟练程度所构成的资本，可以通过劳动者的数量、质量以及劳动时间来度量。人力资本，比物质、货币等硬资本具有更大的增值空间，尤其在后工业时期和知识经济初期，人力资本将产生更大的增值潜力，人力资本的"活资本"性，具有非常强的有效配置资源、调整企业发展战略的市场应变能力。随着经济结构正在发生革命性变化，经济增长的内生性日益增强，人力资源日益成为经济增长的动力源，非人力资源对企业战略目标的贡献是既定的，而人力资源由于能动性而使其贡献处于极大的变动区间之中，而且这种能动性还最后决定非人力资源的贡献，具有整体的且双向的倍数效应。[①]

推进产业升级关键在于技术进步，而技术进步的关键在于人力资本的积累，不仅在人均受教育年限较快增长背景下，我国的人力资本未得到应有的积累，尤其高技术技能型人才与高层次创新型人才仍然严重不足。加强高技能人才队伍建设、全面提高劳动者整体素质，建设宏大的产业工人队伍，是制造强国战略、振兴实体经济的迫切需要，通过劳动教育，大力弘扬劳模精

---

① 参见杨伟国编著：《战略人力资源审计》，复旦大学出版社 2009 年版，第 8 页。

神、劳动精神、工匠精神，将是促进人力资源开发，提升人力资本的重要推动力。[①]

1990年，美国人均社会总财富大约42.1万美元，其中24.8万美元为人力资本的形式，占人均社会总财富的59%。1978—1995年，我国劳动力数量增长对经济增长贡献略低于劳动力质量提高的贡献，20世纪末，人力资本保持较高增长率，并成为劳动力贡献于经济增长的主要方式。"企业应当是企业全体职工的联合体，即马克思所说的自由平等的生产者的联合体，企业的权利是掌握在全体职工的手里。"[②] 促进职工以"积极进取"的精神，挖掘人力资源价值，优化人力资源环境，优化企业发展环境、产生更高生产效率、实现经济转型升级。

尤其，走过"刘易斯拐点"，劳动力资源由剩余逐渐变为短缺，获取并维持必要的劳动力资源成为企业制胜的重要环节。就业能力的核心是针对市场需求及其变化来进行长期人力资本投资，而强化就业适应性的关键是要求企业和劳动力都应把握新技术与新的市场环境。[③] 同时，劳动过程对人力资本提升提出极为迫切的要求，只有以人力资本提升推动产业升级，提高资源利用效率，提高产品附加价值，提高企业核心竞争力，国民经济的发展才能在不断提升中实现高质量发展。

3. 以"全面发展"为理念，高度重视企业发展的文化竞争价值

源于马克思劳动伦理的"全面发展"是劳动者职业伦理的目标导向。人的全面发展是马克思主义基本原理之一，最根本的是人的劳动能力的全面发展，人的智力和体力得到充分统一发展，包括人的才能、志趣和道德品质的多方面发展。"每个人的全面自由发展"就是个人自然享赋的全面发展，就是个人的丰富性、完整性总是由于个人通过对象化活动、通过交往活动而

[①] 参见刘向兵、闻效仪：《通过新时代劳动教育引领和推动人力资源开发建设》，《教育经济评论》2019年第1期。

[②] 蒋一苇：《企业本位论》，《中国社会科学》1980年第1期。

[③] 参见杨伟国、王飞：《大学生就业：国外促进政策及对中国的借鉴》，《中国人口科学》2004年第4期。

实现自我，因而"发展个性"也就表现为个人与他人、与社会、与自然界交往的全面性。①

旧式分工造成人的片面发展，社会主义制度创造了实现人的全面发展的社会条件，"教育将使他们摆脱现在这种分工给每个人造成的片面性"②，社会化的大生产为人的全面发展创造着条件，更需要劳动者树立终身学习的理念，融入生产共同体，不断提升职业技能和创新能力，在加快建设知识型、技能型、创新型劳动者大军的过程中实现着全面发展。"由社会全体成员组成的共同联合体来共同地和有计划地利用生产力；把生产发展到能够满足所有人的需要的规模……通过消除旧的分工，通过产业教育、变换工种、所有人共同享受大家创造出来的福利，通过城乡的融合，使社会全体成员的才能得到全面发展"③。

实现人的全面自由发展是人的发展的崇高价值追求，也是社会主义优越于以往其他社会形态的价值所在，是内涵丰富的价值目标和追逐过程。在实现人的全面发展中，文化对人、对企业的发展具有重要推动力，"文化赋予经济发展以更强的竞争力，先进文化与生产力中的最活跃的人的因素一旦结合，劳动力素质会得到极大的提高，劳动对象的广度和深度会得到极大的拓展，人类改造自然、取得财富的能力与数量会呈几何级数增加"④。

企业文化建设过程中尤须重视加强对职工的人文关怀，要通过构筑富有自身特色的企业精神和培育健康向上的企业文化，为职工创建共同的精神家园。互动公平意味着组织真心实意坚持公平的管理程序；在决策与实施工作中，充分尊重企业管理者的意愿，及时且善于与员工沟通与交流；真正关心员工，对下属有礼貌，体现了组织对管理者权利的尊重，这能促进组织支持感的产生。⑤ 要高度重视企业员工的精神需求和心理健康，及时准确地掌握

---

① 参见侯惠勤：《马克思主义的个人观及其在理论上的创新》，《马克思主义研究》2004 年第 2 期。
② 《马克思恩格斯文集》第 1 卷，人民出版社 2009 年版，第 689 页。
③ 《马克思恩格斯文集》第 1 卷，人民出版社 2009 年版，第 689 页。
④ 习近平：《之江新语》，浙江人民出版社 2007 年版，第 149 页。
⑤ 参见杨付、张丽华、霍明：《互动公平真的能唤醒我国女性管理者责任心吗？——组织支持感的中介作用》，《经济科学》2011 年第 6 期。

员工的思想动态，有针对性地做好政治思想引导和心理健康疏导工作。

新员工进入组织后，组织通过文化宣讲和价值观熏陶，以及组织内的人际互动过程，帮助新员工更快融入组织，进而提升其组织认同感，而对组织的高度认同能够激发员工的敬业与奉献精神，进而提升其工作投入水平。[①]同时，要重视拓宽企业员工的发展渠道，不断提升企业员工的职业能力，不断拓展企业员工的职业发展空间，最终促进企业员工的全面自由发展。

企业文化是一种信念力量、道德力量、心理力量，三种力量相互贯通、融合、促进，形成企业文化竞争优势，成为企业战胜困难、取得战略决策胜利的无形力量，并成为企业发展的动力源泉和企业管理的最重要内容。企业文化让企业高层管理者真正明白通过管理赢得员工的"人心和思想"，是一个企业的文化根源，是企业领导人的思维因果和管理方式的体现。企业文化的发展历经企业家个性魅力—团队个性魅力—企业个性魅力—社会个性魅力，从而由企业家文化发展为团队文化、企业文化，进而形成企业发展的社会竞争性文化。

应努力将企业办得"像家庭"，和睦温馨、团结一致，形成有凝聚力的亲情文化；把企业办得"像军队"，纪律制度严明，形成有执行力的严格文化；把企业办得"像学校"，员工不断成长提高，形成有生命力的学习文化。在这样的企业文化环境中，企业将产生更强的凝聚力、生产力，劳动者将获得更加全面自由的发展。

---

① 参见郭云贵、张丽华：《组织社会化对工作投入的影响机理研究——基于认同理论视角》，《软科学》2016 年第 4 期。

第 七 章

政府展望论：新时代"政府主导" 向"劳资合作"的演进

畜之以道，则民和；养之以德，则民合。和合故能习，习故能
偕，偕习以悉，莫之能伤也。

——《管子》

党的二十大报告强调："健全劳动法律法规，完善劳动关系协商协调机制"，"协商民主是实践全过程人民民主的重要形式。完善协商民主体系，统筹推进政党协商、人大协商、政府协商、政协协商、人民团体协商、基层协商以及社会组织协商，健全各种制度化协商平台，推进协商民主广泛多层制度化发展"。伴随新时代市场经济发展不断成熟、社会主义民主不断发展、协商民主广泛、多层、制度化发展，尤其"以人民为中心"发展思想的推动，构建和谐劳动关系必将成为劳、资、政三方共识，政府主导下的劳资合作模式必然成为劳动关系和谐发展的重要导向。劳资合作成为促进劳资和谐、劳资共赢的劳动关系最重要协调方式。

同时，国际劳动关系发展趋势也产生着理论借鉴。库克"劳资合作绩效理论"将劳资合作建立在劳资双方共同追求更大效益的目标上，劳资双方不再各自将心力用于相互对抗，而是将精力集中于更高利益实现的目标达

成，经过合作努力所带来的成果由劳资双方共享。巴德在深入探讨效用伦理、责任伦理、自由伦理、公正伦理、德行伦理和关怀伦理基础上形成的"劳资合作论"，认为建立在劳动者与雇工之间合作和利益协调基础上的劳动关系基本上是和谐的。麦肯锡·金受洛克菲勒之邀在美国研究劳动关系，回到加拿大后，在其《工业与人性》中回顾总结劳动关系研究的根本：劳动关系的中心任务是创造条件，使资本和劳动力可以更有效地合作，不仅因为它会生产更多的产品，而且因为它加强着社会关系和工作满意度。[①]

一、新时代"政府主导"向"劳资合作"的演进趋向

政府在劳动关系调整中具有导向性、法定性、公正性特征。各国处理劳动关系的方式和制度可分为斗争模式、多元放任模式、协约自治模式、统合模式。基于当代劳动关系形成于"政府主导"的实践推动、源于"政府主导"的计划管理、传承于大一统"政府主导"的文化渊源，"政府主导型"劳动关系调整模式成为我国当代劳动关系最突出的阶段性特征。促使劳动关系由"政府退出"过渡为"政府主导"阶段，最终发展为"政府主导"下的"劳资合作"，应是新时代政府主导构建和谐劳动关系目标趋向。

（一）新时代"政府主导"向"劳资合作"演进的原因探析

伴随新时代"以人民为中心"的发展思想的确立、市场经济深入发展不断成熟、儒家传统"和合文化"的企业实践、"企业效率、社会公平、人性尊严、管理科学"的推动，将使劳动关系由"政府主导"逐步转向"劳资合作"。

1."以人民为中心"的发展思想，形成中国特色"劳资合作"导向

党的十九大报告指出："保证全体人民在共建共享发展中有更多获得

[①] See King, W. L. M., "Industry and Humanity", Toronto, University of Toronto Press, 1918.

感，不断促进人的全面发展、全体人民共同富裕"，同时强调："完善政府、工会、企业共同参与的协商协调机制，构建和谐劳动关系。"① 从马克思历史唯物主义学说角度来看，上层建筑诸因素具有巨大的能动作用，推动着"劳资合作"的理念形成。"劳资合作"也一直是中共革命、执政追求和执政实践的内容组成。早在 1946 年 4 月 4 日，毛泽东在致彭真的电报中曾提出："工人工资及其他劳动条件切不可提得太高，必须采取劳资合作、发展生产、繁荣经济、劳资两利的政策，决不可只顾工人暂时片面利益，结果害了自己。"② 1947 年在石家庄工作会议上，刘少奇也曾强调，"一切要服从公私企业发展的前提，要实行劳资合作"；"实行劳资合作，总之要达到开工复业的目的，使经济活跃起来"。③

　　社会主义市场经济发展强调社会合作、阶层和谐，执政党主要通过"社会合作"扩大党的阶级基础和群众基础，进而增强社会凝聚力与影响力，"劳资合作"作为重要的社会合作方式有效地弥合了劳资之间的矛盾冲突，使冲突双方从对立转向和平与合作，促进着经济发展与社会和谐。尤其是进入新时代，面对人民日益增长的美好生活需要和不平衡不充分的发展之间的矛盾，更加需要强化通过"劳资合作"更具效率地提升企业发展力，促使各类经济要素激活。尤其，在中国特色社会主义政治经济学所倡导的"科技领先型的持续原则，民生导向型的生产原则，公有主体型的产权原则，劳动主体型的分配原则，国家主导型市场原则，绩效优先型的速度原则，结构协调型的平衡原则，自力主导型的开放原则"④，推动"劳资合作"在各类经济要素不断激活中，促进企业产生更为突出的经济社会发展生产力。

　　在此过程中尤其要重视制度环境的推动，"政府的作用不是干预某种具

① 《习近平谈治国理政》第三卷，外文出版社 2020 年版，第 18—19、36 页。
② 顾龙生编著：《毛泽东经济年谱》，中共中央党校出版社 1993 年版，第 209 页。
③ 中共中央文献研究室、中华全国总工会编：《刘少奇论工人运动》，中央文献出版社 1988 年版，第 310—312 页。
④ 程恩富：《要坚持中国特色社会主义政治经济学的八个重要原则》，《经济纵横》2016 年第 3 期。

体的自由契约，而是为劳资双方提供一种维系契约公平和道义底线的制度安排"①。社会主义国家"劳资合作"为主导的合作型劳动关系将更加强调为员工提供就业的社会保障，企业建立较为完善的参与机制，不断通过提高企业民主化与参与性管理提高企业经营效率。同时，劳资合作的加强，避免政府管制容易产生的问题——"政府行政机制本身存在成本有时甚至大得惊人；行政机构存在受到政治影响、没有竞争对手、容易犯错误等先天弱点，不能确保其制定的限制性和区域性的管制措施必然提高经济制度的运行效率；一般管制措施并非对任何情况都有效现实中存在显然不适用的情况"②。这就更需要通过"劳资合作"协商推动劳动关系和谐。

2. 中国传统"和合文化"实践，奠定中国特色"劳资合作"渊源

从意识形态的历史继承性角度来看，意识形态中的"和合文化"是中国生生不息的文化传统，追求"劳资合作"而非"劳资对立"，是中国历史文化的根本传承。纵观中华民族的发展历史，"和合"文化理念源远流长："乾道变化，各正性命，保合太和，乃利贞"（《易经》）；"九族既睦，平章百姓"、"百姓昭明，协和万邦"（《尚书》）；"商契能和合五教，以保于百姓者也"（《国语·郑语》）；"天时不如地利，地利不如人和"（《孟子》）；"畜之以道，则民和；养之以德，则民合。和合故能习，习故能偕，偕习以悉，莫之能伤也"（《管子》）等。中国传统"和合文化"为"劳资合作"奠定了深厚的思想渊源，"劳企商谈能一定程度上填补企业体制的缺项，它并非通过罢工、上访等压力施加影响，而是立足于中华民族的和合文化，以于文化合理性的陈情、说理、商量产生穿透力，以公理、公议、公论产生影响力，以设身处地、通情达理实现互谅互让"③。

劳动关系自民族资本主义发端以来，"劳资合作"的企业探索实践一直相伴，民国时期实业家穆藕初提出"劳资两方团结一气"，劳资问题虽如

---

① 刘泰洪：《劳资合作与冲突：利益博弈的分析视角》，《理论与改革》2010年第4期。

② 唐镳、毛磊、郭沐蓉：《科斯理论对我国劳动争议处理工作的启示》，《中国劳动》2018年第5期。

③ 石秀印：《劳企商谈会：一种新型劳动关系治理机制》，《中国党政干部论坛》2013年第4期。

"半天霹雳"，但"既成问题，吾人应平心静气，缜密考察，本适合学理与事实之见解，藉求双方互利之方法"①。其"劳资合作"思想体现着民国实业家以资方立场看待近代劳资关系，体现其实业救国爱国情感，在一定程度上保护着工人利益，促进着劳资关系协调。无锡申新三厂作为近代企业重视劳资合作、达成良性互助关系的典型，通过试行"生活共同体"性质的劳工自治区，着力于劳工教育、福利及生活管理，不仅塑造新式工人，而且塑造出独特的"劳资合作双赢、互相包容促进、工人以厂为荣"的厂区文化。

基于深厚的中国传统"和合文化"，"劳资合作"曾为"南京国民政府处理劳资关系的一般政策与目标，但国民党的体制改革落后于国家社会发展的客观要求，其职能还未能由在野党向执政党转化，无力操控工人群体，更不可能成为维系政府与工人的纽带"②。基于儒家传统"和合文化"的导向引领对"劳资合作"劳动关系模式的形成尤显重要。

3. 市场经济逐步成熟，创造中国特色"劳资合作"空间

物质生产和经济关系归根到底起决定作用，自 1978 年美国政府颁布《劳资合作法案》以来，美国劳资关系伴随市场经济成熟，由传统的集体谈判为主的模式，转变为以"劳资合作"为中心的"新产业关系"模式。③ 中国市场经济逐渐成熟过程中，"劳资合作"的趋向特征日益增强。现代化发展的过程中，"内生动力立足于同一社会共同体，基于各个群体合作共赢的角度，在顺应现代化趋势这样一个时代主线的背景下，使类别复杂、性质迥异的众多社会构成成分形成一种共生，亦即相互依存、相互促进的局面"④。同时，伴随市场经济深入发展逐步成熟，为"政府主导"向"劳资合作"创造着机制空间，"劳动与资本在生产性行业中持续、有力的合作是文明社区人口稠密的条件：它们共同行动达到的能量和效率的程度，是衡量这些人

---

① 穆藕初：《穆藕初文集》，上海古籍出版社 2011 年版，第 301 页。

② 田彤：《目的与结果两歧：从劳资合作到阶级斗争（1927—1937）》，《学术月刊》2009 年第 9 期。

③ 参见［美］托马斯·寇肯：《美国产业关系的转型》，朱飞、王侃译，中国劳动保障出版社 2008 年版，第 10—11 页。

④ 吴忠民：《中国道路与现代化内生动力》，《中共党史研究》2018 年第 10 期。

口在生活舒适和物质文明方面进步程度的标尺"①。

市场经济条件下的现代企业本质上是团队生产要素的集合，企业价值实现依赖于资本、劳动等各生产要素所有者的持久合作，而非资本控制和对劳动的盘剥。伴随市场经济对生产力的促进，企业发展更加依赖于劳资合作对劳动价值实现的推动。经过 40 多年的改革开放，中国市场经济得到了深刻的发展和成熟，市场在资源配置中的决定性作用也越来越突出。在改革开放市场化本质推动下，市场竞争的优势日渐显现，使人们发现和创造新的交易机会与合作机会，在此过程中劳动关系呈现更为突出的"劳资合作"。尤其，"在构建和谐劳动关系中，要充分认识到企业与员工之间不仅仅是利益交换关系，要把目前这种利益交换关系锻造升级为劳资双方三位一体的新关系，即事业共同体、利益共同体和命运共同体关系"②。这种全新劳动关系管理模式，从长远保证企业可持续发展，为逐步减少"政府主导"的高成本投入创造了机制空间。

同时，"面对经济全球化世界范围劳资冲突加剧，不应停留于对劳资矛盾对立的刻画，而应强化对劳资双方合作与双赢战略的研究。合作型劳动关系的关键不是利益冲突消失，而是将冲突降低到最低点，将冲突控制在一定范围和一定期间，使冲突无法影响劳资双方总体合作关系"③。尤其，市场经济发展的竞争性与"看不见的手"互利性，为"劳资合作"创造着机制空间，劳资双方可以更多通过协商在自愿的基础上建立"契约"关系，通过协商协议确定工资、福利、雇佣条件，保护个人安全与工会权利等。协商建立在市场经济深入发展、不断成熟过程中，建立在"政府主导"形成的法律法规和国家治理体系现代化推动基础上。

4. "企业效率、社会公平、人性尊严、管理科学"的推动

巴德在深入探讨效用伦理、责任伦理、自由伦理、公正伦理、德行伦理

---

① Charles Morrison, An Essay on the Relations Between Labour and Capital, 1854, 2.
② 唐镳：《优化企业发展环境是构建和谐劳动关系的前提》，《中国企业报》2015 年 4 月 14 日。
③ ［美］米尔斯·奎因·丹尼尔：《劳工关系》，李丽林、李俊霞译，机械工业出版社 2000 年版，第 30 页。

和关怀伦理基础上形成的"劳资合作论",认为劳动关系基本上是和谐的,建立在劳动者与雇工之间合作和利益协调的基础上,劳资双方是伙伴关系,没有根本的利益冲突,两者的目的都是为了使组织高效运行,是生产、利润、和报酬的共享者。"劳资合作"的诱因在于价值需要共同创造,劳资双方都已认识到必要的产品和服务都必须通力合作。同时,"劳资合作"首先是劳资双方经过合作努力,取得共同拥有的劳动成果,然后由劳资双方共同分享这一劳动成果,因此"劳资合作"成为分享型劳动关系模式。"劳资合作"体现着将更具企业效率、社会公正、人性尊严及管理科学。

首先,"劳资合作建立在劳资双方共同追求更大效益目标,追求工资利益的最大化和资本利润的最大化,这两个目标都能顺利实现,劳资双方便会相安无事、和谐共处。如果只有一方实现目标,另一方的追求不能实现,劳资关系就会处于冲突之中"[1]。为此,双方便会集中心力于目标实现,资方千方百计搞好经营管理,劳方像企业主人一样努力生产,从而有力提升企业生产经营效率。

其次,劳资冲突纠纷产生的根源是谁享有剩余索取权的利益问题,而"劳动关系的基本价值是劳动作为商品或生产要素的人的本质,因此,劳动权是劳动关系中的公平权利"[2]。"劳资合作"是劳动成果由劳资双方共同分享,将传统的剩余索取权由资方独享,变为由资本与劳动共同分享,从而以实现利益的公平推动社会发展的公平。"在社会发展过程中,个人与组织的关系不同,会形成不同的文化和社会习惯,进而直接影响作为社会组织的企业的运营方式。"[3] 劳动者广泛参与企业管理,发扬主人翁精神,在积极参与中提高劳动生产效率,劳资主体双方形成稳定、共赢、协调发展的劳动关系过程。

---

　　[1]　张利萍:《劳资合作:私营企业构建和谐劳动关系的根本出路》,《当代世界与社会主义》2013年第3期。

　　[2]　Barbash, J., Industrial Relations Concepts in the USA, in *Relations Industrielles/Industrial Relations*, Vol. 46, No. 1, 1991, 91–118.

　　[3]　冯喜良:《外资企业职工工作压力初探》,《人口与经济》2002年第S1期。

最后，"劳资合作"是劳资双方相互信任尊重、共同参与企业的管理实践。劳动者是有思想、有追求，最具主观能动性、潜在创造性的生产力。如果资本方充分信任尊重劳动者，使劳动者参与企业的日常管理，就会同步实现"人性尊严"与"管理科学"。要用信任和善意取代资本与劳动之间的怨恨和冲突；通过资本与劳动的合作与和谐，促进经济发展、社会进步和政治稳定。

（二）新时代"政府主导"向"劳资合作"演进的机制支撑

1. 建立利益共享机制，强化"劳资合作、利益共赢"理念

人的主观能动性和客观规律性是辩证统一的，"劳资合作"而非"劳资对立"是劳资政三方共同的期盼，在共同的主观能动性推动下"劳资合作、利益共享"成为共同的理念。早在新中国成立之初，毛泽东便谈道，"只有劳利而资不利，工厂就要关门，如果只有资利而劳不利，就不能发展生产"①。"劳资合作、劳资两利"是企业职工利益共享机制建立的理念基础。首先，要共同塑造劳资和谐合作、社会公平公正的环境氛围。大力推进和谐合作文化建设，使劳动关系通过和谐合作文化起到调节与润滑作用，更加重视促进社会公平公正的制度政策制定，尊重劳动者及其劳动，使劳动者体面劳动，获得体面收入，真正做到"以人为本"，促进"人的全面发展"。

其次，真正树立"利益共享"理念，建立合理的利益分配机制。20世纪40年代，美国的雇主认识到管理和人的共同利益，请他们的员工通过他们自己选择的代表与他们合作，从这个意义上说，美国工业将从专制主义和它的对抗性阶段过渡到友好合作的阶段。在"让资本所有者获得合理的利润回报、劳动者获得应得的劳动报酬"中寻求劳资双方利益平衡点，在劳资合作基础上实现共同利益最大化。

最后，积极推动"合作共赢"实践，建立利益共享机制。英国早期劳

---

① 逢先知、金冲及主编：《毛泽东传（1949—1976）》（上），中央文献出版社2003年版，第64—65页。

动关系学者墨里森提出，"劳动和资本在生产性工业上的不断和有力的合作是文明社区人口密集的条件，而其联合行动所达到的能源和效率的程度，是衡量这些人口进步程度的指标"①。要积极倡导企业与员工树立"合作共赢"的理念，相互尊重、相互理解、谋求合作共赢。

同时，高度重视"制度化"和谐企业建设，"制度化的和谐型劳动关系是现代企业发展的重要基础，它是指企业建立起一整套制度，实现工会和相关劳动部门之间就职工的劳动条件、工资水平、职业培训、劳动保障、职业安全与卫生、劳动争议处理以及劳动规范的制定等，以集体谈判的方式，建立集体合同和集体协商的制度，其目标是企业与劳工利益的双赢"②，要通过强化完善企业职工工资正常增长机制、工资集体协商制度、工资支付保证制度等推动实施。

进一步强化企业社会责任，强调生产过程中更加关注劳动者价值、劳动者健康、劳动者安全和劳动者应享有的权益，企业在追求自身利润的同时，更加尊重劳动者利益诉求，实现劳资互惠共赢。同时，"促使企业的高层领导者正确地处理好领导风格与变革过程的互动，达到成功地领导组织变革、提高企业的经营绩效和员工的积极性、提升管理效率和企业竞争力的目的"③。

2. 建立道德评价监测机制，对劳动关系全方位监督评价

政府在主导构建和谐劳动关系过程中，不仅要促使企业主坚持道德立场和道德标准积极主动调节劳动关系，而且要促使整个社会从道德的基点出发，用文化道德眼光对企业经营、对劳动者权益、对劳动关系进行全方位、全过程的监测和评价。普列汉诺夫曾指出："人类道德的发展一步一步跟随经济上的需要；它确切地适应着社会的实际需要。在这个意义之上，可以也

---

① Morrison, C., An Essay on the Relations between Labour and Capital", 1972 Reprint, *New York*, Arno Press, 1854. 2.

② 佟新：《论外资企业的工会建设——兼论工会建设的合法性问题》，《学习与实践》2006 年第10 期。

③ 张丽华：《改造型领导与组织变革过程互动模型的实证与案例研究》，博士学位论文，大连理工大学，2002 年。

应当说，利益是道德的基础。"①　企业对员工的道德关怀能够实现劳资双赢，达到"利他"的同时实现"利己"。

从"利己"角度来看，只有品德高尚才能得到社会尊重，企业家的道德关怀可赢得员工尊重、提升企业形象，员工尊重与企业形象实际是不可估量的资产；从"利他"角度来看，企业家的道德关怀通过作用于员工主观感受，"在员工遇到事业挫折、感情波折、病痛烦恼时及时疏导，建立积极健康的人际关系从而赢得员工对企业的忠诚，使企业凝结成归属感、凝聚力很强的团体"②。无论"利己"还是"利他"都能很好地将劳资双方利益诉求统一，从而实现劳资合作、劳资双赢。

在建立道德评价与监测机制过程中，应强化对中国传统经济伦理的吸收借鉴，体现"义利之辩"、"重义轻利"思想的"德性主义经济伦理"，体现"义利统一"、"富而仁义附"思想的"功利主义经济伦理"，体现"勤劳敬业"、"团结互助"的劳动美德观，体现"明分使群"、"劳心劳力"的社会分工论，体现"敬德保民"、"天道酬勤"的劳动光荣理念，体现"仓廪实而知礼节"、"恒产恒心"的富民理念，体现"力戒奢侈"、"俭奢统一"的消费理念，对劳、资、政共同促进劳动和谐价值具有突出的推动价值。

马克思劳动伦理观在促使快乐的"体面劳动"形成过程中，将人们从"资本逻辑"桎梏中解放出来，使发展动力与发展目标都回归到人的全面自由发展的"生活逻辑"中。作为马克思主义基本原理"人的全面自由发展"，最根本的是人的劳动能力的全面发展，人的智力和体力得到充分统一发展，包括人的才能、志趣和道德品质的多方面发展。同时，市场经济鼻祖亚当·斯密六次易稿、终生修订的《道德情操论》，其"利己、自爱"、"同情、公正"、"仁慈、良心"、"正义、规则"的劳动伦理理念，对于更深层次了解人性和人的情感，最终促进劳动关系和谐发展具有重要意义。

---

①　《普列汉诺夫哲学著作选读集》第2卷，读书·生活·新知三联书店1974年版，第48页。

②　张婷婷、李玉琴：《企业家的道德关怀与和谐劳资关系构建》，《文学教育（中）》2012年第8期。

3. 推动劳资政三方协调机制，强化沟通协调、实现社会对话

劳动关系三方协商机制是市场经济条件下调节劳动关系、维护职工权益、促进企业改革、发展、稳定的重要制度和有效机制，当前我国劳动关系三方协商机制的劳资主体代表性需进一步增强、三方协商机制还缺乏社会权威影响力和协商实效性。

首先，应进一步增强工会和雇主组织的代表性。由于在计划经济条件下劳动者就业安排、就业待遇和就业条件由国家统一决定，工会因之并不具备"维权"职能，仅仅是党联系职工群众的"桥梁和纽带"。"充当雇主组织代表的企联/企协成员多为国有企业，其领导人员多为退休的主管过经济工作的政府官员，同时其资金来源受到很大限制更影响其协商能力。"① 政府在三方协商机制中居于最为重要的主导性位置，三方协商会议"由政府部门的执行主席主持会议"，办公室设在政府部门，三方协商会议讨论的议题集体协商、和谐企业、劳动监察等都是更具政府定义的"劳动关系"工作，在强化工会雇主组织代表性的同时，可参照日本和韩国的经验，让律师或者学者充当公众利益的代表，与劳资双方代表进行讨论和研究，为政府的决策提供咨询意见。

其次，应进一步增强三方协商机制的社会权威性。三方协商机制的权威性体现在其政策主张不仅来自三方共识更体现在协调劳动关系具体事务中，三方之间不仅以诚相待而且在求同存异中有效规避矛盾和冲突风险，能够在共同利益基点上形成持久向心力，将有关涉及劳动关系调整的重大事项切实摆在中央政府、各级地方政府及相关立法部门的议事日程上，并通过政府行政主管机关（如国务院）的授权方式，明晰参与三方协商的政府劳动行政部门的基本职责职能。

最后，应不断拓展三方协商机制工作内容。2008 年《国家协调劳动关系三方会议制度》规定，三方协商机制的工作内容主要包括"推进和完善

---

① 李丽林、袁青川：《国际比较视野下的中国劳动关系三方协商机制现状与问题》，《中国人民大学学报》2011 年第 5 期。

劳动合同制度、平等协商集体合同制度、企业改制改组过程中的劳动关系、企业工资收入分配、劳动标准的制定和实施、劳动争议的预防和处理、企业民主管理、工会组织和企业联合会组织的建设以及其他问题"等七项，但较为突出的就业问题、群体性事件处理、除最低工资标准外的工作时间、休息休假、劳动安全卫生、女职工和未成年工特殊保护、保险福利待遇、职业技能培训等均有待列入。

（三）新时代"政府主导"向"劳资合作"演进的路径选择

1. 建构中国特色劳动伦理，劳动者体面劳动、共同成长

亚里士多德在《政治学》中开篇论述"所有共同体中最高的并且包含了一切其他共同体的共同体，所追求的就一定是最高的善"[①]。国家的目的是对美好生活的普遍促进，其经济活动应该遵循仁爱、中道、友谊、国家正义、公平交易、比例平等等一般人性特征和道德规则。政府在劳动关系调整中是重要的"劳动伦理"倡导建构者。学界对劳动伦理的研究还较为薄弱，对劳动伦理进行概念界定不多，甚至在《伦理学大辞典》中也没有对劳动伦理作出概念界定。当前对劳动伦理的理解主要有"道德原则说"和"道德关系说"，笔者更多借用"道德关系说"的理念，"劳动伦理是对劳动关系中道德现象的概括，主要是指在劳动中人与其他诸要素之间应当遵守的道德准则"[②]。

我国在发展过程之中经济秩序发生了深刻变化，计划经济时代的道德伦理观念，已经远远不能适应市场经济对效率追求的需要，市场经济发展过于追求效率的现实，迫使我们在追求效率的同时必须更加重视"道德经济人"的塑造，在富有道德心、愿意共同合作、关注劳动者与社会的基础上，求取合理合法满足资本的利润利益。新时代构建中国特色劳动伦理日显其价值，"勤劳敬业、积极进取、全面发展"的劳动职业伦理、"创造财富、报效国

[①]　颜一编：《亚里士多德选集》（政治学卷），中国人民大学出版社1999年版，第3页。
[②]　王昕杰、乔法容：《劳动伦理学》，河南大学出版社1989年版，序言第1页。

家、造福社会"的企业经营伦理、"敬德爱民、公平正义、共享发展"的国家责任伦理，对于构筑中国精神、中国价值、中国力量，为人民提供精神指引意义突出。

"人民对美好生活的向往"、"共同享有人生出彩的机会，共同享有梦想成真的机会，共同享有同祖国和时代一起成长与进步的机会"，是公平效率兼顾的社会主义劳动伦理发展过程中，国家责任伦理"敬德爱民、公平正义、共享发展"对劳资共有的中国梦追求的推动，也是企业经营伦理"创造财富、报效国家、造福社会"促进国家富强、劳动者生活美好的价值导向，更是劳动职业伦理"勤劳敬业、积极进取、全面发展"成为国家、企业发展主体的价值追求。在劳动关系由"政府主导"向"劳资合作"转向过程中，需高度重视通过劳动伦理建构，促使劳动者体面劳动、共同成长。

2. 完善劳动政策法规标准，增强劳动关系制度保障

构建和谐劳动关系的关键是公平正义，如何使公平正义成为今日中国的首要价值，并为此建构彰显公平正义的制度规则，成为我国政府深化改革的必解难题。英国劳动关系奠基者韦伯夫妇在《产业民主》中指出，"无论是劳动、资本、发明还是组织能力，任何行业统一的共同规则的存在，促进了不同生产的最有效因素的选择，他们对更高层次的渐进性功能适应，以及它们在最先进的工业组织中的组合"[1]。

劳动关系的存在是一种法律事实，需要规则制度的推动。"现代劳动关系运行的基本依据和规范依赖于以法律为基础的制度规则，劳动关系的运行是以劳动权利和义务为中心展开的，我国的立法多采取的是政策—行政法规（或行政规章）—法律的渐进模式"[2]，我国劳动立法属于典型的渐进式"政府推进"模式。劳动政策在劳动法律形成中具有重要基础促进作用，尤其对劳动关系主体权利义务的确认，以及劳动关系运行和矛盾处理的法律规制治理。

---

[1]　Webbs, *Industrial democracy*, London, Longmans, Green & Co., 1897, 734.

[2]　李琪、苏鹏：《对市场经济建立初期的劳动立法再认识》，《劳动法通讯》1997 年第 2 期。

市场经济环境下劳动政策应该是社会最基本的政策，但改革开放以来，劳动政策仅定位于经济改革的"配套政策"，在政府政策体系中还没形成独立的体系。随着《劳动合同法》的实施，"十二五"规划将"民生问题和劳动关系问题"作为政府着力解决的重大任务，"十三五"规划在"提高民生保障水平"中强化"实施就业优先战略、缩小收入差距、改革完善社会保障制度"，"十四五"规划强调"健全有利于更充分更高质量就业的促进机制，扩大就业容量，提升就业质量，缓解结构性就业矛盾"。

2015 年，《中共中央关于构建和谐劳动政策的意见》列入国家顶层设计，体现出调整和完善劳动政策已成为政府工作特别是劳动工作的重要内容，尤其以政府为主导的劳动关系调整，亟须强化社会协商、"劳资合作"。无论是劳动、资本、发明还是组织能力，任何行业统一的共同规则的存在，促进了不同生产的最有效因素的选择，他们对更高层次的渐进性功能的适应，以及它们在最先进的工业组织中的组合。在市场经济多元发展过程中，重视通过程序规则和实体规则强化劳动法治的同时，重视吸收以人力资源理论为主导的"利益一体型"劳动关系的理念与特点，通过改善企业管理机制制度建构稳定和谐的劳动关系。

3. 重视"放管服"改革，政府职能"由管向服"转变

"放管服"改革作为转变政府职能的重大举措，"主要是指围绕处理好政府与市场关系，'简政放权、放管结合、优化服务'三管齐下推动政府职能转变，优化营商环境，以激发市场活力和社会创造力，促进经济持续健康发展"[1]。转型期社会发展过程中，"政府对微观经济运行依然干预过多、管得过死，有些方面又管不到位"的状况存在着。我国政府在市场化劳动关系形成发展过程中具有"主导性"特征，但"政府转型后的失控"、"劳动监察不到位"、"劳动争议处理滞后"等依然存在。由此，简政放权过程中，强化"劳资合作"尤为突出地显示其重要性。

"现代社会治理是一个多元参与、理性协商的过程。社会组织作为独立

---

① 沈荣华：《推进"放管服"改革：内涵、作用和走向》，《中国行政管理》2019 年第 7 期。

于政府和市场的'第三部门',应当成为社会治理的重要主体"①。但由于中国文化最突出的"家国一体"特征,缺少西方"公民社会"的存在环境,使社会组织的发展很难形成文化土壤,造成社会组织较难推进,或在推进中产生问题,如广州劳动关系"非政府组织",认可又被否定的探索过程。社会组织"具有民间性、非营利性、自治性、志愿性以及公益性等特点……其运作与政府相比,更为多样、具体、灵活,与经济部门相比,则关注社会需求,通常把谋求公共利益和提供公共服务当作首要目标"②。在"放管服"推进"简政放权、放管结合、优化服务"的过程中,重视中国文化特征与社会管理融合,激活社会组织活力对于促进"政府主导"向中国特色的"劳资合作"演进成为重要路径。

4. 发挥专家学者作用,重视劳动关系理论的专业化推动

党的十八届三中全会提出:"加强中国特色新型智库建设,建立健全决策咨询制度",党的十九大再次强调:"深化马克思主义理论研究和建设,加快构建中国特色哲学社会科学,加强中国特色新型智库建设。"2015年1月,《关于加强中国特色新型智库建设的意见》进一步强调:"智库在国家治理中发挥着越来越重要的作用,日益成为国家治理体系中不可或缺的组成部分,是国家治理能力的重要体现。"2016年5月,习近平总书记在哲学社会科学工作座谈会上的讲话中强调:"要建设一批国家亟需、特色鲜明、制度创新、引领发展的高端智库,重点围绕国家重大战略需求开展前瞻性、针对性、储备性政策研究……要加强决策部门同智库的信息共享和互动交流,把党政部门政策研究同智库对策研究紧密结合起来,引导和推动智库建设健康发展、更好发挥作用。"③智库建设得到党和政府的高度重视。

智库建设对于推进国家治理体系和治理能力现代化,增强国家治理软实力具有重要作用,也被哲学社会科学界高度关注和重视,成为学术实践互为

① 曹爱军、方晓彤:《社会治理与社会组织成长制度构建》,《甘肃社会科学》2019年第2期。
② 李海青:《"公民社会"的理论基础辨析》,《前线》2017年第12期。
③ 习近平:《在哲学社会科学工作座谈会上的讲话》,《人民日报》2016年5月19日。

推动的重要工作。"进入全面深化改革的新时代，任何决策牵一发而动全身，需要加强顶层设计与通篇谋划，对治国理政的战略性、全局性、前瞻性、系统性提出了更高的要求，决策模式更加依赖于专业智库的深度介入。"① 专家学者的工作性质和宗旨在于揭示经济社会发展和运行的规律，研究分析经济社会发展中的重点、难点问题，从而以学术探求的规律，更具杠杆力地推动经济社会实践发展。

日本非常重视专家学者在协调劳动关系中的作用，20世纪五六十年代以前，企业经营者与工会常常处于对立状态，正是专家学者的研究使人们认识到：劳资双方存在共同利益，只有尊重职工人格、保障职工基本权益，才能充分调动工人的积极性，仅仅通过集体谈判往往使劳动关系走向极端。在这一思想的指导下，劳动关系逐步走向协调，并保持着总体的稳定。

我国劳动关系研究对构建和谐劳动关系起到重要的推动作用，党和政府对劳动关系理论成果对现实指导作用高度重视，不仅制定相关法律等方式促进劳资关系良性发展，也将劳资关系确定为独立学科以适应于转型社会突出的劳资矛盾问题的研究与解决，同时"加快发展具有重要现实意义的新兴学科和交叉学科，使这些学科研究成为我国哲学社会科学的重要突破点"的要求，更为劳动关系学科创造了良好的发展环境。

专家学者的工作性质和宗旨是揭示经济社会发展和运行的规律，研究分析经济社会发展中的突出问题。作为经济社会发展最基础的劳动关系领域，专家学者更应融入企业、劳动者、雇主群体进行深入的调查研究，增强研究成果的现实可行性和政策操作性。在劳动争议调解仲裁过程中还可更多吸收劳动关系专家学者发挥专业优势作用，在三方协调机制中还可更多聘任劳动关系专家学者代替政府履行职能，并以专业能力促进劳动协商实现"劳资合作"发展的最大公约数。

---

① 左雪松：《中国特色新型智库建设的定位思考》，《情报杂志》2018年第6期。

二、新时代中国特色劳动伦理观对
劳动关系和谐发展的推动

新时代中国特色劳动伦理观，以"以人民为中心"的发展思想为导向，贯穿马克思"体面劳动与全面发展"的劳动伦理主线，根植于中国传统文化沃土、传承于延安革命劳动伦理，逐步形成"勤劳敬业、合作进取、全面发展"的劳动职业伦理、"创造财富、报效国家、服务社会"的企业经营伦理、"敬德爱民、共享发展、公平正义"的国家责任伦理，对于新时代劳动关系的和谐发展起到重要推动作用。

（一）中国传统劳动伦理：中国特色劳动伦理观的形成渊源

中华文化独一无二的理念、智慧、气度、神韵，增添了中国人民和中华民族内心深处的自信和自豪。迫切需要深入挖掘中华优秀传统文化价值内涵，进一步激发中华优秀传统文化的生机与活力。体现优秀传统文化"勤劳敬业、创新创造、合作互助"价值内涵的中国传统劳动伦理，是新时代中国特色劳动伦理观形成的历史文化渊源，在新时代充满生机和活力。

1. 中国传统劳动伦理的"勤劳敬业"渊源

劳动创造着世界历史，劳动也创造着人类自身，劳动是人的生成过程，由此成为人的本质属性，"勤劳敬业"成为人的劳动本质属性的客观呈现。"勤劳敬业"更是中华民族最为突出的传统美德，人世间一切美好的获得都源于辛勤劳动，正是"勤劳敬业"推动着人世间美好的获得和艰苦磨难的奋起。中华民族历史上经历过很多磨难，但从来没有被压垮过，而是愈挫愈勇，不断在磨难中成长、从磨难中奋起"。疫情快速防控，同步精准施策复工复产，劳企双方克难攻坚辛勤劳动、敬业付出。习近平总书记多次引用"功崇惟志，业广惟勤"（《尚书·周书·周官》），强调取得伟大的功业是由于拥有伟大的志向，完成伟大的志向需要辛勤不懈地工作，尤其"实现中国梦，创造全体人民更加美好的生活，任重而道远，需要我们每一个人继续付出辛勤劳动和艰苦努力"①。

实现中华民族伟大复兴的中国梦是中华民族追求的伟大功业，凝聚着几代中国人的梦想，中国梦的实现体现着综合国力跃升的"实力特征"、社会和谐提升的"幸福特征"、文明复兴演进的"文明特征"、促进人全面发展的"价值特征"，无不需要"功崇惟志，业广惟勤"的"勤劳敬业"精神。2015 年"五一"国际劳动节，习近平总书记引用楚国国君箴言"民生在勤，勤则不匮"（《左传·宣公十二年》），强调："中华民族是勤于劳动、善于创造的民族。正是因为劳动创造，我们拥有了历史的辉煌；也正是因为劳动创造，我们拥有了今天的成就。"② 勤劳敬业是中华民族最为突出的传统美德，人世间一切美好的获得都源于辛勤劳动。马克思在《1844 年经济学哲学手稿》中指出，"整个所谓世界历史不外是人通过人的劳动而诞生的过程，是自然界对人来说的生成过程"③。

劳动创造着世界历史，劳动也创造着人类自身，劳动是人的生成过程，劳动由此成为人的本质属性。习近平总书记引用清代钱德苍"一勤天下无难事"（《解人颐·勤懒歌》），指出："人世间的美好梦想，只有通过诚实劳动才能实现；发展中的各种难题，只有通过诚实劳动才能破解；生命里的一切辉煌，只有通过诚实劳动才能铸就。"④ 诚实劳动是劳动伦理的基本要求，也是经济发展、社会和谐的基础组成。马克思在《政治经济学批判》"序言"中指出："物质生活的生产方式制约着整个社会生活、政治生活和精神生活的过程。不是人们的意识决定人们的存在，相反，是人们的社会存在决定人们的意识。"⑤ 只有基于以诚实劳动为基础的物质生活的生产方式，才能使以"敬业、诚信"为基础内容的社会主义核心价值观推动整个社会生活、政治生活及精神生活向更高层次发展。

---

① 《习近平谈治国理政》第一卷，外文出版社 2018 年版，第 41 页。
② 习近平：《在庆祝"五一"国际劳动节暨表彰全国劳动模范和先进工作者大会上的讲话》，《人民日报》2015 年 4 月 29 日。
③ 《马克思恩格斯文集》第 1 卷，人民出版社 2009 年版，第 196 页。
④ 《习近平谈治国理政》第一卷，外文出版社 2018 年版，第 46 页。
⑤ 《马克思恩格斯选集》第 2 卷，人民出版社 1995 年版，第 32 页。

在"全面建成小康社会，13亿多中国人，一个都不能少"的扶贫脱贫过程中，"坚持专项扶贫、行业扶贫、社会扶贫等多方力量、多种举措有机结合和互为支撑的'三位一体'大扶贫格局"①，需要"市场、社会"协同发力，多元主体扶贫体系形成，需要注重自我发展能力的提升，同时更需要弘扬中华民族传统美德，勤劳致富，勤俭持家，鼓励劳动、鼓励就业、鼓励靠自己的努力养活家庭，服务社会，贡献国家。尤其需要"加强扶贫同扶志、扶智相结合，激发贫困群众积极性和主动性，激励和引导他们靠自己的努力改变命运，使脱贫具有可持续的内生动力"②。以上思想无不源于中国传统劳动伦理"勤劳敬业"的深厚文化渊源，并以"民族文化血脉、民族精神命脉"为理念，充分体现出对中国传统文化的高度重视。

2. 中国传统劳动伦理的"创新创造"渊源

2014年10月，在庆祝中华人民共和国成立65周年座谈会上，习近平总书记引用周文王姬昌"天行健，君子以自强不息"（《周易》），强调："人类社会总是在不断创新创造中前进的。要破解中国发展中面临的难题、化解来自各方面的风险挑战，除了深化改革，别无他途。中华民族以伟大创造能力著称于世。"③自然运动刚强劲健，君子像自然一样，追求刚毅坚卓、奋发图强，面对中国发展中的难题挑战、国际社会发展的风险挑战，需要人们在不断改革创新中解决。正如马克思所说："历史什么事情也没有做……正是人，现实的、活生生的人在创造这一切，拥有这一切并且进行战斗。……历史不过是追求着自己目的的人的活动而已。"④现实中的人、活生生的人、面对发展挑战追求自己目的的人，恰是依靠创新创造突破自我、突破发展。

2013年"五四"青年节，在同各界优秀青年座谈时，习近平总书记引用商汤自警语"苟日新，日日新，又日新"（《礼记·大学》），强调："生

①　《习近平谈治国理政》第二卷，外文出版社2017年版，第87页。

②　习近平：《在打好精准脱贫攻坚战座谈会上的讲话》，人民出版社2020年版，第25页。

③　习近平：《在庆祝中华人民共和国成立65周年招待会上的讲话》，《人民日报》2014年10月1日。

④　《马克思恩格斯文集》第1卷，人民出版社2009年版，第295页。

活从不眷顾因循守旧、满足现状者，从不等待不思进取、坐享其成者，而是将更多机遇留给善于和勇于创新的人们。"① 创新精神是中华民族最鲜明禀赋、是中华文化最深沉内蕴，面对改革深水期复杂的环境和艰巨的任务，中国比任何时候都更加需要以创新驱动、以创新发展。

2013 年 10 月，习近平总书记希望"广大留学人员积极投身创新创造实践"，指出："创新是一个民族进步的灵魂，是一个国家兴旺发达的不竭动力，也是中华民族最深沉的民族禀赋。在激烈的国际竞争中，惟创新者进，惟创新者强，惟创新者胜。"② 创新是民族进步的灵魂、兴旺发达的动力，创新是发展的根本。马克思指出，创新可以创造巨大的物质和精神财富，改善人民群众的物质生活条件，提高生活质量；能够提升人的认识能力，锤炼人的新品质，造成新的力量和观念、新的交往方式、新的需要和语言，使人的一切感觉和特性得到彻底解放，创造和发展具有丰富全面而深刻感觉的人。③

创新使人得到提升、解放和发展，人才正是在创新中发现、培育并凝聚。2014 年 6 月习近平总书记在两院院士大会上，尤其强调，"必须在创新实践中发现人才、在创新活动中培育人才、在创新事业中凝聚人才"④。激烈的经济竞争和科技竞争，归根到底是人才的竞争，青年更需要成为创新的先锋，"志之所趋，无远弗届，穷山距海，不能限也"（《格言联璧》）。2016年"五一"国际劳动节，习近平总书记引用清代学者金缨"志之所趋，无远弗届，穷山距海，不能限也"（《格言联璧》），强调，"要敢于做先锋，而不做过客、当看客，让创新成为青春远航的动力，让创业成为青春搏击的能量"⑤。

---

① 《习近平谈治国理政》第一卷，外文出版社 2018 年版，第 51 页。
② 《习近平谈治国理政》第一卷，外文出版社 2018 年版，第 59 页。
③ 参见《马克思恩格斯全集》第 42 卷，人民出版社 1995 年版，第 124—127 页。
④ 习近平：《在中国科学院第十七次院士大会、中国工程院第十二次院士大会上的讲话》，人民出版社 2014 年版，第 3、17 页。
⑤ 习近平：《在知识分子、劳动模范、青年代表座谈会上的讲话》，《人民日报》2016 年 4 月 30 日。

以上思想无不源于中国传统劳动伦理"创新创造"的深厚文化渊源，并以"与当代文化相适应、与现代社会相协调"为理念，充分体现中国传统文化的当代弘扬。

3. 中国传统劳动伦理的"合作互助"渊源

2013 年 11 月，习近平总书记引用汉代王符"大鹏之动，非一羽之轻也；骐骥之速，非一足之力也"（《潜夫论·释难》），强调："中国要飞得高、跑得快，就得依靠 13 亿人民的力量。"[①] 事物之间相辅相成，人们之间相互支撑，这就需要重视社会整体合力的发挥，中国要飞得高、跑得快，尤其中国梦的实现，需要基于"合作互助"的长期艰苦努力。2017 年 1 月，习近平主席在世界经济论坛年会开幕式上，引用汉代刘安"积力之所举，则无不胜也；众智之所为，则无不成也"（《淮南子·主术训》），强调："只要我们牢固树立人类命运共同体意识，携手努力、共同担当，同舟共济、共渡难关，就一定能够让世界更美好、让人民更幸福。"[②]

人类命运共同体是马克思主义者的不懈追求，"代替那存在着阶级和阶级对立的资产阶级旧社会的，将是这样一个联合体，在那里，每个人的自由发展是一切人的自由发展的条件"；"只有在共同体中，个人才能获得全面发展其才能的手段，也就是说，只有在共同体中才可能有个人自由"。[③] 人的全面自由发展的实现，需要联合共同体内每个人自由发展为一切人自由发展创造条件，基于全面自由发展的人类命运共同体的世界发展观，同样需要倡导中国传统文化"积力众智"、"合作互助"，从而共同担当时代责任，共同促进全球发展。

2017 年 1 月，习近平主席引用吐谷浑首领"单则易折，众则难摧"（《北史·吐谷浑传》）与晋代陈寿"和羹之美，在于合异"（《三国志·魏书九·夏侯玄传》），强调："树立共同、综合、合作、可持续的安全观"，尤其"坚持合作共赢，建设一个共同繁荣的世界"、"坚持交流互鉴，建设

---

① 《习近平谈治国理政》第一卷，外文出版社 2018 年版，第 98 页。
② 《习近平谈治国理政》第二卷，外文出版社 2017 年版，第 482 页。
③ 《马克思恩格斯选集》第 1 卷，人民出版社 2012 年版，第 422、199 页。

一个开放包容的世界"。① 世界共同繁荣需要各国树立彼此合作、精诚团结的意识，文明差异不应成为世界冲突的根源，而应在"交流互鉴、合作互助"中成为人类文明进步的动力，"一带一路"倡议正是人类命运共同体发展观的体现。

2017 年 5 月，习近平主席指出："'一带一路'建设要以文明交流超越文明隔阂、文明互鉴超越文明冲突、文明共存超越文明优越，推动各国相互理解、相互尊重、相互信任。"② 尤其，马克思主义辩证发展观强调："社会不是坚实的结晶体，而是一个能够变化并且经常处于变化过程中的有机体。"③ 处于不断变化过程中的人类社会有机体，需要以"交流、互鉴、共存"超越"隔阂、冲突、优越"，实现人类社会的交融变化。2018 年 4 月，习近平主席强调："只要各方秉持和遵循共商共建共享原则，就一定能增进合作、化解分歧，把'一带一路'打造成为顺应经济全球化潮流的最广泛国际合作平台，让共建'一带一路'更好造福各国人民。"④

以上思想无不源于中国传统劳动伦理"合作互助"的深厚文化渊源，并以"文明因交流而多彩，文明因互鉴而丰富"为理念，充分体现中国传统文化与世界优秀文化的交流互鉴。

（二）延安革命劳动伦理：新时代中国特色劳动伦理观的实践传承

延安革命年代通过大生产运动、劳模运动、劳动立法及大众文艺的推动，形成了"自力更生、艰苦奋斗"、"劳动光荣、科技重要"、"劳动保护、劳资两利"的革命劳动伦理。习近平总书记七年知青岁月，对延安黄土地产生着深厚情感："作为一个人民公仆，陕北高原是我的根，因为这里培养了我不变的信念：要为人民做实事！"⑤ 习近平总书记以知青实践、从政实

① 习近平：《共同构建人类命运共同体——在联合国日内瓦总部的演讲》，《人民日报》2017 年 1 月 20 日。

② 《习近平谈治国理政》第二卷，外文出版社 2017 年版，第 513 页。

③ 《马克思恩格斯选集》第 2 卷，人民出版社 2012 年版，第 84 页。

④ 《习近平谈治国理政》第三卷，外文出版社 2020 年版，第 196 页。

⑤ 人民日报评论部著：《习近平讲故事》，人民出版社 2017 年版，第 43 页。

践传承着延安革命劳动伦理精神。

1. 延安革命劳动伦理"自力更生、艰苦奋斗"的传承

"自力更生、艰苦奋斗"是延安精神的最突出特点，也是延安革命劳动伦理的最显著特征。1943 年 11 月，毛泽东主席在总结延安大生产运动时说："我们用自己动手的方法，达到了丰衣足食的目的。"① 1945 年 1 月，毛泽东主席在陕甘宁边区劳动英雄和模范工作者大会上说："我们是主张自力更生的。我们希望有外援，但是我们不能依赖它，我们依靠自己的努力，依靠全体军民的创造力。"② "自力更生"成为延安革命劳动伦理的重要特征。

习近平总书记延安梁家河七年知青岁月，在"陕北很苦，延安更苦，延川极苦，梁家河最苦"的环境中，把自己看作黄土地的一部分，以自力更生的精神传承，带领村里人挖出陕西省第一口沼气池，为村里人打井、搞桥梁治理、修筑淤地坝、修建梯田，在村里创建铁业社、缝纫社、代销店、磨坊……2015 年 2 月 15 日，习近平总书记在中国科学院西安光学精密机械研究所考察时强调："核心技术靠化缘是要不来的，必须靠自力更生。"③ 一穷二白的时候需要自力更生，实力稍强之时依然需要自力更生，只有依靠自己的力量才能实现中华民族伟大复兴。

1945 年 5 月，毛泽东主席在中共七大总结："古人说过：'艰难困苦，玉汝于成'。艰难困苦给共产党以锻炼本领的机会"④。习近平总书记延安知青七年"跳蚤关、饮食关、劳动关、思想关"呈现的艰难困苦，铸就着对"艰苦奋斗"民族精神的传承，铸就着"让人民过上好日子"执政理想的形成。2013 年 5 月，习近平总书记在同各界优秀青年座谈时指出："人类的美好理想，都不可能唾手可得，都离不开筚路蓝缕、手胼足胝的艰苦奋斗。"⑤ "人民过上好日子"的理想实现需要筚路蓝缕、手胼足胝，需要滴水穿石的

---

① 《毛泽东选集》第三卷，人民出版社 1991 年版，第 929 页。
② 《毛泽东选集》第三卷，人民出版社 1991 年版，第 1016 页。
③ 《习近平春节前夕赴陕西看望慰问广大干部群众　向全国人民致以新春祝福　祝祖国繁荣昌盛人民幸福安康》，《人民日报》2015 年 2 月 17 日。
④ 《毛泽东文集》第三卷，人民出版社 1996 年版，第 390 页。
⑤ 《习近平谈治国理政》第一卷，外文出版社 2018 年版，第 52 页。

坚韧和不惧困难的艰辛。

1939 年，毛泽东主席在延安"五一"劳动节大会上强调："我们民族历来有一种艰苦奋斗的作风，我们要把它发扬起来。"① 艰苦奋斗作为民族的传承推动着国家和社会的发展，只有奋斗的人生才称得上幸福的人生。习近平总书记在 2018 年春节团拜会上指出："奋斗是艰辛的，艰难困苦、玉汝于成，没有艰辛就不是真正的奋斗，我们要勇于在艰苦奋斗中净化灵魂、磨砺意志、坚定信念。"② 2018 年 3 月，习近平总书记在第十三届全国人民代表大会第一次会议上指出："中国人民自古就明白，世界上没有坐享其成的好事，要幸福就要奋斗。今天，中国人民拥有的一切，凝聚着中国人的聪明才智，浸透着中国人的辛勤汗水，蕴涵着中国人的巨大牺牲。"③

2. 延安革命劳动伦理"劳动光荣、科技重要"的传承

"劳动光荣"是延安革命劳动伦理的重要内容，大生产运动着力解决物质匮乏，高度重视"劳动光荣"理念的确立。劳模表彰运动的根本目的在于营造"劳动者幸福、劳动光荣"的氛围，"二流子"改造的主要目的也在于以"劳动光荣"理念改造社会不良意识，改造"二流子"工作"是人民意识的改造"，也是"劳动光荣"意识的提倡。④ 习近平总书记延安知青岁月，从挣 6 分工分到 7 分、8 分、9 分、10 分，成为真正农村壮劳力，被乡亲称为"吃苦耐劳好后生"，并在劳动中结下"从政为老百姓做事"的深厚情感，无不传承于延安"劳动光荣"理念。

2013 年"五一"讲话，习近平总书记强调："必须牢固树立劳动最光荣、劳动最崇高、劳动最伟大、劳动最美丽的观念，让全体人民进一步焕发

---

① 肖一平等编：《中国共产党抗日战争时期大事记（1937—1945）》，人民出版社 1988 年版，第 116 页。

② 习近平：《在 2018 年春节团拜会上的讲话》，《人民日报》2018 年 2 月 15 日。

③ 《习近平谈治国理政》第三卷，外文出版社 2020 年版，第 140—141 页。

④ 参见陕甘宁边区财政经济史编写组、陕西省档案馆：《抗日战争时期陕甘宁边区财政经济史料摘编》（农业篇），陕西人民出版社 1981 年版，第 765 页。

劳动热情、释放创造潜能，通过劳动创造更加美好的生活。"① 劳动"最光荣、最崇高、最伟大、最美丽"的提倡，将"劳动光荣理念"在新时代予以高度提升，也成为"劳动光荣、创造伟大"的更高层次推动。2015 年"五一"讲话，习近平总书记进一步强调："劳动是人类的本质活动，劳动光荣、创造伟大是对人类文明进步规律的重要诠释"。"让劳动光荣、创造伟大成为铿锵的时代强音，让劳动最光荣、劳动最崇高、劳动最伟大、劳动最美丽蔚然成风。"②

延安时期高度重视科技生产，先后创办陕甘宁边区自然科学院、农业科学研究所、中国医科大学、边区农业学校、边区职业学校等。1940 年 2 月毛泽东主席在自然科学院成立大会上强调："自然科学是很好的东西，它能解决衣、食、住、行等生活问题"。"自然科学是人们争取自由的一种武装。人们为着要在社会上得到自由，就要用社会科学来了解社会，改造社会，进行社会革命"③。习近平总书记在延安插队时，曾给中国农业科学院研究所写信获得优质粮种、菜种的帮助，而后拨专地实验种植。同时，到县育种站学习育种知识，回到窑洞跟知青讲制种知识、杂交优势，及父系 1 号、子一代、子二代之间的关系。为了改变艰苦环境，到四川学习建起陕西省第一口沼气池，同时带回四川烤烟在陕北种植，请四川师傅用石板做脱粒机，延安劳动伦理"科技重要"成为重要传承。

2014 年 6 月，习近平总书记强调："推动科技和经济社会发展深度融合，打通从科技强到产业强、经济强、国家强的通道，以改革释放创新活力，加快建立健全国家创新体系，让一切创新源泉充分涌流。"④ 2016 年 9 月，习近平主席在二十国集团工商峰会开幕式上指出："以互联网为核心的新一轮科技和产业革命蓄势待发，人工智能、虚拟现实等新技术日新月异，虚拟

---

① 《习近平谈治国理政》第一卷，外文出版社 2018 年版，第 46 页。
② 习近平：《在庆祝"五一"国际劳动节暨表彰全国劳动模范和先进工作者大会上的讲话》，《人民日报》2015 年 4 月 29 日。
③ 《毛泽东文集》第二卷，人民出版社 1993 年版，第 269 页。
④ 《习近平谈治国理政》第一卷，外文出版社 2018 年版，第 125 页。

经济与实体经济的结合，将给人们的生产方式和生活方式带来革命性变化。"①

3. 延安革命劳动伦理"劳动保护、劳资两利"的传承

延安时期非常重视劳动保护，1939 年 4 月，边区政府公布《陕甘宁边区抗战时期施政纲领》，提出："确定八小时工作制度，改善劳动待遇，保护工人利益"，1941 年的《施政纲领》又一次提出："适当改善工人生活"②。延安知青岁月，延川条件极为艰苦，除了"跳蚤关、饮食关、劳动关、思想关"，"厕所关"是第五关，习近平到赵家河搞社教，一去便动手修厕所，改善村民生活环境。村里批判曾屡教不改的"二流子"，习近平以平和的态度给他讲道理，结束时让他唱个信天游，给予真正的尊重和关爱，把教育做到心里去。

梁家河艰难困苦的经历，使习近平总书记走上社会之初就与最底层百姓同甘共苦，由此培养了难以割舍的"从心底热爱人民、把百姓放在心中"的深情。2005 年 4 月在浙江工作时，习近平总书记曾提出："人生本平等，职业无贵贱"，尤其指出，"应该在有关农民工的政策制定上、对农民工的关心和管理上做一些积极的探索，绝不能让农民工流汗又流泪"，"农民工，既是经济建设的重要力量，也是构建和谐社会的重要力量，不但可以赢得重视和尊重，而且同样可以成为劳动者中的杰出代表和社会楷模"③。

对劳动者的关心爱护伴随习近平总书记从政始终，2016 年在同知识分子、劳动模范、青年代表谈话时强调，"要落实好失业人员再就业和生活保障、财政专项奖补等支持政策"。"通过鼓励企业吸纳、公益性岗位安置、社会政策托底等多种渠道帮助就业困难人员，实现零就业家庭动态'清零'"④。

---

① 习近平：《中国发展新起点 全球增长新蓝图——在二十国集团工商峰会开幕式上的主旨演讲》，《人民日报》2016 年 9 月 4 日。

② 韩延龙、常兆儒编：《中国新民主主义革命时期根据地法制文献选编》第 1 卷，中国社会科学出版社 1981 年版，第 33 页。

③ 习近平：《之江新语》，浙江人民出版社 2007 年版，第 137 页。

④ 习近平：《在知识分子、劳动模范、青年代表座谈会上的讲话》，《人民日报》2016 年 4 月 30 日。

　　延安革命劳动伦理重视"劳动保护"，同时高度重视"劳资两利"。1935 年 12 月，毛泽东主席指出，"在民主革命阶段，劳资间的斗争是有限度的。人民共和国的劳动法保护工人的利益，却并不反对民族资本家发财，并不反对民族工商业的发展"①。1941 年 11 月，毛泽东主席在边区参议会上强调："在劳资关系上，我们一方面扶助工人，使工人有工做，有饭吃；另一方面又实行发展实业的政策，使资本家也有利可图。"② 习近平延安知青岁月时期，资本生产、市场生产的环境都不存在，但创办铁业社、代销店、缝纫社等都是通过"整合资源、优化劳动"，达到效率提升、便利群众的目的。

　　在从政路上，无论是在河北正定、福建福州、浙江、上海，还是成为总书记，习近平总书记都将企业发展与职工利益作为重要思考。2002 年 2 月，在福建工作时，习近平总书记曾强调，"继续扶持发展有利于吸纳就业的劳动密集型企业和中小企业，壮大非公有制经济"③。2011 年 8 月，习近平总书记在全国构建和谐劳动关系先进表彰会上强调："坚持促进企业发展和维护职工权益相统一，同时调动劳动关系主体双方的积极性、主动性，推动企业与职工群众协商共事、机制共建、效益共创、利益共享"④。在不断推动经济发展进程中，2018 年 11 月，习近平总书记在民营企业座谈会上强调："要不断为民营经济营造更好发展环境，帮助民营经济解决发展中的困难，支持民营企业改革发展，变压力为动力，让民营经济创新源泉充分涌流，让民营经济创造活力充分迸发。"⑤ 企业的本质是追求和创造财富、增加物质积累、满足社会需求的经济组织，创造财富的最根本途径在于企业家精神的培育，企业家创新精神成为企业"创造财富"的动力之源，正是"劳资两利"的发展导向，激活着企业家开拓创新精神与报效国家、服务社会的经

　　① 《毛泽东选集》第一卷，人民出版社 1991 年版，第 159 页。
　　② 《毛泽东选集》第三卷，人民出版社 1991 年版，第 808 页。
　　③ 习近平：《在全省劳动和社会保障工作会议上的讲话》，《福建劳动和社会保障》2002 年第 2 期。
　　④ 《全国构建和谐劳动关系先进表彰会在京举行　习近平会见与会代表并讲话》，《人民日报》2011 年 8 月 17 日。
　　⑤ 习近平：《在民营企业座谈会上的讲话》，《人民日报》2018 年 11 月 2 日。

营伦理，使潜在的企业家变成现实的财富创造者。

（三）新时代中国特色劳动伦理观的确立发展

新时代中国特色劳动伦理观集中体现于中国特色劳动伦理的逐步确立与发展。中国特色劳动伦理以马克思主义为指导、根植于中国传统文化沃土、与市场经济发展相适应、吸收人类一切优秀文明成果，由"勤劳敬业、积极进取、全面发展"的劳动职业伦理、"创造财富、报效国家、造福社会"的企业经营伦理、"敬德爱民、共享发展、公平正义"的国家责任伦理构成。新时代中国特色劳动伦理观是经济思想创新思维的重要体现，主要表现在：问题导向是其思想起点的创新，唯物辩证法是其思想方法的创新，而起点的创新和思想方法的创新全方位地展现为坚持中的创新、继承中的创新、集成中的创新和突破中的创新四种创新形态，最后集中于经济目标的创新——中国梦思想的提出和组织实施。[①]

1. "勤劳敬业、积极进取、全面发展"的劳动职业伦理

源于中国传统文化的"勤劳敬业"是劳动职业伦理的基础。"勤劳敬业"是中华民族最为突出的优良传统，"勤"表现为精益求精、勤勉于事业的精神行为追求，"敬"表现为对工作的虔诚尊重及对事业的不辞劳苦。"无论从事什么劳动，都要干一行、爱一行、钻一行。在工厂车间，就要弘扬'工匠精神'，精心打磨每一个零部件，生产优质的产品。……只要踏实劳动、勤勉劳动，在平凡岗位上也能干出不平凡的业绩"，"要坚持艰苦奋斗，不贪图安逸，不惧怕困难，不怨天尤人，依靠勤劳和汗水开辟人生和事业前程"。[②] 要弘扬劳模精神和工匠精神，营造劳动光荣的社会风尚和精益求精的敬业风气，建设知识型、技能型、创新型劳动者大军。新时代"勤劳敬业"精神，尤其体现为引导群众树立勤劳致富改善生活的信念，使改善民生既是党和政府的工作方向，又是群众自身的奋斗目标，不贪图安逸、

---

① 参见王立胜：《习近平经济思想的创新思维》，《当代世界与社会主义》2016 年第 5 期。

② 习近平：《在知识分子、劳动模范、青年代表座谈会上的讲话》，《人民日报》2016 年 4 月 30 日。

不惧怕困难、不怨天尤人，依靠勤劳汗水开辟事业前程。

　　源于市场经济竞争与效率的"积极进取"是劳动职业伦理的核心。市场经济是通过市场配置社会资源的经济形式，一经产生便成为最具效率和活力的经济运行载体，市场经济运行的基础是竞争与效率，"积极进取"便成为以竞争与效率为理念的市场经济发展过程中最为突出的劳动职业伦理。劳模精神对"积极进取"的劳动职业伦理具有重要引领作用，它是以爱国主义为核心的民族精神和以改革创新为核心的时代精神的生动体现，是激励我国工人阶级和劳动群众不为任何风险所惧、不被任何干扰所惑、在中国特色社会主义道路上奋勇前进的强大精神动力。"积极进取"因在不利和艰难的遭遇中百折不挠，可以站在失败之上走向成功。新时代"积极进取"精神，更多体现为以改革创新为核心的时代精神，把"个人梦"与"中国梦"紧密结合，把人生理想、家庭幸福融入国家富强、民族复兴的伟业之中，不断为中国精神注入新能力，始终做弘扬中国精神的楷模。

　　源于马克思劳动伦理"全面发展"是劳动者职业伦理的目标导向。人的全面发展是马克思主义基本原理之一，最根本的是人的劳动能力的全面发展，人的智力和体力得到充分统一发展，包括人的才能、志趣和道德品质的多方面发展。"生产劳动同智育和体育相结合，它不仅是提高社会生产的一种方法，而且是造就全面发展的人的唯一方法。"[1] 劳动者综合素质、职业技能和创新能力的提升是紧跟企业产业发展的需要，也是实现全面发展的根本途径。"劳动者素质对一个国家、一个民族发展至关重要。劳动者的知识和才能积累越多，创造能力就越大"，"把提高职工队伍整体素质作为一项战略任务抓紧抓好，帮助职工学习新知识、掌握新技能、增长新本领，拓展广大职工和劳动者成长成才空间"。[2] 同时，需要高度重视劳动者的"闲暇时间"，劳动者只有获得充分的"闲暇时间"才能促使综合素质提升、才能获得自由全面发展。体现在"个人受教育的时间，发展智力的时间，履行

---

　　① 《马克思恩格斯文集》第 9 卷，人民出版社 2009 年版，第 339—340 页。
　　② 习近平：《在庆祝"五一"国际劳动节暨表彰全国劳动模范和先进工作者大会上的讲话》，《人民日报》2015 年 4 月 29 日。

社会职能的时间，进行社交活动的时间，自由运用体力和智力的时间"①。新时代"全面发展"导向，需要劳动者树立终身学习的理念，不断提升职业技能和创新能力，先进文化与生产力中最活跃的人的因素一旦结合，劳动力素质会得到极大提高，劳动对象的广度和深度会得到极大拓展，人类改造自然、取得财富的能力与数量会成几何式增加。

2. "创造财富、报效国家、造福社会"的企业经营伦理

源于企业性质的"创造财富"是企业经营伦理的本质基础。增加财政收入和搞活企业应该是一个事物的两个方面。搞好企业的目的就是要提高企业生产劳动率，取得良好的经济效益。"真正的财富就是所有个人的发达的生产力。那时，财富的尺度决不再是劳动时间，而是可以自由支配的时间。"② 企业家成为生产力中"真正的财富"，就必须成为"发达的生产力"，通过创新创造以"发达的生产力"创造出丰富的经济社会财富和更多的可自由支配的时间，在个人发展与生产力发达的辩证统一中不断进步、不断突破。企业创新涉及组织创新、技术创新、管理创新、战略创新等方面的问题，创新、再创新能力的提升是一综合系统工程。新时代"创造财富"就是提高企业劳动生率，取得更加高质高效的经济效益，财富创造来源于创新发展，创新成为企业创造财富的动力之源，质量是企业的立身之本，管理是企业的生存之基，真正抓好创新、质量、管理，在激烈的市场竞争中始终掌握主动。

源于近代民族工业实业报国形成的"报效国家"是企业经营伦理的传统传承。企业在"创造财富"的同时，是给国家带来福祉的具有信仰的经济组织。近代民族工业发展过程中，基于民族自强的历史使命与责任担当形成"实业报国"的传承。"每个企业的厂长、经理都不要忘记，不论你是选举的、招聘的，或是实行承包的，你作为企业法人代表的基本前提是，国家委托你在企业内部行使职权，你不仅代表一个企业的利益，首先是代表国家

---

① 《马克思恩格斯全集》第 23 卷，人民出版社 1972 年版，第 294 页。
② 《马克思恩格斯全集》第 31 卷，人民出版社 1998 年版，第 104 页。

的利益。"① 国家利益代表着全民的共同利益,"共同利益不是仅仅作为一种'普遍的东西'存在于观念之中,而首先是作为彼此有了分工的个人之间的相互依存关系存在于现实之中"②。在彼此有了分工、相互依存的现代社会中,国有企业作为创造财富的组织必然要以财富报国作为基本职能。"广大民营企业家以敢为人先的创新意识、锲而不舍的奋斗精神,组织带领千百万劳动者奋发努力、艰苦创业、不断创新。我国经济发展能够创造中国奇迹,民营经济功不可没!"③ 新时代"报效国家"首先体现在国有企业不仅代表企业自身利益,更重要的是代表国家利益,在保障人民共同利益中发挥着关键性作用。同时,体现在民营企业家敢为人先的创新意识、锲而不舍的奋斗精神,共同推动着经济发展"中国奇迹"的形成。

　　源于企业社会责任的"造福社会"是企业经营伦理的目标导向。"一个人劳动时,他既是为他自己劳动也是为一切人劳动,而且一切人也都为他而劳动。"④ 现代社会分工发展中,每一个人的劳动都是为一切人劳动,并以自己的劳动推动着社会发展。"现代企业是社会的细胞,社会是孕育企业成长的母体。所以,企业在自身发展的同时,应该当好'企业公民'……只有积极承担社会责任的企业才是最有竞争力和生命力的企业。"⑤ 企业的经营愿景,必须包含社会大众的福祉,并将"造福社会"的发展愿景融入经营行为之中。在造福社会的过程中,经济发展与生态保护必须同步进行,"不能盲目发展,污染环境,给后人留下沉重负担,而要按照统筹人与自然和谐发展的要求,做好人口、资源、环境工作"⑥。新时代"造福社会"体现在企业自身发展的同时,当好"企业公民",企业的经营愿景必须包含社会大众的福祉,并将造福社会的发展愿景融入经营行为之中。在"造福社会"的过程中,企业发展与环境保护必须同步进行,遵循天人合一、道法

---

① 习近平:《知之深 爱之切》,河北人民出版社 2015 年版,第 200 页。
② 《马克思恩格斯选集》第 1 卷,人民出版社 1995 年版,第 84 页。
③ 习近平:《在民营企业家座谈会上的讲话》,《人民日报》2018 年 11 月 2 日。
④ [德] 黑格尔:《精神现象学》下卷,贺麟、王玖兴译,商务印书馆 1979 年版,第 47 页。
⑤ 习近平:《之江新语》,浙江人民出版社 2007 年版,第 251 页。
⑥ 习近平:《之江新语》,浙江人民出版社 2007 年版,第 37 页。

自然的理念，寻求永续发展之路，在建设"美丽中国"过程中推动中国梦的实现。

3. "敬德爱民、共享发展、公平正义"的国家责任伦理

源于传统文化"敬德爱民"是国家责任伦理的基础。"让人们过上好日子"始终是习近平从政实践的最终追求，也是其"敬德爱民"国家责任伦理的根本体现。"不管从政道路的前景如何，在基层为群众做实事的权利总是不会被剥夺的，只要有为群众做事垫底，个人前程的不确定性就算不了什么"①。

对人民福祉和人民利益的深沉忧患，伴随着习近平从政工作始终。"积极营造善待农民工的舆论氛围，使'优者有其荣'、'工者有其誉'成为一种和谐融合的社会风尚"、"农民工远离家乡和亲人，从事高强度的劳动，他们往返于城乡之间，不断经历社会角色的变换，思维方式、行为习惯和消费观念受到了城市生活的影响，普遍有融入城市生活的强烈愿望，希望能够得到更多的平等待遇和人文关爱"。② 新时代"敬德爱民"最集中地体现在"把人民对美好生活的向往作为奋斗目标"，坚持人民主体地位，坚持立党为公、执政为民，践行全心全意为人民服务的根本宗旨，把党的群众路线贯彻到治国理政全部活动之中。

源于马克思主义的"共享发展"是国家责任伦理的目标追求。"社会和国家的目的在于使一切人类的潜能以及一切个人的能力在一切方面都可以得到发展和表现。"③ "共享发展"是劳动伦理国家责任伦理的目标追求，也是当代发展伦理的"中国表达"。"排除阻碍劳动者参与发展、分享发展成果的障碍，努力让劳动者实现体面劳动，全面发展"④；"生活在我们伟大祖国和伟大时代的中国人民，共同享有人生出彩的机会，共同享有梦想成真的机

---

① 中央党校采访实录编辑室：《习近平的七年知青岁月》，中共中央党校出版社 2017 年版，第 77—78 页。
② 习近平：《以建设和谐社会的理念有效解决好农民工问题——对浙江省农民工问题的调查与思考》，《学习时报》2005 年 9 月 19 日。
③ ［德］黑格尔：《美学》第 1 卷，商务印书馆 1979 年版，第 59 页。
④ 习近平：《祝贺与希望》，《福建劳动和社会保障》（创刊号）2001 年第 1 期。

会，共同享有同祖国和时代一起成长与进步的机会"①。新时代"共享发展"是以人民为中心的集中体现，是中国梦发展伦理的"中国表达"，更加关注人民的获得感、幸福感和舒适度，努力让劳动者实现体面劳动，全面发展。同时，"共享发展"又是具有国际性的，中国提出推动构建人类命运共同体，目的在于更好地造福各国人民共享发展繁荣。

体现中国特色社会主义内在要求的"公平正义"是国家责任伦理的核心理念。"正义犹如支撑整个大厦的主要支柱。如果这根柱子松动的话，那么人类社会这个雄伟而巨大的建筑必然在顷刻之间土崩瓦解"②。"公平正义"是人类文明的重要标志，也是衡量国家或社会文明发展的标准，是每一个现代社会孜孜以求的目标和理想。"要把促进社会公平正义、增进人民福祉作为一面镜子，审视我们各方面体制机制和政策规定，哪里有不符合促进社会公平正义的问题，哪里就需要改革"③。"公平正义"较为集中地体现在权利公平、规则公平、效率公平、分配公平，源于以体制机制和政策规定为基础的制度建设更是"公平正义"实现的关键。"制度就是为人类设计的，构造着政治、经济和社会相互关系的一系列约束，制度是由非正式约束（道德约束、禁忌、习惯、传统和行为准则）和正式的法规（宪法、法令、产权）组成"④。新时代促进"公平正义"，劳动者体面劳动、全面发展是实现中国梦的重要内涵，要坚持社会公平正义，排除阻碍劳动者参与发展、分享发展成果的障碍，努力让劳动者实现体面劳动、全面发展，劳动领域"公平正义"的实现更多需要劳动社会保障与工会组织的推动。同时，需要推动建立公正合理、民主和谐的国际工运新秩序，为促进实现体面劳动和人的全面发展贡献力量。在此过程中，"中国学者不仅要在国际中国问题研究中引领潮流，起到主导性的作用，而且还要以产生自中国土壤里的经验和成

---

①　《习近平谈治国理政》第一卷，外文出版社 2018 年版，第 40 页。

②　[英] 亚当·斯密：《道德情操论》，蒋自强等译，商务印书馆 1997 年版，第 107 页。

③　《十八大以来重要文献选编》（上），中央文献出版社 2014 年版，第 553 页。

④　[美] 道格拉斯·诺思：《制度、制度变迁与经济绩效》，刘守英译，上海三联书店 1994 年版，第 7 页。

果影响国际学术主流的研究，进而为解决全人类所共同面对的问题拿出中国方案"①。

三、新时代慈善事业与共享发展
对劳动关系和谐发展的推动

习近平总书记在党的十九大报告中指出："中国特色社会主义进入新时代，我国社会主要矛盾已经转化为人民日益增长的美好生活需要和不平衡不充分的发展之间的矛盾。"经过长期奋斗努力，中国特色社会主义已经进入新时代，我国社会生产力水平总体上显著提高。2020 年我国脱贫攻坚取得全面胜利，但城乡、区域，尤其收入分配等存在诸多不平衡不充分问题，仍然成为制约人民日益增长的美好生活需要的主要因素。2016 年 9 月 1 日，《中华人民共和国慈善法》实施，对慈善行为、慈善活动及慈善参与者之间的相互关系进行了规范、激励、监督和调节，并确立"促进社会进步，共享发展成果"的慈善目标。早在 2006 年习近平任浙江省委书记时，便提出"大力发展慈善事业，是调动社会资源解决困难群众生产生活问题的一条重要途径，对于协调各方面的利益关系，促进城乡之间、地区之间、民族之间的和谐发展，促进人与人之间的和谐相处，推动先富帮未富、最终实现共同富裕，具有重大的意义和作用"②。新时代认真探讨"慈善事业与共享发展"的逻辑关系，对于推动社会和谐、劳动关系和谐具有重要意义。

（一）慈善事业促进共享发展中推动劳动关系和谐发展

2015 年，习近平总书记指出："广大人民群众共享改革发展成果，是社会主义的本质要求"。"改革发展搞得成功不成功，最终的判断标准是人民是

---

① 王宁：《确立人文学科评价的基础和层级》，《光明日报》2021 年 4 月 23 日。
② 习近平：《齐心协力发展慈善事业 同心同德建设和谐社会》，《浙江日报》2006 年 12 月 13 日。

不是共同享受到了改革发展成果。"① 2016 年，习近平主席签署《慈善法》：慈善事业，是指自然人、法人和其他组织通过捐赠财产或提供服务等方式，自愿开展的扶贫、济困、扶老、恤病、助残、救孤及救助自然灾害、事故灾难和公共卫生事件，从而促进教育、科学、文化、卫生、体育发展，防治污染和其他公害等公益活动。慈善事业因其均衡财富分配、弱化收入两极分化、对公共灾害救助与公共事业发展的无偿捐助等，必然成为新时代促进共享发展的重要途径。

1. 在促进城乡、地区、民族共享发展中推动劳动和谐发展

劳动关系是以工资收入为纽带形成的劳动者与劳动力使用者之间的关系，国民收入分配格局、居民收入水平是最根本的劳动关系宏观内容。改革开放 40 多年，我国在经济快速发展、人民生活水平普遍提高的同时，贫富差距增大、社会保障滞后等问题仍然存在。

2016 年，全国有城市低保对象 855.3 万户、1480.2 万人，全国残疾人口 8502 万人，困难残疾人生活补贴人数 521.3 万人，重度残疾人护理补贴人数 500.1 万人。② 自 2013 年至 2016 年 4 年间，每年农村贫困人口减少都超过 1000 万人，累计脱贫 5564 万人；贫困发生率从 2012 年底的 10.2%下降到 2016 年底的 4.5%，下降 5.7 个百分点。2021 年，"我国脱贫攻坚战取得了全面胜利，现行标准下 9899 万农村贫困人口全部脱贫，832 个贫困县全部摘帽，12.8 万个贫困村全部出列，区域性整体贫困得到解决，完成了消除绝对贫困的艰巨任务，创造了又一个彪炳史册的人间奇迹！""同时，脱贫摘帽不是终点，而是新生活、新奋斗的起点。解决发展不平衡不充分问题、缩小城乡区域发展差距、实现人的全面发展和全体人民共同富裕仍然任重道远"③。我国城乡之间、地区之间、民族之间发展差距较大，这也是发

---

① 《征求对中共中央关于制定国民经济和社会发展第十三个五年规划的建议的意见　中共中央召开党外人士座谈会　习近平主持并发表重要讲话　李克强俞正声张高丽出席》，《人民日报》2015 年 10 月 31 日。

② 参见《2016 年社会服务发展统计公报》，民政部网站，2017 年 8 月 3 日。

③ 习近平：《在全国脱贫攻坚总结表彰大会上的讲话》，《人民日报》2021 年 2 月 26 日。

展不平衡不充分的最重要体现，在高度重视"深入实施东西部扶贫协作，重点攻克深度贫困地区脱贫任务"的同时，慈善事业为改善贫困地区、西部地区的基本生活设施，发挥了重要作用。

推动初级教育、初级卫生等发挥的重要作用，同样不可忽视。自1989年10月，中国青少年发展基金会以"助农民的后代人人有书读"为宗旨实施"希望工程"，至2016年，全国"希望工程"累计接受捐款118.32亿元，资助学生5350560名，援建希望小学18982所，援建希望工程图书室23490套、希望厨房5023个、快乐体育7795套、快乐音乐1323套、快乐电影620套、电脑教室1215套。① "希望工程"成为我国社会参与最广泛、最富影响力的公益事业之一，截至2019年，全国"希望工程"累计接受捐款161亿元，资助家庭困难学生617.02万名，援建希望小学20359所，同时，还根据贫困地区实际推出了"圆梦行动"、"希望厨房"、乡村教师培训等项目。② "希望工程"通过教育能力的提升，有效推动了贫困地区教育事业发展、服务了贫困家庭青少年成长发展、有力促进了西部贫穷地区特别是少数民族地区劳动者素质的提升，为高质量的和谐劳动关系打下坚实基础。

2. 在促进各阶层理解、互助、共享发展中推动劳动关系和谐

习近平总书记在党的十九大报告中指出："必须始终把人民利益摆在至高无上的地位，让改革发展成果更多更公平惠及全体人民，朝着实现全体人民共同富裕不断迈进。"当前，我国各阶层之间的收入差距依然非常巨大，"从居民家庭资产分布数据可以看出，中国最富有的10%家庭，平均资产约为1500万，这10%家庭拥有的资产加起来，占到全社会总资产的47.5%。如果把前20%家庭的资产加起来，占到社会总资产的比例已达到63%。而底层那20%的家庭，其资产加起来仅仅为社会总资产的2.6%"③。慈善事业是移富济贫的事业，在缩小阶层差距、缓解社会矛盾、维护社会稳定中起着

---

① 参见《关于希望工程》，中国青少年发展基金会网站，2017年3月25日。
② 参见《关于希望工程》，中国青少年发展基金会网站，2021年5月10日。
③ 《央行最新报告揭秘：中国的贫富差距到底有多大？》，新浪财经，2020年4月29日。

重要作用。

社会脆弱群体仅靠自身努力很难达到基本生活标准，慈善事业对于改善脆弱群体生存状况具有重要作用，也是社会力量对基本人权的尊重，对社会公平正义促进的体现。在市场经济条件下，激烈的竞争与资源配置的不平衡，尤其强者愈强、弱者愈弱的"马太效应"，必然使社会强者先富起来，但先富起来的强者如何带动后富的弱者，从而实现共同富裕，需要社会政治制度的引领，也需要基于人文情怀的关爱。《慈善法》与《劳动法》、《劳动合同法》、《社会保险法》等以政治制度改善"马太效应"的社会法共同实施，对于宏观社会的和谐稳定与中观微观劳动关系的和谐发展，都将起到重要推动作用。

慈善事业是兼具社会制度引领与人文情怀关爱的事业，通过志愿捐赠的方式，实现先富、较富群体帮助脆弱贫困群体，实现社会阶层群体的良性互动，有利于缓解不同社会阶层的对立情绪，弥合社会发展的裂缝，更有利于企业家增强企业社会责任意识。新时代，教育和引导更多的先富群体，扶贫济困解危、捐助慈善事业，进而兴办慈善事业，可以树立企业不仅"创造财富"而且"乐善好施"的良好形象，赢得劳动者、社会公众及困难群体的更多尊重，从而在促进在"共享发展"实现中推动和谐劳动关系构建、推动社会和谐发展。

3. 在促进国家治理体系和治理能力中推动劳动关系和谐发展

习近平总书记在党的十九大报告中强调，"保证人民依法通过各种途径和形式管理国家事务，管理经济文化事业，管理社会事务"。《慈善法》规定：为了发展慈善事业，弘扬慈善文化，规范慈善活动，保护慈善组织、捐赠人、志愿者、受益人等慈善活动参与者的合法权益，促进社会进步，共享发展成果，制定本法。慈善事业以慈爱之心为道德伦理基础、以贫富差别的存在为社会基础、以社会捐献为独特的经济基础、以民营公益机构为组织基础、以捐献者的意愿为实施基础、以公众普遍参与为发展基础。

慈善事业既关系社会资源的配置，也联结公平与正义社会诉求的实现，必然应该成为国家治理体系的重要组成部分。"慈善事业所具有的多元参与、注重民生等理念，与以善治为核心的现代治理理念是不谋而合的。在全面深化改革总目标下，公益慈善组织将成为创新社会治理的重要主体之一，而慈善事业在整个国家治理体系中的地位和作用也会变得更加突出。"① 慈善事业在缓解就业压力和化解贫富差距困境方面起到重要促进作用，推动着企业凝聚力、向心力的形成。当前，慈善开始成为国家整体治理体系的一部分，并为国家治理战略目标服务。国家与社会正逐步耦合成一种统一、复杂且充满不确定性的双向嵌入关系。同时，兼具人道主义和利他精神的现代慈善文化，形成人人参与、人人奉献的慈善文化氛围，进一步提升我国的文化竞争力。

尤其，慈善事业是同时包含"三次分配"的独特财富转移方式：企业或各种经济实体的捐献，通常计入捐献者的生产经营成本，属于社会产品初次分配范畴；政府财政对慈善事业的拨款和援助，纳入财政预算，属于社会产品再分配范畴；社会成员的个人捐献，通过社会产品初次分配和再分配获得相应份额后自愿付出，属于社会产品第三次分配。② 慈善事业不仅是富人对穷人的简单济贫，更涉及劳资利益协调、阶层利益调节、社会矛盾化解、公民民主参与、社会共治共建等政治、经济、文化、社会等多领域，在利益主体多元化条件下，推进包括慈善事业在内的社会"共治共建"，必然在促进国家治理体系和治理能力中推动劳动关系和谐发展。

（二）共享发展亟待慈善事业完善中推动劳动关系和谐发展

早在 2007 年 1 月，习近平同志便指出："无论是个人还是组织，无论是贫穷还是富裕，不管在什么条件下，不管做了多少，只要关心、支持慈善事业，积极参与慈善活动，就开始了道德积累。这种道德积累，不仅有助于提

---

① 陈昌智：《站在国家战略高度发展慈善事业》，《人民日报》2015 年 4 月 1 日。
② 参见郑功成：《慈善事业的理论解析》，《慈善》1989 年第 2 期。

高个人和组织的社会责任感及公众形象，而且也有助于促进整个社会的公平、福利与和谐。"① 我国慈善事业源远流长，春秋时期就有"天子布德兴惠，命有司发仓廪，赐贫穷，振乏"（《礼记·月令》）的记述，汉代以国家名义建立仓储制度，宋代慈善事业作为国家制度确立。改革开放以来，慈善事业为扶贫、赈灾、教育、环保等工作作出诸多贡献，但现代慈善意识淡薄、慈善机制不成熟、慈善法制有待完善等诸多问题阻碍着慈善事业的良性健康发展，新时代社会共享发展目标的实现亟待慈善事业的发展完善。

1. 慈善事业起步晚、机构数量少、动员能力弱、社会公信力不足

以 1994 年 2 月《人民日报》发表评论文章《为慈善正名》及同年 4 月中华慈善总会成立为标志，我国慈善事业在民政部主导推动下起步发展。与改革开放 40 多年我国经济发展取得的巨大成就及社会文明发展的迫切要求相比，慈善事业仍然处于非常落后的"短板"状态，无论慈善理论支撑、慈善机构数量、慈善动员能力，尤其慈善社会公信力，都十分薄弱，亟须强化。

首先，慈善事业起步晚，慈善基础理论缺乏。2004 年党的十六届四中全会首次提出"健全社会保险、社会救助、社会福利和慈善事业相衔接的社会保障体系"，在此之前社会保障理论基本没有涉及慈善理论，相对于西方百余年慈善理论与实践，我国慈善理论处于薄弱滞后状态，并成为制约慈善事业发展的首要问题。

其次，慈善机构数量少，民办慈善发展受限。我国慈善机构近几年虽快速增加，至 2019 年 8 月，我国基金会已突破 7500 家。较长时间以来，以企业形式存在的民办慈善，难以如官办慈善那样享受慈善捐赠的税收优惠，民办慈善生存前提由此受到制度性约束，需要承担更多经济责任，同时常常无法承受合法性质疑，由此面临破产选择。

最后，慈善捐赠的水平不高，动员社会资源能力弱。2016 年全年我

---

① 习近平：《之江新语》，浙江人民出版社 2007 年版，第 252 页。

国慈善事业共接收社会捐赠款 827.0 亿元，比上年增长 26.4%，其中民政部门直接接收社会各界捐款 40.3 亿元，各类社会组织接收捐款 786.7 亿元。① 筹款能力最强的中华慈善总会由 367 个会员单位组成，年筹款额自 2013 年始方超过 100 亿元，2015 年达到 128.36 亿元。② 尤其在筹款过程中，行政摊派性募捐比较普遍，很多地方和单位不经员工同意，直接从工资中扣除"募捐款项"，或者以通知形式明确不同层次人员的捐款标准。

另外，慈善社会公信力不足。如"郭美美事件"等，严重损害着慈善组织的社会公信力，也影响社会公民的捐款热情。

2. 公民慈善观念较落后，个人主动性捐赠参与率低

在慈善意识和慈善理念形成过程中，价值观起着非常重要的作用，慈善观念是慈善行为的"发动机"、"导向器"。中国传统文化具有的慈善渊源，儒家强调"仁爱"，道家强调"积德"，佛教强调"慈悲"。

但市场经济发展过程"重个人价值、重功利价值"的价值取向，在调动个人积极性、推动经济快速发展的同时，确实也削弱了公民的人文情怀与社会责任感。同时，中国传统文化所奉行的以"亲亲"为起点、以"亲亲"为终点由内及外的"圆心定理"理念价值，与"亲疏有别"、"远近有序"的文化思想，也制约着慈善事业在更广阔的范围发展。2016 年，我国个人捐赠发展迅速，捐赠额达到了创纪录的 293.77 亿元，比上年猛增 124.47 亿元，占到捐赠总额的 21.09%，同比增长 73.52%。③ 个人慈善捐款数量的快速增长，说明公民慈善理念的日益增强与慈善氛围的日渐浓厚，但如何克服中国传统文化"圆心定理"及亲疏理念，更多推崇"老吾老以及人之老"、"幼吾幼以及人之幼"的推己及人的慈悲与怜悯意识，对改善公民慈善观念意义突出。

---

① 参见《2016 年社会服务发展统计公报》，民政部网站，2017 年 8 月 3 日。
② 参见《2015 年中华慈善年度报告》，2016 年 11 月 30 日。
③ 参见《2016 年中华慈善捐助报告》，《公益时报》2017 年 11 月 2 日。

如何加强慈善舆论导向，更多地倡导企业家的引领带动作用，促使改革发展过程中的先富群体更多关注慈善事业，值得深入探讨。在"互联网+"时代，如何将慈善文化更多地体现群众互助，并加强慈善事业网络平台建设，同样亟须深入研究。

3. 慈善事业面临的任务艰巨，尤其法制体制机制建设薄弱

改革开放以来，我国慈善事业获得一定发展，但与当代社会人们对慈善事业的要求还有较大差距。一方面，需要帮助的社会成员，包括残疾人、贫困人口、遭遇各种灾害事故的人群以及需要社会服务的老年人群体等，数量庞大；另一方面，虽然先富起来的群体持续壮大，参与慈善事业的能力在增强，但由于慈善事业观念落后，尤其发展的法制体制机制建设滞后，使其潜能难以得到发挥。

一是法律不健全、执法不严。我国慈善事业整体存在立法不足、执法不足的状况，尤其慈善税收存在税收标准不一、税收减免比例过低、享受免税待遇慈善组织界定范围过窄、个别慈善组织滥用免税权利等，《慈善法》颁布将较为有效地改变如上状况，但还有待实践推动落实。

二是政府选择性激励较重。政府对不同慈善组织给予不同经济激励和政治待遇的选择性激励较强，具有政府行政背景的慈善组织和募捐机构较容易获得相应资质，导致慈善组织过度依赖政府，抑制了自主发展的积极性，造成政府与慈善组织的边界模糊及慈善组织之间的不平等，使慈善市场竞争机制扭曲，降低了慈善组织的市场效率。

三是治理体制尚不健全、运作不尽规范。从慈善外部环境分析，政府职能转换未到位，社会团体发展受到抑制，政策更需要健全与规范；从慈善机构自身分析，行政化的色彩较为浓厚，缺乏现代经营理念，运行规范不到位，慈善筹款机构与执行机构职责不清，由此不仅造成效率低而且易导致慈善腐败。

四是机制运转专业性不强、透明度不高。慈善机构工作人员专业素质、职业能力有待提高，慈善组织运行规则、职能实现有待规范透明，慈善公益系统自律、社会公信有待强化。随着共享发展过程人们对慈善事业的关注，尤其市场经济利益主体多元化的深入，我国的慈善公益事业亟须走出传统的封闭状态，并冲破传统理念的束缚，积极运用市场发展机制，从而获得更多社会资源支持。

（三）推动慈善事业促进共享发展中推动劳动关系和谐

习近平总书记在党的二十大报告中指出："采取更多惠民生、暖民心举措，着力解决好人民群众急难愁盼问题，健全基本公共服务体系，提高公共服务水平，增强均衡性和可及性，扎实推进共同富裕。"慈善事业既为有能力帮助他人的人，尤其先富群体帮助他人更好地生存生活提供乐善行善的现实途径，也为处于窘境迫切需要帮助者创造了获得社会援助的机会，慈善事业具有人道、博爱、公益的特征，可以促进整个社会财富得到更加良性的配置，并在社会发展中起到润滑调适作用，从而缓解阶层之间因贫富差距产生的利益冲突，推动劳动关系的和谐发展。

1. 推动政策法规完善，营造慈善事业促进共享发展的政治环境

党的二十大报告强调，"健全覆盖全民、统筹城乡、公平统一、安全规范、可持续的多层次社会保障体系"、"引导、支持有意愿有能力的企业、社会组织和个人积极参与公益慈善事业"。2005 年党的十六届四中全会首次将"慈善事业"写入党的文献，强调："健全社会保险、社会救助、社会福利和慈善事业相衔接的社会保障体系。"党的十六届五中全会强调，"加强社会福利事业建设，完善优抚保障机制和社会救助体系，支持社会慈善、社会捐赠、群众互助等社会扶助活动"。党的十六届六中全会通过的《中共中央关于构建社会主义和谐社会的若干重大问题的决定》强调："逐步建立社会保险、社会救助、社会福利、慈善事业相衔接的覆盖城乡居民的社会保障体系……发展慈善事业，完善社会捐赠免税减税政策，增强全社会慈善意识。"党的十七大报告强调："以慈善事业、商业保险为补充，加快完善社会保障体系。"党的十八大报告强调："完善救助体系，支持发展慈善事业。"党的十八届三中全会提出"完善慈善捐助减免税制度，支持慈善事业发挥扶贫济困积极作用"的要求。党的十九大报告强调："完善社会救助、社会福利、慈善事业、优抚安置等制度，健全农村留守儿童和妇女、老年人关爱服务体系。"

《中华人民共和国慈善法》于 2016 年 3 月 26 日颁布，并于 9 月 1 日实施，在更加重视共享发展的背景下，对慈善事业的良性发展将起到重要推动作用。《慈善法》明显体现政府减少对慈善事业的过度干预和控制，如慈善组织的准入、募捐资格的审批、慈善信托的备案等，不仅放松了管制，而且更加公平透明，可以减少政府对慈善组织的选择性激励，避免以行政手段调动慈善资源，也有助于慈善组织去行政化，使政府真正成为方向的引领者、规则的制定者和慈善的监管者。①

慈善政策与法规完善为慈善事业促进共享发展创造了良好的外部政策环境，在具体慈善政策工具选择方面，既要考虑政府行政职能效率，也要考虑慈善目标实现效率。同时，应更加重视慈善组织主动性的发挥，根据慈善事业发展状况与发展需要，促进法规政策不断完善，并创造经验、创造典型，推动慈善事业规范创新发展，推动社会宏观层次的劳动关系和谐发展。

2. 弘扬公益伦理观，营造慈善事业促进共享发展的文化氛围

2006 年 12 月，时任浙江省委书记的习近平指出，"慈善事业是一项全民的事业，要广泛普及慈善文化、弘扬慈善精神、宣传慈善典型，激发社会各界参与慈善事业的热情，在全社会形成人人心怀慈善、人人参与慈善的浓厚氛围"②。清代王永彬说"富贵非荣，富贵而利济于世者为荣"（《围炉夜话》），在中国，慈善伦理根源于孔子以"仁"为核心的儒家人本主义思想体系，孔子描述"使老有所终，壮有所用，幼有所长，矜寡孤独废疾者皆有所养"（《礼记·礼运》）的大同世界，孟子提出建设"出入相友，守望相助，疾病相扶持，则百姓亲睦"（《孟子·滕文公上》）的理想社会。

中国当代慈善组织是现代社会发展领域的重要组织形式，只有不断弘扬中国传统文化的人文关怀、人文精神，动员社会成员和社会各界强化社会的

---

① 参见张奇林：《〈慈善法〉与中国慈善事业的可持续发展》，《江淮论坛》2016 年第 4 期。
② 习近平：《齐心协力发展慈善事业 同心同德建设和谐社会》，《浙江日报》2006 年 12 月 13 日。

责任意识、奉献意识，更加积极主动广泛参与，才能不断发展壮大。我国已有10%的人进入富裕阶层，富裕阶层的财富取得，离不开个人智慧、才能与热情，更离不开社会发展的政策环境，应确立"取之社会、回报社会"的现代慈善财富伦理观。在我国现阶段，用于民生事业发展的比重逐年大幅度增加，慈善公益事业也得到更多重视。

在慈善事业发展过程中，政界的推动力量巨大。1994年，上海市慈善基金会成立以来，上海市委市政府高度重视，并积极引领推动，提升着普通市民参与慈善的热情，培育了市民的优良慈善价值观。1996年至2013年，李瑞环累计捐赠工资收入、字画拍卖与稿费3526.3万元资助贫困学生，并于2006年立下遗嘱，逝世后遗产全部变现资助贫困学生。①

以奉献爱心为宗旨的慈善事业是进行公民道德教育、提高公民道德素质的重要载体，新时代慈善事业不仅是捐钱捐物的事业，而且体现在志愿服务行动中，具体志愿行为与慈善捐助共同增强关注弱势群体、帮助困难群体、促进共享发展的社会文化氛围，推动社会宏观层面、产业中观层面的劳动关系和谐发展。

3. 重视企业主体带动，推动慈善事业促进共享发展的社会引领

2016年时任浙江省委书记的习近平便强调，"浙江的企业家特别是民营企业家作为浙江发展慈善事业的重要力量，要以'兼济天下'的精神，更加主动、勇敢地承担起相应的社会责任和义务，积极加入到慈善事业中来，以自己的爱心和善行，提升自身的社会价值"②。企业家是社会财富创造的引领者、是先进生产能力的引领者，也必然成为改变发展不平衡不充分的引领者，在促进慈善事业推动共享发展中必然发挥着重要的主体引领作用。2016年，企业捐赠总额首次突破900亿元，达到908.20亿元，比2015年增加了124.35亿元，同比增长15.86%；企业捐赠占到捐赠总额的65.20%，比重虽较2015年略有下降，但仍为第一大捐赠来源。③ 2019年全年，企业

---

① 参见《李瑞环捐赠〈看法与说法〉稿费 资助贫困学生》，《天津日报》2013年9月13日。
② 习近平：《齐心协力发展慈善事业 同心同德建设和谐社会》，《浙江日报》2006年12月13日。
③ 参见《2016年中华慈善捐助报告》，《公益时报》2017年11月2日。

捐赠款物 931.47 亿元，同比增长 4.56%，占捐赠总量的 61.71%。①

自 2005 年香江集团设立首个国家级非公募基金会，至 2015 年 4 月已达 2903 家，其中企业及企业家发起的有 667 家；截至 2019 年底，全国登记认定的慈善组织总数已超过 7500 个，较 2018 年（5285 个）增长了四成以上，占到全国社会组织总量的 8.65% 以上，净资产合计约 1600 亿元②，企业基金会在我国走热，更体现出中国企业家个人道德基础上的自我实现意识。

2011 年福耀集团用 3 亿元股权、总价值 35.49 亿元创办的河仁基金会，成为全国第一个经由国务院审批、以金融资产（股票）创办的全国性非公募基金会，成为企业家推动中国公益慈善事业的里程碑。董事长曹德旺说："越来越多中国企业家在历尽艰辛后，会走上慈善道路"，企业家"挑战自我、挑战极限、谋求发展"的同时，一定是"兼善天下"，"人活一世，就是为了给他人带来幸福"。2021 年 5 月，"中国首善"继总值已达 120 亿元的慈善捐献之后，100 亿身家全部捐献，建立全都交给国家的公立大学，培育真正能够打破外国垄断领域的顶尖人才，演绎的是新时代中国企业家信仰和财富的故事。企业家事业成功证明他们"经济人"的优秀，慈善捐助则代表他们"道德人"的引领、"社会人"的尽职与"制度人"的推动，从社会宏观、产业中观与企业微观多层次推动劳动关系和谐发展。

慈善的本质是伦理的，其动机应当是"为人"与"无我"，是一种无私的奉献。但现实生活中，不少慈善捐赠者有做好事、献爱心的动机，但并非完全的无私奉献，而是带有为企业发展"政治献金"、"影响力投资"的含义。慈善捐赠尽管论动机如何，只要符合法律相关规定，都可以接受，但具有投机性的捐赠不应成为慈善事业捐赠的主流和常态，当然如果完全排除慈善事业中的功利意识，在社会生活中的许多方面，特别是企业方面，难免缺乏现实的操作性。

从学理流派分析，"股东资本主义"认为慈善行为是为了改善竞争环

---

① 参见《中国慈善捐助报告：2019 年全国接受款物捐赠超 1700 亿元》，中国新闻网，2020 年 9 月 19 日。

② 参见《慈善蓝皮书：中国慈善发展报告（2020）》，慈善皮书网，2020 年 8 月 8 日。

境、提升企业效率，"企业公民主义"认为绩效不是企业捐赠动机，而是公民义务责任，"战略慈善主义"认为慈善能够客观增效。[1] 新时代在我国慈善事业发展中，应对企业慈善动机存在一定限度的功利考量，以更多样化的思维、更开阔的视野、更包容的胸怀，重视慈善企业主体带动，推动慈善事业促进共享发展的社会引领。

4. 强化组织体系建设，推动慈善事业促进共享发展的治理能力

2013 年 5 月，习近平总书记在参加"快乐童年 放飞希望"六一主题队日活动时，接见中华慈善总会六名在京接受治疗的先心病康复儿童代表，关切地询问治疗情况，祝愿过上更幸福的生活。[2] 2014 年 3 月，习近平总书记致信祝贺中国残疾人福利基金会，提出"切实履行职责，锐意进取、扎实工作，为推动残疾人共享我国经济社会发展成果"[3]。慈善组织是慈善事业发展的基本载体，慈善事业发展的成败，取决于慈善组织体系能否取得社会公众的公认信任，能否适应现代社会发展的需要，就必须着力强化慈善组织的社会"责任意识、规则意识、奉献意识"，推进慈善组织诚信建设和志愿服务制度化，从而推动慈善事业促进共享发展的治理能力。

首先，加强慈善组织队伍建设，重视慈善工作人员职业培训和知识更新，提高慈善从业人员的道德素质和业务素质提升，重视慈善事业的专业化发展，逐步将慈善事业发展为以具有专业背景的专职人员为主导、促使慈善专职人员与慈善志愿者相结合相推进的社会事业。

其次，重视慈善公信力建设，公信力是慈善组织其至整个慈善事业发展的生命线，要通过完善内部管理制度和治理结构，切实履行慈善组织的责任义务，赢得社会尤其是捐赠者的信任。

再次，树立慈善品牌意识，慈善事业发展不仅需要公众的无私奉献精神，更需要具有真正价值意义的慈善品牌项目，只有具有吸引力的慈善项目

---

[1]　参见钟宏武：《慈善捐赠与企业绩效》，经济管理出版社 2007 年版，第 23—30 页。

[2]　参见《习近平在京参加"快乐童年 放飞希望"主题队日活动》，《人民日报》2013 年 5 月 31 日。

[3]　《习近平致信祝贺中国残疾人福利基金会成立 30 周年》，《人民日报》2014 年 3 月 21 日。

才可能争取到更多的社会资源捐助。慈善事业在发展过程中也要借鉴营利组织的发展理念，在慈善项目选择、慈善募捐过程、慈善捐款用途、慈善信息公布等方面，坚持更为严格科学的程序，在项目论证运作及社会效果评估基础上科学决策，推出更多的名牌慈善项目。

同时，重视"微慈善"新时代特征，伴随网民数量的快速增加，充分重视互联网带来的新机遇，培养慈善事业新的增长点，尤其是"鼠标慈善"已激发出巨大慈善能量，"扶危济困风气、参与慈善热情、共享发展理念"成为微博公益最突出的标志，网络与慈善相结合将推动慈善事业进入"微慈善"时代。

第 八 章

政府实践论：调查、案例与指标体系研究

哲学家们只是用不同的方式解释世界，而问题在于改变世界。

——卡尔·马克思

马克思强调："哲学家们只是用不同的方式解释世界，而问题在于改变世界。"① 劳动关系学科基于现实劳动问题解决而形成的新兴交叉学科，以劳动关系基本理论解决现实问题使该学科产生重要生命力。通过专业知识运用解决现实劳动问题成为检验劳动关系学科的根本。尤其，劳动关系学科基于现实劳动问题解决而形成的新兴交叉学科特征，以劳动关系基本理论解决现实问题，尤其遵循劳动关系交叉学科的规律性特征，前瞻性解决现代社会复杂的现实劳动问题，成为政府主导推动劳动关系和谐发展实践的最根本性特征。为此，从国家宏观政策层面，以劳动社会学为主要研究方法，加强对快递新兴产业劳动标准状况调研，强化劳动标准制定的政府主导性价值导向；从副省级城市中观层面，以劳动经济学为主要研究方法，对 Q 市 3000户企业用工监测案例予以分析，强化政府对劳动关系的专业性推动；新旧动能转换对"用工短缺"的"智能替代"与"人力资本提升"的推动；在国

① 《马克思恩格斯选集》第 1 卷，人民出版社 2012 年版，第 136 页。

家职业技能提升行动背景下，以公共管理为主要研究方法，强化对职业、专业研究，突出政府的精准性推动；重视"劳动关系系统理论"探索，以管理学层次分析法（AHP法）为主要研究方法，对S省政府主导构建和谐劳动关系指标体系予以探讨。

一、快递业"劳动标准"的调研

2021年3月15日，习近平总书记主持召开中央财经委员会第九次会议强调："平台经济有利于提高全社会资源配置效率，推动技术和产业变革朝着信息化、数字化、智能化方向加速演进，有助于贯通国民经济循环各环节，也有利于提高国家治理的智能化、全域化、个性化、精细化水平。""一些平台企业发展不规范、存在风险，平台经济发展不充分、存在短板，监管体制不适应的问题也较为突出。"[①]

平台经济以技术和产业变革为优势，以其信息化、数字化、智能化优势有力地推动国民经济的发展，2022年5月1日，全国邮政快递业共投递快递包裹2.6亿件，同比增长近三成，揽收快递包裹2.28亿件，同比增长二成五，折射出我国经济的稳定恢复和良好势头。平台经济在有力地推动经济发展的同时，也有力地推动着资本逻辑的增殖与修复，而"经济运行过程中的劳动修复比资本修复更加重要，高效、完善的劳动修复坚定了全体劳动人民的主体意识和责任感，增加了他们的获得感和幸福感，提高了他们的劳动质量和劳动效率，进而促进经济加速发展，争取更多的经济利润，以完成资本修复"[②]。平台经济基础支撑的快递业劳动者"获得感和幸福感、劳动质量和劳动效率"的提升，是促进经济加速发展，也是实现"以人民为中心"发展理念的根本体现。

---

① 《习近平主持召开中央财经委员会第九次会议强调 推动平台经济规范健康持续发展 把碳达峰碳中和纳入生态文明建设整体布局》，《人民日报》2021年3月16日。

② 丁晓钦、程恩富：《共享发展：中国特色社会主义政治经济学的新话语——兼论分享经济、劳动与资本的双修复》，《光明日报》2016年7月6日。

快递业劳动标准监管与规范，对于平台经济健康持续发展与劳动者获得感和幸福感、劳动质量和劳动效率的提升，具有重要基础作用。2018 年 5 月，人社部三方协调办公室委托山东省劳动人事研究基地、青岛大学劳动人事研究院对平台经济基础支撑的快递业劳动标准基本状况予以调研。调研虽过两年，依然呈现前瞻性与现实性，伴随发展予以完善研究。

（一）快递业劳动标准调研的理论实践背景

"平台经济以敏感的数据采集和传输系统、发达的算力和功能强大的数据处理算法为基础，以数字平台为核心，可以跨时空跨国界跨部门地集成生产、分配、交换与消费活动的信息，促进社会生产与再生产过程顺利进行。"[1] 由此，在十余年的时间得到快速发展，而作为平台经济基础性支撑的快递业劳动标准制定与实施在"边发展边规范"中有待推动。劳动标准也被称为劳动基准，是劳动关系调整体系中发挥基础性作用的重要组成部分，其呈现的由法律法规直接规定的"法定性"、当事人之间权利义务的最低标准"保底性"及当事人双方即使协商一致也不能突破底线的"强制性"，使劳动标准在劳动关系调整中的基础规范作用凸显。

劳动标准在我国劳动法治体系建设中还处于较为薄弱的环节，在"大力发展数字经济"的同时，"平台企业存在数字规则不健全以及垄断和不正当竞争行为，因此必须完善平台企业垄断认定、数据收集使用管理、消费者权益保护以及合理金融创新等方面的法律规范"[2]。政府需要通过政策制度等方式合理引导各行业、各地区、各企业制定相应的劳动标准，"健全劳动标准体系是一项浩大的工程，需要正确理解构建劳动标准体系的目的和实际意义，总结已有的成果经验，调查分析现阶段存在的问题据此提出进一步健全劳动标准体系的目标任务、工作思路及政策措施"[3]。

---

① 谢富胜、吴越、王生升：《平台经济全球化的政治经济学分析》，《中国社会科学》2019 年第 12 期。

② 李友梅：《中国现代化新征程与社会治理再转型》，《社会学研究》2021 年第 2 期。

③ 唐鑛、汪鑫：《关于构建和谐劳动关系的几点思考》，《工会博览》2013 年第 11 期。

（二）快递业劳动标准调研的数据收集与分析

1. 宏观调查数据的收集分析

随着平台经济的快速发展以及国内快递业市场的不断优化，各种类型的快递不断出现，快递业保持高速持续增长，与快递行业息息相关的快递员群体也在逐渐占据重要地位，快递员的规模也随之扩大。为此，2018 年 5 月，人社部三方协调办公室强化对快递业的劳动标准调研，从完善劳动基本标准角度呈现出浓厚的政府主导构建和谐劳动关系的政策导向。

劳动基准所具有的三项基本功能："准据功能，劳动基准是法律规定的最低劳动标准，当事人间的合意只能在劳动基准之上进行；替代功能，劳动基准对于劳动合同、集体合同内容具有替代性和补充性；整体推动功能，劳动基准对于整个社会的劳动条件有普遍推动作用。"[①] 快递业的劳动标准状况调研对于平台经济发展过程中，快递业的良性有序高质量发展具有重要推动价值。尤其快递员作为快递业的输送末端人员，年龄上大部分为青年，属于特殊行业青年农民工群体，工作强度很大、工资水平普遍不高、"五险一金"保障缺失的状态亟须更受政府和社会的关注。2016 年《全国社会化电商物流从业人员研究报告》显示，快递员日均工作都在 8 小时以上，促销旺季时他们的工作时间会超过 12 小时。一般学术研究中，针对快递员的研究大都集中在工作内容和生活情况方面，对其职业发展研究少之又少，更缺乏相关定量研究，实证研究基础薄弱。由此，对快递员现状进行实际调研和分析，以出台相应的快递行业劳动标准，成为政府和社会广泛关注的问题。

根据 S 省统计年鉴和省市邮政机构提供的具体数据，快递行业劳动力就业宏观情况如下：目前该省快递行业共有独立法人企业 526 家、非独立法人企业 543 家；职工人数 36949 人，其中快递员 24037 人；签订劳动合同 26172 人，其中签订劳动合同的快递员 17492 人；缴纳社会保险 23558 人，其中缴纳社会保险的快递员 14878 人；缴纳公积金 9973 人，其中缴纳公积

---

① 王文珍、黄昆：《劳动基准立法面临的任务和对策》，《中国劳动》2012 年第 5 期。

金的快递员 3756 人；获得特殊工时行政许可的快递企业为 38 户。快递企业职工岗位包括：企业负责人、经理、管理人员、内勤、财务、外勤（快递员）、小时工、客服、司机、操作工等人员，从事业务基本为物流、分拣、快递等。

2. 调查问卷数据的收集分析

由于快递员工作地点不定，工作时间变动幅度较大，因此不能建立严格标准的抽样框从快递员群体中进行随机抽样，故本次调研采取滚雪球抽样的方法。调研员总计在全省发放问卷 300 份，其中有 287 份问卷得以回收，回收的全部问卷中有 27 份鉴定为无效问卷，本次调研问卷回收率和问卷有效率分别为 95.67% 和 86.67%。为了突出企业性质对于快递员工作内容的劳动保障情况的影响，根据企业的所有制性质和快递物流组织形式，本次调研将快递企业分为国有企业 EMS，代理式民营企业顺丰、京东，网点式民营企业中通、汇通、圆通、申通和韵达以及外企联邦速递等分别投放份额不等的问卷。

本次调研的问卷投放和收回基本可以反映所调研企业所雇佣劳动者的数量和企业规模，S 省各快递企业的企业规模基本与企业年报中全国快递企业所占的市场份额一致。仅"四通一达"就给了快递市场上近 50% 的劳动者提供了就业岗位，京东和顺丰共雇用了超过 30% 的劳动者，可见中国的民营快递企业发展迅猛，其劳动者行业标准和社会保障情况更值得我们重视（见表 1）。

表 1　各快递企业投放问卷和有效问卷数量分布

快递企业分类	快递企业	投放问卷数目（个）	百分比（%）	有效问卷数目（个）	有效百分比（%）
国有企业	EMS	40	13.3	38	13.5
代理式民营企业	京东	50	16.7	50	17.8
	顺丰	50	16.7	49	17.4

快递企业 分类	快递企业	投放问卷 数目（个）	百分比（%）	有效问卷 数目（个）	有效百分比 （%）
网点式 民营企业	韵达	30	10.0	27	9.6
	中通	30	10.0	26	9.3
	汇通	30	10.0	27	9.6
	申通	30	10.0	28	10.0
	圆通	30	10.0	26	9.3
外资企业	联邦	10	3.0	10	3.6

（1）S 省快递员的基本构成和就业情况

S 省的快递从业人员大都是青壮年男性，35 岁及以下快递员所占比例达到了 60%，其中女职工所占比例约 10%。快递员的学历普遍较低，拥有大学本科及以上的学历的快递员约 10%左右，是低学历人群比较密集的一个职业。以 L 市的调研结果为例，拥有本市户口的快递员不到 16%，约四分之三的快递员都是农村户口，在所有快递员中外来务工人员高达 80%。此外，在收集的高达近 300 份问卷反馈中，没有发现雇佣童工现象。由上述调研结果可知，快递从业人员大多是低学历的外来务工人员，并且女职工所占比例较小。

表 2　受访快递人员工作信息汇总

分类		样本数量（人）	百分比（%）
性别	男	231	88.8
	女	29	11.2
年龄	20—25 岁	31	11.9
	25—30 岁	88	33.8
	30—35 岁	36	13.8
	35 岁以上	105	40.4

续表

分类		样本数量（人）	百分比（%）
受教育程度	初中及以下	107	41.2
	高中	55	21.2
	中专、职高或技校	43	16.5
	大学专科	27	10.3
	大学本科及以上	28	10.8
从事现工作时间	1 年以下	34	13.1
	1—3 年	165	63.5
	4—6 年	43	16.5
	7 年以上	18	6.9

根据问卷结果，"入职门槛低"、"工资水平高"是他们从事快递行业的主要理由。快递行业作为一个劳动密集型的产业，近些年发展迅速，对于新的劳动力的要求也随之迅速发展，所以众多低学历并且不熟悉定时工作制的外来从业者纷纷选择快递行业。但是，根据调研结果，京东、顺丰等民营直营企业和联邦等外资企业对于劳动者有一定的入职标准和相对标准的入职培训，EMS、"四通一达"等企业没有严格的入职标准，甚至在每年的快递高峰期招收大量的劳务派遣工并且不提供任何的入职培训，快递员参差不齐的素质和职业情况对快递行业进一步发展造成了阻碍。

（2）劳动者的工作情况和工时标准

调研显示，快递员整体呈现出工作时间长，无休息时间，加班补偿少或者根本没有加班补偿的态势。国家关于劳动者工作时间的法律规定，在除京东、顺丰和联邦之外的快递企业几乎相当于"一纸空文"，无法形成法律约束。

根据调研结果，只有京东、顺丰和联邦三个快递企业严格按照 8 小时工作制，标准工作时间为 8 个小时，并且在快递员工作超过 8 小时的部分分别按时间（京东）和派件数（顺丰和联邦）给予一定的加班补贴。而 EMS 和其他民营企业中快递员的工作方式均为"片区工作制"，每个快递员只有派完自己所在片区所有快件才可以下班，没有工时标准和工作量标准。问卷结果显示，82% 的快递员平均工作时间超过 8 小时，派件数量接近 100 件，59% 的快递员曾经工作时间超过 16 小时，最大派件数量达到 200 件。而对于"四通一达"和 EMS 的 67% 的快递员没有上下班与加班的概念。

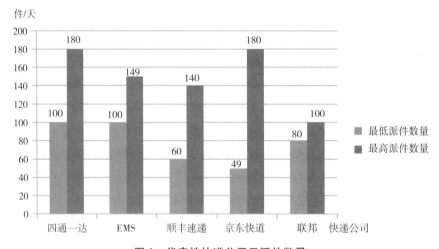

图 1　代表性快递公司日派件数量

图 1 反映了各企业的快递员最低派件数量和最高派件数量，可以看出"四通一达"和 EMS 的快递员加班已经成为常态，而顺丰、京东的快递员最长工作时间也均远高于 8 个小时。虽然长工作时带来了高收入，但是从长远来看，这种工作状态必然会导致快递员的工作疲劳与厌倦。根据调研问卷，近 76% 的快递员不愿意加班，另有 35% 的快递员表示，即使他们工作有加班费也不愿意加班。快递行业用工时间不规范的状况已经持续多年，国家亟须制定合理的工作标准和行业规范。

3. 劳动者的报酬收入情况

调研结果显示，"四通一达"和 EMS 快递员没有底薪，全部收入来自计件提成，薪资相差不大，平均收入在 4500 元左右。顺丰、联邦快递员也没

有底薪，不过计件提成较高，平均工资在 6000 元左右。京东快递员薪水计
算方式为"底薪+提成"，根据站点的不同，快递员薪水差异较大，薪资水
平为 4000 元到 7000 元不等。虽然快递员总收入相对较高，不过其高薪水是
建立在超长工作时间之上的，其平均时薪在 14 元/小时到 18 元/小时之间，
低于社会大部分职业。根据问卷调查，96% 的快递员希望提高薪资水平，
65% 的快递员希望公司提供燃油补助。

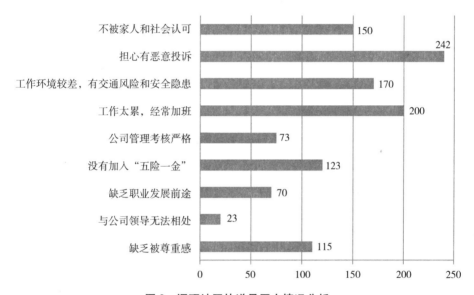

图 2　调研地区快递员压力情况分析

4. 劳动者的工作环境和工作压力

根据各企业物流中心实地调研，各企业的物流中心工作环境均未达到其
"工作环境管理条件"的标准。在需要快递员户外工作的各企业中，除顺
丰、联邦之外，其他企业并未提供安全头盔、安全交通工具等保障快递员安
全的工作设备，快递员的工作具有较大的交通安全隐患。京东快递员不需要
上门派件，工作内容主要是对各类快件进行分类整理，工作环境相对较好。
在食宿方面，各企业均没有或者不提供员工宿舍，只有顺丰、联邦公司提供
餐补，约 86% 的快递员对公司食宿条件不满意。在快递员工作压力方面，

"恶意投诉"和"不合理加班"是他们压力的主要来源，根据调研结果，46%的快递员不打算继续从事快递工作，公司的"投诉无理由扣费制度"和"高峰期加班"是他们离职的主要原因。

5. 快递员社会保险和权益保障情况

根据调查结果，只有京东、顺丰、联邦提供与快递员协商制定的劳动合同，因此快递员的相应权益保障可以由法律途径得到保障。在"四通一达"和 EMS 企业中存在大量的劳务派遣工，没有与快递公司签订任何劳动合同，合法劳动权益无法得到保障；除此之外，即使是这些公司的全日制正式职工，也存在无劳动合同入职或者没见过劳动合同的情况，并且存在拖欠工资的现象。根据一些快递员反映，拖欠工资数额最多可达到10000元，拖欠时间最长达三个月。

关于劳动者的休息休假情况，调查问卷结果显示，除联邦的快递员拥有每周双休之外，其他快递的快递员没有双休，平均月休假为4天，年休假为10天。京东、顺丰会依据国家法定节假日放假或者给予快递员三倍加班工资补贴，其他快递公司均未按照国家法定节假日放假。

调查问卷结果显示，由于具有完善的与快递员协商制定的劳动合同，京东、顺丰、联邦基本做到"五险一金"全覆盖，但是非本地户口不提供住房公积金。而没有劳动合同的其他快递员"五险一金"覆盖率不到40%，一般不提供住房公积金。

（三）快递业"劳动标准"存在的问题与原因分析

1. 入职门槛低，工作环境差，职业认同度较低

直营式快递企业和外资企业工作环境相对较好，工资福利待遇相对较高，存在一定的入职管理制度：员工入职提供相应的书面合同、进行一定程度的入职培训，职工月均薪酬在5000元以上，虽也存在不合理加班，加班费不能发放的情况；公司所承诺的"工作环境管理制度"、"工作内容管理制度"，虽然也存在没能完全兑现的情况。部分民营快递企业的"加盟店"工作环境较差，营业场所面积窄小，办公设备设施极其简陋，存在着非常大

的安全隐患。除顺丰、京东外，大多数快递公司的快递用车为快递员自己配备的面包车或私自调改的三轮车，以及快递员自己购买的摩托车。

与此同时，快递企业招收员工后，企业为了早出效益、员工为了早发工资，往往忽视岗位培训、安全教育等工作，为较高的交通工伤事故率埋下隐患。企业管理制度落后，快递员"片区负责制"导致工作量和报酬分配不合理，配件运行效率不高，阻碍整体物流环节合理运行，增加了快递人员的工作量。跟较多城市快递业发展同样存在劳动用工的不规范，影响了快递从业人员的工作热情，致使快递职业得不到从业人员的认同，从而造成每年的快递旺季频繁出现"用工荒"，严重制约了快递行业的长足发展的状况。[1]

2. 工作时间长，相对工资低，生活于工作中的失衡

快递业"底薪+提成"的薪酬分配方式促使快递员必须"多拉快跑"才能挣到高工资。调查数据显示，每天工作 10 个小时到 13 个小时的快递员占50%以上，每天劳动定额基本维持在 100 个包裹以上；在"双十一"等网上购物高峰时期，快递从业人员的加班时间最多可以达到强制性的 18 小时，包裹达到 200 个。与此同时，大部分民营快递企业采取"片区负责制"，即使快递员想放弃一部分工资收入来换取一定的自由时间都成为奢望，高强度的工作模式成为高离职和高发安全隐患的主要来源。根据实际访谈结果，快递工作人员每月收入看似较高，但源自超长的劳动时间和工作内容，快递人员平均薪水大约每小时 12 元，远低于社会其他职业。

根据调研结果，同样印证了"城市中快递群体主要由进城务工人员组成，其大部分居住于自己租的房屋中，不管是未婚的快递员还是已婚的快递员，其家庭生活空间均被'压缩'或'分割'了，这些原因导致了城市快递员群体基本都'生活于工作中'，该群体客观上处于工作——家庭不平衡状态"[2]，快递员的生活完全被工作分割，大部分快递员无法处理工作与家庭的关系，难以拥有和谐正常的生活。

---

① 参见岳林：《快递行业劳动用工剖析及对策建议》，《中国集体经济》2018 年第 36 期。
② 方奕、王静、周占杰：《城市快递行业青年员工工作及生活情境实证调查》，《中国青年研究》2017 年第 4 期。

3. 劳动合同签订率和社会保险参保率不高

快递行业普遍存在人员流动性大的问题，部分民营快递小企业单位会计凭证等相关材料不齐全，部分快递企业未与快递员签订劳动合同，也未进行社会保险开户。据统计，"五险一金"全部缴纳的占46%、有"五险"无房屋基金的占35%、无"五险一金"但有其他保险的占19%。部分民营快递企业只为管理层人员、技术骨干签合同缴纳保险，而基层员工如快递员工、派送人员等则并没有相关的社会保障。

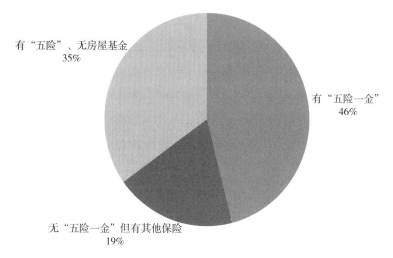

图3　调研地区快递员社会保险情况表

劳动合同签订率偏低的另一个原因是快递企业经营模式复杂。一类是以顺丰、邮政EMS、京东为代表的快递企业，采用在各市、县下设分公司，自上而下统一管理的直营模式。这类劳动用工比较规范，依法签订劳动合同、做劳动用工备案、缴纳社会保险、审批特殊工时，公司提供送件车辆。员工待遇相对较好，收入比较稳定，人员流动性不大。另一类以申通、中通、韵达等为代表采用区域加盟经营模式的快递企业，加盟商在各市、县注册企业，然后签订加盟协议纳入某快递企业运营网络统一运营，但各公司独立管理。这类快递企业将某区域承包给快递员，快递员包揽该区域业务并支付承包费，送件车辆由快递员自己解决。

4. 工资发放不稳定，存在扣发、迟发现象

受访快递人员收入一般包括两部分：一部分由公司按派发件数总量计算的派件收入；另一部分由快递员自己收取的收件收入。快递员工资每月在3000—6000元之间不等，绝大多数月均工资为4000元左右，具体数额随业务量上下浮动较大，如每年的"双十一"期间业务量激增，快递员工资因工作量增加而有所增长，但对快递员工的体能以及业务能力也就提出更为严苛的要求，而且，快递公司对快递人员在配送过程中发生的燃油费用等不提供任何津贴额和补助，所以工作量的增加在一定程度上增加了快递工作人员的开支。

在调查访谈过程中还发现，部分快递企业在工资发放的过程中存在违规行为，一是部分快递公司根据包裹派送追诉期规定，扣发员工一个月工资甚至更长时间，待追诉期过后才予以发放；二是快递行业用工的流动性大，快递员辞职后，部分公司以种种理由延迟发放或者拒绝发放员工的工资；三是为解决客户投诉，部分企业片面采用以罚代管的手段，甚至规定一旦出现客户投诉行为，无条件扣除快递员工该件货物配送工资，由此导致快递员的收入不稳定性加大、工作压力大、积极性不高。

（四）政府主导推动快递业劳动标准制定的建议

1. 健全行业准入机制，提高管理经营水平

根据调研结果，在快递业民营企业、国有企业和外资企业之中，行业准入门槛参差不齐，大部分民营快递企业不符合国家劳动规范的准入制度。在企业管理方面，EMS和部分民营快递公司自动化程度不足，快递站点配备的管理人员和货物分拣人员主要进行人工操作，造成货物周转和相关业务处理速度慢于快递物流速度，影响企业服务质量。"四通一达"等快递企业在管理中实行"片区负责制"，由于员工工作量的不统一和工作时间的不一致，造成快递人员岗位频繁变动，导致效率低下。

快递公司应提高行业入职门槛，规范用人制度，规范快递人员入职流程，加强快递行业的相关职业培训，帮助快递人员提高操作技能。"政府相关部门要利用'互联网+'技术，与快递企业协同推进'互联网+快递'运营模式，健全完善快递行业的服务网络，提升快递行业信息化、标准化水平，致力于构建一个便捷高效、竞争有序、用工规范、服务优质的快递服务系统。"[①] 通过标准化、信息化、程序化的着重建设，节省快递企业的整体运营成本，提高快递行业服务质量和网络运营效率。

2. 建立多元化的工作标准体系，缓解快递人员工作压力

在调研访谈过程中，大部分的快递人员对工作环境和工作时长表示不满，大多数快递企业不提供员工宿舍，在房源缺少、房价价高的城市，快递人员租住的房子一般较差，食宿得不到保证，工作压力大。为更全面地保障快递人员的权益，"在制定相关工作标准时，政府应以制定基础性标准为主，具体工作标准以基础标准为参照，由行业组织和企业自行订立，政府负责监督执行"[②]，并且重视建立多层次的劳动监察体系。这样既能保证快递行业工作标准是在法律法规的基础之上，又能使工作标准内容更契合快递行业自身的发展需要，受到一定的监督。

"在推进劳动基准体系的过程中，该如何把握立法的节奏以及选择立法的方式呢？可以预见，劳动基准体系的理论建构与劳动基准统一立法的理论观点将互相支撑，并将成为劳动基准基础理论研究的重要范畴。"[③] 在改善提高企业经营管理水平的基础上，按照国家相关工作时间的政策要求，制定快递人员的最低、最高工作时限，让快递人员有时间回归于家庭，缓解员工工作压力，保障快递人员的正常生活。制定出适合于本企业的工作标准，在加强对员工的劳工保障的基础上，增强企业的市场竞争力。

3. 提高劳动合同签订率和社保参保率，保障快递人员法定福利

从调查情况来看，现有快递企业较多没有与快递人员签订劳动合同，在法律规定的"五险一金"、节假日方面有很大缺失，快递人员的个人健康、

---

① 岳林：《快递行业劳动用工剖析及对策建议》，《中国集体经济》2018年第36期。
② 朱勇国、张楠：《劳动标准与和谐劳动关系》，《中国人力资源开发》2012年第11期。
③ 涂永前：《我国劳动基准立法的现状与进路》，《社会科学》2014年第3期。

安全、退休养老等得不到保障，法定福利得不到满足会导致快递人员对企业不满，导致一些抵触行为的发生，如消极怠工、离职、缺勤等。因此，提高劳动合同签订率和社会保险参保率对于保障员工的法定福利，提高快递人员的福利待遇水平，增强企业竞争力是至关重要的。南京市人力资源和社会保障局等印发《关于规范新就业形态下餐饮网约配送员劳动用工的指导意见（试行）》将"外卖骑手"根据用工性质和特征，分为"专送骑手"与"众包骑手"，"专送骑手"又分为"全日制骑手"、"劳务派遣骑手"、"非全日制骑手"，属劳动关系，突出劳动保障。"众包骑手"由自然人在移动终端上注册 APP 获得通过后上岗的"外卖骑手"，属灵活就业人员，突出业余效率。

政府有责任支持企业改善劳动条件，保障快递人员的法定福利，并在必要时提供相应的帮助，同时对相关企业进行检查监督。首先，邮政局行业主管部门和社会保障相关部门要充分发挥咨询服务、制定行业标准、规范用工管理、职业技能培训等方面的作用，引导快递企业健全完善现代企业管理制度和劳动者权益保障制度。政府部门引导企业积极缴纳社会保险费，为快递员工提供"五险一金"，保障快递人员的健康、安全以及老年生活，这不仅是国家社会保障制度的要求，也是企业留住人才，改善快递行业整体用工荒的根本举措。

4. 制定科学规范的薪酬制度，建立良好的薪酬管理体系

快递人员普遍工作强度大，工作时间长，但工资却只能维持在 4000 元左右的水平，工作付出与工资回报明显不成正比。提高快递人员的薪酬水平，制定适合快递行业的科学规范的薪酬制度。"坚持以岗位为核心、以技能为基础、以绩效为依据，既要满足快递人员的基本生活需要，又要充分发挥薪酬对于快递人员的激励作用。"[①]

通过快递岗位分析，明确岗位的职责和职能，明确工作待遇、工作环境以及任职资格等岗位要求，通过明确的岗位分析，对快递人员的需要进行充

---

① 高倩辉：《快递企业员工流失原因分析及对策研究》，《科技创新与生产力》2017 年第 11 期。

分的了解，制定科学规范的薪酬制度。科学规范的薪酬制度还应该包括定期的薪酬调整，建立良好的薪酬管理体系。在制定合理的工资标准的基础上，定期进行合理的薪酬调整，通过绩效奖励的方式对员工予以激励。同时，在薪酬管理体系中增加一些不同类型的福利组成成分，比如可以包括交通工具补贴、餐饮补贴、鼓励性的晋升机会等。

5. 重视行业标杆引领作用，确立经营伦理与效益统一意识

京东对待员工为"蓝领兄弟"，提出一定要能保证为配送员提供一份不管现在还是未来都很有竞争的、很稳定的收入。不仅为他们提供"五险一金"，还为他们准备高于市场平均水平的工资。京东重视员工未来生活及社会稳定的社会保险，促进着员工归属感、责任心的形成，并形成高质量、可持续发展的核心竞争力。顺丰管理理念源于"客户满意、员工满意、社会满意"的企业使命，在"客户满意、社会满意"的服务目标实现过程中，高度重视员工的主体地位，并基于"尊重"的理念，促进员工晋升通道的多样化、组织架构不断的扁平化、福利不断的特色化，并以共赢思想激励员工与企业共同发展、共同进步。

企业是创造财富的组织，"企业家在追逐个人利益的同时，也在自觉不自觉地促进社会整体利益的增长，这种后果远比他们最初的设想更为有效"①。平台经济快递业在发展过程中，基于"企业利润"与"服务社会"的统一，"促进社会整体利益的增长"，需要伦理道德的维系和促进，更需要制度建设的支撑和推动，且制度化与伦理化的互为推动形成根本的持久性推动。

二、劳动关系"政府主导"专业性推动的用工实践

就业是最大的民生，也是经济发展的重中之重，政府"就业促进者"的角色在促进劳动关系和谐中的作用极为重要，尤其伴随"人力资源是第

---

① ［英］亚当·斯密：《国富论》，郭大力、王亚南译，商务印书馆 1981 年版，第 26 页。

一资源、人力资本成为第一资本"，就业不仅是最大的民生，而且日益成为最重要的发展动力，以高质量就业推动产业结构提升、实现更高质量发展更日显重要。为此，紧密配合 Q 市人社部门"专业化推动"就业工作需求，在大数据背景下，有效掌握全市企业用工情况的动态变化，对企业的基本情况、经营状况、用工情况、岗位需求、减员计划和智能化替代人工等数据予以分析。

（一）3000 户企业用工监测基本情况与结构组成

Q 市企业用工定点监测依然采取概率比例规模抽样（PPS 抽样）方式。调查企业数为 3008 家，调查企业的员工总数为 452469 人。本期新招聘人数为 51412 人，本期员工减少人数 48090 人。本次调查对在岗人员的所属岗位类别做了分类，包括管理人员、专业技术人员、技工、普通员工四大类（见表 3）。

表 3　被调查企业新招用人员分岗位类别比较

岗位类别人员　　　占比	2019 年上半年	2018 年上半年	2017 年上半年
管理人员	6.52%	7.50%	6.17%
专业技术人员	9.07%	14.02%	10.61%
技工	6.6%	10.52%	8.59%
普通员工	77.81%	67.96%	74.63%

1. 各行业用工人员增减情况

分行业来看，各行业员工增、减人数变动情况存在较大差异。表 4 分别列出了 2019 年上半年各行业新招用员工总人数、减少总人数以及各行业整体的员工离职率情况。其中，行业员工离职率的计算公式为：

$$行业员工离职率 = \frac{行业本期减少员工总数}{（行业期初员工人数 + 行业本期新增员工人数）}$$

$$员工主动离职率 = \frac{本期主动离职员工总数}{（期初员工人数 + 本期新增员工人数）}$$

$$员工辞退率 = \frac{本期企业解除劳动合同员工人数}{（期初员工人数 + 本期新增员工人数）}$$

表4　各行业员工增加和减少人数情况

国民经济行业	行业员工总人数（人）	本期减少员工人数（人）	本期新招员工人数（人）	本期员工变动人数（人）	员工离职率（％）
农林牧渔业	1040	135	114	-21	11.49
采矿业	187	4	3	-1	2.09
制造业	259786	30303	32422	2119	10.45
电力、热力、燃气及水生产和供应业	12190	294	212	-82	2.36
建筑业	29065	1729	2380	651	5.61
批发和零售业	29708	3779	4001	222	11.28
交通运输、仓储和邮政业	27799	1681	1442	-239	5.70
住宿和餐饮业	11843	1751	1846	95	12.88
信息传输、软件和信息技术服务业	7976	695	929	234	8.02
金融业	5956	488	660	172	7.57
房地产业	4235	682	566	-116	13.87
租赁和商务服务业	15394	2029	2249	220	11.65
科学研究和技术服务业	9093	628	893	265	6.46
水利、环境和公共设施管理业	6388	684	248	-436	9.67
居民服务、修理和其他服务业	22286	2509	2782	273	10.12
教育	3333	245	216	-29	6.85
卫生和社会工作	1223	144	166	22	10.53
文化、体育和娱乐业	4648	301	265	-36	6.08
公共管理、社会保障和社会组织	319	9	18	9	2.74
总计	452469	48090	51412	3322	9.61

从表4可以看出：（1）从员工变动人数来看，各行业差异较大，制造业仍是员工总人数增加的最大行业，建筑业、批发和零售业、科学研究和技术服务业等总人数有增加，其余行业员工总人数呈下降态势。（2）从行业员工离职率看，房地产业员工离职率较大（13.87%），其次是住宿和餐饮业（12.88%）、租赁和商务服务业（11.65%）。采矿业，公共管理、社会保障和社会组织，电力、热力、燃气及水生产和供应业员工离职率小于3%。

2. 企业用工人员减少原因分析

从员工减少的原因来看，员工主动离职一直是员工减少的主因，企业经营状况下滑、员工不符合企业要求对员工减少的影响正逐渐增强（如图4所示）。2019年，"员工主动离职较多"引致的企业员工减少的比重高达72.59%，这背后的原因值得深究。

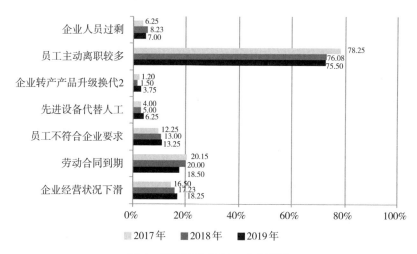

图4　被调查企业员工减少原因

3. 企业用工减少人员的结构分析

研究分别使用"调查期内管理人员、专业技术人员、技工和普通员工的减少人数"除以"调查时员工总人数"来定义不同岗位种类员工离职的可能性，发现普通员工离职率高一直是企业用工面临的最大问题，而且普通员工的离职率还有上升趋势。值得重视的是，专业技术人员和技工的离职率比 2018 年提高不少（见图 5）。

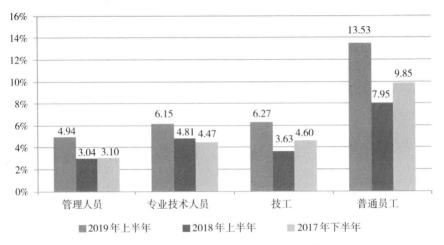

图 5 被调查企业的减员结构（按岗位种类划分）

从被调查企业减员的学历构成看，在五大类学历层次中，2019 年本科和专科学历的减员人数占本学历层次人数的比重较 2018 年提高较多（见图6），说明青岛企业高素质劳动力流失较为严重。

综上可知，亟须采取有效措施、千方百计降低员工流动性，增强企业用工稳定性，尤其是高技能人才群体。

（二）3000 户企业用工监测的指标构建与数据分析

根据研究目的，主要构建"招工缺口指数"和"招工缺口原因指数"等指标，从而综合测度劳动力市场发展状况。考虑到企业规模会影响指数结果，在计算算术平均值的基础上，以"企业员工人数与所在行业平均员工人数之比"为权重，引入加权平均值，以此作为衡量行业局部劳动力市场状况更为准确的指标。

1. 招工缺口指数分析

招工不足人数反映企业计划招聘员工数量与这一期间实际招聘员工数量

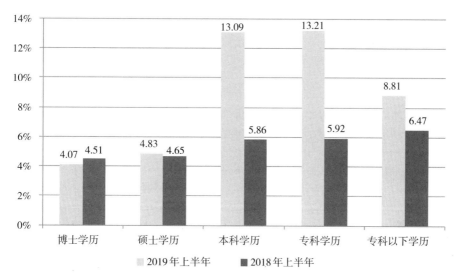

图6　被调查企业的减员结构（按学历层次划分）

之差。为此，从以下两方面构建招聘缺口指数：一方面，从招工人数上，我们把招工不足人数作为衡量青岛市整体劳动力市场以及各行业局部劳动力缺口的数量指标，引入"企业员工人数与所在行业平均员工人数之比"为权重，把计算企业招工不足的加权平均值人数，作为衡量行业局部劳动力市场缺口指数。另一方面，使用招工不足人数除以实际需要招工人数的比值来衡量各企业的招工缺口率，即：企业的招工缺口率＝招工不足人数／（实际招聘人数+招工不足人数）。企业招工缺口率越大，说明该企业劳动力市场缺口较大。在此基础上，计算行业招工缺口的平均值，均值越大，说明该行业局部劳动力市场缺口越大。

　　表5列示了算术平均法和行业加权平均法口径下，国民经济19个行业的招工缺口指数。

表5 2019年各行业年招工缺口指数

国民经济行业	招工缺口指数		招工缺口率（%）
	算术平均	加权平均	
农林牧渔业	3.82	5.39	20.28
采矿业	1.50	2.89	16.67
制造业	6.53	22.66	17.58
电力、热力、燃气及水生产和供应业	10.39	100.66	10.13
建筑业	2.00	4.74	9.98
批发和零售业	1.93	4.04	11.41
交通运输、仓储和邮政业	2.89	5.74	10.70
住宿和餐饮业	6.24	7.99	19.42
信息传输、软件和信息技术服务业	2.33	2.22	17.02
金融业	2.57	3.43	10.38
房地产业	2.62	3.52	17.10
租赁和商务服务业	3.61	12.91	14.98
科学研究和技术服务业	2.32	4.15	11.58
水利、环境和公共设施管理业	5.23	33.70	15.40
居民服务、修理和其他服务业	3.62	4.15	14.11
教育	3.93	16.69	13.27
卫生和社会工作	1.69	2.60	6.53
文化、体育和娱乐业	3.58	3.80	18.24
公共管理、社会保障和社会组织	0.00	0.00	0.00
平均	4.73	15.32	15.20

通过将加权后的招工缺口指数与简单算术平均的招工缺口指数对比，可得出以下几点结论。

其一，从算术平均值口径招工缺口指数来看，国民经济19个行业中，电力、热力、燃气及水生产和供应业的招工缺口指数最高为10.39，公共管理、社会保障和社会组织的招工缺口指数最低为0。从加权平均值口径下的招工缺口指数来看，电力、热力、燃气及水生产和供应业的招工缺口指数最高为100.66，公共管理、社会保障和社会组织的招工缺口指数最低为0。19

个行业中，除了电力、热力、燃气及水生产和供应业外，水利、环境和公共设施管理业，制造业，教育 3 个行业的招工缺口指数大于平均水平，劳动力市场缺口较大。

其二，通过对比两种测算口径，可以发现电力、热力、燃气及水生产和供应业，制造业，水利、环境和公共设施管理业等三大行业的招工缺口指数，在两种口径下均大于行业平均水平，说明这三个行业现有的局部劳动力市场缺口人数较大。上述三个行业的招工缺口指数差距比较大，特别是电力、热力、燃气及水生产和供应业，可能与这些行业用工规模较大的企业存在较大招工缺口数量有关。

其三，从招工缺口率分析，农林牧渔业的招工缺口率最大，为 20.28%；其次是住宿和餐饮业 19.42%，文化、体育和娱乐业 18.24%，但招工缺口人数小于平均值，说明这些行业尽管劳动力市场需求量不大，但是较难满足需求。公共管理、社会保障和社会组织为 0，卫生和社会工作为 6.53%，建筑业为 9.98%，这三个行业招工缺口指数比较小，说明劳动力市场供给基本能满足劳动力市场需求。

其四，除了居民服务、修理和其他服务业，其他服务业整体劳动力缺口程度不大。与加权平均后的青岛市整体招工缺口原因指数 87.8 相比，低端服务业中的住宿和餐饮业 16.5，中端服务业中的租赁和商务服务业 13.0，高端服务业中的信息传输、软件和信息技术服务业 75.3，尤其是科学研究和技术服务业 10.2 均低于平均值，招工缺口不大，而低端服务业中的居民服务、修理和其他服务 118.4 要远远高于平均值。

2. 招工缺口原因指数分析

在设计问卷时，对于企业招工不足的原因，设计了几个备选答案：薪资福利与员工期望值不对等、工作条件员工不适应、工作强度比较大、经常需要加班、就业观念、农民工少了选择余地小以及求职人员达不到岗位要求等 7 项。通过因子分析可以构建招工缺口原因指数，用于区分青岛市各行业招工不足的原因是来源于外部劳动力市场还是企业内部用工政策。

经过 T 检验后，如果内部因素指数显著大于外部因素，说明企业招工不足的原因主要由企业内部的用工政策导致；如果外部因素显著大于内部因素，说明企业招工不足的原因主要是由外部劳动力市场因素导致；如果外部因素等于内部因素，说明企业招工不足的原因是由内外部因素共同引致。

　　本报告对企业招工不足的 7 个原因进行因子分析，得到企业内部因素和外部因素两个主要成分，最终计算得出每个因素的得分情况，表 6 呈现国民经济 19 个行业的招工缺口的内部因素指数与外部因素指数以及对这两个因素进行 T 检验结果。

表 6　2019 年各行业招工缺口原因指数

国民经济行业	招工缺口原因指数			
	企业数（个）	内部因素	外部因素	T 检验
农林牧渔业	3	1.096	0.973	0.1909
采矿业	1	0.833	0	—
制造业	469	0.595	1.209	−12.071***
电力、热力、燃气及水生产和供应业	5	0.167	0.742	−2.675*
建筑业	47	0.845	1.091	−1.484
批发和零售业	88	0.703	0.990	−2.379*
交通运输、仓储和邮政业	23	0.792	1.093	−1.210
住宿和餐饮业	40	0.940	1.125	−0.989
信息传输、软件和信息技术服务业	20	0.723	0.881	−0.562
金融业	6	0.139	1.459	−4.097**
房地产业	16	0.777	1.148	−1.706
租赁和商务服务业	53	0.834	1.008	−1.317
科学研究和技术服务业	19	0.361	0.879	−2.359*
水利、环境和公共设施管理业	10	0.770	0.991	−0.914
居民服务、修理和其他服务业	47	0.867	1.154	−1.749*
教育	6	0.869	0.973	−0.245

续表

国民经济行业	招工缺口原因指数			
	企业数（个）	内部因素	外部因素	T 检验
卫生和社会工作	2	0.409	1.519	−19.443 **
文化、体育和娱乐业	8	0.860	0.988	−0.294
公共管理、社会保障和社会组织	0	0	0	0
平均	863	0.674	1.133	−12.213 ***

注：***、**、*分别表示在1%、5%、10%的水平下显著。

由表6可得出以下结论：企业招工不足的外部因素突出。原因选择结果显示，内部因素被选择683次，外部因素被选择1007次，说明大部分企业认为招工不足是由劳动力市场外部因素导致。

第一，内部因素指数和外部因素指数比较分析。只有农林牧渔业、采矿业的内部因素指数大于外部因素指数，其中采矿业外部因素指数为0，说明采矿业招工不足主要是企业内部因素导致。其余17个行业招工不足的内部因素指数小于外部因素指数，说明这些行业招工不足更多的是与求职人员达不到岗位要求、就业观念、农民工少了选择余地小等劳动力市场外部因素有关。

第二，内部因素指数结果的具体分析。金融业指数（0.139）最小，农林牧渔业指数（1.096）最大，此外电力、热力、燃气及水生产和供应业，制造业，科学研究和技术服务业，卫生和社会工作4个行业内部因素指数小于平均水平，说明这些行业企业内部用人政策相对完善，招工不足主要是由于外部劳动力市场发展不成熟导致的。

第三，外部因素指数结果的具体分析。卫生和社会工作指数（1.519）最大，制造业，金融业，房地产业，居民服务、修理和其他服务业这4个行业的外部因素指数大于平均水平，说明这些行业外部劳动力市场不完善是招工不足的主因。

第四，进一步对T检验结果的深度分析。平均内部因素指数显著小于平均外部因素指数，说明外部劳动力市场发展不成熟是当前招工不足的主因，多达44.6%的招工不足企业认为目前求职人员达不到岗位要求，需进一步加强与岗位需求相匹配的职业技能教育。制造业，卫生和社会工作，金融业，科学研究和技术服务业，电力、热力、燃气及水生产和供应业，居民服务、修理和其他服务业，批发和零售业这7个行业招工不足的外部因素指数显著大于内部因素指数，招工不足主要由劳动力市场外部因素导致。其他12个行业内部因素指数与外部因素指数无差异，说明招工不足是内外部因素共同导致的。

通过综合分析招工不足的内、外部因素指数以及招工缺口指数的算术平均值、加权平均值，我们得出以下几点判断：

第一，制造业，电力、热力、燃气及水生产和供应业，水利、环境和公共设施管理业，教育4个行业招聘缺口指数在两种口径下均大于行业平均水平，说明这四类行业现有的局部劳动力市场缺口较大。

第二，追根溯源，制造业，电力、热力、燃气及水生产和供应业主要是由外部劳动力市场发展不完善导致的，与求职人员达不到岗位要求、就业观念、农民工少了选择余地小等因素有关。水利、环境和公共设施管理业，教育行业招工不足是由企业内部用工政策和外部劳动力市场共同导致的。

（三）3000 户企业用工监测的回归分析及结果解释

1. 计量模型设定

为考察不同行业企业的发展状况，本节将企业发展细化为生产经营状况、实际招工情况和人力资本分布三个指标，借助回归分析来研究各行业这三个指标上的差异。由于被解释变量的性质不同，本报告采用不同的计量模型进行分析。

针对"人力资本分布"，采取多元线性回归模型，模型设定如下：

$$Y = \alpha + \beta Ind_i + \gamma X_i + \varepsilon$$

其中 Y 为被解释变量，Ind_i 为主要解释变量，X_i 为控制变量，ε 为扰动项。

针对"企业生产经营状况"和"实际招工情况"这两个序数变量，本报告采用有序 Probit 模型（Ordered Probit Model）作为计量模型。模型设定如下：

$$Y^* = X\beta + \varepsilon, \ \varepsilon \mid x \sim (0, 1)$$

其中，Y^* 为假想潜变量，X 为解释变量，β 为解释变量的估计系数，ε 服从零均值的独立同正态分布。设 Y_i 为真正的区间变量，则：

$Y_i = 1$，若 $Y^* \leqslant \alpha_1$；

$Y_i = 2$，若 $\alpha_1 < Y^* \leqslant \alpha_2$；

…

$Y_i = N$，若 $Y^* > \alpha_{N-1}$

其中，Y_i 为企业生产经营状况或企业实际招工情况，α_j 为各选择项的未知阈值。$Y_i = j$ 的概率可写为 $P(Y_i = j \mid X_i) = F(\beta X_i - \alpha_j) - F(\beta X_i - \alpha_{j+1})$，所有 $Y_i = j$ 的概率相乘得到似然函数，对"对数似然函数"求导，得到参数 α_j 和 β 的估计值。

在以上多元线性回归模型和有序 Probit 模型（Ordered Probit Model）中，本报告以企业所在行业作为解释变量，并控制企业规模、企业所在行政区划和企业所有制类型进行回归，实证结果见下文。

2. 行业与企业生产经营状况

表 7 将"批发和零售业"作为基准组，生产经营状况以"向好"、"持平"、"下滑"这三种状态来衡量，分别赋值为 1、2、3，通过回归分析考察不同行业中企业的生产经营状况差异。

表7　企业所在行业对生产经营状况的影响

解释变量	生产经营状况		
	向好	持平	下滑
交通运输、仓储和邮政业	0.005	−0.0002	−0.0048
住宿和餐饮业	−0.004	0.000	0.004

续表

解释变量	生产经营状况		
	向好	持平	下滑
信息传输、软件和信息技术服务业	0.048	−0.007	−0.041
公共管理、社会保障和社会组织	0.318	−0.155	−0.163
农林牧渔业	−0.049	−0.005	0.053
制造业	−0.045**	−0.004*	0.049**
卫生和社会工作	0.094	−0.021	−0.072
居民服务、修理和其他服务业	0.031	−0.0035	−0.028
建筑业	0.100***	−0.024**	−0.076***
房地产业	0.078	−0.016	−0.062*
教育	0.073	−0.014	−0.059
文化、体育和娱乐业	0.036	−0.004	−0.032
水利、环境和公共设施管理业	0.111	−0.029	−0.083*
电力、热力、燃气及水生产和供应业	0.148*	−0.046	−0.103**
科学研究和技术服务业	0.145***	−0.044*	−0.101***
租赁和商务服务业	0.054*	−0.009	−0.045**
采矿业	0.0097	−.0000	−0.009
金融业	0.258***	−0.112*	−0.146***
企业规模	控制	控制	控制
企业所在区划	控制	控制	控制
企业所有制	控制	控制	控制

注：（1）表中标注向好、持平、下滑的边际效应；（2）表中行业以"批发和零售业"作为基准组；（3）***、**、*分别表示在1%、5%、10%的水平下显著。

由表7可以得出如下几点结论。

其一，住宿和餐饮业，采矿业，交通运输、仓储和邮政业与批发和零售业的生产经营状况无显著差异，纵观各类行业的边际效应，大多处于较低水平。

其二，各类服务业的生产经营状况呈现出较为明显的差异化。住宿和餐饮业，居民服务、修理和其他服务业，租赁和商务服务业等中低端服务业的生产经营状况与批发和零售业无显著差异，在所有行业中处于中低水平；科学研究和技术服务业，金融业等高端服务业的生产经营状况则显著好于批发和零售业。

其三，2019 年数据显示，电力、热力、燃气及水生产和供应业，建筑业，金融业，科学研究和技术服务业，租赁和商务服务业等五个行业的生产经营状况显著好于批发和零售业。制造业生产经营状况下滑严重，显著差于批发和零售业。相比上一期数据，与批发和零售业生产经营状况有显著差异的行业只有科学研究和技术服务业，信息传输、软件和信息技术服务业，2019 年各行业生产经营状况之间的差距进一步扩大。

（四）基于"劳动关系系统理论"的用工对策研究

就业是极为复杂的系统工程，也是劳动关系形成的基础环境。2019 年政府工作报告首次将就业优先置于财政政策、货币政策并驾齐驱的位置，将就业优先政策提升到了国家宏观政策层面。尤其，2019 年 5 月，国务院副总理任组长，人力资源和社会保障部、国家发展改革委、教育部、财政部、退役军人部等任副组长的国务院就业工作领导小组的成立，进一步强化对就业工作的组织领导和统筹协调。邓洛普与桑德沃"劳动关系系统理论"，强调劳资政三方行为主体、环境以及意识形态构成劳动关系系统，工作场所和团体技术条件、市场和预算约束、社会系统权力分配构成劳动环境。根据调研数据、数据特征及数据特征呈现的企业用工问题，着力从劳动者素质提升、科技与管理的人才引领作用、历史文化产业的传承以及市场经济发展机制等角度，用"劳动关系系统理论"思维予以对策研究。

1. 从劳动者素质提升角度，突破职业能力多元化建设

（1）制定紧缺急需专业和职业目录

突出"科技引领城建设"攻势，强化对新旧动能转换"956"产业体系紧缺急需 50 个专业和 100 个职业（工种）的培养，引导技工院校和社会培训机构与产业发展、企业岗位需求有效对接，推动知识型、技能型、创新型骨干和领军技能人才队伍，对城市制造业优势的发展推动。

（2）重视大学生职业生涯规划引导

"956"产业体系亟须人才层次提升与引领，在更加重视技工院校提升层次发展过程中，强化大学生职业生涯规划，探讨在校期间进入实习提升实践力，并通过"高校教育地方贡献度评价度"探索实施，促使高校教育与新旧动能转换"956"产业体系深度融合。

（3）重视技能、技术人才的融合培养

促进职业院校与高校科研院所紧密融合，使更多的职业院校学生获得更丰厚扎实的基础理论，让更多的高校学生掌握最新最前沿的制造技术、获得更多实践操作机会，逐步建设一批服务青岛区域经济社会，尤其紧扣"956"产业体系，融职业教育、高等教育和继续教育于一体的应用技术类型高校。

2. 从"引人引才和人才留驻"角度，强化科技、管理人才引领作用

（1）建立人才使用效益测评机制

在"引人引才和人才留驻"与"高效青岛建设"互为推动中，促使人才引进后"干起来、领起来"，真正创造"人才创造价值、人才引领产业"的导向，在"产业链、资金链、技术链、人才链"四链投资、四链统一的人才、产业机制建设中，着力强化人才专业化优势，以专业化推动发展效率提升，并创新性探索"人才环境"与"人才贡献"互为推动的"人才使用效益测评指标体系"。

（2）增强高校毕业生回青岛、留青岛吸引力

高校毕业生是最具潜质的产业推动力量，是推动产业发展的最重要人力资本。亟须提升人才成长经济文化制度环境，着力强化"基于地域优势的高校生创业就业研究"，尽快改变经济收入与房价反差过大造成的回青岛、留青岛吸引力制约。

（3）强化高校院所"第一财富聚集地"意识

高校在完成本科、研究生教育职能的同时，需着力增强继续教育、智库服务的必备职能意识，尤其需强化高校智库、研究院所中新兴交叉学科引领作用，以新兴交叉综合专业优势融入"956"产业体系，推动新旧动能转换重点产业突破发展。

3. 从历史、文化、产业传承角度，重视人才推动优势产业

（1）强化纺织服装产业优势提升

在突出"城市品质改善提升"与"国际时尚城建设"互为推动的过程中，面对中美贸易摩擦等因素造成的订单、汇率、用工成本等原因造成产业利润下滑明显的现状，强化传统纺织基地核心竞争力探讨，尤其强化通过人才队伍提升与人力资本建设，推动以 GF 集团为代表的自主品牌创建探讨，以 KT 集体为代表的现代智能推进探讨，以纺织、印染、服装制作设计及纺织机械产业链建设探讨。

（2）强化现代旅游产业潜能突破

在突出"城市品质改善提升"与"国际时尚城建设"互为推动的过程中，面对旅游基础设施全国排名第 4 位、产业贡献率全国排名第 38 位的巨大提升空间，在"开放、现代、活力、时尚的国际大都市"建设攻势中，强化以旅游学为基础的经济学、心理学、文化学、人口学、社会学等跨学科研究，紧密结合"东方影都"文化创意元素、海洋文化环境因素、企业产业聚集优势，实现"旅游人力资本推动旅游产业突破"。

（3）强化智能家电高端产业链发展

突出"科技引领城建设"优势，在 HE 集体、HX 集体奠定城市智能家电的国内国际地位基础上，学习广东顺德、东莞家电全产业链模式，填补白电压缩机、电机等高端技术配套模块的空白，着力强化智能家电高端人才培养引进，并建立由财政、发改、人社、经信等部门共同组成联合推动机制，健全延伸智能家电高端产业链。

4. 从市场经济发展机制角度，强化市场化突破推动

（1）推动"直接服务"向"间接服务"转变

借鉴杭州将政府治理智慧与民间创新精神相融合的"开放式决策程序"，创新性引领探索"注入式激活策略"，更加重视酵母、催化剂作用的发挥，以市场机制引领激发全社会的创造力和发展活力，针对新旧动能转换紧缺急需专业职业课题研究的探索实施，突出"高效城市建设"优势。

（2）强化"有所为"与"有所不为"

突出"高效城市建设"优势，以"注入式激活策略"实现市场自我发展的内生动力，从而实现"有所不为"；将"有所为"重点聚焦于"956产业体系人才引领"、"优势产业率先突破人才引领"和"中小企业转型推动人才引领"，在提升投资质量中提升发展质量，在提升发展质量中实现更高质量就业。

（3）强化产业协会作为的桥梁作用

发挥"对市场信号最敏感、对市场反映最敏锐、对行业政策最清楚、对行业走势最了解"的协会优势，鼓励并引导人力资源产业协会发挥自身优势，更具自主性、创造性地解决人力资源行业困难问题、探讨建设性发展意见。

三、S省政府推动"劳资合作"的劳动关系指标体系

本书对S省构建和谐劳动关系量化考核深入探讨，伴随2016年《S省关于构建和谐劳动关系的实施意见》出台，本书运用目标构建法确立政府参与劳动关系调整的考核指标，建立包含"党政主导、强化保障"、"职工基本权益保障"、"劳动关系协调机制"、"企业民主管理制度"、"劳动关系矛盾调处机制"、"舆论宣传、环境营造"6项类别为一级指标、22项二级指标及77项三级指标组成，并运用层次分析法（AHP）对指标进行筛选，建立S省政府主导劳动关系量化考核指标体系。

（一）"党政主导、强化保障"的量化指标

表8　S省政府主导构建和谐劳动关系量化考核指标体系（一）（18分）

考核指标内容		分值	考核要点	考核方式		得分
项目	整体内容			考核对象	具体内容与评分方式	
（一）考核、领导、监督	将和谐劳动关系构建列入地方经济社会发展规划和政府目标责任考核体系，列入党委政府领导班子科学发展观综合考核，重视人大、政协民主监督作用发挥，根据本地实际制定相关法规、办法；层层有责任、逐级抓落实。	8分	（1）将构建和谐劳动关系列入经济社会发展规划和政府目标责任考核体系（2分）。	地方党委、人大、政府、政协	将和谐劳动关系构建列入经济社会发展五年规划及政府目标责任年度考核，政府工作报告重视和谐劳动关系构建（相关规划、考核与工作报告文件资料，规划考核与工作报告，各占1分）。	
			（2）党委、政府将和谐劳动关系构建列入议事日程（2分）。		健全构建和谐劳动关系领导协调机制，党委、政府会议纪要呈现构建和谐劳动关系内容（相关文件与工作会议纪要，各占1分）。	
			（3）人大、政协在构建和谐劳动关系中的民主监督作用（2分）。		人大、政协构建和谐劳动关系相关提案、议案及调研、监督（提案议案材料与调研监督报告，人大、政协，各占1分）。	
			（4）根据本地实际制定构建和谐劳动关系相关意见、法规、办法（2分）。		制定贯彻落实上级构建和谐劳动关系实施意见，重视本地工作实际真正逐级抓落实（相关文件资料，意见法规与具体实施办法，各占1分）。	

考核指标内容		分值	考核要点	考核方式		得分
项目	整体内容			考核对象	具体内容与评分方式	
（二）优化发展环境	进一步简政放权，深化行政审批制度改革，营造良好营商环境，激发企业主体活力，增强经济发展内生动力。加大对企业自主创新、技术改造、节能减排、人才培养和品牌培育等支持力度，推动大中型企业加快转调步伐，着力实施创新驱动战略，加大中小企业扶持力度，强化可持续发展能力。积极贯彻实施《山东省企业权益保护条例》，充分利用法律手段保护企业和企业经营者的合法权益。定期开展调查研究，整合优质资源，加强社会沟通，完善企业维权网络建设和维权工作常态化机制建设。	6分	（5）深化行政审批制度改革（1分）。	政府相关职能部门	进一步简政放权，深化行政审批制度改革，营造良好营商环境，激发企业主体活力，增强经济发展内生动力（相关制度文件与工作资料，占1分）。	
			（6）加大各类企业支持力度（2分）。		加大对企业自主创新、技术改造、节能减排、人才培养和品牌培育等支持力度，推动大中型企业加快转调步伐，着力实施创新驱动战略，加大中小企业扶持力度，强化可持续发展能力（相关工作资料，占2分）。	
			（7）贯彻实施《山东省企业权益保护条例》（1分）。		积极贯彻实施《山东省企业权益保护条例》，充分利用法律手段保护企业和企业经营者的合法权益。（相关工作资料，占1分）。	
			（8）企业维权网络与维权工作常态化机制建设（2分）。		定期开展调查研究，整合优质资源，加强社会沟通，完善企业维权网络建设和维权工作常态化机制建设（相关制度文件、工作资料与调研报告，占2分）。	

考核指标内容		分值	考核要点	考核方式		得分
项目	整体内容			考核对象	具体内容与评分方式	
（三）劳动法治保障	加快推进劳动关系领域地方立法，积极做好山东省及各地市关于"劳动和社会保障监察"、"企业工资支付"、"劳动人事争议调解仲裁"、"企业工资集体协商"、"女工劳动保护"、"特殊工时管理"的法规条例与实施意见。深入开展宣传教育，加强行政执法和法律监督，促进法律法规贯彻实施。	4分	（9）劳动关系领域地方立法（2分）。	地方人大法工委、相关劳动关系执法宣传部门	加快推进劳动关系领域地方立法，积极做好山东省及各地市关于"劳动和社会保障监察"、"企业工资支付"、"劳动人事争议调解仲裁"、"企业工资集体协商"、"女工劳动保护"、"特殊工时管理"的法规条例与实施意见（相关法规条例与实施意见，占2分）。	
			（10）劳动关系法律宣传、教育、执法、监督工作（2分）。		深入开展宣传教育，加强行政执法和法律监督，促进法律法规贯彻实施（相关工作资料，占2分）。	

政府泛指各类国家权力机构，包括立法、行政和司法机构的总称，政府劳动行政职能不仅包括行政，而且包含立法、司法及党委对地域劳动工作的整体领导。该部分内容以"党政主导、强化保障"为主体，围绕"考核、领导、监督"、"优化发展环境"、"劳动法治保障"三个方面的10项具体内容，强化对"地方党委、人大、政府、政协"、"政府相关职能部门"、"地方人大法工委、相关劳动关系执法宣传部门"的考核，直接体现着政府以"规制监督者"、"伦理倡导者"的职能角色，主导推动"劳资合作"构建和谐劳动关系。

（二）"职工基本权益保障"的量化指标

表9 S省政府主导构建和谐劳动关系量化考核指标体系（二）（24分）

考核指标内容		分值	考核要点	考核方式		得分
项目	整体内容			考核对象	具体内容与评分方式	
（一）劳动报酬权利	完善并落实工资支付规定，健全完善工资保证金和欠薪应急周转金制度，落实清偿欠薪的施工总承包企业负责制，努力实现农民工与城镇就业人员同工同酬。	6分	（1）适当调整最低工资标准，努力实现农民工与城镇就业人员同工同酬（1分）。	劳动监察部门、各类企业园区抽检5—7处	根据地区经济发展情况适当调整最低工资标准及农民工与城镇就业人员同工同酬情况（相关数据与工作资料，占1分）。	
			（2）防范处置企业拖欠工资目标责任书的签订与执行情况（2分）。		上级与下级政府、企业与当地政府分别签订防范处置企业拖欠工资目标责任书，无因拖欠工资引发群体性事件（责任书、工作资料与人员访谈，责任书与无拖欠工资事件，各占1分）。	
			（3）建筑等欠薪多发行业工资保障金制度、欠薪多发市县欠薪应急周转金制度（2分）。		建筑等欠薪多发行业普遍建立用人单位缴纳工资保障金制度，欠薪多发市县建立欠薪应急周转金制度（相关制度文件、工作资料，工资保障金与欠薪应急周转金制度，各占1分）。	
			（4）落实清欠施工总承包企业负责制（1分）。		农民工工资保障金扩大到交通水利及其他欠薪多发行业，不得将合同应收工程款等经营风险转嫁给农民（相关文件与人员访谈，占1分）。	

续表

考核指标内容		分值	考核要点	考核方式		得分
项目	整体内容			考核对象	具体内容与评分方式	
（二）休息休假权利	完善并落实国家关于职工工作时间、全国年节及纪念日假期、带薪年休假等规定，规范企业实行特殊工时制度的审批管理，延时工作时间足额支付加班加点工资，督促企业依法安排职工休息休假。	5分	（5）国家关于职工工作时间、全国年节及纪念日假期、带薪年休假等规定落实情况（1分）。	劳动监察部门、各类企业园区抽检5—7处	企业全面落实国家关于职工工作时间、全国年节及纪念日假期、带薪年休假等规定（相关工作资料与人员访谈，占1分）。	
			（6）特殊工时制度审批管理与劳动定额员标准管理（1分）。		严格特殊工时审批条件和程序，实施科学合理的劳动定额定员标准（相关工作资料，占1分）。	
			（7）延长工作时间足额支付加班加点工资（2分）。		延长工作时间与工会和职工协商并依法足额支付加班加点工资（相关工作资料、工资报表与人员访谈，协商程序与足额支付加班加点工资，各占1分）。	
			（8）日常劳动监察的监督落实（1分）。		劳动监察机构将国家工时规定与带薪年休假等假期制度纳入日常劳动监察内容（相关工作资料，占1分）。	

续表

考核指标内容		分值	考核要点	考核方式		得分
项目	整体内容			考核对象	具体内容与评分方式	
（三）劳动安全卫生权利保护	加强劳动安全卫生执法监督，健全企业主要责任人安全生产负责制和企业安全生产责任体系，加大安全生产投入，健全安全生产工作基本制度和安全隐患排查治理制度，强化安全生产和职业卫生教育培训，建立职工正常健康查体制度，保障职工生命安全和身心健康。	5分	（9）企业主要责任人安全生产负责制和企业安全生产责任体系建设情况（1分）。	安监部门、人社部门、工会组织、各类企业园区抽检5—7处	健全落实企业主要责任人安全生产负责制和企业安全生产责任体系，实行严格的安全生产绩效考核与责任追究（相关文件、工作资料与人员访谈，占1分）。	
			（10）加大安全生产资金与技术投入（1分）。		加大安全生产资金与技术投入，事故易发多发行业推广物联监控系统（相关工作资料与实地考察，占1分）。	
			（11）健全安全生产工作基本制度（1分）。		健全企业安全生产列检、隐患排查治理、重大危险监控、风险分析、安全状态预警等安全生产工作基本制度（相关制度文件、工作资料与人员访谈，占1分）。	
			（12）安全隐患排查治理制度（1分）。		建立完善"企业自查自纠、专家帮助诊断、部门执法监管、政府督查落实"的安全隐患排查治理制度（相关制度文件、工作资料与人员访谈，占1分）。	
			（13）安全生产培训教育与职工健康体检制度（1分）。		如实告知岗位职业风险和劳动安全卫生防护要求，加强职工安全生产培训教育，建立职工正常健康查体制度（相关制度文件、工作资料与人员访谈，占1分）。	

续表

考核指标内容		分值	考核要点	考核方式		得分
项目	整体内容			考核对象	具体内容与评分方式	
（四）社会保险保障权利	认真贯彻实施社会保险法，完善社会保险关系转移接续办法，落实广大职工特别是农民工和劳务派遣工的社会保险权益，督促企业依法为职工缴纳各项社会保险费，鼓励有条件的企业按照法律法规和有关规定为职工建立补充保险，引导职工自觉积极参加社会保险。	5分	（14）完善社会保险转移支付接续办法（1分）。	社会保障部门、各类企业园区抽检5—7处	完善社会保险关系转移支付接续办法，努力实现社会保险全覆盖（相关制度文件与工作资料，占1分）。	
			（15）企业依法足额缴纳社会保险费（2分）。		企业依法为职工足额缴纳各项社会保险费，职工积极参加社会保险且有条件的企业为职工建立补充保险（相关工作资料与数据报表，足额保险与补充保险，各占1分）。	
			（16）农民工社会保险权益维护（1分）。		农民工与用人单位签订三个月以上劳动合同与城镇职工适用同等社会保险，建筑施工企业不能按用人单位参保农民工在建设项目所在地按建筑项目为单位参加工伤保险（相关工作资料与数据报表，占1分）	
			（17）劳务派遣工与机关事业单位未纳入职工管理人员社会保险权益维护（1分）。		异地劳务派遣工可以在劳动合同履行地缴纳社会保险并享受履行地社会保险待遇，全面落实机关事业单位未纳入正式职工管理人员参加社会保险（相关工作资料与数据报表，占1分）。	

考核指标内容		分值	考核要点	考核方式		得分
项目	整体内容			考核对象	具体内容与评分方式	
（五）职业技能培训权利	加强职工职业技能培训，鼓励职工参加学历教育和继续教育，积极探索在职职工就读职业技工院校弹性学制、学分制政策，广泛开展企业岗位练兵技能比赛，提高职工文化知识水平和技能水平。	3分	（18）职工培训经费落实情况（1分）。	职业教育部门、各类企业园区抽检5—7处	企业全额提取职工培训经费，确保60%以上用于一线职工的教育培训（相关工作资料与数据报表，占1分）。	
			（19）职工参加学历教育和继续教育及在职职工就读职业技工院校弹性学制、学分制政策探索（1分）。		鼓励职工参加学历教育和继续教育，积极探索在职职工就读职业技工院校弹性学制、学分制政策，完成规定课程学时，考核鉴定合格可获得相应院校毕业证书和职业资格证书（相关制度文件、工作资料与人员访谈，占1分）。	
			（20）企业岗位练兵技能比赛（1分）。		广泛开展企业岗位练兵技能比赛，营造学技能、比贡献的氛围（相关工作资料与宣传栏目，占1分）。	

该部分内容以"职工基本权益保障"为主体，围绕"劳动报酬权利"、"休息休假权利"、"劳动安全卫生保护权利"、"社会保险保障权利"、"职业技能培训权利"等五个方面的20项具体内容，强化对"劳动监察部门、社会保障部门、安监部门、人社部门、工会组织、职业教育部门、各类企业园区"的考核，直接具体体现政府以"权益维护者"的职能角色，对职工权益保护的高度重视与具体职责，呈现出政府各相关职能部门强化"劳资合作"理念，对职工权益主导性推动的导向。

（三）"劳动关系协调机制"的量化指标

表10　S省政府主导构建和谐劳动关系量化考核指标体系（三）（14分）

考核指标内容		分值	考核要点	考核方式		得分
项目	整体内容			考核对象	具体内容与评分方式	
（一）劳动合同制度	贯彻落实《劳动合同法》等法律法规，提高劳动合同签订率，加强对企业劳动合同制度监督、指导和服务，指导企业建立健全规章制度，提升劳动用工管理水平，加强对劳务派遣监管，规范非全日制、劳务承揽、劳务外包用工和企业裁员行为，全面推进劳动用工信息申报备案制度建设，加强对企业劳动用工的动态管理。	5分	（1）劳动合同制度落实与劳动合同签订率（1分）。	人社部门、工会组织、各类企业园区抽检5—7处	各类用人单位劳动合同签订率、规模以上企业普遍签订劳动合同（劳动合同书与相关工作资料，占1分）。	
			（2）企业劳动合同制度监督、指导与服务（1分）。		加强企业劳动合同制度监督、指导和服务，简易劳动合同指导、劳动密集型中小企业和非公企业劳动合同签订率与履行质量（相关工作资料，占1分）。	
			（3）加强劳务派遣监管，规范非全日制、劳务承揽、劳务外包用工和企业裁员行为（2分）。		劳务派遣工严格限制在"三性"范围，数量不超职工总数10%，规范非全日制、劳务承揽、劳务外包用工和企业裁员行为（相关工作资料与单位人员组成分类名单，占2分）。	
			（4）劳动用工信息申报备案制度建设（1分）。		全面推进劳动用工信息申报备案，运用大数据等技术加强对企业劳动用工的动态管理（相关工作资料与数据信息，占1分）。	

续表

考核指标内容		分值	考核要点	考核方式		得分
项目	整体内容			考核对象	具体内容与评分方式	
（二）集体协商与集体合同	推进实施集体合同攻坚计划，充分发挥集体合同制度调整劳动关系的基础性作用，完善工资指导线制度，加快建立统一规范的企业薪酬调查和信息发布制度，提高职工协商谈判能力，拓展企业职工沟通渠道。	4分	（5）推进实施集体合同制度攻坚计划（2分）。	人社部门、工会组织、各类企业园区抽检5—7处	认真落实推进实施集体合同攻坚计划，推动企业与职工围绕具体权益保护事项签订集体合同和专项集体合同，集体合同签订率达到或超过计划目标（相关文件资料、工作资料与合同原件，攻坚计划制定实施与集体合同专项合同具体签订，各占1分）。	
			（6）工资指导线制度与企业薪酬调查和信息发布制度（1分）。		完善工资指导线制度，加快建立统一规范的企业薪酬调查和信息发布制度（相关制度文件、数据资料与工作资料，占1分）。	
			（7）职工协商能力提高与企业职工协商沟通渠道拓展（1分）。		提高职工协商谈判能力，拓展企业职工协商沟通渠道（相关工作资料与人员访谈，占1分）。	

续表

考核指标内容		分值	考核要点	考核方式		得分
项目	整体内容			考核对象	具体内容与评分方式	
（三）劳动关系三方协商机制	在完善省市县三方协商机制的基础上，推动工业园区、乡镇（街道）和产业系统建立三方协商机制，建立省市县同级政府领导任主任的三方委员会，做实三方协商机制办事机构，完善三方协商机制职能，健全工作制度，充分发挥政府、工会和企业代表组织共同研究解决劳动关系重大问题作用。	5分	（8）省市县劳动关系三方机制与工业园区、乡镇（街道）和产业系统建立三方机制（1分）。	地方政府、人社部门、工会组织、工商联企联	在完善省市县劳动关系三方机制的基础上，积极推动工业园区、乡镇（街道）和产业系统建立三方机制（相关文件制度、工作资料与实地人员考察访谈，占1分）。	
			（9）省市县同级政府领导担任主任的三方委员会（1分）。		建立省市县同级政府领导担任主任的三方委员会（相关文件资料与工作资料，占1分）。	
			（10）三方协商机制办事机构、机制职能与工作制度（2分）。		做实三方协商机制办事机构，完善三方协商机制职能，健全工作制度（相关文件资料、工作资料与实地人员考察访谈，占2分）。	
			（11）三方协商机制职能作用发挥（1分）。		充分发挥政府、工会和企业代表组织共同研究解决劳动关系重大问题作用，及时应对处理影响全局的突发性劳动关系事件（相关工作资料与人员访谈，占1分）。	

该部分内容以"劳动关系协商机制"为主体，围绕"劳动合同制度"、"集体协商与集体合同"、"劳动关系三方协商机制"三个方面的 11 项具体内容，加强对"地方政府、人社部门、工会组织、工商联企联、各类企业

园区"的考核，直接具体体现政府以"调解仲裁者"、"就业促进者"的职能角色，对劳动关系协调机制的高度重视，呈现政府相关部门通过劳动合同制度、集体协商与集体合同制度、劳动关系三方协商机制，强化"劳资合作"体制机制建设，主导推动劳动关系和谐发展。

（四）"企业民主管理制度"的量化指标

表 11 S省政府主导构建和谐劳动关系量化考核指标体系（四）（12 分）

考核指标内容		分值	考核要点	考核方式		得分
项目	整体内容			考核对象	具体内容与评分方式	
（一）企业民主管理制度	丰富职工民主参与形式，畅通职工民主参与渠道，加强职代会制度化规范化建设，推动职代会制度创新，重视职工代表业务学习和培训，不断提高职工代表的代表性。	4分	（1）畅通职工民主参与渠道（1分）。	各类企业园区抽检7—9处	畅通职工参与渠道，保障知情权、参与权、表达权、监督权（相关工作资料与人员访谈，占1分）。	
			（2）职工代表大会制度化规范化建设与探索创新（2分）。		加强职工代表大会制度化规范化建设，推动制度创新，针对不同所有制企业，探索各自特点的职代会形式、权限和职能，在中小企业集中区，建立区域性、行业性职代会（相关制度文件、工作资料与人员访谈，不同所有制企业与区域性行业性各占1分）。	
			（3）提高职工代表的代表性（1分）。		重视职工代表业务学习和培训，不断提高职工代表的代表性（相关学习培训资料与职工访谈，占1分）。	

续表

考核指标内容		分值	考核要点	考核方式		得分
项目	整体内容			考核对象	具体内容与评分方式	
（二）厂务公开制度化规范化	加强国企改制重组过程厂务公开，积极稳妥推进非公有制企业厂务公开制度建设，推动企业围绕发展重大事项与职工切身利益完善公开程序，充实公开内容，创新公开形式。	4分	（4）加强国有企业厂务公开（1分）。	各类企业园区抽检7—9处	加强国有企业，尤其改制重组过程中的厂务公开（相关工作资料，占1分）。	
			（5）积极稳妥推进非公有制企业厂务公开制度建设（1分）。		积极稳妥推进非公有制企业厂务公开制度建设，公开建制率达到或超过规定比率（相关制度文件与工作资料，占1分）。	
			（6）完善公开程序，充实公开内容，创新公开形式（2分）。		推动企业围绕发展重大事项与职工切身利益完善公开程序，通过民主议事会、劳资恳谈会、经理（厂长）接待日、总经理信箱、网络论坛、微信群等多种形式进行广泛沟通交流（相关工作资料与实地考察，占2分）。	

考核指标内容		分值	考核要点	考核方式		得分
项目	整体内容			考核对象	具体内容与评分方式	
（三）职工董事、监事制度	按照公司法规定，在公司制企业建立职工董事、监事制度，依法规范职工董事、监事履职规则，职工董事、监事充分发表意见，反映职工合理诉求，维护职工和公司的合法权益。	4分	（7）依法建立职工董事、监事制度（1分）。	公司制企业抽检5—9处	按照公司法规定，在公司制企业建立职工董事、监事制度（相关制度文件与工作资料，占1分）。	
			（8）职工董事、监事履职规则（1分）。		依法规范职工董事、监事履职规则，坚持职工董事、监事职代会选举产生并对职代会负责（相关制度文件与工作资料，占1分）。	
			（9）职工董事、监事履职责任（2分）。		在董事会、监事会研究决定公司重大问题时，职工董事、监事应充分发表意见，反映职工合理诉求，维护职工和公司的合法权益（相关工作资料与职工董事、监事访谈，占2分）。	

　　该部分内容以政府对"企业民主管理制度"的监督落实为主体，围绕"企业民主管理制度"、"厂务公开制度化规范化"、"职工董事、监事制度"三个方面的9项具体内容，加强对"各类企业园区、公司制企业"的考核监督，具体体现政府以"规制监督者"、"劳动伦理倡导者"的职能角色，对企业民主管理的高度重视与积极推动，呈现政府相关部门通过"企业民主管理制度"的具体实施主导，推动"劳资合作"企业层面的制度建设，推动劳动关系和谐发展。

（五）"劳资矛盾调处机制"的量化指标

表 12　S 省政府主导构建和谐劳动关系量化考核指标体系（五）（14 分）

考核指标内容		分值	考核要点	考核方式		得分
项目	整体内容			考核对象	具体内容与评分方式	
（一）劳动监察制度	改革劳动监察执法体制，强化县以下执法能力建设。推进劳动监察管理网格化、网络化，创新执法方式、规范执法行动，提高案件快速查处能力。扩大日常巡查和书面审查覆盖范围，强化专项整治。建立预警防控机制，健全监察执法与刑事司法衔接机制。加强劳动诚信评价制度建设，建立健全诚信档案。	6分	（1）改革劳动监察执法体制，强化县以下执法能力建设（2分）。	劳动监察部门、各类企业园区抽检5—7处	改革劳动监察执法体制，强化县以下执法能力建设，推进劳动监察管理网格化、网络化，实现监察执法向主动预防和统筹城乡转变（相关工作资料与实地考察，占2分）。	
			（2）创新执法方式、规范执法行动，提高案件快速查处能力（1分）。		创新执法方式、规范执法行动，提高案件快速查处能力（相关工作资料与监察人员访谈，占1分）。	
			（3）扩大监察范围、突出专项整治（1分）。		扩大日常巡查和书面审查覆盖范围，强化专项整治，年中年末农民工工资支付情况专项检查（相关工作资料，占1分）。	
			（4）违法行为预警防控机制，监察执法与刑事司法衔接机制（1分）。		建立健全预警防控机制，健全监察执法与刑事司法衔接机制，完善不支付劳动报酬、强迫劳动、雇佣童工从事危重劳动、社保诈骗等犯罪案件的移送程序（相关文件制度与工作资料，占1分）。	
			（5）劳动诚信评价制度建设（1分）。		加强劳动诚信评价制度建设，建立健全诚信档案，组织诚信企业评选情况（相关制度文件与工作档案资料，占1分）。	

考核指标内容		分值	考核要点	考核方式		得分
项目	整体内容			考核对象	具体内容与评分方式	
（二）劳动争议调解仲裁	加强劳动争议调解组织建设，推动各类企业建立内部劳动争议协商调解机制。推动乡镇（街道）、村（社区）建立劳动争议调解组织，支持工会、商（协）会建立行业性、区域性劳动争议调解组织；健全专业性调解与人民、行政、仲裁、司法调解联动工作体系。推进示范仲裁院创建和调解仲裁效能建设监督，提升仲裁工作标准化、规范化、专业化。加强裁审衔接，探索诉讼与仲裁有效衔接、裁审标准统一的新规则、新制度。	5分	（6）各类劳动争议调解组织建设（1分）。	劳动争议仲裁部门、工会组织、商（协）会、乡镇村抽检3—5处，各类企业园区抽检3—5处	加强劳动争议调解组织建设，实现大中型企业调解组织全覆盖、小微民企90%以上配备调解员。（相关工作资料与调解员访谈，占1分）。	
			（7）乡镇村及行业性区域性调解组织建设（1分）。		乡镇（街道）、村（社区）调解组织达到或超过规定覆盖率，支持工会、商（协）会建立行业性、区域性组织并完善工作机制（相关制度文件、工作落实资料与人员访谈，占1分）。	
			（8）联动调解工作体系（1分）。		完善调解制度，健全专业性调解与人民、行政、仲裁、司法调解联动工作体系（相关制度文件与工作落实资料，占1分）。	
			（9）示范仲裁院创建和仲裁效能建设监督（1分）。		深入推进示范仲裁院创建活动和调解仲裁效能建设监督活动，提升仲裁工作标准化、规范化、专业化，示范仲裁达到或超过规定比率（相关达标标准与工作落实资料，占1分）。	
			（10）诉讼与仲裁程序有效衔接、裁审标准统一的规则制度探索（1分）。		加强裁审衔接，探索诉讼与仲裁有效衔接、裁审标准统一的新规则、新制度，提高仲裁办案效率和公信力（相关规则制度与工作落实资料，占1分）。	

续表

考核指标内容		分值	考核要点	考核方式		得分
项目	整体内容			考核对象	具体内容与评分方式	
（三）群体性事件预防和应急处置	依托三方协商机制，健全重大矛盾预警预报预防机制，重视基础数据统计汇总分析，及时发现苗头性、倾向性问题，有效防范群体性事件。完善协调处理集体协商争议办法，有效调处劳动关系事件。健全群体性事件应急联动处置机制，督促指导企业落实主体责任，及时妥善处置群体性事件。	3分	（11）劳动关系重大矛盾预警预报预防机制（1分）。	劳动关系三方协商机构	依托三方协商机制，健全重大矛盾预警预报预防机制，重视基础数据统计汇总分析，及时发现苗头性、倾向性问题（相关制度文件、统计分析档案与工作落实资料，占1分）。	
			（12）完善协调处理集体协商争议办法（1分）。		完善协调处理集体协商争议办法，明确分级响应、处置程序和处置措施，有效调处劳动关系事件（相关制度文件与工作落实资料，占1分）。	
			（13）群体性事件应急联动处置机制（1分）。		健全党委领导、政府负责，有关部门和工会、企业代表共同参与的应急联动处置机制，督促指导企业落实主体责任，及时妥善处置群体性事件（相关制度文件与工作资料，占1分）。	

　　该部分内容以"劳资矛盾调处机制"为主体，围绕"劳动监察制度"、"劳动争议调解仲裁"、"群体性事件预防和应急处置"三个方面的13项具体内容，加强对"劳动监察部门、劳动争议仲裁部门、劳动关系三方协商机构、工会组织、商（协）会、乡镇村、各类企业园区"的考核监督，具体体现政府以"劳动矛盾调处"的高度重视与积极推动，呈现政府相关部门通过推动中观层面的"劳动矛盾调处机制"的具体实施，主导推动"劳资合作"促进劳动关系和谐发展。

（六）"舆论宣传、环境营造"的量化指标

表13 S省政府主导构建和谐劳动关系量化考核指标体系（六）（20分）

考核指标内容		分值	考核要点	考核方式		得分
项目	整体内容			考核对象	具体内容与评分方式	
（一）新闻舆论宣传	利用报刊、电视、广播、互联网和微信等新兴媒体，宣传构建和谐劳动关系的意义、党和政府方针政策、劳动法律法规，构建和谐劳动关系的实际成效和工作经验，企业关爱职工和职工奉献企业先进典型，形成和谐劳动关系构建良好氛围。	5分	（1）构建意义、方针政策与法律法规（1分）。	新闻宣传部门	构建和谐劳动关系的意义、党和政府方针政策和劳动法律法规（宣传报道资料，占1分）。	
			（2）实际成效和工作经验（2分）。		构建和谐劳动关系的实际成效和工作经验（宣传报道资料，占2分）。	
			（3）企业关爱职工和职工奉献企业先进典型（2分）。		企业关爱职工和职工奉献企业先进典型（宣传报道资料，占2分）。	
（二）职工教育引导	广泛开展主题教育，大力宣传劳模精神和工人阶级伟大品格，培养职工良好职业道德，增强对企业责任感、认同感和归属感。正确对待社会利益关系，合理确定工资收入诉求预期，理性合法表达利益诉求。	3分	（4）良好的职业品格与职业道德（1.5分）。	工会组织	主题教育，劳模精神和工人阶级伟大品格，培养职工良好职业道德，增强企业责任感、认同感和归属感（相关活动、工作资料与职工访谈，占1.5分）。	
			（5）正确对待利益关系调整（1.5分）。		正确对待社会利益关系调整，合理确定工资收入诉求预期，理性合法表达利益诉求（相关活动、工作资料与职工访谈，占1.5分）。	

考核指标内容		分值	考核要点	考核方式		得分
项目	整体内容			考核对象	具体内容与评分方式	
（三）职工人文关怀	富有特色的企业精神、健康向上的企业文化，为职工构建共同的精神家园。注重职工精神需求、心理健康，及时了解掌握思想动态，思想引导和心理疏导，建立心理危机干预预警机制。加强文体娱乐设施建设，开展喜闻乐见、丰富多彩的文体活动，丰富职工的文化生活。拓宽发展渠道，拓展发展空间。	6分	（6）企业精神与企业文化建设（1分）。	工会组织、各类企业园区抽检5—7处	富有特色的企业精神和健康向上的企业文化，为职工构建共同的精神家园（相关工作活动资料和实地考察，占1分）。	
			（7）思想引导与心理疏导（2分）。		职工精神需求和心理健康，及时了解掌握思想动态，思想引导和心理疏导，实验性推动"EAP"员工心理援助项目，建立心理危机干预预警机制（相关工作资料、实地考察与员工访谈，占2分）。	
			（8）文体娱乐活动（1分）。		加强文体娱乐设施建设，发挥各级工会文化平台作用，开展喜闻乐见、丰富多彩的文体活动，丰富职工的文化生活（设施平台实地考察与相关活动资料，1分）。	
			（9）职业发展推动（2分）。		探索"推动职工成长计划，促进和谐企业建设"项目运作，拓宽职工发展渠道，拓展职业发展空间（相关工作资料、成长个案与职工访谈，占2分）。	

续表

考核指标内容		分值	考核要点	考核方式		得分
项目	整体内容			考核对象	具体内容与评分方式	
（四）经营者社会责任	加强企业经营者思想政治教育，切实承担报效国家、服务社会、造福职工的社会责任。推动企业实施雇主责任标准，将构建和谐劳动关系纳入企业管理体系、发展战略，完善用工管理、薪酬管理、劳动保护、职工培训等各项制度。企业经营者自觉关心爱护职工，改善工作、学习和生活条件，加强职工劳动保护，建立以制度管人、以报酬吸引人、以感情留人机制。	4分	（10）企业经营者思想政治教育（1分）。	工商联、企联、各类企业园区抽检5—7处	加强企业经营者思想政治教育，切实承担报效国家、服务社会、造福职工的社会责任（企联工商联工作资料、企业典型案例与企业家访谈，占1分）。	
			（11）推动实施雇主责任标准（2分）。		推动企业实施雇主责任标准，将构建和谐劳动关系纳入企业管理体系、发展战略，完善用工管理、薪酬管理、劳动保护、职工培训等各项制度（相关制度标准与工作资料，占2分）。	
			（12）自觉关心爱护职工（1分）。		企业经营者自觉关心爱护职工，改善工作、学习和生活条件，加强职工劳动保护，建立以制度管人、以报酬吸引人、以感情留人机制（相关工作资料、实地考察与职工访谈，占1分）。	

考核指标内容		分值	考核要点	考核方式		得分
项目	整体内容			考核对象	具体内容与评分方式	
（五）企业社会责任体系	引导企业依法诚信经营遵守商业道德，自觉维护投资人、职工债权人和客户等利益相关者的权益。落实节能减排任务，保护和高效利用环境，落实安全生产责任，关心爱护职工，积极构建和谐劳动关系。	2分	（13）维护利益相关者的权益（1分）。	各类企业园区抽检7—9处	引导企业依法诚信经营遵守商业道德，自觉维护投资人、职工债权人和客户等利益相关者的权益（相关工作资料与案例访谈，占1分）。	
			（14）综合责任目标体系（1分）。		落实节能减排任务，保护和高效利用环境，落实安全生产责任，关心爱护职工，积极构建和谐劳动关系（相关体系文件与工作资料，占1分）。	

该部分内容以"舆论宣传、环境营造"为主体，围绕"新闻舆论宣传"、"职工教育引导"、"职工人文关怀"、"经营者社会责任"、"企业社会责任体系"五个方面的 14 项具体内容，加强对"新闻宣传部门、工会组织、各类企业园区、工商联、企联"的考核监督，具体体现政府以"伦理倡导者"、"调解仲裁者"及"就业促进者"对"劳动矛盾调解处理"的高度重视与积极推动，呈现政府相关部门通过宏观环境层面，推动"劳动矛盾调解处理"的具体实施，主导推动"劳资合作"构建和谐劳动关系。

参考文献

（一）中文论著文献

《毛泽东选集》第一、四卷，人民出版社 1991 年版。

《毛泽东文集》第二、三卷，人民出版社 1993 年、1996 年版。

《习近平谈治国理政》第一、二、三、四卷，人民出版社 2018 年、2017 年、2020 年、2022 年版。

习近平：《之江新语》，浙江人民出版社 2007 年版。

习近平：《摆脱贫困》，福建人民出版社 2017 年版。

逄先知、金冲及主编：《毛泽东传（1949—1976）》（上），中央文献出版社 2003 年版。

顾龙生编著：《毛泽东经济年谱》，中共中央党校出版社 1993 年版。

程恩富：《社会主义市场经济论——纪念中国改革开放 40 周年》，中国财政经济出版社 2019 年版。

刘伟、梁钧平：《冲突与和谐的集合：经济与伦理》，北京教育出版社 1999 年版。

刘伟：《转轨中的经济增长——中国的经验和问题》，北京师范大学出版社 2011 年版。

王立胜：《新时代中国特色社会主义政治经济学研究》，济南出版社 2019 年版。

陆学艺主编：《当代中国社会阶层研究报告》，社会科学文献出版社2002年版。

郑杭生等：《社会转型与中国社会学的理论自觉》，中国人民大学出版社2011年版。

李培林等：《就业与制度变迁——两个特殊群体的求职过程》，浙江人民出版社2000年版。

杨光斌：《中国政府与政治导论》，中国人民大学出版社2003年版。

叶静漪、周长征主编：《社会正义的十年探索：中国与国外劳动法制改革比较研究》，北京大学出版社2007年版。

陈宇：《劳动科学体系通论》，中国劳动出版社1993年版。

常凯主编：《劳动关系学》，中国劳动社会保障出版社2005年版。

郑尚元：《劳动法与社会法理论探索》，中国政法大学出版社2008年版。

杨伟国、王瀛、代懋主编：《中国劳动与雇佣法经济学》，东北财经大学出版社2013年版。

唐鑛主编：《战略劳动关系管理》，复旦大学出版社2011年版。

吴忠民、韩克庆：《中国社会政策的演进及问题》，山东人民出版社2009年版。

冯同庆主编：《中国经验：转型社会的企业治理与职工民主参与》，社会科学文献出版社2005年版。

石秀印：《站在世纪之交的思考——市场经济与人际关系》，黑龙江人民出版社1995年版。

黄越钦：《劳动法新论》，中国政法大学出版社2003年版。

王全兴主编：《劳动法学》，高等教育出版社2004年版。

董保华主编：《劳动关系调整的社会化与国际化》，上海交通大学出版社2006年版。

程延园编著：《劳动关系》（第3版），中国人民大学出版社2010年版。

佟新编著：《中国劳动关系调研报告》，中国言实出版社2009年版。

刘爱玉：《选择：国企变革与工人生存行动》，社会科学文献出版社2005年版。

杨燕绥主编：《中华人民共和国劳动和社会保障法》，中国劳动社会保障部出版社2005年版。

吴清军主编：《中国劳动关系学40年（1978—2018）》，中国社会科学出版社2018年版。

王广彬等主编：《劳动法》，中国政法大学出版社2009年版。

俞可平主编：《治理与善治》，社会科学文献出版社2000年版。

万俊人：《道德之维：现代经济伦理导论》，广东人民出版社2000年版。

唐凯麟、陈科华：《中国古代经济伦理思想史》，人民出版社2004年版。

王昕杰、乔法容：《劳动伦理学》，河南大学出版社1989年版。

刘进才：《劳动伦理学》，华东理工大学出版社1994年版。

李建华等：《走向经济伦理》，湖南大学出版社2008年版。

贺汉魂：《回到马克思、培育和谐美——马克思劳动伦理思想现代解码》，光明日报出版社2016年版。

周祖城编著：《企业伦理学》，清华大学出版社2005年版。

岳经纶：《转型期的中国劳动问题与劳动政策》，东方出版中心2011年版。

秦国荣：《劳动与社会保障法律制度研究》，南京师范大学出版社2004年版。

黄河涛、赵健杰主编：《经济全球化与中国劳动关系重建》，社会科学文献出版社2007年版。

许叶萍：《全球化背景下的劳动关系》，北京邮电大学出版社2007年版。

荣兆梓等：《通往和谐之路：当代中国劳资关系研究》，中国人民大学出版社2007年版。

李贵卿、陈维政：《合作型劳动关系研究》，四川大学出版社 2008 年版。

张健明、王宇熹、尹乃春等编著：《劳动标准与劳动监察：政策与实务》，北京大学出版社 2008 年版。

陈东琪：《新政府干预论》，首都经济贸易大学出版社 2000 年版。

陈富良：《放松规制与强化规制——论转型经济中的政府规制改革》，上海三联书店 2001 年版。

陈刚：《公共行政与代议民主——西方公共行政的历史演变及其启迪》，中国社会科学出版社 2010 年版。

李文阁：《回归现实生活世界——哲学视野的根本置换》，中国社会科学出版社 2002 年版。

卫民、许继峰：《劳资关系与争议问题》，台湾空中大学出版社 1999 年版。

韩延龙、常兆儒编：《中国新民主主义革命时期根据地法制文献选编》第 1 卷，中国社会科学出版社 1981 年版。

陕甘宁边区财政经济史编写组、陕西省档案馆编：《陕甘宁边区财政经济史料摘编》第三编，陕西人民出版社 1981 年版。

中央档案馆编：《中共中央文件选集》第 12 册，中共中央党校出版社 1991 年版。

中共中央文献研究室、中华全国总工会编：《刘少奇论工人运动》，中央文献出版社 1988 年版。

《中共中央关于建立社会主义市场经济体制若干问题的决定》，人民出版社 1993 年版。

蒋昆生、戚学森主编：《中国社会工作发展报告（2009—2010)》，社会科学文献出版社 2010 年版。

国际货币基金组织编：《世界经济展望》，中国金融出版社 1997 年版。

（二）外文译著文献

《马克思恩格斯选集》第1—4卷，人民出版社 2012 年版。

《马克思恩格斯全集》第 2、3、23、30、42、50 卷，人民出版社 1979 年版。

［德］马克思：《资本论》第 1—3 卷，郭大力、王亚南译，上海三联书店 2009 年版。

［德］康德：《法的形而上学原理——权利的科学》，沈叔平译，商务印书馆 1991 年版。

［德］黑格尔：《逻辑学》，杨一之译，商务印书馆 1966 年版。

［德］黑格尔：《法哲学原理》，范扬、张企泰译，商务印书馆 1982 年版。

［德］黑格尔：《精神现象学》，贺麟、王玖兴译，商务印书馆 1979 年版。

［德］莱布尼茨：《人类理智新论》，陈修斋译，商务印书馆 1982 年版。

［德］马克斯·韦伯：《新教伦理与资本主义精神》（修订版），于晓、陈维纲等译，陕西师范大学出版社 2006 年版。

［德］乌尔里希·贝克：《风险社会：新的现代性之路》，张文杰、何博闻译，译林出版社 2004 年版。

［德］沃尔夫根·冯·李希霍芬：《劳动监察：监察职业指南》，刘燕斌等译，中国劳动社会保障出版社 2004 年版。

［德］尤尔根·哈贝马斯：《合法化危机》，刘北成、曹卫东译，上海人民出版社 2009 年版。

［法］爱弥尔·涂尔干：《职业伦理与公民道德》，渠东、付德根译，上海人民出版社 2001 年版。

［法］路易·阿尔都塞：《保卫马克思》，顾良译，商务印书馆 2006 年版。

《列宁全集》第 40 卷，人民出版社 1986 年版。

［苏］普列汉诺夫：《普列汉诺夫哲学著作选集》第 2 卷，生活·读书·新知三联书店 1974 年版。

［英］亚当·斯密：《道德情操论》，蒋自强等译，商务印书馆 1997 年版。

［英］亚当·斯密：《国民财富的性质和原因的研究》，郭大力、王亚南译，商务印书馆 1972 年版。

［英］洛克：《政府论》，瞿菊农、叶启芳译，商务印书馆 2002 年版。

［英］J. S. 密尔：《代议制政府》，汪瑄译，商务印书馆 2002 年版。

［英］罗素：《罗素论幸福人生》，杨玉成、崔人元编译，世界知识出版社 2007 年版。

［英］理查德·海曼：《劳资关系：一种马克思主义的分析框架》，黑启明主译，中国劳动社会保障出版社 2008 年版。

［美］T. 帕森斯：《现代社会的结构与过程》，梁向阳译，光明日报出版社 1988 年版。

［美］约翰·罗尔斯：《正义论》，何怀宏、何包钢、廖申白译，中国社会科学出版社 1988 年版。

［美］约翰·罗杰斯·康芒斯：《制度经济学理论》，赵睿译，华夏出版社 2009 年版。

［美］道格拉斯·诺斯：《制度、制度变迁与经济绩效》，刘守英译，生活·读书·新知三联书店 1994 年版。

［美］曼瑟尔·奥尔森：《集体行动的逻辑》，陈郁、郭宇峰、李崇新译，上海人民出版社 1995 年版。

［美］塔尔科特·帕森斯：《现代社会的结构与过程》，梁向阳译，光明日报出版社 1988 年版。

［美］弗兰西斯·福山：《信任——社会道德与繁荣的创造》，李宛蓉译，远方出版社 1998 年版。

［美］阿瑟·奥肯：《平等与效率》，王奔洲等译，华夏出版社 1999

年版。

　　[美]托马斯·寇肯:《美国劳动关系的转型》,朱飞、王侃译,中国劳动保障出版社 2008 年版。

　　[美]约翰·W. 巴德:《人性化的雇佣关系——效率、公平与发言权之间的平衡》,解格先、马振英译,北京大学出版社 2007 年版。

　　[美]默里·L. 韦登鲍姆:《全球市场中的企业与政府》(第 6 版),张兆安译,上海人民出版社 2002 年版。

　　[美]乔治·斯蒂纳、约翰·斯蒂纳:《企业、政府与社会》(第 8 版),张志强、王春香译,华夏出版社 2002 年版。

　　[美]理查德·雷恩:《政府与企业:比较视角下的美国政治经济体制》,何俊志译,复旦大学出版社 2007 年版。

　　[美]特德·盖布勒、戴维·奥斯本:《改革政府——企业家精神如何改革着公营部门》,周敦仁译,上海译文出版社 1996 年版。

　　[美]米尔斯·奎因·丹尼尔:《劳工关系》,李丽林、李俊霞等译,机械工业出版社 2000 年版。

　　[美]V. 奥斯特斯姆:《制度分析与发展的反思——问题与选择》,王诚等译,商务印书馆 1992 年版。

　　[美]乔尔·S. 米格代尔:《强社会与弱国家:第三世界的国家社会关系及国家能力》,张长东、朱海雷等译,江苏人民出版社 2009 年版。

　　[美]玛丽·E. 加拉格尔:《全球化与中国劳工政治》,郁建兴、肖扬东译,浙江人民出版社 2010 年版。

(三) 中文文章文献

　　程恩富:《中国特色社会主义前进征途上要做到"五个坚持"》,《马克思主义研究》2019 年第 10 期。

　　程恩富:《要坚持中国特色社会主义政治经济学的八个重要原则》,《经济纵横》2016 年第 3 期。

程恩富：《加快完善社会主义市场经济体制的"四个关键词"》，《经济研究》2013 年第 2 期。

王立胜：《重视社会主义生产目的：新中国 70 年的理论探索》，《马克思主义研究》2019 年第 8 期。

王立胜：《习近平经济思想的创新思维》，《当代世界与社会主义》2016 年第 5 期。

王立胜、孙泽玮：《从人口红利到结构红利：70 年经济奇迹的社会主义背景》，《马克思主义与现实》2019 年第 4 期。

韩喜平、张嘉昕：《"一带一路"沿线国家劳动关系协调分类研究》，《管理世界》2019 年第 4 期。

韩喜平、徐景一：《和谐劳动关系的演进逻辑及发展方向》，《社会科学战线》2011 年第 3 期。

侯惠勤：《马克思主义的个人观及其在理论上的创新》，《马克思主义研究》2004 年第 2 期。

仰海峰：《马克思资本逻辑场域中的主体问题》，《中国社会科学》2016 年第 3 期。

仰海峰：《马克思〈哲学的贫困〉中的历史性思想》，《哲学研究》2020 年第 5 期。

艾四林：《激发全民族文化创造活力，显著增强国家文化软实力》，《马克思主义研究》2012 年第 12 期。

艾四林、柯萌：《马克思对传统人的解放理论的超越及其当代意义》，《思想教育研究》2018 年第 5 期。

刘同舫：《马克思唯物史观叙事中的劳动正义》，《中国社会科学》2020 年第 9 期。

刘同舫：《百年马克思主义中国化的发展动力》，《国外社会科学》2021 年第 1 期。

刘凤义：《论和谐劳动关系与经济的可持续发展——以日本、瑞典的劳资关系变化为例》，《毛泽东邓小平理论研究》2012 年第 7 期。

林毅夫、李志赟：《政策性负担、道德风险与预算软约束》，《经济研究》2004 年第 2 期。

蒋一苇：《企业本位论》，《中国社会科学》1980 年第 1 期。

杨瑞龙、卢周来：《正式契约的第三方实施与权力最优化——对农民工工资纠纷的契约论解释》，《经济研究》2004 年第 5 期。

马光荣、樊纲、杨恩艳：《中国的企业经营环境：差异、变迁与影响》，《管理世界》2015 年第 12 期。

袁方：《工业化与职业间的人口流动》，《当代评论》1941 年第 1 卷第 16 期。

关怀：《〈劳动合同法〉与劳动者合法权益的保护》，《法学杂志》2006 年第 5 期。

叶静漪、魏倩：《〈经济、社会和文化权利国际公约〉与劳动权的保护》，《北京大学学报（哲学社会科学版）》2004 年第 2 期。

叶静漪：《劳动关系治理体制如何创新与完善》，《中国人力资源社会保障》2015 年第 1 期。

张车伟、赵文：《中国劳动报酬份额问题——基于雇员经济与自雇经济的测算与分析》，《中国社会科学》2015 年第 12 期。

张车伟：《中国 30 年经济增长与就业：构建灵活安全的劳动力市场》，《中国工业经济》2009 年第 1 期。

刘向兵、赵健杰：《多学科跨学科视角下劳动模范研究与劳模教育创新》，《中国劳动关系学院学报》2018 年第 4 期。

刘向兵、闻效仪：《通过新时代劳动教育引领和推动人力资源开发建设》，《教育经济评论》2019 年第 1 期。

张丽华：《改造型领导与组织变革过程互动模型的实证与案例研究》，大连理工大学博士学位论文，2002 年。

张丽华、孙彦玲：《对国内外劳动关系评价的评论和思考》，《中国人力资源开发》2011 年第 11 期。

郑尚元：《雇佣关系调整的法律分界——民法和劳动法调整雇佣关系的

制度和理念》，《中国法学》2005 年第 3 期。

郑尚元：《〈劳动合同法〉的功能与制度价值分析 ——评〈劳动合同法〉的是与非》，《深圳大学学报（人文社会科学版）》2008 年第 3 期。

杨伟国、陈玉杰：《"十二五"时期中国就业形势、战略定位与政策选择》，《教学与研究》2010 年第 9 期。

杨伟国、王飞：《大学生就业：国外促进政策及对中国的借鉴》，《中国人口科学》2004 年第 4 期。

唐鑛：《体面劳动的薪酬基础：效率、公平与劳资双赢》，《中国劳动关系学院学报》2013 年第 2 期。

唐鑛、刘兰：《〈劳动合同法〉的价值重塑与制度创新——基于劳动关系多元论视角》，《法律科学（西北政法大学学报）》2016 年第 3 期。

冯同庆：《海外学者对中国改革开放以来劳动关系的理论研究》，《国外理论动态》2009 年第 10 期。

冯同庆：《国家、企业、职工、工会之间关系的良性调整——尚存国有企业在改革中的职工参与案例研究》，选自《"市场经济下的中国工运、工会与国家"学术研讨会论文》，香港中文大学中国研究服务中心 2003 年版。

石秀印：《企业权力构造转型：劳动关系调节与和谐的关键》，《中国工人》2011 年第 1 期。

石秀印：《劳企商谈会：一种新型劳动关系治理机制》，《中国党政干部论坛》2013 年第 4 期。

董保华：《中国劳动关系的十字路口——管制与自治：富士康、本田案件提出的法治命题》，《探索与争鸣》2011 年第 3 期。

董保华：《中国劳动基准法的目标选择》，《法学》2007 年第 1 期。

吴忠民：《当前改善我国劳动政策的思路与对策》，《教学与研究》2009 年第 2 期。

吴忠民：《中国道路与现代化内生动力》，《中共党史研究》2018 年第 10 期。

赵曙明：《国外集体谈判研究现状述评及展望》，《外国经济与管理》

2012 年第 1 期。

王文珍：《〈劳动合同法〉与和谐劳动关系构建》，《思想政治工作研究》2011 年第 9 期。

王文珍、黄昆：《劳动基准立法面临的任务和对策》，《中国劳动》2012 年第 5 期。

冯喜良：《雇主在构建和谐劳动关系中的作用机制研究》，《中国人力资源开发》2013 年第 19 期。

冯喜良：《外资企业职工工作压力初探》，《人口与经济》2002 年第 1 期。

王全兴：《劳动合同立法争论中需要澄清的几个基本问题》，《法学》2006 年第 9 期。

王全兴：《〈劳动合同法〉实施后的劳动关系走向》，《深圳大学学报（人文社会科学版）》2008 年第 3 期。

林嘉：《劳动合同若干法律问题研究》，《法学家》2003 年第 6 期。

林嘉：《〈劳动合同法〉的立法价值、制度创新及影响评价》，《法学家》2008 年第 2 期。

程延园：《政府在劳动关系中的角色思考》，《中国劳动保障报》2002 年 12 月 10 日。

程延园：《世界视阈下的和谐劳动关系调整机制》，《中国人民大学学报》2011 年第 5 期。

吴清军：《集体协商与"国家主导"下的劳动关系治理——指标管理的策略与实践》，《社会学研究》2012 年第 3 期。

许晓军、吴清军：《对中国工会性质特征与核心职能的学术辨析——基于国家体制框架内工会社会行为的视角》，《人文杂志》2011 年第 5 期。

涂永前：《我国劳动基准立法的现状与进路》，《社会科学》2014 年第 3 期。

涂永前：《人工智能、就业与我国劳动政策法制的变革》，《河南财经政法大学学报》2018 年第 1 期。

李丽林、袁青川：《国际比较视野下的中国劳动关系三方协商机制：现状与问题》，《中国人民大学学报》2011 年第 5 期。

张皓、吴清军：《改革开放 40 年来政府劳动关系治理研究述评》，《中国人力资源开发》2019 年第 1 期。

许叶萍、石秀印：《中国集体谈判的困境与中国的一统制传统》，《江苏社会科学》2013 年第 2 期。

冯彦君：《理想与现实之间的〈劳动合同法〉——总体评价与创新点解析》，《当代法学》2008 年第 6 期。

赵健杰：《公平与正义：劳动关系调整中的伦理维度》，《中国劳动关系学院学报》2007 年第 1 期。

乔健：《中国特色的三方协调机制：走向三方协商与社会对话的第一步》，《广东社会科学》2010 年第 2 期。

乔健：《加强对转型时期劳工政策的研究》，《中国劳动关系学院学报》2005 年第 3 期。

闻效仪：《从"国家主导"到多元推动——集体协商的新趋势及其类型学》，《社会学研究》2017 年第 2 期。

闻效仪：《工人群体性事件的转型与政府治理》，《中国人力资源开发》2012 年第 5 期。

吴亚平：《对工会民主管理工作的再认识》，《中国劳动关系学院学报》2010 年第 2 期。

吴亚平、郑桥：《中国特色社会主义工会发展道路探析》，《新视野》2013 年第 6 期。

吴建平：《从企业参与治理到地方治理参与——从国家治理模式转变看中国工会组织与制度变革》，《学海》2011 年第 1 期。

谢增毅：《劳动行政机关责令用人单位承担民事责任研究》，《当代法学》2010 年第 3 期。

黎建飞：《从雇佣契约到劳动契约的法理和制度变迁》，《中国法学》2012 年第 3 期。

黎建飞：《强化劳动监察的意识与职能》，《中国劳动保障》2005 年第 12 期。

佟新：《企业工会：能动的行动者——以北京中外合资企业 B 有限公司工会实践为例》，《江苏行政学院学报》2005 年第 5 期。

佟新：《劳工政策和劳工研究的四种理论视角》，《云南民族大学学报（哲学社会科学版）》2008 年第 5 期。

陈伟光：《工会民主与工会自身改革》（上），《中国工人》2013 年第 6 期。

黑启明：《中国政府劳动政策的历史演变》，《中国党政干部论坛》2007 年第 5 期。

游正林：《政绩驱动下的工会行动——对 F 厂工会主动介入生产管理过程的调查与思考》，《学海》2011 年第 1 期。

游正林：《60 年来中国工会的三次改革》，《社会学研究》2010 年第 4 期。

秦国荣：《建国前中国共产党劳动立法的演变及其启示》，《江海学刊》2008 年第 4 期。

鲜开林、乔伟聚：《论对等式"三方协商机制"的构建与完善》，《东北财经大学学报》2013 年第 2 期。

罗能生：《经济伦理：现代经济之魂》，《道德与文明》2000 年第 2 期。

贺汉魂、王泽应：《马克思体面劳动观的伦理阐析》，《道德与文明》2012 年第 3 期。

张艳涛：《资本逻辑与生活逻辑——对资本的哲学批判》，《重庆社会科学》2006 年第 6 期。

范良聪：《亚当·斯密的自然正义与德性正义》，《伦理学研究》2021 年第 1 期。

朱富强：《斯密人性悖论及其内在统一性——勿将现代经济学"经济人"假设归源于斯密的自利人》，《东北财经大学学报》2019 年第 4 期。

冯景源、龚维丽：《〈道德情操论〉与〈国富论〉的内在联系——兼论人类命运共同体与"看不见的手"的关系》，《东南学术》2019 年第 1 期。

夏明月：《当代中国劳动伦理研究述评》，《河南社会科学》2010 年第 5 期。

范进学：《论道德法律化与法律道德化》，《法学评论》1998 年第 2 期。

汤正华、韩玉启：《管理的伦理价值与伦理的管理功能——对管理伦理的一些理性思考》，《江苏社会科学》2003 年第 4 期。

金可溪：《东正教的劳动伦理》，《道德与文明》1997 年第 5 期。

李秀娟：《伊斯兰教劳动伦理的四重维度》，《中国宗教》2013 年第 12 期。

周良书、汪华：《国民党初掌政权后的劳工政策解析》，《学术界》2006 年第 3 期。

陈建安：《日本的经济发展与劳动问题》，《国际学术动态》1998 年第 9 期。

刘容：《日本企业劳资关系的演进——从"利益一致型"到"利益协调型"》，《财经问题研究》2012 年第 5 期。

余建年：《社会经济变迁中的欧盟劳动就业政策》，《武汉大学学报（哲学社会科学版）》2001 年第 5 期。

何雪飞：《俄罗斯的劳动监察制度》，《中国劳动》2009 年第 12 期。

孙德强、宋艳慧：《澳门劳动监察制度及其对内地的启示》，《中国劳动关系学院学报》2012 年第 4 期。

黄茂英、杨正喜：《统合主义下的新加坡劳资协调机制》，《天津市工会管理干部学院学报》2014 年第 3 期。

徐小洪：《中国工会的双重角色定位》，《人文杂志》2010 年第 6 期。

冯纲：《企业工会的"制度性弱势"及其形成背景》，《社会》2006 年第 3 期。

刘诚：《集体谈判与工会代表权》，《社会科学战线》2012 年第 4 期。

刘诚：《〈劳动法〉、〈劳动合同法〉与中国劳动立法的未来》，《工会理论研究（上海工会管理职业学院学报）》2014 年第 5 期。

邵思军：《全球化背景和历史视野中的中国劳动关系发展途径——兼议工会改革》，《中国人力资源开发》2013 年第 9 期。

陈彦斌：《中国特色宏观调控如何更好地发挥政府作用》，《经济研究参考》2020 年第 8 期。

姜颖：《〈劳动合同法〉对现行劳动法的修改及对我国劳动关系的影响》，《中国劳动关系学院学报》2008 年第 1 期。

王向民：《双重代表、资源中心与转换中介：将工会建设成枢纽性社会组织的内涵》，《工会理论研究（上海工会管理职业学院学报）》2013 年第 2 期。

张冬梅：《企业工会改革的法律探讨——以 FLA 对富士康的调查为背景》，《中国劳动关系学院学报》2013 年第 5 期。

刘泰洪：《劳资冲突化解：由集体谈判向网络化治理的转向》，《社会主义研究》2012 年第 1 期。

郑桥、傅麟、刘晓倩、牛玲：《〈劳动合同法〉实施以来劳动关系新变化以及工会应对策略研究》，《中国劳动关系学院学报》2009 年第 6 期。

李炳安、向淑青：《转型时期政府在劳资关系中的角色》，《中国党政干部论坛》2007 年第 6 期。

丁胜如：《论劳动关系主体的角色与作为》，《北京市工会干部学院学报》2007 年第 3 期。

夏小林：《私营部门：劳资关系及协调机制》，《管理世界》2004 年第 6 期。

张兴茂：《"劳资两利"与构建社会主义和谐劳动关系》，《当代世界与社会主义》2007 年第 5 期。

周长城、陈群：《集体谈判：建立合作型劳资关系的有效成效战略》，《社会科学研究》2004 年第 4 期。

赵小仕：《劳动关系的外部性与政府的规制调节》，《财政研究》2009 年第 1 期。

岳经纶、庄文嘉：《转型中的当代中国劳动监察体制：基于治理视角的一项整体性研究》，《公共行政评论》2009 年第 5 期。

范晶波：《劳工生存与国家保护：中国劳动监察的现实定位及发展趋向》，《理论月刊》2013 年第 11 期。

秦国荣：《劳资均衡与劳权保障：劳动监察制度的内在功能及其实现》，《河南省政法管理干部学院学报》2010 年第 6 期。

洪在有：《劳动监察制度需要改革和完善》，《中国劳动》2004 年第 11 期。

孙学致：《合同法的局限：一个劳动关系的视角》，《当代法学》2007 年第 6 期。

艾琳：《集体谈判中政府侵权现象研究》，《江汉论坛》2014 年第 3 期。

乔菁：《由〈劳动合同法〉看劳动立法的国际化与本土化》，《西安交通大学学报（社会科学版）》2012 年第 1 期。

冯祥武：《〈劳动合同法〉遭受批判的原因评析——基于政治法律学的宏观视域》，《北方法学》2010 年第 4 期。

徐洪军：《〈劳动合同法〉实现问题研究——兼以绥化市为例的调查分析》，《长春大学学报》2009 年第 7 期。

王立成：《论我国劳动政策的选择——兼论工会对策》，《工会理论与实践》2001 年第 2 期。

张美娥：《试析延安时期的劳动政策》，《理论导刊》1999 年第 4 期。

杨清涛：《发挥政府在构建和谐劳动关系中的主导作用》，《人民论坛》2018 年第 9 期。

田彤：《目的与结果两歧：从劳资合作到阶级斗争（1927—1937）》，《学术月刊》2009 年第 9 期。

刘晞平、马金龙：《论现代科学技术革命与社会化人的关系》，《学术交流》2010 年第 12 期。

陈肖琳：《〈劳动合同法〉实施情况调查分析——基于企业员工视角》，《人力资源管理》2015 年第 11 期。

周佑勇、尹建国：《行政裁量的规范影响因素——以行政惯例与公共政策为例》，《湖北社会科学》2008 年第 7 期。

韩琪：《中国政府主导型市场经济的分析》，《管理现代化》2013 年第 1 期。

张序：《企业家概念及其相关问题辨析》，《社会学研究》2005 年第 1 期。

张利萍：《劳资合作：私营企业构建和谐劳动关系的根本出路》，《当代世界与社会主义》2013 年第 6 期。

夏一璞：《试论精准扶贫的创新价值与实现路径》，《马克思主义研究》2019 年第 1 期。

刘新建：《秦汉建设"大一统"文化的尝试及其特点》，《社会科学》1990 年第 3 期。

倪端明：《我国国企劳动关系 30 年改革与实践》，《国有资产管理》2009 年第 2 期。

李进东：《劳动监察何时才能走出困境》，《中国工人》2012 年第 5 期。

石佑启、王诗阳：《互联网送餐中劳动监察的困境及路径选择》，《江汉论坛》2020 年第 12 期。

岳林：《快递行业劳动用工剖析及对策建议》，《中国集体经济》2018 年第 36 期。

方奕、王静、周占杰：《城市快递行业青年员工工作及生活情境实证调查》，《中国青年研究》2017 年第 4 期。

朱勇国、张楠：《劳动标准与和谐劳动关系》，《中国人力资源开发》2012 年第 11 期。

高倩辉：《快递企业员工流失原因分析及对策研究》，《科技创新与生产力》2017 年第 11 期。

（四）外文原著文献

Baker, R., "Parker and Roosevelt on labor", in McLure's Magazine, Issue

24, Nov. 1904.

Bamber, Lansbury, "International and comparative industrial relations: a study of industrialized market economies", Industrial & Labor Relations Revies, 1988, 41 (2).

Barbash, J., "Industrial relations concepts in the USA", *in Relations Industrielles/Industrial Relations*, Vol. 46, No. 1, 1991.

Barrett, R., "Factors affecting preceptions of a workplace industrial relations climate", *International Journal of Employment Studies*, 1995, 3 (2).

Blecher, Marc, "Hegemony and Workers' Politics in China", *The China Quarterly*, 2002.

Boulding, K., "A new look at institutionalism", *in American Economic Review*, Vol. 47, May, 1957.

Brown, William, "The evolution of the modern workplace", Cambridge University Press, 2009.

Clark Kell Paul D. Staudohar, "Labor Economics and Industrial Relation-Markets and Insititutions", Harvard University Press, 1994.

Charles Morrison, "An essay on the relations between labour and capital", 1854.

Ching Kwan Lee, " Against the Law: Labor Protests in China's Rustbelt and Sunbelt, Berkeley", University of California Press, 2007.

Christopher Polit, " Joined-up Government A Survey", Political Studies Review, 2003, 01.

Chris Howell, " There a Third way for the Party-Union Relationship?" The Industrial Relations Project of New Labor, Paper for the Political Studies Association, UK50th Annual Conference, 2000, 10.

Cochrane, J., "Industrialism and industrial man in retrospect. Ann Arbor", University of Michigan Press, 1979.

Cook, W. N., "labor-Management Cooperation: New Partnerships or Going in Circles?" Kalamazoo, MI: W. E. Upjohn Institute for Employment Research, 1990.

Var Hoot, "The Legal Nature of Economic, Social and Culture Rights: A Rebuttal of Some Traditional Views", Philip Alston, and Katarina Tomasvski, eds., The Right to Food 97, at 105-107 (1993).

Deery, RD Iverson, "Labor-Management Cooperation: Antecedents and Impact on Organizational Performance", Industrial & Labor Relations Review, 2005, 58 (4).

D. J. Solinger, Anita Chan, "China's Workers under Assault: The Exploitation of Labor in a Globalizing Economy", Pacific Affairs, 2002.

Dunlop, J., "Industrial relations systems", New York, Holt, 1958.

Eli Friedman, "Insurgency and Institutionalization: the Polanyian Countermovement and Chinese Labor Politics", Theory and Society, 2013, Volume 42, Issue 3.

Follett, M., "Psychological foundations: Business as an Integrative Unity", in H. Metcalf (ed.): Scientific Foundations of Business Administration (Baltimore, Williams and Wilkins), 1925a.

Gore, L. L. P., "Labour Management as Development of the Integrated Developmental State in China", New Political Economy, 2014, 19 (2).

Gordon White, J. Howell, X. Shang, "In Search of Civil Society: Market Reform and Social Change in Contemporary China", Journal of Asian Studies, 1998, 57 (2).

Hare, A. E. C., "The First Principles of Industrial Relations", London, Macmillan, 1958.

Harry C. Katz, Thomas A. Kochan, Alexander J. S. Colvin, "An Introduction to Collective Bargaining & Industrial Relations" (4th Edition), McGraw-Hill College, 2008.

Hicks, C., "My life in Industrial Relations: Fifty Years in the Growth of a

Profession", New York, Harper, 1941.

Hurst, William, "The Chinese Worker after Socialism", New York: Cambridge University Press, 2009.

J. I. Bulow, L. H. Summers, "A Theory of Dual Labor Markets with Application to Industrial Policy, Discrimination and Keynesian Unemployment", *Journal of Labor Economics*, 1986, 4 (3).

John Godard, "Industrial Relations, the Economy, and Society", 2nd edition, North York: CaptusPress 1nc, 2000.

Kaufman, "The Origins and Evolution of the Field of Industrial Relations in the United States", Ithaca, ILR Press, 1993.

Kaufman, B., "The Economics of Labor Markets", Dryden Press, 2000.

Kaufman, B., "The Global Evlution of Industral Relation: Events, Ideas and the IIRA Geneva", International Labour Office, 2004.

Kaufman, B., "The Future of Employment Relations: Insights from Theory", Working Paper, 2010.

Keller, "The Industrial Relations Field in Germany: An Empirical and Comparative Analysis", Advances in Industrial & Labor Relations, 2005 (14).

Kelly, John, "The Political Economy of Comparative Employment Relations", in M. barry and A. Wilkinson (eds.), Research Handbook of Comparative Employment Relations, Cheltenham Edward Elgar, 2011.

Kerr, C., Anrod, C. (eds.), "Unions, Management, and the Public", 3rd ed, New York, Harcourt, Brace & World, 1967.

Liu, Mingwei, China. In Comparative Employment Relations in the Global Economy, Carola Frege and John Kelly (ed.), Rotledge, 2013.

Mingwei Liu, Chris Smith, "China at Work: A Labour Process Perspective on the Transformation of Work and Employment in China", Palgrave Macmillan, 2006.

Michael Poole, "London, Boston & Henley: Industrial Relations: Origins and Patterns of National Diversity, Routledge & Kegan Paul, 1986.

Michael Salanmon, "Industrial Ralation: Theory and Practice", 3rd ed., Prentice hall, 1998.

Mike leat, "Exploring Employee Relations", Butter worth Heineman, 2001.

Peter Ackers, "Collective Bargaining as Industrial Democracy: Hugh Clegg and the Political Foundations of British Industrial Relations Pluralism", *British Journal of Industrial Relations*, 2007, 45 (1).

Pierre. F. Landry, "Decentralized Authoritarianism in China, the Communust Parity's Contrl of Lical Elites in the Post-mao Era", Cambridge University Press, 2008.

University of Kentucky Press, 1966 Richard E. Walton, Robert B. Mokersie. "A Behavioral Theory of Labor Negotiations", ILR Press, 1991.

Rodgers, D., "Atlantic crossings: Social Politics in a Progressive Era", Cambridge, MA, Harvard University Press, 1998.

Ron Bean, "Comparative Industrial Relations: An Introduction to Cross-national Prespectives", Second Edition, Londong, Routledge, 1994.

Tsutsui, W., "Manufacturing Ideology: Scientific Management in Twentieth Century Japan", Princeton University Press, 1998.

Walder, Andrew, "Communist Neo-Traditionalism: Work and Authority in Chinese Industry", Berkeley: University of California Press, 1988.

Wilensky, H., "Rich Democracies: Political Economy, Public Policy and Performance", University of California Press, 2002.

Wood, Stephen, et al., "The Industrial Relations System's Concept as a Basic of Theory in Industrial Relations", *British Journal of Industrial Relations*, 1975, 13 (3).

Zhang, Lu, "Lean Production and Labor Controls in the Chinese Automobile Industry in An Age of Globalization", International Labor and Working-Class History, 2008.

Zhuang, Wenjia and Chen, Feng, "Mediate First: The Revival of Mediation in Labour Dispute Resolution in China", The China Quarterly, 2015, 222.

International Labour Conference l00th session (Report II), 2011.

责任编辑:余　平

封面设计:王欢欢

图书在版编目(CIP)数据

劳动关系政府职能论/谭泓 著. —北京:人民出版社,2023.10

ISBN 978 - 7 - 01 - 022998 - 0

Ⅰ.①劳…　Ⅱ.①谭…　Ⅲ.①劳动关系-研究　Ⅳ.①F246

中国版本图书馆 CIP 数据核字(2020)第 266602 号

劳动关系政府职能论

LAODONG GUANXI ZHENGFU ZHINENG LUN

谭　泓 著

人 民 出 版 社 出版发行

(100706 北京市东城区隆福寺街 99 号)

北京中科印刷有限公司印刷　新华书店经销

2023 年 10 月第 1 版　2023 年 10 月北京第 1 次印刷

开本:710 毫米×1000 毫米 1/16　印张:25.25

字数:436 千字

ISBN 978 - 7 - 01 - 022998 - 0　定价:118.00 元

邮购地址 100706　北京市东城区隆福寺街 99 号

人民东方图书销售中心　电话 (010)65250042　65289539